Employee Stock Ownership Plan

日本版ESOPの法務

新谷 勝 著

税務経理協会

は　し　が　き

　近年，アメリカのＥＳＯＰ（自社株式保有制度）に関する関心が高まってきたが，平成19年（2007年）ころから，新プラン（従業員持株プラン）として実用化が始まり，導入企業も現れていた。平成20年11月17日，経済産業省が「新たな自社株式保有スキームに関する報告書」を公表したが，それは運用のための指針（ガイドライン）ともいうべきものであり，新プランについて適法性の方向付けをしたことから，一段と関心が高まり，導入企業も増加傾向にある。この新プランが日本版ＥＳＯＰとよばれるものである。そして，新プランというのは，従来型の従業員持株制度に対する新しい従業員持株プランという意味に捉えるべきであろう。

　アメリカのＥＳＯＰは，ＥＲＩＳＡ法（退職従業員所得保障法）とＩＲＣ法（内国歳入法）に基づく全額企業拠出の確定拠出型年金プランである。これに対し，わが国では特別の法的措置がなされていないから，ＥＳＯＰをそのまま導入するわけにはいかない。そこで，レバレッジド型のＥＳＯＰをモデルにして，これを現行法の範囲内で日本型にアレンジしたものが日本版ＥＳＯＰ（新プラン）である。それゆえ，日本版ＥＳＯＰにどのような名称を付けようとも，アメリカのＥＳＯＰとは同一のものではないことに注意しなければならない。

　日本版ＥＳＯＰの基本的なスキームは，①導入企業はビークル（受け皿）を設置し，ビークルが銀行から資金を借り入れて，導入企業株式（自社株式）を一括して取得する，②ビークルは取得した株式を，順次，従業員持株会に売り渡していくのである。これは，ＥＳＯＰと従業員持株会を組み合わせたものであることから，従業員持株会発展型（従業員持株会応用型）プランとよばれている。

　①はＥＳＯＰと同様のスキームであるが，②は全額企業拠出のプランが認められないことから，現行法の下で考案された日本版ＥＳＯＰ特有のものである。

このように，ＥＳＯＰと日本版ＥＳＯＰの違いは②に関して生ずる。

従業員持株会発展型プランには，ビークルに一般社団法人を用いる匿名組合出資方式があるが，多くは信託を用いる信託型プランであり，日本版ＥＳＯＰは一般に信託型プランであるといえる。そして，信託型プランを法的に支えるのが，新信託法といわゆる「信託税制」（平成19年9月30日施行）であると考えられる。

他方，日本版ＥＳＯＰ（新プラン）には，従業員持株会発展型プランとは，目的もスキームもかなり異なる退職従業員無償給付型のプランがある。このプランはＥＳＯＰとの近似性を求めるものであり，その意図するところは理解できなくはないが，現行法の下での導入となると，法律的なハードルは高く，したがって，法的リスクがあることは否定できない。

新プラン導入の目的は，企業が従業員の福利厚生目的でプランを導入することにより，従業員のインセンティブを高めることによる生産性の向上という企業利益と，従業員の利益を向上させることにある。ここに，企業が費用を使って新プランを導入することの正当性が認められるのである。さらに，副次的な目的として，健全な安定株主づくり，敵対的買収に対する予防策，株価の低迷に伴う株価対策という実際上の機能も期待することができる。そして，これらの機能を，作為的な株式の相互保有や買収防衛策によることなく，無理なく確保することができることになる。

現在，日本版ＥＳＯＰを導入する企業が増大し，平成23年5月末で93社と，1年前の45社から倍増している。従業員の士気向上と安定株主づくりが狙いとされている。株安が普及に弾みをつけているが，それは安い取得価格で自社株式を取得することができ，株価の上昇により従業員は値上がり益を享受することができることにある。さらに，企業の資本政策とも密接に関係することが指摘されている。その1つは保有する自己株式の有効活用，もう1つは株式の持合い解消の受け皿となることである（平成23年6月10日付日本経済新聞〔夕刊〕1面）。

このように，株価の低迷期である現在は，日本版ＥＳＯＰの導入の好機であ

はしがき

るが，それには，多くの副次的効果を期待することができるのである。

　新プランの導入は上場会社だけでなく未上場会社でも可能であり，また，中小企業の事業承継の方策として用いることができるから，その用途は広いといえる。

　本書は，著者の「新しい従業員持株制度（税務経理協会　平成20年12月1日発行）」の姉妹書であるが，校了後に経済産業省の「報告書」が公表され，それに伴い新プランの開発と導入数が著しく増大したことから，別冊として新プランについて解説するものである。

　日本版ＥＳＯＰについて，法律的観点から各プランを客観的に検討し，現行法との関係で問題点の指摘と解説を行うことを目的とするものであり，実務書であることからＥＳＯＰに関する抽象的な議論には深入りしない。

　もとより，特定のプランを推奨するものではない。導入企業の特性に合わせて，プランの内容をよく検討し採用するプランを決めればよい。

　平成23年6月

新　谷　　勝

目　次

はしがき

第1章　新プラン（日本版ＥＳＯＰ）の概要
1　日本版ＥＳＯＰの導入のための基本的理解 ---------- 1
　(1)　日本版ＥＳＯＰの意味とプランの選択 ---------- 1
　(2)　日本版ＥＳＯＰ導入の背景と経緯 ---------- 4
　(3)　日本版ＥＳＯＰの基本的理解 ---------- 7
　(4)　新プランの目的と機能 ---------- 12
　(5)　新プランの副次的効果 ---------- 16
　(6)　新プランと類型の概要 ---------- 17
　(7)　新プランの導入に向けての条件整備 ---------- 19
　(8)　新プランの導入と従業員の理解と協力 ---------- 21
　(9)　新プランと他の企業年金との関係 ---------- 22
2　ＥＳＯＰと従業員持株制度 ---------- 23
　(1)　ＥＳＯＰの概要と従業員持株会との差異 ---------- 23
　(2)　日本版ＥＳＯＰの提唱 ---------- 25
　(3)　日本版ＥＳＯＰを導入するための工夫 ---------- 26
3　新プランと適法性確保のための留意点 ---------- 28
4　日本版ＥＳＯＰ（新プラン）の現状 ---------- 31
　(1)　新プランの現状と問題点 ---------- 31
　(2)　新プランのスキームの開発 ---------- 33
5　新プラン（日本版ＥＳＯＰ）のためのガイドライン ---------- 36
　(1)　経産省の検討委員会報告書の概要 ---------- 36

(2)　議論の着眼点と論点の取り上げ方 ·················· 40
　(3)　新スキームに期待できる効果 ························ 42
　(4)　新スキームの基本的仕組み ·························· 44
　(5)　検討における論議の着眼点等 ························ 45
6　新プラン導入の有利性 ····································· 46
7　新プランと会計上の取扱い ······························· 49
　(1)　会計上の取扱いの概要 ································ 49
　(2)　ビークルの子会社該当性 ····························· 50
8　新プランと税務上の取扱い ······························· 52
　(1)　信託スキームと信託税制 ····························· 52
　(2)　信託税制における信託スキームの取扱いの要約 ······· 54

第2章　アメリカのESOPの概要

1　ESOPの概念と根拠規定 ································ 55
2　ESOPの構造 ·· 57
3　ESOP導入の目的 ·· 58
4　ESOPの普及と現状 ····································· 60
5　ESOPの基本的な仕組みと運用 ························ 62
6　ESOPのスキーム ······································· 64
　(1)　信託応用とESOTの設置 ···························· 64
　(2)　非レバレッジド型のESOP ························· 65
　(3)　レバレッジド方式のESOP ························· 65
7　ESOPを用いた企業再生 ······························· 67
8　ESOPと議決権行使 ···································· 68
　(1)　ESOPと参加従業員の議決権行使 ················· 68
　(2)　ESOPと経営支配権の取得 ························ 69
9　ESOPと税制上の優遇措置 ···························· 70

目　　次

第3章　従来型の従業員持株制度の概要

1　従業員持株制度の導入と発展 ―――――――――――――――― 73
 (1)　従業員持株制度と新プラン ―――――――――――――――― 73
 (2)　従業員持株制度の意義と導入の経緯 ――――――――――――― 74
 (3)　従業員持株制度の概要 ―――――――――――――――――― 80
2　従業員持株制度の運用 ――――――――――――――――――― 86
 (1)　株式の取得と管理 ――――――――――――――――――――― 86
 (2)　従業員持株会の設置 ――――――――――――――――――― 88
 (3)　従業員持株会の性格と機能 ―――――――――――――――― 88
 (4)　従業員持株会の子会社該当性 ――――――――――――――― 89
3　従業員持株制度と奨励金 ―――――――――――――――――― 90
 (1)　奨励金の性格 ―――――――――――――――――――――― 90
 (2)　奨励金の支給 ―――――――――――――――――――――― 92
 (3)　奨励金の支給等の経済的支援と自己株式の取得規制 ―――――― 94
 (4)　奨励金の支給と株主の権利行使に関する利益供与 ――――――― 96
4　信託銀行方式の従業員持株制度 ―――――――――――――――― 97

第4章　新プランの開発と導入

1　ＥＳＯＰの導入論議 ――――――――――――――――――――― 99
2　ＥＳＯＰ導入の必要性 ―――――――――――――――――――― 101
3　新プラン（日本型ＥＳＯＰ）の導入 ―――――――――――――― 102
 (1)　新プラン導入の必要性目的と意義 ―――――――――――――― 102
 (2)　新プラン導入の目的と意義 ―――――――――――――――― 104
 (3)　福利厚生費用としての適正基準 ―――――――――――――― 106
 (4)　保証料の支払 ――――――――――――――――――――――― 107
4　新プラン導入の目的とその検討 ―――――――――――――――― 108
 (1)　新プラン導入議論の本格化 ――――――――――――――――― 108
 (2)　現行従業員持株制度と新プランの調整 ―――――――――――― 110

(3)　新プランの導入に向けて ―――――――――――――― 113
　5　インセンティブ報酬型の持株プラン ――――――――――― 115
　6　新プラン導入の現実的意義 ―――――――――――――― 117
　7　新プランの導入と留意事項 ―――――――――――――― 123
　8　新プランの導入と従業員持株会 ―――――――――――― 124
　　(1)　ＥＳＯＰと従業員持株制度の異同 ―――――――――― 124
　　(2)　新プランの導入と従業員持株会 ――――――――――― 125
　9　新プランと株式の取得方法 ―――――――――――――― 126

第5章　新プランの導入と検討事項

　1　新プランとその概要 ――――――――――――――――― 129
　　(1)　開発されたスキームの概要 ――――――――――――― 129
　　(2)　開発された新プランのスキーム ――――――――――― 132
　2　新プランと株式取得資金の原資との関係 ――――――――― 135
　　(1)　持株会発展型のプランと株式の取得原資 ―――――――― 135
　　(2)　退職従業員給付型のプランと株式の取得原資 ――――――― 136
　3　従業員持株会応用型プランに向けた方策 ――――――――― 142

第6章　従業員持株会発展型プランの基本的理解

　1　従業員持株会応用型プランの概要 ――――――――――― 145
　　(1)　日本版ＥＳＯＰの基本的理解 ―――――――――――― 145
　　(2)　開発された新プランのスキームの概要 ―――――――― 147
　　(3)　新プランの位置付け ――――――――――――――― 148
　　(4)　持株会発展型プランのスキームの概要 ―――――――― 150
　　(5)　持株会に対する譲渡価格の検討 ―――――――――― 153
　　(6)　プランの実施のための導入企業の財務支援 ―――――― 155
　2　従業員持株会からの引出制限 ――――――――――――― 155

3　従業員持株会応用型プランの2類型 ……………………… 159
　　(1)　信託応用型と一般社団法人型 ……………………………… 159
　　(2)　持株会発展型プランとビークルの選択 …………………… 161

第7章　信託利用型の従業員持株プラン

　1　信託利用型プランの概要 ……………………………………… 163
　　(1)　ＥＳＯＰ信託利用型プラン ………………………………… 163
　　(2)　ＥＳＯＰ信託と目的信託としての適法性 ………………… 165
　2　信託利用型プランのスキーム ………………………………… 167
　　(1)　信託利用プランのスキーム ………………………………… 167
　　(2)　ビークルの設置と資金の借入れ …………………………… 168
　　(3)　ビークルによる株式取得と持株会に対する売却 ………… 169
　　(4)　信託管理人による議決権行使等の指図 …………………… 170
　　(5)　信託終了におけるプランの処理 …………………………… 171
　3　信託スキームの具体的内容 …………………………………… 172
　4　特別信託のスキームとプランの運営 ………………………… 180
　　(1)　特別信託の構造 ……………………………………………… 180
　　(2)　信託管理人（受益者代理人・信託代理人）……………… 181
　5　信託プランの終了と処理 ……………………………………… 184
　　(1)　持株信託の終了事由 ………………………………………… 184
　　(2)　信託の清算手続き …………………………………………… 185
　6　信託型プランの導入と留意事項 ……………………………… 186
　7　信託応用プランの開発と導入企業 …………………………… 187
　　(1)　野村証券のインセンティブ・プラン（Ｅ-Ｓｈｉｐ）…… 187
　　(2)　三菱ＵＦＪ信託銀行の「従業員持株ＥＳＯＰ信託」…… 192
　　(3)　その他の信託型スキーム …………………………………… 198

第8章　一般社団法人利用型のプラン

1　一般社団法人型プランの概要と特色 ―――――― 199
2　一般社団法人型プランのスキーム ―――――― 201
　(1)　一般社団法人型プランの基本構造 ―――――― 201
　(2)　一般社団法人型プランのスキーム ―――――― 202
　(3)　三井住友銀行のシンセティックＥＳＯＰ ―――――― 206

第9章　新プランと会社法上の問題点

1　会社法上の検討すべき問題点の概要 ―――――― 211
　(1)　新プランと会社法上の問題が生ずる原因 ―――――― 211
　(2)　新プランと会社法上の問題 ―――――― 212
　(3)　議決権行使の独立性 ―――――― 213
2　新プラン実行と会社の財務的支援の適法性 ―――――― 214
　(1)　プランの導入と会社による財務的支援 ―――――― 214
　(2)　新プランと従業員に対する奨励金の支給 ―――――― 216
　(3)　ビークルの借入れと会社の保証 ―――――― 219
3　子会社による親会社株式の取得禁止規制との関係 ―――――― 224
　(1)　ビークルの子会社該当性の問題 ―――――― 224
　(2)　ビークルの子会社該当性の問題 ―――――― 225
　(3)　ビークルの子会社該当性の判断 ―――――― 228
4　自己株式の取得規制との関係 ―――――― 230
5　自己株式の取得規制に関する報告書の見解 ―――――― 233
　(1)　報告書による論点の提示 ―――――― 233
　(2)　株式取得に用いる資金の出所との関係 ―――――― 234
　(3)　株式の取得取引に関する意思決定との関係 ―――――― 235
　(4)　取得した株式に対する支配の所在との関係 ―――――― 236
6　自己株式の取得となることの回避 ―――――― 238
　(1)　新プランと自己株式の取得規制 ―――――― 238

(2)　新プランと自己株式の取得資金との関係 ･･････････････････････ 239
　　(3)　会社の拠出と自己株式性 ･････････････････････････････････････ 241
　　(4)　株式取得の意思決定の所在 ･･････････････････････････････････ 243
　　(5)　導入企業の取得株式に対する支配 ････････････････････････････ 244
　　(6)　公開買付けに応じるか否かの判断 ････････････････････････････ 248
　　(7)　自己株式の処分手続 ･･･ 249
　7　株主の権利行使に関する利益供与との関係 ･･･････････････････････ 250
　　(1)　新プランと株主の権利行使に関する利益供与 ･･････････････････ 250
　　(2)　利益供与の禁止規定と報告書の立場 ･･････････････････････････ 251
　　(3)　株主の権利行使に関する利益供与とされないための措置 ･･･････ 252
　　(4)　株主の権利行使に関する利益供与との推定を覆すための措置 ･･･ 254
　　(5)　新プランと奨励金の支給の必要性 ････････････････････････････ 255
　8　その他の会社法上の問題点との関係 ･････････････････････････････ 257
　　(1)　株主平等原則との関係 ･･･････････････････････････････････････ 257
　　(2)　有利発行規制との関係 ･･･････････････････････････････････････ 258
　　(3)　新プランの導入と取締役等の責任 ････････････････････････････ 260

第10章　新プランと労働基準法との調整

　1　労働基準法との関係 ･･･ 263
　　(1)　従業員持株会発展型プランと労基法の関係 ････････････････････ 263
　　(2)　退職従業員給付型プランと労基法の関係 ･･････････････････････ 264
　2　自社株式の給付と退職金との関係 ･･･････････････････････････････ 265
　　(1)　退職金の賃金的性格からの問題点 ････････････････････････････ 265
　　(2)　退職金等を減額しない自社株式の給付と賃金の通貨払い ･･･････ 266
　3　報告書と労働基準法上の論点 ････････････････････････････････････ 268
　　(1)　賃金通貨払いの原則との関係 ････････････････････････････････ 268
　　(2)　自社株式給付と福利厚生施設該当性 ･･････････････････････････ 269
　　(3)　株式持分の引出制限と強制貯蓄の禁止との関係 ････････････････ 271

第11章 新プランと金融商品取引法

1 新プランと金融商品取引法 275
2 インサイダー取引規制との関係 276
　(1) 新プランとインサイダー取引規制の概要 276
　(2) 自己株式の処分決定と重要事実 277
　(3) ビークルによる株式取得とインサイダー取引規制 278
　(4) ビークルによる発行会社からの自社株式の譲受け 280
　(5) ビークルと従業員持株会の取引 281
3 新プランと金商法の適用除外 283
　(1) 金商法と適用除外の概要 283
　(2) 受託者の引受業該当性 285
　(3) 集団投資スキームとの関係 287
　(4) 投資信託法との関係 288
　(5) 信託管理人の業規制 289
　(6) 開示規制との関係 290
　(7) 公開買付けの必要性 294

第12章 退職従業員給付型プラン

1 退職従業員給付型プランの概要 297
　(1) 退職従業員給付型の新プラン 297
　(2) 退職従業員給付型プランの概要 299
2 退職従業員交付型プランと会社法上の位置付け 301
　(1) 現行法と退職給付型プランの導入 301
　(2) 退職従業員給付型プランと会社法上の問題点 303
　(3) 会社法上の問題点の解決の必要性 305
　(4) 無償給付型プランの実例 306
3 従業員に対する自社株式の無償給付と原資確保 308
　(1) 自社株式を無償で給付することの意味 308

(2)　退職金を引当てにする原資の確保と問題点 ……………………… 310
　(3)　退職給付型のプランと退職金制度との調整 ……………………… 311
4　自己株式の取得規制との関係 ………………………………………… 313
　(1)　信託銀行等による株式取得と自己株式の取得規制 ……………… 313
　(2)　自己株式の取得とプランの実効性 ………………………………… 315
5　自己株式の処分と払込みに関する問題点 …………………………… 317
6　退職従業員給付型プランと報告書 …………………………………… 321
　(1)　報告書による問題解決の可能性 …………………………………… 321
　(2)　退職従業員交付型プランの現状 …………………………………… 325
7　退職従業員給付型プランに対する法律的結論 ……………………… 328
8　企業再生と退職従業員給付型プラン ………………………………… 330

第13章　ＥＳＯＰの戦略的利用

1　ＥＳＯＰを用いた企業の復活・再生計画 …………………………… 333
　(1)　米国におけるＥＳＯＰを用いた事例 ……………………………… 333
　(2)　新プランと企業再生目的の利用 …………………………………… 334
　(3)　企業再建目的の新プランの利用 …………………………………… 336
2　ＥＳＯＰの敵対的買収予防策としての機能 ………………………… 337
3　新プランと安定株主の確保等の副次的機能 ………………………… 340
　(1)　新プランに期待される副次的効果の概要 ………………………… 340
　(2)　安定株主確保の機能・買収防衛策としての機能 ………………… 341
　(3)　株価対策と新しい株主づくりの機能 ……………………………… 344

第14章　新プランと事業承継

1　アメリカにおけるＥＳＯＰの普及状況の変化 ……………………… 347
　(1)　上場企業におけるＥＳＯＰの現状 ………………………………… 347
　(2)　非上場企業におけるＥＳＯＰの導入傾向 ………………………… 349

2　非上場会社のＥＳＯＰの概要 －－－－－－－－－－－－－－－－－－－－－－－－－－－－－－－ 350
　　(1)　税制上の優遇措置による支援 －－－－－－－－－－－－－－－－－－－－－－－－－－－－ 350
　　(2)　ＥＳＯＰからの給付と会社の買戻義務 －－－－－－－－－－－－－－－－－－－－ 350
　　(3)　ＥＳＯＰ向け融資の特徴 －－－－－－－－－－－－－－－－－－－－－－－－－－－－－－－ 351
　3　レバレッジドＥＳＯＰによる事業承継 －－－－－－－－－－－－－－－－－－－－－－－ 353
　4　中小企業の事業承継と新プランの検討 －－－－－－－－－－－－－－－－－－－－－－ 354
　　(1)　中小企業と事業承継の現状 －－－－－－－－－－－－－－－－－－－－－－－－－－－－ 354
　　(2)　企業内事業承継と日本版ＥＳＯＰの活用 －－－－－－－－－－－－－－－－－ 355
　5　新プランと経営承継円滑化法 －－－－－－－－－－－－－－－－－－－－－－－－－－－－－－ 358
　　(1)　経営承継円滑化法の概要 －－－－－－－－－－－－－－－－－－－－－－－－－－－－－－ 358
　　(2)　経営承継円滑化のための金融支援措置 －－－－－－－－－－－－－－－－－－－ 359

【資　料】　新たな自社株式保有スキームに関する報告書（一部抜粋） －－－－－－ 361

第1章　新プラン（日本版ＥＳＯＰ）の概要

1　日本版ＥＳＯＰの導入のための基本的理解

（1）　日本版ＥＳＯＰの意味とプランの選択

　日本版ＥＳＯＰ（新プラン）の普及が進んでいるが，それはアメリカのＥＳＯＰ（以下，「ＥＳＯＰ」）とは異なったプランである。ＥＳＯＰ（Employee Stock Ownership Plan）をベースにしながら，わが国で導入可能とするためにアレンジした日本型のＥＳＯＰである。そこで，それを日本版ＥＳＯＰとよぶか否かはそれ程重要な問題ではない。

　日本版ＥＳＯＰの導入に関しては論議があり，一部には導入の必要性を否定する見解があるが，多くの場合，どのような制度についても導入と実施について賛否両論が存在している。そこで，ここでは，日本版ＥＳＯＰを導入することを是認した上で，どのような形で導入するのが適切であるか，法律上の問題点が生じないかを中心に検討すべきであるとするのが，妥当な方向付けであると考えられる。

　新プランには，従業員の拠出を必要とするレバレッジド型ＥＳＯＰをベースとした従業員持株会発展型プランと，全額企業負担であるノン・レバレッジド型ＥＳＯＰをベースとした退職従業員給付型プランとがある。この2つのプランのいずれを選択するかは，どちらのプランがＥＳＯＰに近いか，日本版ＥＳＯＰとよぶにふさわしいかの問題ではない。それは，日本版のＥＳＯＰとして導入する際に，会社法上，どちらが無理なく導入可能なプランとして設計することができるかということである。

　従業員持株会発展型プランの多くは，「信託型従業員持株プラン」とよばれるものであるが，開発各社によりそれぞれ名称が付けられている。退職従業員給付型プランは「株式給付型信託プラン」ともよばれている。両プランの名称

が類似していることから，混同しないように注意する必要がある。

　従業員持株会発展型プランは，証券会社方式の持株会をベースにするのであるが，従業員の任意参加ということになる。退職従業員給付型プランの場合は，資格のある全従業員を対象とする強制加入という方式によることになるが，対象従業員を幹部従業員に限って制度設計をしているプランも見受けられる。

　新プランにとって，もっとも重要なのは適法性の確保である。現行法の下で無理なく導入できるのは，どのプランであるかという適法性との関係を問題にすべきである。いかにすぐれた内容のプランであっても，現行法との関係で導入し得ないものであればおよそ意味はないといえよう。

　退職従業員給付型プランに対しては，特別の立法的措置がなされていないことから，退職従業員に対し自社株式を無償で交付することができるのか（全額企業拠出），自己株式の取得規制との関係をどう処理するのかという，法律的な観点からの問題提起がなされている。

　ESOPとの近似性を強調しても，現行法の下では，導入企業が退職従業員に自社株式を無償で給付することができないから，かかる目的で信託銀行やビークルに対し，保有自己株式を信託することはできないと解される。取得条項付新株予約権を用いても解決するとは思えないし，また，金銭を信託して，これにより導入企業株式を取得するとなると，自己株式の取得規制や自己株式の処分規制との抵触をどうするかという問題が存在するため，まず，それを解決することが，適法性の確保のために必要となる。

　これに対し，従業員持株会発展型プランについては，持株制度とどう違うのか，果たして従業員の利益になるのか，ESOPとの近似性が認められるのかなど，実質的理由に基づく懐疑的な意見が一部にみられる。

　しかし，このプランは，導入企業がビークルを設けて，ビークルによる借入れを行い，ビークルが借入金により導入株式を取得する点は，レバレッジド型のESOPと同様の仕組みである。しかし，決定的な違いは，ESOPの場合はビークル（ESOPのための特別信託であるESOT）の借入金は，導入企業が弁済原資を負担し，従業員は負担しないのに対し，従業員持株会発展型のプラ

第1章　新プラン（日本版ＥＳＯＰ）の概要

ンの場合は企業負担とすることができないから，ビークルは保有する株式を持株会に売却し，その売却代金をもって借入金を弁済していくことになる。この場合，持株会の買受代金は，会員たる従業員の拠出と会社から支給される奨励金ということになる。

そうすれば，レバレッジド型のＥＳＯＰと持株制度の運用を組み合わせたものであるから，現行法の下でも適法にプラン設計をすることが可能となり，法律上の問題も少ないといえる。しかし，従業員の任意参加であることに加え，従業員にとっては自社株式投資であることから，現行の従業員持株制度と同様の投資リスクを伴うことは否定できない。

このプランは，従業員持株制度の普及が終わったことから，新しい形で持株制度を補充するとともに，ビークルを用いた一括取得であることから，従業員の福利厚生目的に加え，株価対策や安定株主の確保という副次的効果が期待されることになるが，これは，別段，導入を否定する理由であると考える必要はない。

エリサ法は，勤労者を対象とした給付のための資産は，すべて信託の形で保有しなければならないとしているから（同法403条），ＥＳＯＰについても信託を設けなければならない。これに対し，新プランもなんらかの形で信託が関係している。持株会を直接利用するのではなく，ビークルを介在させるのは，持株会が民法上の組合として構成されていることから，持株会による借入れができないとか，技術的に複雑となるなどの議論があることから，借財能力が認められるビークルにより借入れを行い，ビークルが一括して自社株式を取得する趣旨であると理解されている。

ビークルの借入れのためには，導入会社による債務保証が不可欠である。それ故，借入金についての確実な弁済計画の下で，プランの導入を実行すべきことはいうまでもない。そこで，うまく設計して運用すれば，法律的な問題が発生することは少ないといえる。しかし，プランを成功させるための十分な計画も見込みもないのに，安易にプランを導入し，プランの失敗により会社に損害が生じた場合は，関係した取締役や執行役（以下，「取締役等」）は任務懈怠責任

を負わなければならない場合も考えられる。

(2) 日本版ESOP導入の背景と経緯

わが国においても，平成13年（2001年）ころから，従業員の退職時に自社株式を支給するという自社株報酬制度に対する関心が示され，そのためには，アメリカで普及しているESOPの導入の検討が必要であるとされていた。ESOPの導入論が生じた発端は，当時の株価の低迷に伴う証券市場の不況対策として，株価の向上による市場の活性化を図るために必要であるとして，株価対策を念頭に置いたものであった。このように，ESOPを導入すべきとの意見が経済界を中心に台頭してきたが，政府もそれを前向きに検討していた。

証券市場の活性化を図るための方策（株価対策）として，金庫株の解禁，日本版401K（確定拠出年金）とともに，企業年金型のESOPの導入の必要性がいわれたのであった。特に，株式市場への資金の流入を促すために，ESOPの導入を検討すべきであると提言されていた。また，それは，株式の持合い解消と銀行保有株の減少に伴う「受け皿」としての機能を期待するという事情が背景にあったものといえよう。

ESOPの導入のための動きが本格したのは，少子高齢化対策，株式の相互保有と銀行持株の解消対策としての受け皿づくり，株価低迷に伴う株価安定策の必要という事情を背景に，経済同友会社会保障改革委員会が，2001年3月に「社会保障制度改革の提言（その5　米国ESOPの日本導入）」（以下，経済同友会の提言）を公表したからである。従業員が株主となることで資本の分配を従業員にまで広げ，株主と従業員の利害関係を一致させる長期インセンティブ・プランであるESOPを，わが国にも導入することが必要と考えたことに始まる。経済同友会の提言は以下のようである。

従業員の株主化は，長期インセンティブ制をすべての従業員にまで及ぼすことにより，企業の活性化につながる。がんばって会社の利益が増加し，株価が上昇すれば，従業員の退職給付が増加するESOPが導入されれば，会社利益の増加は従業員にとってもプラスになる。このように，ESOPは従業員が株

主となることで資本の分配を従業員にまで広げ，株主と従業員の利害関係を一致させる長期インセンティブ・プランである。

　ＥＳＯＰの現実的な機能としても，保有株式について時価評価との関係から相互保有や銀行保有株式について，株価の下落と低迷状態が長期間継続すると企業業績を圧迫する。この点，ビークルに自社株式を売り渡し，または信託銀行に信託すれば，安定株主を確保しながら株価の低迷に対処し得る。もっとも，企業会計上，ビークルを子会社と解すれば連結会計上の問題は残る。このように，株式相互持合解消の動きへの対処，日本企業の活性化戦略としてＥＳＯＰをわが国に導入する必要がある。また，金融機関の株式保有余力が低下し，新たな株主が必要な局面にあることから，従業員をＥＳＯＰのもとに結集し，新たな株主とすることも必要である。

　続いて，ＥＳＯＰは，「全従業員の株主化」を基本理念として，従業員の自社株主化により，所有者意識を植え付け，株主と従業員の利害関係を一致させようとする自社株式を利用した長期インセンティブ・プランであることから，その日本への導入を提案する。これにより，「会社は誰のものか」という論争に終止符を打つべきものと考えられる。

　提言された日本版ＥＳＯＰの具体的なスキームは，①自社株式に投資される退職給付制度であり，従業員による現金化は退職時のみとする。②拠出は企業のみで行い従業員の拠出は認めない。拠出は現金または自社株式で行う。③企業拠出は，例えば，従業員１人当たり年50万円×従業員数とする総金額を企業の損金算入の上限とする。④ＥＳＯＰは借財能力をもつ。借入れを行った場合は，毎年の企業拠出金および配当金で元本返済を行う。⑤ＥＳＯＰの利払いは導入企業が行う。このときの利息支払額は，当該企業拠出上限枠外とし全額損金算入を認める。⑥議決権については，従業員の意見を集約し，株主総会に反映させる。⑦当初は公開企業のみを対象とし，株価算定能力の上昇に合わせて未公開企業へと範囲を拡大する。この場合，オーナーの引退等に伴うＥＳＯＰへの自社株拠出は税制上優遇されるべきである。⑧レバレッジドＥＳＯＰにおける従業員への自社株の配布は，借入金返済見合いの分の自社株を，各人の口

座に配布するというものである。

　そして，日本版ＥＳＯＰ，とりわけレバレッジドＥＳＯＰを導入するに際しての留意点は，①ＥＳＯＰの借入れが導入企業の保証行為となるため，企業格付けにインパクトを与えること，②現状の株価水準と自社の中長期シナリオのバランスを労使で真剣に検討することである。したがって，手元流動性が高い，あるいは高い利益成長が期待し得る企業にとっては，導入が容易なものとなろうとしている[1]。

　「経済同友会の提言」は，アメリカのＥＳＯＰに沿った内容であるが，具体的なスキームとして信託形式を用いた退職給付金制度である。ＥＳＯＰの導入企業が，自社株取得資金の拠出または保有自己株式（金庫株）の放出により信託形式のＥＳＯＴ（ＥＳＯＰの運用主体）を設立し，信託受託者として制度運営を委託し，制度参加従業員を受益者とする信託構造であると理解される。提言が公表された時期とも合わせて考えれば，株価対策として新しい株主づくりを主眼としたものである。また，当時の与党による「証券市場等活性化対策中間報告」も，日本版ＥＳＯＰの導入を検討課題にしていた。

　このように，株価低迷の平成13年（2001年）ころにＥＳＯＰの導入論が登場したが，その後，株価の安定により導入の現実論は，一時後退したように見受けられる。昨今の株価の低迷により，株価対策と安定株主確保の両面から，ＥＳＯＰの導入の必要性が再認識され，新プラン（日本版のＥＳＯＰ）の導入が現実化し，現在では，証券会社，銀行，信託銀行により多種の新プランが開発され，導入企業も増加傾向にある。しかし，その趣旨と目的は，経済同友会の提言が活かされたものであると考えることができる。もっとも，特別の立法的措置を講ずることなく，現行法の下で導入するのであるからどのような内容のプランにすればよいかということが喫緊の検討課題となった。

　政府もエリサ法のような特別の立法的措置を講じないまでも，ＥＳＯＰを応用した従業員持株プラン（新プラン）の導入に積極的な態度を示すようになっ

（1）「経済同友会の提言」27頁

第1章　新プラン（日本版ＥＳＯＰ）の概要

た。そして，平成20年10月，政府（自民党政権）が示した新総合経済対策（追加経済対策）には，経済と金融市場の安定強化策の1つとして，日本版のＥＳＯＰ（従業員株式所有制度）導入の促進のための条件整備を掲げていた。

　それに先立ち，経済産業省は，新スキームの有効な活用の観点から，新スキームと現行法制度等との関係をめぐる論点について分析，整理するため，平成19年11月，「新たな自社株式保有スキームに関する検討会」を設置し，検討会は新スキームの設計・運用等に当たり，現行法制度等の関係で，特に留意すべき点等について検討と整理を行い，平成20年11月17日，「新たな自社株式保有スキームに関する報告書」（以下，「報告書」）を公表した。

　報告書の趣旨は，開発されたプランについて分析と整理を行い，日本版ＥＳＯＰの導入のための条件を整備し，導入の促進を図るものと解される。しかし，新プランを実行することが可能であると結論付ける背景には，やはり平成13年ころと同様に，株価の低迷に対する下支え（株価安定策），株式の相互保有の解消に伴う受け皿づくりの必要性があるといえる。そして，これに加え，新たなる敵対的買収防衛策としての安定株主づくりの必要性が考えられる。

　このように，現行従業員持株制度の導入の直接の動機と実質的理由が，昭和43年当時の外資導入の解禁に対する外資対策であったのと同様に，日本版ＥＳＯＰ（新プラン）導入の契機と実質的理由は，株価対策と安定株主の確保にあるといえる。そうすれば，新プラン導入の契機は，どちらかといえば，会社および経営陣の利益のためであるとみることができる。しかし，株価対策と安定株主の確保目的で新プランを導入することは，それ自体が，別段，不都合というわけではない。それと，インセンティブ効果や従業員の利益確保をどう調和させるかが重要な課題となるのである。

（3）　日本版ＥＳＯＰの基本的理解

　ＥＳＯＰをモデルにし，これをアレンジして開発された日本版ＥＳＯＰ（新プラン）のスキームには数種類ある。これらは，ＥＳＯＰを参考にして，そのスキームを利用したものであるが，現行法の下で導入するために開発されたも

のであり，日本固有のプランでありＥＳＯＰではない。そのことは，日本版ＥＳＯＰを正確に理解するための出発点としての確認事項である。

新プランは現行法の下での導入であることから，いかにアメリカのＥＳＯＰに近いプランであっても，会社法や労働基準法に抵触するようなプランは認められない。その意味で，特別の立法的措置がないのに，株式取得資金の全額を会社負担とするＥＳＯＰを志向することは，理想論ではあるが現実的ではないといわざるを得ない。

経済界を中心にプランの有用性が認識され，政府も導入に積極的である。しかし，これに関する特別の立法的措置を講じることなく，会社法等の既存の法律や税務・会計に従ったプラン設定と運用がなされている。これは，実務が先行した方向付けである。このことは，従業員持株制度の導入以来，約半世紀が経過して実務として定着しているが，特別の立法的措置がなされていないことと比較しても，立法的措置がなくても新プランの導入は可能であり，十分に発展の可能性があるといえよう。

現行法の範囲内の導入としては，従業員持株会発展型のプランによる方が適法性を確保しやすく，また報告書も会社法との関係で従業員持株会発展型の新プランを中心に検討したことなどにより，現在では，従業員持株会発展型のプランが主流であるとみることができる。

従業員持株会発展型の新プランとＥＳＯＰの基本的な違いは，株式取得資金をだれが負担するかという資金の拠出先である。ＥＳＯＰの場合は，退職給付制度として全額企業負担であるのに対し，新プランでは資金の大半は従業員が拠出することにある。この点が，新プランとＥＳＯＰの基本的な相違点である。

会社法は，多くの国の会社法と同様に，発行会社が従業員に自社株式を無償給付することを認めていない。自社株式の無償給付（全額企業負担）をするためには，特別の立法的措置を必要とするのであるが，特別の立法的措置を待たず現行法の範囲内でプランを開発するのであるから自ずから限界がある。

開発された日本版ＥＳＯＰ（日本型ＥＳＯＰ）のプランには複数のスキームがある。大別すれば，従業員持株会発展型プラン（従業員持株会応用型プラン）と

第1章 新プラン（日本版ＥＳＯＰ）の概要

退職従業員交付型プランである。

退職従業員交付型プランは，ノン・レバレッジド式の無償交付型プランである。ＥＳＯＰを指向するプランではあるが，株式の無償交付は認められないことから，現行法上の問題として，株式取得資金の原資をどうするかという問題があり，このプランが適法であるためには，まずこの問題を解決しなければならない。

これに対し，従業員持株会発展型プランの場合は，ビークルの自社株式の取得原資は借入金によることになる。これが退職従業員交付型プランより優れたものであるか否かはともかく，法律論としていずれが問題なく導入し得るかということになる。それは，現行法の下での開発という制約を受けることを意味する。そうすれば，新プランは従業員持株会発展型に向かうことになるし，導入されたプランの大半は従業員持株会発展型プランであることにも，それなりの理由が認められるのである。

従業員持株会発展型プランと退職従業員交付型プランと比較すれば，後者がＥＳＯＰ的であることは明らかである。しかし，現行法の下で導入することが可能であるかという適法性確保の問題がある。それは，従業員に交付する株式の取得原資の確保であるが，それが，自己株式の取得に関する会社法との関係，退職金に関する労働基準法との関係につながる。これらの問題を解決してプランの適法性が確保できなければ，違法プランとなり容認することができなくなる。

ＥＳＯＰは，株式取得資金の全額企業拠出と損金算入を認める特別の立法がなされている法律上の制度である。これに対し，日本版ＥＳＯＰ（新プラン）は特別の手当てがなされることなく，現行法の下で開発されたプランである。それは，ＥＳＯＰを参考にして，わが国の企業ニーズに合わせ，現行法の下で導入可能なプランにアレンジしたものであり，それをどう名付けようとＥＳＯＰとは同様の内容にすることはできない。

日本版ＥＳＯＰの開発と導入が近年進んでいるが，現行法の下で，ＥＳＯＰをそのまま導入することは無理である。新プランはＥＳＯＰではないから，現

行法の下で，新プランをＥＳＯＰのような企業年金的なプランに向けて制度設計しようとするには限界がある。これを無視して無理にＥＳＯＰに近づけようとすれば，違法プランということになりかねない。このことは，プラン導入のための設計に際して明確に認識しておかなければならない。

アメリカのＥＳＯＰは，法政策的意味からエリサ法により規定された法律上の制度であり，資金の貸付銀行や導入企業に税制上の優遇措置が講じられていることが，ＥＳＯＰの普及につながったといえる。融資する銀行については，ＥＳＯＰの資金目的の貸付金利について税金上の優遇措置があり，また導入企業も拠出金に対し，賃金額を基準にして一定割合（15％～20％）まで損金算入という税金上の優遇措置が認められたことである。

アメリカのプランと比較すれば，新プランは法的根拠の有無を原因にして，プランの内容は大きく異なる。それは，法的措置が全くないままに開発されたプランであることに原因する。もとより，ＥＳＯＰを参考にすべきであるが，無理にＥＳＯＰと同様のプランとする必要はない。ＥＳＯＰを，わが国の実情に適合するようにアレンジすべきことは当然の要請であり，無理にＥＳＯＰ化すれば，どこかに無理が生ずることは避けられない。やはり，最終的には特別の立法をしなければＥＳＯＰ化することは難しい。新プランにどのような名称を付すかはよび名の問題であり重要なことではない。ＥＳＯＰを付した名称にしたからといってＥＳＯＰとなるものではない。

ＥＳＯＰと日本版ＥＳＯＰ（新プラン）の違いを認識した上で，新プランが有益なものであると認識され，企業ニーズに適合するものであれば，現行法の下で導入が可能なスキームを開発して新プランを導入することは必要である。立法的な措置が講じられていなくても，従業員持株制度と同様に，広く普及し，企業社会に定着し，成功するものと十分に期待されるところである。

この場合，従業員持株制度と併存を考えるのが当然の方向性といえる。また，わが国に定着している退職金制度との整合性も要求される。そうすれば，多くのプランが用いている持株会応用型に向かうのが自然といえよう。

従業員持株会発展型プラン（従業員持株会応用型プラン）は，ビークルとして

第1章　新プラン（日本版ＥＳＯＰ）の概要

特別信託を用いるもの（信託応用型）と，一般社団法人を用いるものとがある。そこで，現在，開発されているプランは，退職従業員給付型プランと合わせて3つに分類することができる。そして，信託応用型の従業員持株会発展型プランが多数を占めているのが現状である。

　従業員持株会発展型プランと退職従業員交付型プランは，いずれも何らかの形での信託応用型という点では共通している。しかし，プランの内容が大きく異なる。証券会社，信託銀行，銀行が業務の一環として，米国のＥＳＯＰを参考にして，種々の新プランが開発されているが，従業員持株会発展型プランと退職従業員給付型プランは，スキームにおいてかなり相違点があり，これを統一的に理解することは難しい。

　両者の根本的な違いは，株式取得資金の多くを従業員が拠出するか，それとも全額企業拠出による無償給付プランであるかである。そして，それが技術的な面にも反映し，ビークルや従業員持株会を利用するか否か，従業員が株式の引出しを自由に行えるかどうかなどに相違点が見出される。

　従業員持株会発展型プランと退職従業員交付型プランは，その基礎的考え方がかなり異なり，したがって，プランの内容も大きく異なっている。いずれのプランによるべきかは，現行法，特に会社法との関係で，これと抵触することなく導入することが可能なプラン設計という観点から検討すべきである。

　従業員持株会応用型プランは，従業員持株制度と同様に従業員の福利厚生を主眼とする貯蓄型のプランであり，それに安定株主の確保と株価の維持という機能を併せ備えたものといえるから，ＥＳＯＰとはかなり異なり貯蓄型の自社株投資の性格を有することになる。しかし，資金調達方法（原資の確保）は明確であるから，それが適正に運用されている限り，自己株式の取得等の法律上の問題は生じないといえよう。

　これに対し，退職従業員交付型の場合のスキームは，ＥＳＯＰ的な退職企業年金的な給付を主眼とするプランである。それは，経済的ないし実質的機能として，従業員への支払約束に係る資金の前払約束であるとし，会社から給付される従業員への退職給付資産による導入株式の積立て方式であるとするなど，

【現在開発されているプラン】

プランの形態 株式取得資金	ビークルまたは運用主体 株式の取得方法	運 用 会 社
従業員持株会発展型 従業員の拠出・奨励金	ＥＳＯＰ信託（他益信託） 原則市場買付け	野村証券・多くの信託銀行
従業員持株会発展型 従業員の拠出・奨励金	一般社団法人（他益信託） 自己株式の処分型	三井住友銀行
退職時株式給付型 全額企業拠出	信託銀行（他益信託） 金銭信託と自己株式の処分等	みずほ信託銀行

※　平成20年12月1日以前に有限責任中間法人として設立されていたが，一般社団法人法が施行された同日以降は，自動的に一般社団法人に組織変更された。

　資金関係に関しては前払いによるとの説明がなされるようである。しかし，法律的観点からみれば，無償給付をこのような抽象論で解決することができるのか，退職金制度との関係をどう調整するのか，また，このような理由で自己株式の取得規制との抵触を回避することができるのかという問題があり，これらの問題点を解決することが，このプランを開発するための前提要件となるといえよう。
　そうすれば，法的観点からみれば，従業員持株会発展型プランによる方が無難であるといえよう。現在，導入されているプランの大半が従業員持株会発展型プランであることもこのような理由によるものと考えられる。

（4）　新プランの目的と機能

　アメリカでは，ＥＳＯＰは従業員に会社利益の分配や経営参加を指向するものとされており，現に，企業再生目的で戦略的に利用することにより，ＥＳＯＰにより従業員による企業買収を果たした例もある。これに対し，わが国の場合も，新プラン（日本版ＥＳＯＰ）の実施により，会社利益の分配や経営に対する関心を高め，株式所有による企業業績と生産性の向上を高め，それによるインセンティブ効果を期待することはできる。しかし，現段階では，新プランは経営参加までも視野に入れたものとはいえないであろう。現に，従業員は新プ

ランによるも,経営に参加するだけの株式を取得することはあまり考えられないのであり,企業経営に対するモニタリング的機能の発揮にとどまるであろう。

　もっとも,非上場会社においては,新プランの利用により経営参加だけではなく,従業員による企業買収を可能とし,事業承継の方策として利用することも考えられる。

　従業員持株会発展型プランの場合は,株価の値上がりにより従業員は利益を得ることができるとしても,直接の企業利益の分配とはいえないであろう。この点,退職従業員交付型プランの方が企業利益の分配に近いのであろうが,退職金を現金で支給することに代えて,自社株式で給付するというのであれば,企業利益の分配ともいいきれない。それは,トラックシステム(賃金や退職金の現物支給)的な意味をもつことになる。もとより,会社が保有する処分先の見つからない自己株式の処分先として,新プランを利用するということは好ましくない。

　新プランの機能を,従業員の自社株式投資による財産形成とみるか,退職給付的なものとみるかの相違があるとしても,新プラン導入は従業員の福利厚生を目的するという点では共通している。新プランのために企業が財務的援助をすることが許されるのも,かかる目的によるからである。そうすれば,新プランは企業再建目的など戦略的に利用するという特殊な場合を除けば,経営参加とか,従業員による経営支配を目的とするものではない。このような目的のために,従業員が自社株式を取得するために会社が財務的援助をすることは許されないであろう。

　新プランの導入は,企業利益と従業員の利益になる場合でなければ正当化し得ない。企業利益という観点では,企業が財務的援助をしてプランを導入することにより,株式所有による従業員の企業への帰属意識を高め,労働インセンティブ効果を期待することができる。さらに,ビークルや持株会が株式を保有することから,従業員はビークルや持株会による議決権行使を通じて,経営に対する監督権を行使することにより,モニタリングの機能やコーポレート・ガバナンスとしての機能を期待できるとされているが,プランが適正に機能して

いる限り，かかる期待は十分に実現可能である。

　モニタリングの機能やコーポレート・ガバナンスとしての機能が期待できるというのも，従業員の長期株式保有を期待できることを前提とするのであり，インセンティブ効果というのも，企業業績の向上と株価の上昇を期待してのことである。

　モニタリング機能，コーポレート・ガバナンスとしての機能，インセンティブ効果も，新プランの導入が始まってから間がなく，取得資金の全額を会社負担とできない法制の下では，従業員の拠出を伴うことから（退職金制度を廃止して，退職時の株式給付によるとしても実質的には同一であると考えられる），これらの機能や効果は制限的であるということは否定できないであろう。

　退職給付型のプランの場合，現行法の下での運用は退職金を原資にするということが考えられるが，退職金制度を廃止して新プランに切り換えた場合，インセンティブ効果をどこまで期待できるかは，今後の運用の結果をみなければわからない。

　新プラン導入の目的と意義について色々の理由があげられているが，形式的ないし表面上の理由はともかく，現実的な意義は，端的にいえば，従業員の福利厚生を主要目的とし，それに併せ副次的に，安定株主の確保，株価安定策，そして企業買収防衛策として有効とされている。副次的にこれらの目的が伴うことは，別段，非難されることではなく，新プランの導入を否定する理由になるものではない。

　新プランの導入が，企業と従業員の利益になり，それが生産性の向上につながるのであれば，会社の費用を使って新プランを導入することは許されるのである。ただ，それを正当化するためには，インセンティブ効果やコーポレート・ガバナンスの実現を掲げる必要があるというのは，どのようなスキームのプランであっても共通しているといえよう。このようにみれば，新プランは，ＥＳＯＰとは目的も機能も違うのであるから，無理にＥＳＯＰ化する必要はないであろう。

　副次的な目的ないし機能の正当性は，経営陣が保身目的で新プランを利用す

ることとは区別する必要がある。つまり，経営陣による濫用的な利用目的の存在と，新プラン導入の目的の正当性とを混同してはならない。

　新プラン導入の必要性としてあげている現行従業員持株制度では，一定の引出単位（取引単位）に達すれば，自由に引き出して売却できるからインセンティブ効果が低い。毎月の定時・定額買付けでは，必要な株式を買えないから，ビークルを通じて大量の自社株式を一括して買って，順次，従業員に譲渡したり，会社が保有する自己株式の処分としてビークルに売却すればよい，株式持合い解消の受け皿になるなどの理由は，いずれも，株価安定策と安定株主の確保を目的とするものであることが明白である。

　新プラン導入の実質的意義と目的をこのように捉えることにより，新プランに対する理解を容易にするのであるが，新プランには，買収防衛策に加え，企業再生目的の戦略的利用や，中小企業の新プランにおいては，事業承継目的に利用することが可能である。このことは，ＥＳＯＰにおいてすでに経験済みであるが，新プランとＥＳＯＰは異なるものであるが，新プランにおいても，かかる目的のために利用することは十分検討に値する。

　もとより，新プランの導入にはかなりのコストを要することから，それに耐えられる企業であることが新プラン導入の要件となる。コストを負担できないような企業が導入を図ったのでは，決して企業の利益にはならないのであり，取締役の任務懈怠の責任が生じることがある。また，このような場合は，従業員の利益になるとも考えられない。

　導入企業の利益以外にも，ビークルが導入企業の保証の下に銀行から多額の資金を借り受けることは，銀行にとって利息収入を得ることができ，信託銀行にとっても取得株式を管理することにより信託報酬を得ることができ，株式の買付けを担当する証券会社については手数料収入を得ることができるから，いずれも営業上のメリットがある。

　新プランの導入は，従業員の利益を第一に考えなければならない。この場合，株価の下落によるリスクは，従業員が負担せざるを得ないというデメリットも考えなければならない（交付株式数を株価に連動させ，株価が下落しているから交付

株式数を増やすという内容のプランは，退職給付型のプランの場合であっても難しい）。

退職時という長期間で考えれば，一般的には，株価下落のリスクは少ないといっても，退職時が株価下落時であればリスクは大きい。この場合，退職等従業員は交付された株式の値上がりを待って保有を継続しなければならないが，企業業績が下降をたどればリスクはさらに大きくなる。

これは，従業員が株式取得資金を拠出した場合に顕著となるが，無償交付型の場合でも退職金に代替する給付であるとして制度設計した場合，現金を受け取るより不利になるとして，従業員が満足しない場合もある。そこで，新プランには株価の値下がりというリスクがあることを説明する必要がある。了解を得ていなければ運用上支障が生じ，インセンティブの目的が逆に失われることにもなりかねない。

（5） 新プランの副次的効果

新プラン導入の実質的な理由は，株価対策と安定株主の確保という副次的効果に対する期待であることは否定できないであろう。しかし，株価対策と安定株主の確保が会社の利益につながるのであれば，それは新プランを導入することの否定的理由になるとは思えない。ビークル（ＥＳＯＰ信託）には安定株主として作用することが期待できるし，信託銀行を受託者とする場合にも同様であると考えられる。信託管理人にも有事には経営陣に協力する方向（企業利益の確保）で動くことは十分に期待することができる。

平成13年（2001年）当時の株価低迷の対策として，ＥＳＯＰの導入がいわれていたが，近年の株価の低迷に合わせ，ここ数年で新プランの開発と導入が進んでいることから，新プランに株価対策としての効果を期待していることは否定できないとみるべきであろう。

ビークルが多額の資金を借り入れ，これを原資として株価の低迷期に一括して大量の自社株式を取得することにより，株価の下支えを期待することができる。そして，ビークルは一定期間株式を保有するとともに，順次，従業員持株会に譲渡することから，市場流通株式数を減らすことになり，株価安定的効果

が相当長期間持続することが期待できる。借入金による株式の大量取得によらない退職時に株式を交付するプランの場合であっても，信託銀行が株式を管理することにより，市場に出回る株式数が少なくなるから，ある程度は株価の安定策としての効果を期待することができる。

　もう1つの副次的効果として，安定株主の確保と買収防衛策であることは一般に認識されている。過度の安定株主づくりは好ましくないが，安定株主の確保は企業利益になるばかりか，最善の買収防衛策であると考えることができる。その意味で，新プランは新株予約権や種類株式を用いた買収防衛策や株式の相互保有より好ましいものであり，市場や株主に悪影響を与えることも回避することができるといえよう。

　従業員持株制度は，従業員の長期財産形成という福祉目的を掲げているが，制度導入の契機が外資対策であり，やがては安定株主の確保目的となったのと同様に，新プランにこれを求めることは不自然ではない。もっとも，経営陣の保身目的で利用してはならないという，運営の公正の確保が要求されることはいうまでもない。

　さらに，喫緊の問題として，東日本大震災の復興との関係で，多額の資金を必要とする企業が，保有する自己株式の処分を必要とすることである。新プランを導入し，ビークルが借入金により，自己株式の処分として譲り受けることは有効な自己株式の処分方法である。株価が下落している時期であるから，ビークルは安く大量の株式を取得でき，企業業績の回復と株価の上昇により従業員は利益を受けることができる。

(6) 新プランと類型の概要

　新プランはESOPをモデルにして開発されたものであるが，種々の類型がありESOPとの近似性が多いものから少ないものまである。現在開発されているプランのうち，従業員持株会を用いるプランは，ビークル（受け皿）を用いて導入企業株式（予定期間内に，持株会に対し全部を売却することが見込まれる株式数）を一括して取得するという内容である。

このプランには，ビークルとして，特別信託（ＥＳＯＰのための専用信託であるが，種々のよび方がなされている）を用いる方法と，一般社団法人であるＳＰＶを用いて匿名組合出資（商法535条以下）をする方法とがある。
　ビークルによる借入れというレバレッジド・プランである。ビークルが，金融機関からの借入金により導入企業株式（自社株式）を一括して取得し，従業員持株会に，順次，売却し，売却代金をもって借入金を弁済していくというスキームである。そして，新プランの多くは従業員持株会応用型プランである。
　この従業員の株式取得方法は，有償取得型はアメリカのレバレッジド型のマネーパーチェスプラン（money purchase plan）に相当する。基本構造はレバレッジド型のＥＳＯＰと共通するが，借入金の返済原資が企業負担ではなく，持株会に対して売却した株式の売却代金であることで大きく異なっている。その原因は，現行法の下では，従業員が取得する株式の取得代金を，導入企業は負担することができない，企業は奨励金の支給という形での財務的支援を行うことができるとする，現行法の枠組みの範囲内でのプランの導入によることであるからと考えられる。
　これに対し，退職従業員給付型は，ビークルや従業員持株会を用いることなく，導入企業が信託銀行または新プランのための特別信託に対し，自己株式の処分として自己株式を信託し，または自社株式を取得するための資金を信託し，この資金により信託銀行等が導入企業株式（自社株式）を取得して信託管理する。そして，従業員の退職時に自社株式を交付するというものであり，無償取得型のノン・レバレッジド型のプランに入れることができる（もっとも，退職金を引き当てれば，退職金が支払われないことから無償給付といえるかは疑問である）。したがって，このプランは，いわば取得条項付のストック・オプション（新株予約権）を，企業年金型に修正し，応用したようなものであるとされている。
　従業員持株会応用型はレバレッジド型であるから，ビークルの株式取得資金は借入金，持株会の株式取得資金は従業員の拠出となり資金関係は明確である（導入企業が奨励金を支給すれば，一部企業拠出となる）。これに対し，退職従業員給付型の場合は，従業員は株式取得資金を負担しないが，企業が株式取得資金

を全額拠出することができないから、株式取得のための原資をどうするかという問題が生ずる。

　導入企業株式（自社株式）の取得方法の、代表的なスキームとしてビークルまたは信託銀行が、株式市場から買い付ける方式（市場取得型）、と導入企業が保有する自己株式を譲り受ける方式（自己株式処分型）とがある。同一プランにおいてこれを併用することは可能である。もっとも、自己株式処分型による取得方法しか認めないプランもある。

　その他の株式取得方法として、ビークル等に対する第三者割当ての募集株式の発行という方法があるが、発行株式数を増やすことになるなどの理由により行われていない。また、ビークル等が、第三者が保有する株式を譲り受けるという取得方法も考えられる。

（7） 新プランの導入に向けての条件整備

　従業員持株会発展型のプランは、ビークルを用いた自社株式の取得と持株会を結びつけたものであるが、ビークルが導入企業の保証の下に株式取得資金を借り入れることが、会社の計算による自己株式の取得にならないか、議決権行使の独立性が確保されるかなどが問題になるが、持株会のビークルからの自社株式の譲受けに関して生ずる法律問題は、従業員持株制度の場合と同様に考えればよい。

　従業員持株制度に関する適法性の論拠が、日本版ＥＳＯＰ（新プラン）の導入についても基本的に通用するものと考えられる。従業員の福利厚生を図るというプランの導入目的の適法性の根拠であることは共通している。新プランについて、従業員持株制度の場合と同様に特別の根拠規定はないが、従業員持株制度の適法性の根拠が等しく通用すると考えられる。会社が運営のための経費を負担し、参加従業員に奨励金を支給することは、現象的には一般株主の利益に反することになるとしても、終局的には会社すなわち一般株主にとっても利益となることに適法性の根拠を求めるべきである。それは、主として、どの程度まで奨励金の割合を高めることができるかという観点から検討すべき課題と

なる[2]。

　上場企業における従業員持株制度の運用は，定時的な市場買付けの方法でなされているが，一時分譲による株式取得というものが考えられなくはない。自己株式の取得が厳しく規制されていた当時においては，会社が保有する自己株式を持株会に譲渡することはほとんど考えられなかったが（例外的に取得した自己株式の処分として可能であった程度である），会社法の下では，保有自己株式の処分として持株会に譲渡することが可能であり，また募集株式の発行に際し，持株会に対して第三者割当てによる新株を発行するという方法も可能である。

　そして，新プランについては，これがビークルによる自社株式の取得という形でなされるのである。もっとも，市場取得についても一括取得という形でなされるのが特徴である。

　従業員持株制度において，発行会社による持株会に対する一時分譲は，募集株式の発行と保有自己株式の処分の方法によるが，それは同一手続により行われる。この場合，有利発行手続としての特別決議を経れば，保有株式を低額で譲渡することや，低額の発行価格とすることは可能であるが，この場合であっても，価格を大幅に下げることは，よほど特別の理由がない限り許されない。まして，ドイツのように自己株式を無償で譲渡するなどということは到底できない相談である[3]。そして，これは，新プランの場合にも同様に考えられることである。

　新プランのうち退職給付型のプランについては，退職従業員に自社株式を無償で給付するとなると適法性が問われることになり，無償給付ではないというための原資をどう確保するかという難しい問題に直面する。

　新プランの導入のために，特別の立法的手当はなされていないが，それを根拠付けるための措置が次第に講じられていることから，導入企業は増加していくものと思われる。導入のための措置として，次のようなものが行われている。

　新プラン導入のガイドラインとなる「報告書」の公表に続き，平成21年9月

（2）　河本一郎ほか「従業員持株制度のすべて」〔商事法務研究会昭和45年〕29頁参照
（3）　河本一郎ほか・前掲「従業員持株制度のすべて」35頁

第1章　新プラン（日本版ＥＳＯＰ）の概要

9日，金融商品取引業等に関する内閣府令，金融商品取引法第2条に規定する内閣府令（定義府令）が施行された。また金融庁も「金融商品取引法等に関する留意事項について（金融商品取引法等ガイドライン）」を公表した。その後，同年12月11日，「企業内容等の開示に関する内閣府令（開示府令）」を改正する内閣府令が施行された。そして，これに併せ，金融庁は，「特定有価証券の内容等の開示に関する留意事項について（特定有価証券開示ガイドライン）」の改正を公表した。他方，同年2月6日，企業会計基準委員会も，「連結財務諸表における特別目的会社の取扱い等に関する論点の整理」を公表し，新プランについて会計処理面に関する考え方を示している[4]。

これらにより，新プランに関する金融商品取引法の規制や開示規制に関する取扱いが明確にされ，新プランの実施のための方向性が明確になった。

(8)　新プランの導入と従業員の理解と協力

新プランの導入は企業が行うのであるが，従業員持株会発展型のプランであっても，退職給付型のプランについても，対象従業員の理解と協力がなければ円滑に導入することはできない。退職給付型のプランについては，資格のある従業員全員を対象とすることになるが，退職金を廃止または減額し，自社株式の給付に切り換えると，従業員の抵抗も十分に考えられるから，自社株式の給付が退職従業員にとってメリットとなることを十分に説明し，理解を得るように努めなければならない。

従業員持株会発展型プランについては，従業員の拠出を必要とするから任意参加ということになる。そこで，対象従業員に対しプランの内容を正確に開示し，理解を得ることが不可欠となる。このプランの場合，実質的にみれば，確定拠出型の自社株投資であり，401K型の年金プランの自社株式投資専用プランに相当するものであって，それに伴う集中投資というリスクがある。そこで，どのような企業でも新プランの導入に適するとは限らない。新プランの導入が

---

(4)　内ヶ崎　茂「従業員持株ＥＳＯＰ信託の導入効果とスキーム設計」商事法務1914号27頁参照

好ましいのは，中長期的に企業業績が好調を維持し，株価の値上がりが期待できる企業であるということになる。

このプランは，プランの終了時に，ビークルに利益が存在する場合は，従業員に分配するから，インセンティブ効果が期待できるというが，損失が生じている場合は分配を受けられないということも明確にしておく必要がある。また，損失が生じても導入企業が損失を負担し，従業員は損失を負担しなくてもよいといわれている。

しかし，これはビークルに損失が生じていても，ビークルの損失は導入企業が負担し，借入金残額を導入企業が弁済するという意味であって，株価の下落により従業員に損失が生じた場合に，損失分を会社が負担し，損失を補填するという意味ではない。この点を明確に説明しておかなければ誤解が生ずることになる。

このように，新プランを導入するためには，対象従業員に制度の趣旨とプランの内容を十分に説明して理解を得ることが必要である。これが不十分なために，従業員が考えていたのとは異なった結果が生じた場合，インセンティブが失われるだけでなく，従業員に失望感を与え，かえって逆効果を生ずることにもなりかねない。

説明内容として，新プランは従業員持株制度とどう違うのか，従業員にとって新プランに参加することにどのようなメリットがあるのかが重要であるが，デメリットについても隠すことなく説明し，理解を得て置くことが必要なことはいうまでもない。

（9） 新プランと他の企業年金との関係

新プランを導入する際に忘れてはならないのは，新プランを企業年金的なものと理解すれば，401K型年金など既存の確定拠出型の法的な企業年金との調整を必要とするが，現段階で調整は進んでいないということである。401K型年金（個人型）は従業員が拠出しリスクを負担するが，退職従業員給付型の日本版ＥＳＯＰは，全額企業拠出の無償給付型のプランであるといわれている。

第1章　新プラン（日本版ＥＳＯＰ）の概要

しかし、「全額企業拠出の無償給付型」の意味をどう解するかであるが、会社法は、企業が退職従業員に無償で自社株式を交付することを認めていないから、自社株式を給付するための原資を確保する必要がある。この点、難しい問題が関係するが、後述するように退職金等を原資とせざるを得ない。

そうすれば、既存の法的確定拠出型の企業年金と併存させなければならず、そのための調整も必要とする。そこで、現段階においては、新プランを退職企業年金的なものと位置付けるよりも、福利厚生目的の自社株式投資（貯蓄的性質を備える）と考えて、現行の従業員持株制度を補充するものとして、制度設計をすることが適正と考えられる。

現に導入されている多くのプランが、持株会発展プランに向かうのは、法的な問題の他に、このような実質的な配慮があるものと考えることができる。

2　ＥＳＯＰと従業員持株制度

(1)　ＥＳＯＰの概要と従業員持株会との差異

2001年（平成13年）ころの株価低迷期に、経済界では株価対策などのためＥＳＯＰを導入すべきであるとの提唱がなされていたが、そのころ、ＥＳＯＰの紹介、ＥＳＯＰと従業員持株会の差異を述べた上で、アメリカ型のＥＳＯＰを導入するための基本的な枠組みを提唱する先駆的な論稿が発表されているが、これによれば、ＥＳＯＰの概要は次のとおりである[5]。

アメリカのレバレッジド型のＥＳＯＰは、①信託として設立されたＥＳＯＰの信託（特別信託：ＥＳＯＴ）が、銀行から借り入れた資金により（通常、借入れに際し、導入企業が保証する）、②導入企業株式（自社株式）を買い付け、買い付けられた株式はＥＳＯＰの仮勘定（サスペンス・アカウント）に入れる、③導入企業は、毎年、ＥＳＯＰに対して、一定の上限枠の範囲内で資金を拠出し（損金扱い）、ＥＳＯＰは企業拠出金を使って、毎年、借入金を返済する、④借入

(5)　井潟正彦＝野村亜希子「米国ＥＳＯＰの概要とわが国への導入」知的資産創造／2001年3月号56頁以下

金の返済に伴い，仮勘定にある自社株式は，あらかじめ決められた算定方式により，各従業員の口座に配分される，配当は従業員の各口座に入金し，もしくは借入れの返済に充てられる，⑤報酬制度（繰延払い退職給付制度）の一環であり，原則，全員が対象になる，引出しは，原則，59.5歳以降の退職までできないが，⑥所得税・運用収益については引出し時までは課税しないという税制上の優遇措置がなされている，退職した場合は，ポータビリティ（携帯性）を確保するため，ＩＲＡ（個人退職勘定）に乗り換えることになる。

続いて，ＥＳＯＰとわが国の従業員持株会について，ＥＳＯＰは借入金により自社株式を買い付けるため，持株会とでは大きな格差が生ずる。つまり，ＥＳＯＰは借財能力をもち，税制上の優遇措置の下で，一度に大量の自社株式を買い入れ，大株主として機能する仕組みであることから，ＥＳＯＰの理解に当たり比較検討する対象は，持株会ではなく自社株買いやＬＢＯまたはＭＢＯであるとしている。

そして，わが国の大企業の多くは，現在，1990年代に始まった業績の低迷，経営戦略の混迷から脱却できていない。もし，わが国でもＥＳＯＰの利用が可能であったならば，これら企業は他のステーク・ホルダーが，あるいは企業自らがＥＳＯＰ導入の必要性を問うたのではないか，と結論づけているとしている[6]。

このように，ＥＳＯＰの大半を占めるレバレッジド型のスキームは，ＥＳＯＰの導入企業は従業員のために自社株式を取得するための信託（ＥＳＯＰ信託）を設定する。信託は導入企業から運営資金等の拠出を受けるとともに，自社株式または株式取得資金の信託を受け，株式取得資金として信託された資金により自社株式を買い付ける，あるいは，ＥＳＯＰ信託が金融機関から資金を借り入れて，借入金により株式を取得し，借入金の弁済原資は会社が拠出し，従業員は負担しないプランであるが，わが国では，これをそのまま受け入れることはできない。そこで，ＥＳＯＰをベースとしながら，現行法の下で導入するこ

（6） 井潟正彦＝野村亜希子・前掲57－66頁

とが可能なプランを模索することになる。

（2） 日本版ＥＳＯＰの提唱

　持株会はＥＳＯＰと似て非なるものである。持株会の大半は民法上の組合であるから，ＥＳＯＰのように，母体企業の信用力を利用して借入れを行い，比較的短時間に自社株式の多数を買い付けることは困難であり，奨励金の引上げも，利益供与の禁止規定との問題が発生する。そこで，ＥＳＯＰと同様の機能を果たす仕組み（日本版ＥＳＯＰ）を従業員持株とは独立した全く別個の制度として導入すべきである。そのためには，ストック・オプションの場合と同様に，新しい法制・税制優遇の確立に向けて，早急な対応が必要であるとして，日本版ＥＳＯＰの導入が提唱されている。

　そして，提唱に係る日本版ＥＳＯＰの制度骨格は，①日本版ＥＳＯＰは借財能力をもち，借入金で自社株式を買い入れることができる。②拠出は企業拠出だけとし，従業員による拠出を認めない。③企業拠出は，他の制度とは独立に，例えば従業員１人当たり50万円を上限とし，損金扱いとする。借入れがある場合は，企業拠出およびＥＳＯＰ保有株式の配当を返済に充てる。④借入れ返済に応じて，従業員の口座に自社株式が配分されていく。⑤議決権については従業員の意見を集約し，株主総会で反映させる。⑥当初は，上場企業だけを対象とする。非上場企業は，株価算定が定着したら開始するとし，その際は，引退などに伴うオーナーによるＥＳＯＰに対する自社株式売却に対しては，税制優遇がある。⑦従業員に対する所得課税などは引出しまで行わない。引出しには制限を設け（例えば，従業員が定年および中途で退職したときだけ等），中途退職時は，2001年に導入が予定されている確定拠出年金の個人口座に乗り換えるのである[7]。

　これは，ＥＳＯＰとほぼ同様の内容であるが，ＥＳＯＰはエリサ法等の特別の立法措置があるから可能なプランである。そこで，現行法の下でも可能な部

（7）　井潟正彦＝野村亜希子・前掲68－69頁

分があるが，多くは特別の立法を待たなければ実現できない。特に，全額会社負担で従業員に無償で自社株式を交付することができないから株式取得の原資をどうするか，借入金の返済原資をどうするか，自己株式の取得規制との関係をどう処理するかなど，会社法上解決が困難な問題が存在している。

　持株会とＥＳＯＰは異なったものというのも，従業員持株制度とＥＳＯＰは異なったものとの趣旨に解される。持株会は従業員持株制度のビークル（運用主体，受け皿）と位置付けられるのに対し，ＥＳＯＰのビークルとしてはＥＳＯＰ信託（特別信託）がある。

　従業員持株制度とＥＳＯＰの主要な差異は，株式取得資金が従業員の拠出か（会社から奨励金が支給される），全額会社負担かという違いと，株式の取得方法の違いにある。株式の取得方法の違いについていえば，従業員持株制度の運用は，持株会を通じて少額の従業員の拠出金を一括して，毎月，定時・定額で買付け，取得株式は持株会に属し，それに対し，各人は共有持分を有し，一定の株式数に達すれば随時引き出し得るという自社株式の貯蓄型投資である。これに対し，ＥＳＯＰは，多くの場合，借入金により（レバレッジド型）一括して株式を取得し，順次，従業員の口座に移すが，原則として退職時まで株式を引き出すことが認められないという退職企業年金的性質を有する。

　前記提唱は，ＥＳＯＰと持株会との相違から，日本版ＥＳＯＰと従業員持株会とは独立した全く別個の制度として導入すべきであるとしているが，工夫されたプランは，日本型に修正されたＥＳＯＰと持株会を組み合わせ，持株会を応用した従業員持株会発展型のプランである。

（3）　日本版ＥＳＯＰを導入するための工夫

　日本版ＥＳＯＰ（新プラン）は，特別の立法的手当てなしに行うのであるから，ＥＳＯＰと同様の内容を実現することはできない。そこで，現行法の範囲内で適法なプランとして開発しなければならない。株式取得のための原資，借入金の返済原資，自己株式の取得規制との関係，労働基準法との関係などをクリアしたプランであることが要求される。

第1章　新プラン（日本版ＥＳＯＰ）の概要

そこで，新プランはＥＳＯＰを参考にしながらも，独自性があるものとして開発されることになる。持株会とＥＳＯＰ信託（特別信託）とは異質のものではあるが，相互排斥的なものとまではいえないから，両者を組み合わせるというプランは十分に可能であると考えられる。

開発された従業員持株会発展型プランは，持株会を応用したプランであるが，ビークル（受け皿）と持株会を結びつけるプランである。ビークルにより自社株式を取得し，持株会に売却するというスキームをとるのである。ＥＳＯＰの場合は，ＥＳＯＰ信託が取得した株式は，順次，従業員の口座に組み込まれるのに対し，このプランのスキームは，ビークルが持株会に売却し，持株会が株式を管理し，会員従業員が共有持分を有するという関係になる。これは，従業員持株制度の運用と同じであると考えられる。

持株会は，従来からの既存持株会を利用することになるので（別の持株会を作ることも不可能ではない），従業員持株制度により取得した株式と，新プランにより取得した株式を分別して管理する必要がある。従業員持株制度を導入していない会社については持株会を新たに作る必要がある。

ＥＳＯＰ信託が借入金により株式取得資金を調達し，この資金により制度導入企業の株式（自社株式）を一括して買い付け，持株会に順次，譲渡していく。持株会の株式取得資金は会員の拠出と奨励金による。株式の管理は従来の持株会の運用によるという方式が，現段階では適法に導入し得るプランということになる。これには違和感がないとはいえないが，特別の立法的手当てをすることなく，アメリカ流の全額企業拠出型のＥＳＯＰを導入することは困難であるので，ＥＳＯＰをモデルにしながら現行法の下で導入可能なプランとして工夫したものであると評価できる。

新プランは従業員持株制度や持株会による運用と異なり，信託応用型プランという点でＥＳＯＰと共通している（ＥＳＯＰは信託で運用しなければならないプランであるが，その背景にはアメリカにおける信託の普及がある）。従業員持株会発展型プランは信託応用プランであるが（ビークルに一般社団法人を用いるプランも，その基礎には信託的な考え方があると考えられるほか，「信託口」を使い株式の管理を

行っている），スキームが異なる退職従業員交付型のプランでは，ストレートに信託銀行を使った信託プランである。

　新プランの主流は従業員持株会発展型であるが，開発各社が種々の名称を付している。しかし，それはアメリカのＥＳＯＰではないということ，および現行法の下では，全額企業拠出による退職企業年金型のプランを導入することは困難であるということを，日本版ＥＳＯＰを考える場合，最初に認識しておかなければならない。

　現段階では，従業員持株会発展型プランによるべきであるといえるが，新プランと従業員持株制度を併存させることになるから，両者の調整が必要である。多くの場合，対象従業員の範囲が一致するから，従業員は２重の拠出をし，会社も奨励金を２重に支給しなければならなくなる。この点，将来，新プランの普及が進めば従業員持株制度と新プランを一本化し，新プランに統合するという方法も十分に検討の余地がある。

3　新プランと適法性確保のための留意点

　新プラン（日本版ＥＳＯＰ）について法的根拠がないことから，できるだけＥＳＯＰに近づけようとしても現行法上の制約がある。それは，会社法上，導入企業が従業員に対し無償で自社株式を交付することが認められない，つまり，全額会社負担とするプランは認められないという基本的な認識を必要とする。この問題は，信託や取得条項付新株予約権を用いても容易に解決できる問題ではない。

　そこで，プランの導入に際しては，この第一関門をどのようにして乗り越えるかが，もっとも難しい。それが，現行法上，ＥＳＯＰ的なプランの開発は難しいとされる理由である。全額企業負担の退職従業員給付型のプランを導入するのが難しい，原資の問題の解決が要求されるのもこのような事情からである。原資問題を解決することなく，無償給付プランを導入すれば，プラン自体が透明性を欠き適法性に問題が生じかねない。無理にＥＳＯＰに近づけようとすれ

第1章　新プラン（日本版ＥＳＯＰ）の概要

ば，会社法コンプライアンスに違反することになりかねない。

　ＥＳＯＰのような全額企業拠出のプランは現行法の下で導入することはできないから，自社株式の株式取得資金（原資）をどうするかという根源的な問題を克服しなければならない。この点，ビークルによる借入金で自社株式の取得原資を確保するというＥＳＯＰのスキームを用いたのであるが，借入金の返済原資を会社資金によることができないから，ＥＳＯＰをアレンジして，持株会に譲渡し，その代金で銀行からの借入金を返済するという工夫がなされたのである。これによれば，原資関係を明確に説明でき，プランの基本構造についての適法性を確保することができることになる。これが現時における主要プランとなっている持株会発展型のプランである。このプランは，ＥＳＯＰとはかなり異質のものであるかもしれないが，現行法の下でそれに代わるプランを開発することは容易ではない。

　持株会発展型のプランの基本構造についての適法性が確保されたことから，会社法上の各論的な問題点の検討に移るのであるが，持株会発展型のプランによる場合，ビークルの借入れに対する会社の債務保証が，自己株式の取得規制に抵触するのではないか，ビークルの議決権行使の適正確保という新しい問題が生じたが，持株会による株式の譲受け，取得株式の管理，導入企業による奨励金の支給等に関わる問題点は，概ね，従来の従業員持株会に関する議論が通用することになる。

　新プランのために特別の立法的措置は講じられていないが，従業員持株会発展型プランのために周辺整理がなされている。報告書に続き，金融商品取引業等に関する内閣府令等の一部を改正する内閣府令，金融商品取引法等に関する留意事項について（金融商品取引法等ガイドライン）により相当の手当てがなされている。また，信託等を利用した従業員持株制度に関する一定の情報を，有価証券報告書に記載することを内容とする企業内容等の開示に関する内閣府令の改正，従業員持株会を通じた株式所有スキームに関する開示規制上の取扱いの明確化を図る「特定有価証券の内容等の開示に関する留意事項について」（特定有価証券開示ガイドライン）が改正された[8]。

他方，会計面でも，平成21年2月6日，企業会計基準委員会が公表した「連結財務諸表における特別目的会社の取扱い等に関する論点の整理」は，従業員持株会を用いた信託型プランを対象事項としている。

　新プランは，企業社会と経済的活動にとって必要かつ有益なものとして，開発と導入が進められるべきであるが，プランの内容自体が適法なものでなければならない。スキーム自体が違法であり，または違法性があってはならないのはもとより，スキーム全体としては適法であっても，スキーム個所に違法があってはならない。違法なスキームを用いたプランを導入することは，新プラン全体の発展を阻害する。

　日本版ＥＳＯＰ（新プラン）は，ＥＳＯＰではなく，法的な裏付けがなく，現行法の範囲内で開発するものであるから，ＥＳＯＰとの近似性を求めるあまり，現行法と抵触するようなものであってはならない。そこで，会社法，金融商品取引法，労働基準法等に違反するようなスキームの場合は，違法プランとしてそれを認めるわけにはいかない。このように，プランのスキームの開発においては，現行法の規定に違反しない内容のものであることが要求されるのは当然である。

(8)　従業員持株会を用いた信託型プランを中心に，法律的観点から詳細に検討した論稿である有吉尚哉「日本版ＥＳＯＰの法的論点と実務対応〔上・下〕」商事法務1881号24頁以下，同1882号27頁以下，葉玉匡美＝生頼雅志「従業員持株ＥＳＯＰ信託の法務上の問題点」商事法務1915号14頁参照

4　日本版ESOP（新プラン）の現状

（1）　新プランの現状と問題点

　新プランは，平成20年ころに三井住友銀行と野村證券（野村信託銀行との共同開発）が独自のプランを開発し，販売を開始したが，その後，他の信託銀行も相次いで新プランを開発して参入した。プランは現行法の範囲内で開発されたものであることから，大半は従業員持株会発展型のプランである。そして，信託銀行等の営業努力と企業の新プランに対する関心の高まりにより，短期間のうちに導入企業が増え，かなり普及してきたため，現在その関心は高いといえよう。それには，副次的効果として，安定株主の確保，株価の低迷期にあることから，株価対策（株価の安定策）としての効用に加え，株式相互保有（株式の持ち合い）や銀行持株の解消に際しての受け皿として期待されていることも背景にある。

　経産省の「報告書」が示された平成20年11月当時，新プラン（日本版ESOP）の導入会社は10社程度にとどまっていたが，その後，企業が積極的に導入を検討するとともに，信託銀行等が積極的に営業活動を行った結果，導入企業が飛躍的に増加し，平成22年11月時点の導入企業数は60社を超えているが，平成22年度中には100社を超える可能性があり[9]，今後も増加傾向が続くものと予測することができる。

　新プランには，従業員による随時引出しと換金の自由を認める従業員持株制度の運用と異なり，ある程度の引出制限を設ける工夫をすることにより，安定株主を確保できるとされているが，どの程度までの引出制限が可能かという点は今後の検討課題である（退職時給付型のプランでは，従業員は退職時まで株式の交付を受けることができないからこの問題は起こらない）。

　従業員の利益のためにプランを導入すべきであるが，プランの最も現実的な

（9）　平成22年11月23日付け日本経済新聞

機能として，従業員持株会による現行の買付けと異なり，ビークルが株価動向を見極めた上で自社株式を一括購入する仕組みであることから，株価下支えという株価対策の効果を期待することもできる。

新プランは，主として会社法に依拠しているが，金融商品取引法，信託法，労働基準法，税法などと関係し，また，会計理論とも密接に関係している。

会社法上の問題として自社株式取得規制が中心に問題になる。それは，導入会社のビークルや持株会に対する財務的支援としての拠出が問題にされるが，具体的には福利厚生費としての拠出の許容性の範囲，議決権行使の独立性確保と関連している。ビークルの自社株式についていえば，会社の計算で取得したことにならないかであるが，これはビークルの借入れが行われる際に会社の保証に関連して問題になる。

次に，重要な課題として，新プランはビークルによる導入会社株式の取得というスキームであるから，ビークルが子会社とみられたのでは，子会社による親会社株式の取得が禁止されていることから，プラン自体が成り立たない。そこで，ビークルが子会社とならないように制度設計をする必要がある。さらに，ビークルや従業員の自社株式の取得のために，会社が財務的支援をすることが，株主の権利行使に関する利益供与とならないかが問題になる。

このように，新プランにおいて問題になる主要事項は，会社の拠出（財務的支援）とビークルや従業員の議決権行使の独立性の確保にあるといえる。これを適切に処理すれば，新プランの会社法上の問題点が解決されることになる。

金商法との関係では，インサイダー取引規制や開示規制との関係が問題になるが，これに対する適用除外規定が用意されているから，その適用基準を満たすプラン設計が求められる。

新プランは，特別の立法的措置は講じることなく，現行法の枠内で運用可能なものとして認知されたものであり，税制上についても特別の優遇措置は講じられていない。この点，新プランを充実させるためには，全額企業拠出型の年金であることを明確にするための立法的措置を講ずることが必要であろう。企業の負担を全額損金算入，従業員が退職時に株式の譲渡（交付）を受けるに際

第1章　新プラン（日本版ＥＳＯＰ）の概要

しての税制上の優遇措置を受けるようにすべきである。

（2）　新プランのスキームの開発

　新プランはアメリカで普及しているＥＳＯＰ（自社株保有制度）の日本版である。ＥＳＯＰは信託を用いてプランを運用するが，新プランはこれに倣い，エリサ法のような特別の規定はないが，現行法の範囲内でビークル（受け皿）を用いて自社株式を取得するシステムを構築し，ＥＳＯＰとほぼ同一の目的を達成しようとするものであり，従業員持株会と組み合わせるというわが国独自の手法である（持株会発展型プラン）。

　ビークルをプラン運用の中核に位置づけるのであるが，ビークルとして中間法人を用いるスキーム（現在では，一般社団法人を用いる。平成20年12月１日以前に有限責任中間法人として設立されたプランについては，一般社団法人法が施行された同日以降は，ビークルが自動的に一般社団法人に組織変更された）と，信託を用いるスキームとがある。

　信託を用いる形態のプランが主流であるといえるが，一般社団法人を用いるプランも，ビークル（ＳＰＶ）が取得した株式を管理するための信託口として「有価証券管理処分信託」を用い，信託口が信託された自社株式を持株会に譲渡し，ビークルは信託口を通じて持株会から株式購入代金を受領するというスキームである。

　新プランには，運営に関与する信託銀行，証券会社，銀行などが開発した複数のスキームがあるが，大半はビークルに信託を用いた持株会発展型プラン（信託型持株会発展型プラン）である。ビークルに用いる信託については，開発した信託銀行等により多くの「名称」が用いられているが，要するに，日本版ＥＳＯＰのための信託である。

　新プランというためには，企業が新しい自社株式保有制度としてのプランを導入することが必要である。制度化させたことが要件であることは従業員持株制度と共通するが，最大の相違点は，ビークルによる自社株式の大量取得と持株会への譲渡ということにある。もっとも，新プランのうちには，ビークルや

【ＥＳＯＰと日本版ＥＳＯＰの比較図】

アメリカのＥＳＯＰ	日本版ＥＳＯＰ（新プラン）
ＥＳＯＰの運用信託として、ＥＳＯＴを設置する。	ビークル（信託または一般社団法人）を設置する。
全員参加方式、脱退の自由はない。退職企業年金の性質を有す。エリサ法に根拠があり、内国歳入法などにより税制上の優遇措置がある。	ビークルが自社株を取得し、持株会へ譲渡する。法律的な措置はない。任意参加方式であり、従業員も株式取得資金を拠出する。
全額企業拠出、レバレッジド（借入方式）の場合も、企業拠出金により返済。	株式取得資金を会社が全額負担するまたは自己株式を拠出するプランと、会社の保証の下で、ビークルの借入資金による形態とがある。
ＥＳＯＴにより、一括して大量買付けをする。レバレッジド方式の場合は、仮勘定に入れ、借入金の返済に合わせて、個人口座に移す。	ビークルが資金を借り入れ、市場等から一括して自社株式を買い付けて保有し、持株会に譲渡する方式と、会社の全額拠出金により取得し、信託として管理する方式がある。議決権はビークルの代表者または信託銀行が行使する。
引出しは、原則59.5歳以降の退職まではできない。引出時に課税される。	原則、退職時までなど一定の期間内は引き出せない、または退職時に株式の無償交付を受ける。株式の交付時に課税。

　持株会を用いない退職時給付型のプランがある。このプランは、ＥＳＯＰとの近似性を重視するものであり、持株会発展型プランとは趣旨もスキームも大きく異なっている。もっとも、法的根拠がないことから、現行法の枠内のプランであることにはかわりがない。

　新プランは、従業員のニーズと会社のニーズが合致することにより成り立つものである。新プランの導入のために、導入企業が財務的支援をすることが許されるのも、企業利益と従業員の利益確保という目的のために認められるものである。

　新プランに副次的な目的が認められ、また戦略的な利用が可能であるとしても、本来の福利厚生目的を第一に考えなければならない。プランにより取得した株式（退職時給付型プランの場合は退職時に給付を受ける株式）の価値が高いほど従業員の利益は大きくなる。

第1章 新プラン（日本版ＥＳＯＰ）の概要

　そこで，新プランにとって企業の発展性が重要な意味をもつ。企業業績の悪化が続き，長期株価が低迷している状況にあっては従業員が失望し，インセンティブ効果が期待できないばかりか，従業員に損失がでるようでは，新プランの導入がかえってマイナスに作用することになりかねない。

　換言すれば，新プランの導入に適するのは，中長期的に発展が期待できる企業ということになる。新プランは企業の長期発展を前提にした制度というべきであり，企業が斜陽化した産業であったり，慢性的な業績不振により株価が低迷している企業が，株価の下支えを期待して新プランを導入するのでは，およそ導入の意味がないといえよう。

　経産省の報告書（指針）が示された当時，いくつかの新プランのスキームが示されていたが，実際に導入した企業は少なかった。これには，新しい従業員持株制度としての新プラン（日本版ＥＳＯＰ）の知名度が低いことに加え，法制度との関係で疑問点があったこと，会計ルールとの未調整があったものといえる。その後，アメリカのような特別の法制は用意されていないが，報告書が現行法の範囲内で可能な手法を示し，適法性について方向付けをしたことに加え，信託銀行などの営業努力により，現在では導入企業がかなり増加している。今後は，会計面の調整と税制面での優遇措置の必要性に関心が向かうことが予想される。

　新プランは，現行法の枠内で適法に導入することが可能であるが，すでに他の確定拠出年金（401Kなど）が存在することから，さらに，確定拠出型の新プランを導入するとなると，既存の確定拠出年金との調整を必要とする。また，従業員持株会発展型のプランについては，従業員の拠出や奨励金の支給との関係で，従業員持株制度との関係をどう調整するのか，従業員持株制度と新プランを併存させるのかなどの検討課題も存在している。

　法律が整備され，企業年金の一部として根付いているアメリカのＥＳＯＰとは異なり，また，長い歴史がある従業員持株制度と併存させるとなると，日本の企業に新プランを定着させるためには，かなりの課題が存在することは否定できない。新プランの導入は，導入企業，従業員，運営機関（金融機関）のニー

35

ズと努力にかかっている。

　それは，プランにより従業員が享受する利益，インセンティブ効果としての生産性の向上と安定株主の確保ができる導入企業の利益，資金の貸付け，信託報酬，株式買付手数料など，プラン提供の金融機関等の利益が複合的に絡み合っている。

　コーポレート・ガバナンスとの関係からみれば，新プラン導入の意義は，従業員が自社株式を取得することは，会社に対する帰属意識を高め，株主として企業経営に関心をもつことになる。これは，従業員にビークルを通じて議決権を行使することにより，経営参加の機会を提供するものであり，コーポレート・ガバナンスとしても重要な意味をもつものであるといえよう。

　ＥＳＯＰと異なり，従業員の資金拠出により自社株式を取得するプランであることから，退職時まで持株の引出しを認めないことは難しいかもしれないが，従業員にインセンティブを与えるばかりか，その理解を得れば株主として長期間の株式保有を期待することができることになる。

5　新プラン（日本版ＥＳＯＰ）のためのガイドライン

（１）　経産省の検討委員会報告書の概要
①　新プラン（日本版ＥＳＯＰ）導入の意味

　経済産業省の「新たな自社株式保有スキームに関する検討会」は，新スキームの設計・運用等に当たり現行法制度等の関係で，特に留意すべき点等について検討と整理を行い，平成20年11月17日，新プランの指針ともいうべき「新たな自社株式保有スキームに関する報告書」（以下，「報告書」）を公表した。

　日本版ＥＳＯＰ（新プラン）の導入を検討する必要があるとの動きに合わせ，新プランが開発されたが，新しいプランであることから，会社法等の現行法との関係で適法性に問題を残した。そこで，「報告書」は持株会発展型プランを中心に，その適法性を追認する形で現行法の下での導入が可能であることを確認するとともに，現行法制度等との関係で特に留意すべき点をあげている。な

お，労働基準法との関係では，退職従業員交付型プランについても言及しているが，これは労基法上の問題点を指摘したものと捉えることができる。

「報告書」は，日本版ＥＳＯＰとよばれる新しい従業員持株制度（新プラン）は，現行法の下で導入が可能であるとの立場から，その導入を促すための指針（ガイドライン）としての意味が認められる。

検討会においては，新スキームと現行法制度等との関係で，特に留意すべき点等について検討を行い，経済的効果が期待できる新スキームが有効に活用されるための基礎的事項の整理を行い，「報告書」は，現行法の下で導入可能なスキームについて検討するとともに，日本版ＥＳＯＰ（新プラン）の導入は現行法の下でも可能であることを確認した。

企業が国際競争力を維持・向上させていくためには，競争力の源泉となる従業員のパフォーマンスの向上が重要であり，従業員の勤労意欲や経営への参画意識，会社の利益向上などに対する意識を高めることは重要であるとの立場から，新プラン導入の当否を論点とするのではなく，新プランの導入を前提として，以下のように問題点を整理し，方向付けをしている[10]。

② 従来の従業員持株制度の特性

わが国には，従業員の福利厚生や勤労意欲の向上等を目的に，従業員持株会が広く普及しているが，それは，従業員の財産形成を促進するとともに，会社の利益との共同意識を高め，勤労意欲を増進し，長期的コミットメントを持つ従業員株主を育成することなど，会社の利益の向上となるとされている。

しかし，従業員持株会は，従業員自身が負担する少額の拠出金を主たる原資に自社株式を順次買い増していく方式であり，持株会の自社株式保有割合はわずかなものにとどまることや，従業員は任意に持株会から株式持分を引き出し，換金できる仕組みであることから，中長期的なインセンティブ制度としては，必ずしも機能しない側面を有し，その経済的効果は限定的であるとの指摘もな

---

[10] 田中明夫「経済産業省『新たな自社株式保有スキーム検討会』報告書の概要」商事法務1852号13－16頁

されている。

　これに対し，近時，信託や中間法人といったビークル（受け皿）を利用して，従業員に自社株式を付与する新スキーム（日本版ＥＳＯＰ）が導入され始めており，これに対しては，従業員の勤労意欲向上や会社のガバナンス向上等による経済的効果がより期待できるとの指摘がなされているが，法制度上の取扱い等をめぐる議論もなされているとしている。

　報告書は，新プランは，利用されるビークルや株式を取得するための財源，株式の付与方法などの組合せによって，数種類のスキームが考えられるが，現時点で統一的なスキームがあるわけではなく，どのようなスキームを構築・導入するかの判断は，スキームを導入する会社の規模や組織構造，財務状況，従業員の数，会社の経営戦略と当該スキームの目的との関係などによって異なり得る。

　そのため，利用されるビークルの特性や，導入企業とビークルの関係，ビークルが導入企業株式を取得するための財源，従業員に対する当該株式の付与方法といった，新スキームの基礎的構成要件に関して，現行法制度等との関係で特に留意すべき点等について検討を行い，新プランの導入のため，仕組みの例示や法制度上の問題解決などを内容とした指針を示した。

　それは，新法を制定することなく，現行法の枠内でＥＳＯＰ（自社株保有制度）を導入することが可能であるという方向でまとめている。企業が新プランを導入しやすい状況づくりを目的とするものといえよう。それは，導入を促進するための仕組みを例示するとともに，問題点の解決の方向付けをしている。これにより，企業が新プランを導入する動きが本格化するものとみることができよう。

　従業員持株制度は，貯蓄的性質を備えた自社株式取得の制度であるから，一定の持株数に達した場合に（通常，株式の売買単位），従業員は持株会から任意に株式持分を引き出すことができるが，これに対し新プランは一定の引出制限を期待するものと解される。

第1章　新プラン（日本版ＥＳＯＰ）の概要

③　新たなスキームの可能性

　近時においては，商法の累次の改正等を契機として，信託や中間法人などのビークルを利用して，従業員に自社株式を付与する新たなスキームが導入され始めており，当該スキームに対しては，従業員の勤労意欲向上や会社のガバナンス向上等による経済的効果がより期待できるとの指摘がある一方で，法制度上の取扱いをめぐる議論もなされている。

　ビークルが，会社からの拠出金や金融機関からの借入等を利用して，将来，従業員に付与する株式を一括して取得し，当該株式を一定期間保有した後に従業員（持株会や退職者の場合もある）に付与する新たな自社株式保有スキーム（以下，「新スキーム」）が導入され始めており，当該スキームには，①従業員の意思を反映して，ビークルが保有する株式の議決権行使が行われることによるガバナンスの向上や，長期的視野に立った経営への寄与，②ガバナンスの向上や効果の確保，従業員に中長期的な株価上昇へのインセンティブを提供することによる従業員の勤労意欲の効果の確保，③企業の競争力の源泉となる従業員の利益と，会社や株主の利益の連動性が高まることによる企業経営の効率性向上という効果の創設の可能性を有すると考えられる。

　他方，新スキームについては，例えば，スキーム導入企業が，ビークルに対して恣意的な支配力を行使し得ることに対する懸念や，当該スキームについて会社が財政的支援・負担をすることなど，法制度等との関係をめぐる議論も存在する。

④　新スキームと米国ＥＳＯＰの関係

　米国のＥＳＯＰは，自社株式で運用する確定拠出型企業年金であるが，その基本的な仕組みは，運営信託が自社株式を取得して保有し，株式は実質的には参加従業員に属するが，退職時までは引き出せない（退職時に無償交付される）仕組みである。

　これに対し，新スキームは，最終的に従業員が自社株式を取得する点では，ＥＳＯＰと共通するが，従業員が自社株式を取得するタイミングを，退職時以

外に設定することができる。また，仮に，従業員が退職時に自社株式を取得する仕組みにしたとしても，既存の企業年金（厚生年金基金，適格退職年金，確定給付企業年金，確定拠出年金）の枠外で行うものを想定している。これらの点をはじめ，新スキームの制度的性格は米国ＥＳＯＰと異なるものである，としている。

このように「報告書」は，新スキームは米国ＥＳＯＰとは異なるものと理解しているように，新プランは擬似ＥＳＯＰ（日本型ＥＳＯＰ）というべきであるが，その主たる理由が，ＥＳＯＰ導入の法的根拠がなく，しかも，従業員に自社株式を無償交付することは法律上かなり難しいという指摘であることは容易に推測することができる。

（2） 議論の着眼点と論点の取り上げ方

① 議論の着眼点

新スキームには，従業員に対する会社の利益向上に対するインセンティブの付与等を通じた経済的効果が期待できる一方で，例えば，導入企業がビークルに対して恣意的な支配力を行使し得ることに対する懸念や，新スキームについて導入企業が財政的支援・負担をすること等，法制度等との関係をめぐる議論も存在する。

そのため，経済的効果が期待できる新スキームの有効な活用を図る観点から，新スキームの設計・運用等に当たって基礎的な考慮事項となる，新スキームと現行制度等との関係で特に留意すべき点等について検討している。

② 論点の取り上げ方

基本的な取引主体は，導入企業，ビークル，金融機関（ビークルが金融機関からの借入れを行わずに，導入企業からの金銭拠出等を原資に自社株式を取得するスキームも考えられる），従業員からなり，利用されるビークルは信託や中間法人としている。

ビークルの株式取得財源は，導入企業からの金銭拠出（バリエーションとして，

第1章 新プラン（日本版ＥＳＯＰ）の概要

ビークルに付与した取得条項付新株予約権の取得対価として，ビークルに自社株式を交付するものもある）や，金融機関からの借入れとし，ビークルからの株式の譲渡先は，従業員持株会もしくは一定の要件（退職時等）を満たす従業員もしくは退職従業員としている。

実際にどのようなスキームを構築・導入するかの判断は，導入企業の規模や組織構造，財務状況，従業員数，会社の経営戦略とスキームの目的との関係などにより異なる。そのため，報告書は，利用されるビークルの特性や，導入企業とビークルの関係，ビークルが自社株式を取得するための財源，従業員に対する株式の付与方法といった新スキームの基礎的構成要素に関し，現行法制度等との関係で特に理由にすべき点について整理している。

新プランの導入に際して最も重要な論点は，特別の立法的手当てがなされていないのに，現行法の枠内で導入企業（会社）がどこまで資金を拠出することができるか，また，従業員持株会に対する譲渡型以外の方式のスキームを用いる場合，自社株式の取得のために会社がどこまで拠出できるか，全額企業拠出が可能なのかである。全額企業拠出を認めるとした場合は，その有効性の根拠付けをどうするかなどの問題が生ずる。

会社が，退職従業員に交付する目的で，信託銀行（特定信託）に株式取得資金または自社株式を信託するために，信託銀行に取得条項付新株予約権を発行するのは，あくまでも手段的（技術的）な問題である。導入企業が，退職従業員に自社株式を無償交付することが可能であるかという基本問題をまず解決する必要がある。もっとも，報告書は，会社法上の論点の取り上げ方として，この退職給付型プランを直接の問題にはしていない。

次に，退職給付型プランを認める場合，それはＥＳＯＰ型のプランに近づき，基本的には退職企業年金（確定拠出年金）の性質を有するものであると理解できる。そこで，法定の確定拠出年金401Ｋや厚生年金基金，適格退職年金等の既存のプランとの関係をどうするかという問題があるが，報告書は，新プランはこれらの既存の企業年金の枠外で行うものを想定するとするにとどめている。

そうすれば，報告書は新プランに一定の方向付けをしたが，特別の立法をす

ることなく導入し，運営するためには，基幹的部分が未解決のままであるため，今後，一層の工夫を必要とする。また，報告書が公表された後，新プランに関する議論が進化し，導入企業も著しく増加するなど，「報告書」が公表された当時とは事情がかなり変化している。そこで，ガイドラインとしての内容を修正する必要が生じてくるので，現在においては，ある程度の弾力的な解釈と運用が許されるものと解される。

（3） 新スキームに期待できる効果
① 従業員によるガバナンス効果や中長期的な視野に立った経営への寄与

「報告書」は，ビークルが一括して取得した自社株式の議決権行使を通じた効果として，ビークル保有株式の議決権行使方法の1つとして，将来の株式受給者たる従業員の意思（あるいは，従業員持株会の議決権行使状況）を反映させる方法を提示している。

例えば，ビークル保有の議決権行使方法の1つとして，将来の株式受給者たる従業員の意思を反映させる方法を提示している。この点，従業員は自身の所得等の関係で，会社の業績に対しリスクを負い（あるいは，会社の利益向上に対するインセンティブを有し），経営者の判断や行動に対し強い関心を有していると考えられることや，経営者候補者の資質や経営の長期的要請等に精通しているとも考えられることから，当該議決権行使が導入企業のガバナンスの向上に寄与することが期待できるとし，続いて，会社から独立した受託者・中間法人が，あらかじめ新スキームに基づいて，将来，株式を受領する従業員の利益に沿うように策定したガイドラインに従って，ビークルが保有する株式の議決権行使を行う方法を提示している。

この点，ビークルが中長期的に株式を保有した後に，従業員（持株会）に株式を付与する仕組みにする場合，ガイドラインの内容は，例えば，中長期的な会社の利益向上（ひいては，従業員の利益向上）を目的とした内容となり，当該議決権行使が中長期的な視野に立った経営に寄与することも期待できるとしている。

第1章 新プラン（日本版ＥＳＯＰ）の概要

② インセンティブ効果の中長期的確保

新スキームにおいて，ビークルが中長期的に株式を保有する場合には，将来その株式の取得を予定している従業員への，中長期的な会社の利益向上（ひいては中長期的な株価向上）に対するインセンティブの付与を通じて，従業員の勤労インセンティブ向上の効果の確保が期待できる。

また，ビークルが一括して取得した導入企業株式を，順次，従業員持株会に売却していく場合で，当該売却に際して生ずる株式譲渡益をスキーム終了時等に従業員等に分配する仕組みにする場合には，従業員に会社利益向上等に対するインセンティブの付与を通じ，効果の一定期間の確保が期待できる。

ビークルが一定期間株式を保有することによるこれらの効果は，従来の従業員持株会は，主に，従業員からの拠出金で株式を取得するため，従業員が任意に株式持分を引き出すことができ，中長期的なインセンティブとしては，必ずしも機能しない側面を有することとは異なり，新スキームの特性の１つであると考えられる。

しかしながら，ビークルが従業員持株会に対して保有株式を譲渡していくスキームは，従業員にとって現行の従業員持株制度の運用とどう違うのか，インセンティブ効果をより期待できるのかが明白でない。特に，ビークルが株価の安い時に自社株式を一括取得して，持株会に取得価格で譲渡するのであればともかく，その時々の時価で譲渡するというのでは，現行の従業員持株制度と大差がないことになる。プランの終了時にビークルに利益が蓄積していれば，利益の分配を受けるからインセンティブ効果が期待できると説明されている。しかし，株式譲渡益が生ずるのはビークルが取得価格以上で売却した場合である。持株会が時価で買い受け，最後にプールした株式譲渡益の返還を受けることになるが，常に株価が上昇して売却益が生ずるとは限らない。

株価の安い時にビークルが一括して取得し，取得価格で従業員持株会に売り渡すというのが筋であろう。もっとも，時価が下落した場合に，取得価格で従業員持株会が買受けすれば，従業員持株会に損失が生ずる。この場合，株価の値上がりによる損失解消を待つしかなく，ビークルの取得価格を譲渡価格と定

額に設定することにも無理がある。

　そうすれば，時価で取得するが株価の上昇により，ビークルに利益が残った場合に分配するとともに，株価の上昇により従業員の持株の価格が上昇することを期待すべきである。また，最終利益の分配という方法は，従業員の持株会からの脱退や株式持分の引出しを制限するという効果を期待することが可能となる。

　ビークルによる自社株式の一括取得は，株価安定策，安定株主の確保という実際上の機能を重視するものであり，導入の契機は従業員の利益というよりも，会社や経営陣の利益につながることは否定できない。もとより，株価安定策，安定株主の確保は重要な企業方策であるから，これを理由にこのプランの存在意義を否定するものではない。

　この点，従業員に対して，会社の利益向上に対するインセンティブを付与することによって，従業員の利益と会社や株主の利益の連動性が高まることが期待できる。会社の利益の源泉となる人的資源である従業員に対し，一般株主や経営者らと共通性のあるインセンティブを付与することは，経営の効率性向上等にも資することになるという利点を中心に考えるべきである。

　新プランによる株式取得を，ビークルによる自社株式の一括取得と，従業員が持株会を通じてのビークルからの株式取得に分けて，前者については企業利益が重視され，後者については従業員の利益が重視されるプランであると分けて考えれば説明がつきやすくなる。

（4） 新スキームの基本的仕組み

　アメリカのＥＳＯＰは，自社株式運用型の確定拠出年金型のプランであり，基本的な仕組みは，ＥＳＯＰの信託があらかじめ導入会社の株式を取得して保有し，取得株式を各従業員の口座に移すが，従業員は退職するときまで株式が引き出せない仕組みである。

　これに対し，「報告書」は，対象となる新スキームの基本的な仕組みは，信託や中間法人といったビークルが，①導入企業からの奨励金や金融機関からの

借入れ等を利用して，将来，従業員に付与する導入企業株式（自社株式）を導入企業や市場から一括して取得し，②当該株式を一定期間保有した後に，一定の要件（退職等）を満たす従業員もしくは退職者に付与するもの，あるいは当該株式を順次従業員持株会に売却するものと理解している。

新スキームは，最終的には従業員が自社株式を取得する点でＥＳＯＰと共通するが，株式の給付や株式持分の引出時期との関係でみれば，従業員が株式持分を引き出す時期は退職時に限られないが，規約等により合理的な範囲内で引出制限期間を設けるという弾力的な取扱いを可能とする。従業員が退職時に自社株式を引き出すという仕組みが，契約による制限として認められるとしても，既存の企業年金（厚生年金基金，適格退職年金，確定給付企業年金，確定拠出年金）の枠外で無理なく行うことが可能となる。

（5） 検討における論議の着眼点等

「報告書」は，新スキームには，従業員の会社の利益向上に対するインセンティブの付与を通じた経済的効果が期待できる一方で，例えば，会社がビークルに対して恣意的な支配力を行使し得ることに対する懸念や，新スキームについて会社が財政的支援・負担をすること等，法制度等の関係をめぐる議論も存在する。そのため，新スキームの有効な活用を図る観点から，新スキームの設計・運用等に当たって基礎的な考慮事項となる新スキームと現行法制度との関係で，特に留意すべき事項について検討している。

経済的効果が期待される新スキームの有効な活用の観点から，議論の対象とするスキームを，①導入企業からの独立性を有するビークルが，将来従業員に付与する株式を導入企業や市場から一括して取得し，当該株式について，従業員の意思や将来株式を取得する従業員の利益を考慮した議決権の行使が行われることによって，ガバナンスの向上等が期待できるもの，および②ビークルが一定期間株式を保有する（保有し，順次，持株会等へ売却していく）ことによるガバナンス向上の効果の確保や，従業員に中長期的な株価上昇へのインセンティブを提供することにより，従業員の勤労意欲向上の効果の確保が期待できるも

のとした上で，具体的なスキームの仕組みは，実際に導入が進められているスキームを手掛かりに検討を進めている。

新プランの仕組みによれば，基本的な取引主体は，導入企業，ビークル，金融機関（ビークルが金融機関から借入れを行わずに，導入企業からの金銭出資等を原資に株式を取得するスキームも考えられる），従業員（ビークルから株式を取得する主体として持株会を利用するスキームもある）からなり，利用されるビークルは，信託や中間法人としている。

ビークルが株式を取得するための財源は，導入企業からの金銭拠出（バリエーションとして，ビークルや信託銀行に付与した取得条項付新株予約権の取得対価として，ビークルに自社株式を交付するものもある）や，金融機関からの借入れとし，ビークルからの自社株式の譲渡先は，従業員持株会もしくは，退職時等の一定の要件を満たす従業員もしくは退職者としている。

そうすれば，「報告書」は，従業員持株会への譲渡型，退職従業員等に対する無償交付型の双方を検討対象としているが，基本的には従業員持株会への譲渡型について取り上げているものといえよう[11]。

6 新プラン導入の有利性

「報告書」は，ストック・オプションや業績連動報酬では，幅広い従業員に経営参画意識を持たせるには十分でなく，また，現行持株制度による少額資金による定額・継続的な市場買付けでも，従業員の資産形成に十分でなく，インセンティブ効果に欠け，しかも株式持分の引出制限がないことから，株価の上昇に伴い，株式持分を引き出して換金することからインセンティブ報酬制度として機能していない面がある。

さらに，株式の流動性（市場流通株式）が低い会社の場合，持株会による市場買付けが当該株式の株価に与える影響が大きいため，予定する数量の株式を

---

(11) 太田　洋「日本版ＥＳＯＰ導入に際しての実務上の留意点」商事法務1867号12頁

第1章　新プラン（日本版ＥＳＯＰ）の概要

購入することができないケースもある。

　そこで，プランの導入により，インセンティブ効果を増進させるとともに，持株会自体の株式購入の安定化を図るものであって，既存の従業員持株制度の機能や効果を拡充・補完し，それ自体を安定視するという効果を期待することができるものであるとして，新プランの有利性を説明している[12]。

　現行の従業員持株制度は1960年代末に導入され，半世紀近くが経つ。企業に深く根付き，上場企業においては普及率が90％を超えて久しいが，反面，これ以上の普及は望み薄であり，平均加入率も低く減少傾向にある。

　東京証券取引所上場会社のうち，主要6証券と事務委託契約をしている従業員持株制度の実施会社2,006社についての平成21年度調査結果（平成22年3月末）によれば，持株会の株式保有比率は1％弱であり，持株会への加入率平均は約45％である。そして，参加従業員の平均株式保有金額は約136万円である[13]。

　新興企業については，持株会が上位株主である企業も見受けられるが，これでは，到底，従業員の中長期財産形成に役立つインセンティブ効果を増進させ，経営参画を期待できるなどとはいいがたい。また，株式保有比率がこの状態では，株価安定策と安定株主の確保とはほど遠い。その根源は，従業員の拠出金額が少ないことに加え，毎月，定期的に市場買付けすることにある。株価の低迷は，持株会による取得株式数を増やすという効果があるとしても，元々，少額資金による継続投資であることから，株価安定策として用いるには極めて不十分である。

　そこで，新プランの導入の必要性とそのメリットとして，一般的にいわれているのは次のようである。新プランの有利性として，中長期的な企業価値向上へのインセンティブを従業員に付与することにより，労働意欲の向上を促すとともに，福利厚生の充実と持株会の活性化を目的とする新プラン導入の動きが顕在化してきた。一定期間内（信託を用いる場合は信託期間内）に，持株会が取

---

(12)　この点については，吉原裕人ほか「信託型従業員持株インセンティブ・プランの設計と法的論点」商事法務1786号22頁が詳しい。

(13)　東京証券取引所「平成21年度持株会状況調査結果について」

得する見込みの自社株式をビークルが，株価の安い時に一括または一定期間内に取得することにより，株式市場の需給に影響されることなく，持株会への自社株式の安定かつ継続的な供給が可能となり，持株会による高値取得リスクの軽減を図ることができる(14)。さらに安定株主の確保という観点からも，持株会に代わりビークルが一時に大量の株式を取得して保有しながら，順次，持株会に移転するという方式が必要であるとされるのは，自然の流れである。

企業の導入ニーズとして，ＩＦＲＳ（国際会計基準）導入による開示規制の強化等の資本市場のグローバル化に伴い，株式の相互保有解消の進展を踏まえて，新たな自社株式を用いた企業価値の向上策を検討する動きがでてきている。

加えて，少子・高齢化という社会構造が定着し，企業の採用，雇用や従業員の働き方の面でも，グローバル化や多様化が進んでいる。高度経済成長を支えた年功序列の賃金体系，定年まで雇用する終身雇用制度を見直す企業の増大，これまでの退職年金制度を中心とする福利厚生制度だけでは，現在の従業員の働き方に対応できなくなった。

そこで，今後，雇用の流動化が急速に進む中，企業の競争力の源泉である優秀な人材の確保が重要な経営課題となっており，人事施策の選択肢として，従業員に対する中長期的なインセンティブ・プランを検討する企業が増えている。新プランを導入すると，従業員の福利厚生制度を充実するとともに，従業員の意思が自社株式の議決権行使として，経営に反映されることから，経営規律やコーポレート・ガバナンスの強化にも資することになる(15)。

今後，退職金（退職一時金）が廃止される方向に向かうならば，退職金に代えて自社株式の交付ということも十分に考えられるのであり，その意味では退職従業員に対する無償交付型のプランの開発にも十分の意義が認められることになる。

---

(14) 内ヶ崎　茂・前掲商事法務1914号28頁
(15) 内ヶ崎　茂・前掲商事法務1914号28－29頁

第1章　新プラン（日本版ＥＳＯＰ）の概要

【従来型の従業員持株制度と日本版ＥＳＯＰの比較】

従来型の従業員持株制度	日本版ＥＳＯＰ（新プラン）
運営主体（株式取得主体）は，従業員持株会。持株会は民法上の組合と考えられている。	ビークル（信託または一般社団法人）を設置し，自社株式を取得する。
従業員による自社株投資であり，任意参加，脱退の自由が認められている。法律上の根拠規定も，税制上の優遇措置もない。証券会社方式と信託銀行方式がある。	ビークルが自社株を取得し，持株会へ譲渡する。その取扱いは現行の持株会制度と同様である。法的な手当はない。
株式取得資金は，給与から拠出金を天引きし，これと企業拠出の奨励金により，月掛投資方式により自社株式を取得する。	ビークルが資金を借り入れ，市場等から一括して自社株式を買付けて保有する方式と，会社の全額拠出金により取得し，信託として管理する方式がある。
持株会により，毎月，市場で定額買付け（ドル・コスト平均法），管理する。取得株式は持株会に帰属する。	ビークルが資金を借り入れ，市場から一括して自社株式を買い付けて保有する。会社の全額拠出金による市場買付け，新株予約権，自己株式の処分方式もある。
議決権は持株会の理事長が行使するが，会員従業員に議決権行使に関する指示が認められている。	議決権はビークルの代表者または信託銀行が行使する。
取引単位に達すれば株式持分を引き出して処分することが自由である。持株（株式持分）を引き出して売却可能。	原則，退職時まで引き出せない，または退職時に株式の無償交付を受ける。

7　新プランと会計上の取扱い

（1）　会計上の取扱いの概要

　エリサ法に根拠おくアメリカにおいても，ＥＳＯＰについては連結対象とするのか，ＥＳＯＰに対する拠出が費用として損益計算書にどのように計上するのか等，費用計上との関係などから多くの議論がなされてきた。

　アメリカ会計基準においては，新スキーム（日本版ＥＳＯＰ）と同様の性格を有するＥＳＯＰ（従業員による株式保有プラン）の会計処理を定めた会計基準が

存在するが，それによると，ＥＳＯＰの保有する財産（自己株式，借入金など）を，導入企業の個別財務諸表に含めることとされている。

これに対し，国際会計基準では，新スキームの基礎的構成要素に関連すると考えられる会計基準として，ＳＩＣ第12号（連結－特別目的事業体）があるが，それによれば，株式報酬制度の一環として設立された従業員給付信託（Employee benefit trust）を支配している企業は，当該信託を特別目的事業体として連結することが求められている。そこで，当該信託の保有する財産（自己株式，借入金など）を，導入企業の連結財務諸表に含めることになる（「報告書」6頁）。

このように，アメリカ会計基準と国際会計基準では取扱いが異なることから，新プラン（新スキーム）を導入する企業が，アメリカ会計基準を採用しているか，国際会計基準を採用しているかにより，ビークルを導入企業の個別財務諸表に含めるか，連結財務諸表に含めるかの違いが生ずることになる。

（2） ビークルの子会社該当性

「報告書」は，従業員持株会発展型のプランについて，現行法制度との関係で特に留意すべき会計上の取扱いとして，用いるビークルにより中間法人（匿名組合）スキームと信託スキームに分けて，個別財務諸表および連結財務諸表上の会計処理に係る論点をあげ，次いで，ビークルの子会社該当性を問題としている（「報告書」7～11頁）。

＜中間法人スキーム＞

個別財務諸表として，匿名組合への出資について，純資産法により会計処理を行うか，総額法により会計処理を行うか等を論点とし，連結財務諸表については，中間法人（中間法人は，現在では一般社団法人に置き換える）や匿名組合は，連結財務諸表上，子会社に該当するかどうかを問題にしている。

そして，中間法人（一般社団法人）の子会社判定として，導入企業は支配力基準に基づき，導入企業の「緊密な者」や「同意している者」と併せて，中間法人（一般社団法人）の議決権または匿名組合の業務執行権の過半数を保有し

ているか否かによって，子会社の判定を行うことになる。

＜信託スキーム＞

　個別財務諸表として，信託の財産を，委託者の財産として会計処理するか，委託者の財産ではないものとして会計処理を行うか等を論点とし，連結財務諸表については，信託は，連結財務諸表上，子会社に該当するかどうかを問題にしている。

　次に，信託の子会社判定として，信託スキームの場合，他益信託が「会社に準ずる事業体」に該当するかどうか明確でないが，連結財務諸表上，当該信託が子会社に当たるかどうかを検討する必要がある。信託は，財産管理の制度としての特徴も有しており，通常，「会社に準ずる事業体」に該当するとはいえないが，受益者が複数の信託の中には，連結財務諸表上，子会社とみる方が適切な会計処理ができる場合があるとされている。

　したがって，具体的に，どのような場合に信託が子会社に該当し，どのような場合に子会社に該当しないのかが論点となり得る。

　このように，「報告書」は，中間法人をビークルとして利用するスキームの場合は，匿名組合出資者が導入企業である点，信託をビークルとして利用するスキームの場合には，委託者が導入企業である点，および各ビークルが金融機関から借入れを行う場合に，導入企業がビークルの借入債務に対して保証を行っている場合があることなどから，新スキームにおいてどのような会計処理をすることが適切であるかが問題となる[16]。

　会社法上の取扱いと，会計上と税務上の取扱いがかなり異なる場合が予測されるから，新プランの発展のためには調整と整合性の確保が重要である。

　ビークル（特別信託，中間法人）の自社株式の取得が，会社の計算によることにならないようにすれば，会社法上ビークルは子会社に該当しないが，会計上はビークルの子会社該当性については明確でなく，企業会計基準委員会で取扱いが検討されている。

---

(16)　田中明夫・前掲商事法務1852号16－17頁

8　新プランと税務上の取扱い

（1）信託スキームと信託税制

　ＥＳＯＰの場合は，内国歳入法などにより税務上の特典が与えられ，税務上の処理が明確である。日本版ＥＳＯＰについては，税務上の特典は特に定められていないが，「信託税制」において，相当の配慮がなされている。

　平成18年の新信託法の制定を受けて，信託税制の整備と見直しが行われていたが，平成19年度の税制改革により信託税制が改正された。これがいわゆる「信託税制」であるが（平成19年9月30日施行），新プラン（従業員持株会応用型の信託プラン）に関係する部分も少なくない。例えば，受益者が存在しない信託に関する課税規定の整備，受益者段階課税として，発生時課税と受領時課税の明確化などである。

　しかし，従業員持株会発展型プランのうち，信託スキーム（ビークルとして信託を用いるプラン）について，信託税制上の取扱いについて必ずしも明らかになっていない点がある。そこで，「報告書」は，現行法制度との関係で特に留意すべき税務上の取扱いについて，信託スキームと信託税制との関係を論点としてあげ，詳細に考え方の整理を行っている（「報告書」30～34頁）。

①　信託の設定時における「みなし受益者」

　信託行為の定めにより，信託が終了するまでの期間，持株会に参加しているなど一定の条件を満たす従業員に対して受益権を付与する場合，当該条件を満たす従業員が現れるまで，受益者は不存在となるが，このような場合は，以下の者が課税主体となる。

　a．信託の変更をする権限を現に有し，かつ，信託財産の給付を受けることとされている者（いわゆる「みなし受益者」）

　b．a．の者が存在しない場合は，当該信託の受託者

② 従業員の信託税制上の取扱い

ⅰ) 信託行為において，導入企業の従業員は，当該信託が終了するまでの期間，現に受益者としての権利を有しないものとされている場合には，所得税法13条1項の受益者に該当しないものと考えられる。

ⅱ) 信託行為において，導入企業の従業員は，当該信託が終了するまでの期間，信託契約の変更権限を現に有しないものとされている場合には，所得税法13条2項のみなし受益者にも該当しないものと考えられる。

ⅲ) 当該信託は，信託法163条に定める場合（信託満了時，信託財産に属する導入企業株式の全てが売却された場合等，信託行為において定めた信託事由）等において終了することになる。

③ 受託者から従業員持株会等に株式が譲渡される取引の税務上の取扱い

税務上，受託者が所有する導入企業株式は，導入企業の自己株式として取り扱われることから，受託者から持株会等に株式が有償で譲渡される取引は，導入企業が自己株式を処分する取引に該当する（法人税法施行令8条1項1号）と考えられる。

④ 受益者に対して信託財産の給付が行われる取引の税務上の取扱い

ⅰ) 信託設定当初は受益者が存在しないが，信託行為の定めに従い当該信託が終了するまでの期間，持株会に参加しているなど，一定の条件を満たした従業員に対して受益権が付与されるに至った場合には，みなし受益者である導入企業から新たな受益者となった従業員に対して，当該信託に関する権利に係る資産（金銭）の移転があったものと考えられる。

ⅱ) みなし受益者である導入企業から新たな受益者となった従業員に対して，当該信託に関する権利に係る資産（金銭）を給付するものであり，当該スキームが従業員の勤労インセンティブ等を確保するためのものであることからすれば，原則として，労務・役務の対価に該当し，給与として損金算入されるものと考えられる。

この場合，給付を受ける従業員は，給与所得して課税されるものと考えられる。

（2） 信託税制における信託スキームの取扱いの要約

信託スキームと信託税制の関係について，「報告書」における信託スキームと信託税制の取扱いは，要約すれば以下のようになされている[17]。

信託の設定時においては，従業員が所得税法13条1項の「受益」および2項の「みなし受益者」に該当しない場合で委託者（導入企業）のみを「みなし受益者」とする受益者等課税信託として扱われることになるとしている。この場合で，導入企業が受託者に対し自己株式を処分，新株を発行する場合，受託者が所有する株式は，税務上は，信託税制との関係から「みなし受益者」の問題が生ずる。新プランとの関係では，信託財産に帰すべき費用と収益は，導入会社の損金または益金として取り扱われる。

信託税制としては，ビークルの金融機関への支払利息や会社に支払う保証料は，信託財産に帰すことになる収益および費用として，「みなし受益者」である導入会社の収益および損益となるから（所得税法12条，13条1・2項），会社の損金扱いとなる。信託受益者たる従業員が特定した場合は，信託受益権が従業員に移り，従業員に対する給与となり，会社は損金扱い，従業員については給与所得課税の対象となる。

新プランでは，「みなし受益者」である会社（委託者）が自社株式の所有者と扱われるから，ビークルが買い付けた自社株式は，税務上会社が買い付けたものとして取り扱われる。ビークルへの剰余金の分配（配当）についても，税務上は同一法人内の資金の移転にすぎないから，配当金は支払われなかったものとされる。

ビークルが従業員持株会等に自社株式を譲渡した場合は，会社が保有自己株式を処分したものとされる（法人税法施行令8条1項1号）。

---

(17) 田中明夫・前掲商事法務1852号19頁

第2章 アメリカのESOPの概要

1 ESOPの概念と根拠規定

　アメリカでは，従業員持株制度は永い歴史をもち，信託型従業員持株プラン（employee share scheme plan，ＥＳＳＰ），従業員株式買入制度（employee stock purchase plan，ＥＳＰＰ）として普及し，会社法にも根拠規定が設けられている（ＭＢＣＡ3.02条，デラウェア一般会社法122条15項，ニューヨーク事業会社法202条13項）。そして，現在では，年金プラン型を含め，多くの形態の従業員持株制度（株式取得プラン）が存在している。

　1960年代に普及していた主要な株式取得プランとして，月掛投資プラン（Monthly Investment Plan），株式賞与プラン（Stock Bonus Plan），退職時株式供与プラン（Stock Retirement Plan）がある。わが国の現行従業員持株制度は，月掛投資プラン（ＭＩＰ）を範として開発されたものと考えられる。

　ＥＳＯＰ（Employee Stock Ownership Plan）は，1974年の連邦従業員退職所得保障法（The Employee Retirement Income Security Act 1974）により導入されたものであるが，内国歳入法（ＩＲＣ）で定められた確定拠出型年金の１つであり，企業が収益に応じて自社株式を拠出するストック・ボーナスプランまたは給与の一定比率の拠出金を出すマネー・パーチャス（年金）プランを組み合わせた企業年金制度で，自社株式に投資するものをいうとされている[1]。

　ＥＳＯＰの根拠規定であるエリサ法は，1950年代に投資銀行家ルイス・ケルソ氏が提唱し，ラッセル・ロング上院議員の支持を得て法制化されたものである。ケルソ氏は，従業員の株式保有を通じた富の再分配の必要性を訴えたのであるが，その主張のポイントは，所得の低い従業員が株式を購入できるよう，

---

(1) 北　真収「クロスボーダー敵対的ＴＯＢとリスク・マネジメントへの示唆〔下〕」『開発金融研究所報』（国際協力銀行）2001年７月第７号４頁

資金調達手段が重要であるとしたが、それを実現したのがレバレッジドＥＳＯＰであり、これがＥＳＯＰの活用範囲の大幅な拡大につながった(2)。

　ＥＳＯＰは、エリサ法（ＥＲＩＳＡ）により、自社株投資を中心とする確定拠出型年金の一形態として登場したものであるが、税制上の優遇措置があることから1980年代には上場企業を中心に導入が進み、全米で１万社以上が導入しているとされている。それは、確定拠出型年金の一種であるが、企業再生目的あるいは買収防衛策として戦略的に用いられたことがあり、また、近時においては非上場会社にまで広がり、事業承継目的で利用されるなど、その用法は広い。わが国の新プラン（日本版ＥＳＯＰ）もこれをモデルにした。

　ＥＳＯＰはアメリカの代表的な従業員持株プランであるが、全額企業拠出の確定拠出年金型の持株プラン（自社株式に投資する退職給付）として、現在では、上場企業だけでなく非上場企業においても普及し、多目的に利用されている(3)。

　ＥＳＯＰは、1974年のエリサ法（連邦従業員退職所得保障法）により導入されたが、株式公開企業における活用方法には歴史的変遷がある。1980年代後半には、買収防衛策の１つとして注目されたこともあったが、訴訟などを経て、あくまでも平時の備えであることが確認された(4)。

　ＥＳＯＰは確定拠出年金型の持株プランであるが、企業再生とか買収防衛策として戦略的に利用されてきたことがあり、また、現在では、非上場会社に普及し事業承継目的で使用されている。そして、それは、ＭＢＯ（経営陣による企業買収）、ＥＢＯ（従業員による企業買収）、ＭＥＢＯ（経営陣と従業員による企業買収）と組み合わせ、事業承継のために用いられている。

（２）　深澤寛晴「買収防衛策にとどまらないＥＳＯＰ」大和総研レポート（2007年２月２日号）２頁
（３）　ＥＳＯＰについては、井潟正彦／野村亜希子「米国ＥＳＯＰの概要とわが国への導入」知的資産創造／2001年３月号56頁以下が詳しい。
（４）　野村亜紀子「米国公開企業におけるＥＳＯＰの活用とわが国への示唆」〔資本市場クォータリー2006年冬号〕142頁

2　ESOPの構造

　アメリカにおけるESOPは、エリサ法を根拠とし、税制上の優遇措置もなされている。企業拠出の確定拠出型年金プランの資産は、すべて信託資産の形で保有しなければならないから、ESOPは信託を利用して信託形式で管理し、運営される従業員持株プラン（従業員持株信託）であり[5]、信託受託者（運営主体）たるESOT（Employee Stock Ownership Trust）により運営される。

　ESOPは、退職従業員または一定の年齢に達した従業員に対し、自社株式を無償で給付する仕組みの全従業員参加方式のプランであり、企業拠出型の退職企業年金的であることから、一定の退職年齢に達した後の退職でなければ、株式の交付またはそれに代わる現金の支払を受けることができない。

　ESOPは確定拠出年金の一種であるが、他の確定拠出年金に比べて多様な機能を有している。自社株式を運用対象とし、従業員が株主となることで、資本の分配を従業員にまで広げて、企業と従業員の利害を一致させる長期インセンティブ・プランであるとともに、従業員のモラルを高揚させる手段の1つである。また、退職給付制度の1つであることから、全員参加方式であり拠出は企業のみが行う。そこで、従業員は退職時まで現金化できない反面、所得税は退職時まで課せられないことになる[6]。

　ESOPのスキームは、企業は従業員のためにESOPのための信託（ESOT）を設けて、ESOTに現金または自社株式（主に、新規発行の普通株か普通株へ随時転換可能な転換権付優先株）を拠出する。拠出額は、企業利益の一定割合等の事前に決められた基準で決定する。拠出が現金である場合には、信託はその現金を使って自社株式を買い入れる。その後、信託はその株式を各従業員の口座へ割り当てる[7]。

（5）　新井　誠「第2版信託法」285頁（有斐閣　2005年）
（6）　北　真収・前掲開発金融研究所報10頁
（7）　北　真収・前掲開発金融研究所報13頁

そして，ＥＳＯＰを通じて従業員に割り当てられた株式は，公開株式である場合は，従業員は退職時に受け取れる。公開株式でない場合は，企業は時価で買い取らなければならないとされている。

　ＥＳＯＰの制度は，運用信託であるＥＳＯＴに自社株式を保有させるのであるが，企業が銀行借入れにより一括して大量の株式を取得し，ＥＳＯＴに交付する，あるいはＥＳＯＴが自ら銀行借入れにより一括して大量の株式を取得するのである。ＥＳＯＴに大量の自社株式を保有させることにより，安定株主を確保し，より経営の安定化を可能とする。従業員を株主とし，退職時に従業員に自社株式を交付することにより，従業員の忠誠心を高めるとともに，生産性の向上を図るという意味のメリットがある。従業員にとっても，株価の向上が従業員の利益に結び付くことから，インセンティブ効果を期待することができる。

　他方，全額企業拠出であることから，ＥＳＯＰの導入は，当該企業の収益圧迫要因になるという企業会計上のデメリットに対する懸念がある。特に，レバレッジドＥＳＯＰによる場合は，米国企業会計上，ＥＳＯＰ（ＥＳＯＴ）が行った借入れは，対象企業自身の負債として計上されるから（貸借対照表上は，かかる負債の見合い勘定として，ＥＳＯＰ保有自社株勘定（unearned ESOP shares）が立てられ，この分は金庫株と同様に資本の部の控除項目とされている），有利子負債を増大させ，自己資本比率を減少させることになり，借入れにより自己株式を買入れた場合と同じ効果が生ずる[8]。

3　ＥＳＯＰ導入の目的

　ＥＳＯＰ導入の目的として，従業員が株主となることにより，資本の分配を従業員にまで広げ，株主と従業員の利害を一致させる長期インセンティブ・プランとして，従業員のモラルを高揚させる手段となる。そのために，ＥＳＯＰ

---

(8)　武井一浩ほか「企業買収防衛戦略」（商事法務　2004）160頁〔太田　洋〕

が目的を達するためには、全従業員が参加する方式であり、株式取得資金は自社株投資を目的とする企業拠出金のみによって行い、その代わり、従業員は退職時まで株式の引出しはできないとすることが必要である[9]。

ESOPは、確定拠出企業年金の一種と位置づけられることから、従業員による自社株投資のための他のプランと比較して、従業員は資金の拠出をしないから投資リスクを負担しない。しかも、任意参加ではなく、全従業員を制度参加の対象者とすることから参加者数が増大し、有力な安定株主を確保することが可能である。企業拠出の退職年金型であることから、在職中の株式（持分）の引出しができないから、安定株主の確保目的に適合するのであり、買収に対する予防策としての効用が十分に期待できることになる。

このように、自社株式を企業年金として退職時に交付することは、企業価値の増大による利益を従業員が享受できることから、従業員のモチベーションにより労働生産性の向上と、インセンティブ効果を期待することができる。この本来の目的に加え、他に有効な機能が認められることから、多様な目的に利用することができるが、具体的には次のような目的のために利用できるとされている[10]。

① 敵対的買収の防衛

敵対的なTOBに対処するために、会社が市場から自社株式の一部を取得し、ESOPを通じて従業員に割り当てる場合である。

② 買収の資金調達

従来、ESOPに対する融資者は受取利子控除を受けるという税務上の優遇措置があったため、ESOPは低金利で資金調達ができたが、1996年この優遇措置の廃止により、資金調達目的のためにESOPを利用するメリットは半減したとされる。

---

(9) 北　真収・前掲開発金融研究所報10頁
(10) 北　真収・前掲開発金融研究所報14-15頁

③ 企業の再建

企業の経営的な破綻，それに伴う工場閉鎖および解雇といった事態を阻止ないし回避するために，その企業または工場を従業員が購入する場合，ＥＳＯＰの導入が条件とされる。例えば，米国政府は，1979年，クライスラーの経営破綻に対して救済のための立法措置をとった。

具体的には，15億ドルの融資保証を定めて，1.62億ドルはＥＳＯＰへの払込みに充てることを要求した結果，20～25％の従業員所有が実現した。

④ 事業部門の売却や分社化の促進

ＥＳＯＰは株式取得のための借入れが認められているため，事業部門の売却や分社化を進める際の有力な受け皿となっている。

⑤ 未公開企業のオーナーの持株売却

オーナーが会社を身売りして経営から退き，かつ持株を非課税で売却したい場合に，吸収合併・新設合併，企業分割，現物出資と課税繰延べを組み合わせることによって，その目的を達成することができる。

⑥ 従業員の経営参加

従業員にとっての金銭的利益，企業にとっての税金面での利益とは別に，ＥＳＯＰには，従業員の経営参加的な意味が認められる。

4　ＥＳＯＰの普及と現状

企業自らが，ＥＳＯＰに交付する目的で借入金によって自社株式を一度に買い付けることができることから，ＥＳＯＰを設けている企業（約11,500社）の約４分の３の企業は，レバレッジドＥＳＯＰを導入している。そして，ＥＳＯＰのために融資した融資先は，受取利子について課税控除を受けることができることから，金融機関はＥＳＯＰ目的の融資に積極的であったが，1996年に受取

利子の課税控除は廃止された⁽¹¹⁾。なお，ＥＳＯＴ自身が借入金によって自社株式を買い付けることも認められている。

　ＥＳＯＰは米国において，1980年代以降，急速に普及し，2000年には約１万1,500の企業がＥＳＯＰを設け，約850万人の従業員（米国労働者の８％に相当）が加入している。このうち，約1,000社は上場企業で，加入者全体の50％を占めている。ＥＳＯＰの持株比率は，100％所有している企業は約1,500社，過半数を所有している企業は約2,500社ある。ＥＳＯＰの保有する総資産は，1999年末で約5,000億ドルに上る。これは，米国株式総額の約４％に相当する。1999年だけで約200億ドルがＥＳＯＰに拠出されている上場企業の中にも，ＥＳＯＰが大株主の中心を占めている企業がある。そして，例えば，ユナイテッド航空の株式の約２分の１以上はＥＳＯＰの所有である⁽¹²⁾。

　ＥＳＯＰの実情についていえば，上場企業のＥＳＯＰの多くは1980年代の末までに導入されているが，1990年代に入り上場企業においては活用が横ばい状態になり，1990年代半ば以降はＥＳＯＰの導入は下降に向かい，登場から30年余りを経て，ＥＳＯＰは自社株報酬制度としての普及を果たしたとみられている。その理由は，ⅰ）金融機関に対する税制優遇の廃止，ⅱ）会計基準の変更，ⅲ）ストック・オプションや401（Ｋ）プランを通じた自社株投資のような，代替的な自社株報酬制度の普及があげられている。そして，上場企業のＥＳＯＰに代わって目立つようになったのが，非上場企業における従業員による企業買収（Employee Buyout：ＥＢＯ）である。ＥＢＯはＥＳＯＰの活用方法の１つだが，現在のＥＳＯＰはＥＢＯが主流になっている⁽¹³⁾。

　非上場企業のＥＳＯＰの導入は，1990年代以降も増加傾向にあるが，その理由は，ⅰ）企業オーナーが，引退などによりＥＳＯＰに対する自社株売却に税制上の優遇措置が講じられていること，ⅱ）オーナー引退などに伴う経営の継続性が，ＥＳＯＰによる従業員所有を通して確保されること，などがあげられ

---

(11)　北　真収・前掲開発金融研究所報13頁
(12)　北　真収・前掲開発金融研究所報10－11頁
(13)　野村亜紀子・前掲資本市場クォータリー145頁

ている(14)。

このことは，わが国においても，中小企業における後継者問題の解決として，ESOPを利用したEBO（従業員による企業買収）またはMEBO（経営者と従業員による企業買収）を考えるに際して重要な示唆を与えることになる。

5 ESOPの基本的な仕組みと運用

ESOPは，一般従業員向けの自社株式報酬制度であるが，制度上は401（K）プランと同様に，確定拠出型年金の一種である。ESOPは，株式と信託形式を用いた株式ボーナスプランであるが，具体的には，株式賞与プラン（Stock Bonus Plan）と，企業が給与の一定比率を拠出するマネーパーチェスプラン（Money Purchase Plan）を組み合わせた，企業拠出型の年金プランである。ほとんどの場合，資金は自社株に投資するから，受益者（従業員）への信託財産の分配を制度実施会社の株式をもって行われることになり，信託財産は自社株式に投資する仕組みとして設計されている。

ESOPのスキームは，導入企業（委託者）が，自社株式の購入と管理を目的として，ESOPの運営信託としてESOTを設置し，ESOTを受託者，一定の資格を備えた従業員を受益者とする信託の形で自社株式を取得させるのである。これには，企業が株式買付資金をESOTに拠出し，ESOTがその資金により買い付けた自社株式を信託運用する非レバレッジ方式と，ESOTが会社の保証の下に借り入れた資金により自社株式を購入するレバレッジド方式とがある。後者についても，返済資金は企業が負担であり弁済原資を企業が拠出する。

ESOPは，全従業員を対象とする企業の退職給付制度（企業拠出年金プラン）であるから，拠出は制度導入企業のみが行い制度実施に要する費用についても企業の負担となる。

---

(14) 井潟正彦＝野村亜紀子＝神山哲也「米国ESOPの概要と我が国への導入」資本市場クォータリー2001年冬号〔野村資本市場研究所〕15頁

第2章 アメリカのESOPの概要

　それは，制度導入企業が定額の資金を拠出し，従業員に受給権が生ずる確定拠出型年金プランであり，従業員は，退職時に自己口座に配分された株式または相当額の現金の支払を受けるという仕組みである。
　このように，企業拠出型の年金プランであるから，対象従業員は一定の退職年齢に達した後に，退職した場合でなければ持株を引き出せない仕組みである。ESOPは，原則として，全従業員が対象の自社株式報酬制度である。従業員

【ESOPの仕組み】

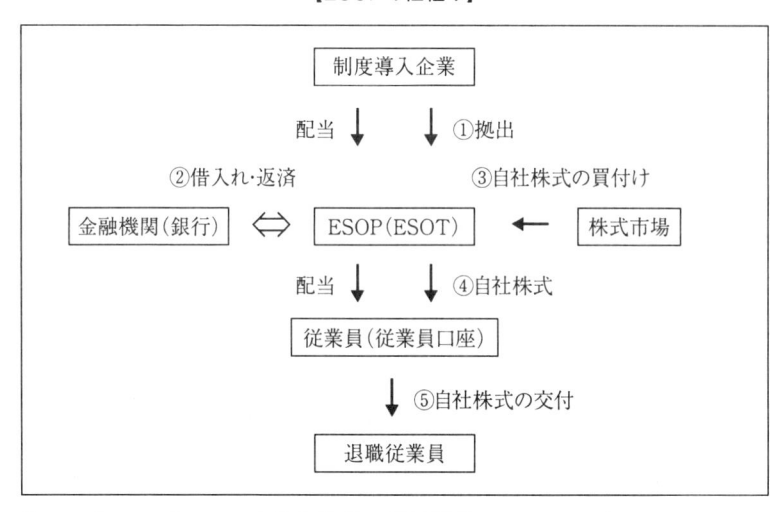

```
                    ┌──────────┐
                    │ 制度導入企業 │
                    └──────────┘
                  配当 ↓    ↓ ①拠出
    ②借入れ・返済              ③自社株式の買付け
┌──────────┐   ⇔   ┌──────────┐  ←  ┌────────┐
│金融機関(銀行)│      │ESOP(ESOT)│      │ 株式市場 │
└──────────┘      └──────────┘      └────────┘
                  配当 ↓    ↓ ④自社株式
                 ┌──────────────┐
                 │従業員(従業員口座)│
                 └──────────────┘
                        ↓ ⑤自社株式の交付
                   ┌──────────┐
                   │ 退職従業員 │
                   └──────────┘
```

① 　ESOPプランの実施企業が，信託形態のESOT（Employee Stock Ownership Trust）を設立し，ESOTを信託受託者とする。そして，自社株式取得資金の拠出，自己株式の放出，新株発行により，ESOTが自社株式を取得する。
② 　レバレッジドESOPの場合，ESOP（ESOT）が，銀行等の金融機関から自社株取得資金の借入れをする（非レバレッジドESOPは借入れをしない）。借入金の返済原資は導入企業が毎年拠出する。
③ 　ESOP（ESOT）が，拠出を受けた自社株式の取得資金および借入れにより，株式市場より自社株式を買い付ける。自己株式の譲受けも可能である。
④ 　ESOP（ESOT）は，取得した自社株式を従業員の個別口座に配分する。借入金により取得した自社株式（レバレッジドESOP）については，制度実施企業の拠出を原資として弁済した後に配分する。
⑤ 　退職した従業員は，自社株式の交付または相当額の現金の給付を受ける。

は現金で受け取る給与に加えて，ＥＳＯＰを経由して報酬（労働の対価）として自社株式を受け取るのである。ＥＳＯＰの最大の特色は，ＥＳＯＰの信託であるトラスト（ＥＳＯＴ）が自ら借入れを行い，大量の自社株式を一気に買い付けることが可能な点である（レバレッジドＥＳＯＰ）。

　借入金返済の原資は導入企業のＥＳＯＴへの拠出金である。そして，借入れにより取得された自社株式は，トラスト内の仮勘定に計上され，その後，借入金の返済に伴い，各従業員の個人口座に配分されていくが，仮勘定内の株式にも議決権があり，ＥＳＯＰのトラスティが行使する[15]。

6　ＥＳＯＰのスキーム

（１）　信託応用とＥＳＯＴの設置

　ＥＳＯＰは，信託形式で管理し運営される（信託を利用した従業員持株プラン）。ＥＳＯＰの導入企業が，自社株式の購入と管理の目的で，従業員を受益者とする信託形式のＥＳＯＴ（Employee Stock Ownership Trust）を設置し，ＥＳＯＴ（信託受託者）によりＥＳＯＰを運用するのであるが，従業員ごとに信託口座を開設して取得株式を管理する方法による。

　ＥＳＯＴによる自社株式の取得方法は選択の幅が広く，市場買付け，公開買付け（ＴＯＢ）のほか，会社からの金庫株（treasury stock）の譲受け，株主からの相対取引による譲受け，さらには新株の引受けによることも可能である。そして，株式の取得方法は，株式取得資金の調達方法の違いから，ローンを用いるレバレッジド方式とローンを用いない非レバレッジド方式とがあるが，自社株式を一括して大量取得するためには，多額の資金を必要とするからレバレッジド（Leveraged）方式による場合が多い。

---

[15]　野村亜紀子・前掲資本市場クォータリー143頁

（2） 非レバレッジド型のＥＳＯＰ

　非レバレッジド方式は，ＥＳＯＰの基本的な形態であるが，導入企業がＥＳＯＴに自己株式または自己株式の取得資金を拠出する。現金の拠出はあらかじめ定められた基準で一括して拠出されるが，ＥＳＯＰを導入した後も，毎年所定の上限枠の範囲内で現金の拠出を継続する場合もある。

　ＥＳＯＴは拠出を受けた現金により自社株式を買い付ける。ＥＳＯＴが取得した自社株式は各従業員の口座に振り返られるという仕組みである。従業員の口座に振り返られた株式についての配当金は，直接，従業員口座へ振り込まれるか，ＥＳＯＴを経由して各従業員に支払われるのであるが，自社株式の買付資金としてＥＳＯＴに積み立てることが多い。

　スキームは，ⅰ）企業がＥＳＯＰを導入し，運営主体としてＥＳＯＴ（信託）を設ける，ⅱ）ＥＳＯＴは，企業拠出金により自社株式を買い付け，又は自社株式の拠出を受ける，ⅲ）取得株式は従業員の個人口座へ配分する，ⅳ）ＥＳＯＴの保有株式に対する配当金は従業員に支払うか，借入金の弁済に充てる，ⅴ）従業員は59.5歳になると，個人勘定に入れられている株式を引き出すことができる，離転職したときは，個人退職勘定に移し，資産を移管することができる。

（3） レバレッジド方式のＥＳＯＰ

　借入金により自社株式を取得する方式であるが，これには，導入企業が銀行から資金を借り入れ，これをＥＳＯＴに貸し付けるミラー・ローン（転貸し）方式と，ＥＳＯＴが直接借り入れるダイレクト・ローン方式がある。

　ＥＳＯＴには借財能力が認められているので，多くの場合，ＥＳＯＴが自社株式の購入資金を銀行等の金融機関等から借り入れ，借入金により自社株式を購入するダイレクト・ローン方式によっている。これによれば，ＥＳＯＴはローンで得た資金により，一括して大量の自社株式を買い付けることが可能となる。

　銀行等は貸付金の回収を担保するために，ＥＳＯＴが借入金により取得した

株式を担保にとるが、ＥＳＯＴは担保株式の処分価格以上の返済義務を負担しない取扱いである。そこで、導入企業が銀行に対しＥＳＯＴの借入れについて保証をすることになる。ＥＳＯＴの借入金の返済資金は、制度実施会社が負担する仕組みであるから、制度導入企業は、毎年、ＥＳＯＴに対し所定の上限枠の範囲内で資金を拠出し、ＥＳＯＴは、この企業拠出金を使って、毎年、銀行ローンを分割して返済していく。

ＥＳＯＴが借入金により取得した株式は、ローンの担保に供されているから、直ちに従業員の信託口座に入れられるのではなく、借入金が完済されるまではＥＳＯＴの仮勘定（サスペンス・アカウント）に入れられる。そして、借入金の弁済に応じて、順次、従業員の信託口座に移されるという仕組みである。

配当金はＥＳＯＴを通じて、各従業員に支払われるのであるが、多くの場合は、現金を交付するのでなく、ＥＳＯＴのローンの返済資金に当てられている。退職企業年金の性格からみて適正な取扱いである。

レバレッジド型ＥＳＯＴによれば、企業は最高で給与額の15〜25％をＥＳＯＴに拠出できることから、ＥＳＯＴは年間の弁済額をそれに合わせて借入額を設定することができる。そこで、ローンの返済期間を、例えば10年に設定すれば、多額の株式取得資金を一度に調達することが可能となるから、ＥＳＯＴはこれを用いて一度に大量の自社株式を買い付けることができるので、一夜にして大量の株式を有する株主を安定株主として確保することができる。

ＥＳＯＰは退職年金プランであるが、制度導入企業にとっては、会社資金を用いて安定株主を確保することができるだけでなく、ＥＳＯＴの株式取得方法が大量の市場買付けによる場合は、株価対策になるばかりか、市場流通株式数を減少させることになるから、敵対的買収が起こりにくい状態を作り出すというメリットがある。

スキームは、ⅰ）企業がＥＳＯＰを導入し、運営主体としてＥＳＯＴ（信託）を設ける、ⅱ）ＥＳＯＴが借入金により自社株式を一括大量取得、ⅲ）借入金は企業拠出金により返済、ⅳ）取得株式はＥＳＯＴの仮勘定に入れ、返済に応じ従業員の個人口座へ配分する、ⅴ）ＥＳＯＴの保有株式に対する配当

金は従業員に支払うか，借入金の弁済に充てる，vi）従業員は59.5歳になると，個人勘定に入れられている株式を引き出すことができる，離転職したときは，個人退職勘定に移し資産を移管することができる。

ＥＳＯＰは借財能力があり，レバレッジド方式により会社の保証の下で資金を借り入れ，自社株式の大量買付けをするため，一気に大株主として登場する。

7　ＥＳＯＰを用いた企業再生

ＥＳＯＰは，確定拠出年金型の自社株式報酬制度であるが，企業再生のための戦略的な利用が考えられる。復活と再生を狙った経営計画の開始と同時にＥＳＯＰを導入したクライスラーとユナイテッド・エアラインズの事例がある。このような経営計画の場合，従業員給与の引下げ，凍結などが行われるのが常だが，経営計画の開始と同時にＥＳＯＰが導入され，従業員が自社株を報酬の一部として受け取ることは，株主その他のステーク・ホルダーの納得が得やすく，従業員にとっても，経営計画が成功した場合の成果を，将来の成長をも織り込んだ株価で享受できるという点で有意義である[16]。

1980年にクライスラーが破産の可能性に直面した際，復活に向けた経営計画で給与が引き下げられる従業員のモラルと生産性を高める役割を果たすとして，連邦議会や政府がクライスラーの借入れに対する政府保証の見返りとして，ＥＳＯＰの導入を条件の１つとして，同社によるＥＳＯＰ設立を求めた復活戦略が注目された[17]。

公開企業によるＥＳＯＰの設立が最盛期を迎えたのは1980年後半のことである。

1990年代の公開企業によるＥＳＯＰの活用といえば，1994年のユナイテッド・エアラインズの再生戦略に代表される。企業再生の過程で，従業員による

---

(16)　井潟正彦＝野村亜希子・前掲知的資産創造62頁
(17)　井潟正彦＝野村亜希子・前掲知的資産創造60頁，野村亜紀子・前掲資本市場
　　クォータリー144頁

モチベーション拡大などのメリットを念頭にＥＳＯＰを導入した。それは，従業員側が労働条件について譲歩する見返りに，ＥＳＯＰ導入による従業員の大株主化，支配権（議決権の55％）を手に入れるというプログラムであった。ＥＳＯＰの導入後めざましい回復を見せ，業績は向上したが決局2002年に破産した。その際，ＥＳＯＰ導入直後の従業員による経営参加意識の高まりを維持できなかったことなどが指摘されている[18]。

それ以後，公開企業のＥＳＯＰに関する主要な話題は出ていない。代わって，目立つようになったのが，非公開企業の従業員による企業買収（Employ Buy Out, ＥＢＯ）である。従来から行われてきたＥＳＯＰの活用方法の１つだが，現在では完全にこれが主流といってよく，今後も，このトレンドは続くと見られる[19]。

8 ＥＳＯＰと議決権行使

（1） ＥＳＯＰと参加従業員の議決権行使

ＥＳＯＰプランにより，ＥＳＯＴが取得した株式の実質的権利者は従業員（受益者）であるが，ＥＳＯＴ保有株式の議決権はＥＳＯＴの代表者により行使される。この場合，制度導入会社（委託者）が議決権行使に干渉することは許されない仕組みである。

株式がＥＳＯＴから各従業員の口座に割り付けられた後においては，当該株式は従業員のものとなるが，従業員は在職中に株式の交付を受けることはできない。代わりに議決権や利益配当請求権（現実には，ＥＳＯＴの借入金の弁済に当てられ，現金が交付されることはない）などの株主権を行使できることになる。

しかし，従業員（株主）の有する議決権は，議決権行使権者により行使される仕組みとなっている。この場合，各従業員は議決権行使権者に対し，議決権

---

(18) 井潟正彦＝野村亜希子・前掲・知的資産創造60－61頁，野村亜紀子・前掲資本市場クォータリー145頁，149頁
(19) 野村亜紀子・前掲資本市場クォータリー145頁

第2章　アメリカのＥＳＯＰの概要

行使の指図権を有している（わが国従業員持株会においても，これと同様の仕組みであり，会員の持株会理事長に対する議決権行使に関する指示権が認められている）。

　これは，パス・スルー議決権（pass through voting）とよばれるものである。パス・スルー議決権とは，株式に関し法律上の株主ではないが，経済的または受益的利益を有する者が，その株式の議決権について議決権行使権者に対し指図を与えることをいうが，多くは従業員持株制度の参加者が，所有株式の議決権についての指図を意味する。ニューヨーク証券取引所は，パス・スルー議決権によることを要求しているが，そのねらいは，参加従業員は，株主名簿上の株主に送付されるのと同じ委任状勧誘資料を受け取り，株主総会で議決権行使について，受託者に指図する機会の確保と適当な手段を与えるためである[20]。

　そこで，これを新プラン（日本版ＥＳＯＰ）についていえば，法律上の株主であるビークルや信託銀行が，受益者である株主や従業員持株会の意向を反映させた形で，議決権を行使することになる。

（2）　ＥＳＯＰと経営支配権の取得

　ＥＳＯＰは在職中の従業員がプラン加入者となるが，退職給付制度であることから，従業員は退職時までＥＳＯＴから株式を引き出して処分できない仕組みである。そこで，退職年金の機能と従業員の安定株主化を図るのに適した制度である。

　ＥＳＯＰは，企業財務・統治戦略（コーポレート・ファイナンス／コーポレート・ガバナンス）の観点からみれば，自社株買い，ＬＢＯ，ＭＢＯと比較検討すべきである。

　大規模なＥＳＯＰは，支配権を取得する株主が，ＬＢＯでは第三者たる買収者，ＭＢＯでは経営陣，ＥＳＯＰでは従業員という違いはあるが，借入れを利用した企業買収であるＬＢＯまたはＭＢＯと共通しているのであり，支配権の確保という点では，いずれも大幅かつ迅速に資本構成と株主構成の再編成を可

---

(20)　市川兼三「従業員持株制度の研究」〔信山社　2001年〕263頁，265頁

能とし，企業の支配権を獲得し，資産収益率の向上などの経営改善に取り組み，将来の株価上昇を追求する手法は共通する[21]。

　ＥＳＯＰを大規模に行うことは，企業支配権に関係することから，ＥＳＯＰが多数の株式を所有すれば，従業員が経営に対して多大な影響力を有することになり，反対に，その運用の如何によっては経営陣の地位保全目的の利用による弊害が懸念される。

9　ＥＳＯＰと税制上の優遇措置

　ＥＳＯＰは，実質的には自社株報酬制度の一種であるが，エリサ法による制度上の位置付けは「自社株に主に投資する確定拠出型企業年金」なので，適格要件を備えたＥＳＯＰには，企業年金が享受する税制優遇はＥＳＯＰにも適用される。さらに別表のように，企業がＥＳＯＰ保有の自社株に対し，支払う配当も損金算入できるというＥＳＯＰ特有の措置も講じられている[22]。

　企業は，ＥＳＯＰ信託（ＥＳＯＴ）への拠出金を損金に算入できる。損金算入の上限は，その課税年度における加入従業員の給与総額の25％である。また，ＥＳＯＰ信託（ＥＳＯＴ）への支払配当金も損金に算入できる。加えて，レバレッジドＥＳＯＰでは，企業はＥＳＯＰ信託（ＥＳＯＴ）の借入返済額上の拠出をすることが認められているが，それは借入金の元本だけでなく利子も損金に算入できる。

　そこで，損金算入の上限をベースに単純にいえば，レバレッジドＥＳＯＰの場合，約10年の借入金元本返済を前提にすると，約２年分の従業員給与総額に相当する自社株式を一度に買い付けることができる。ＥＳＯＰには税務上の優遇措置が認められることから，その機能は年金としてだけでなく，多様な目的に利用されている[23]。

---

(21)　井潟正彦＝野村亜紀子＝神山哲也・前掲資本市場クォータリー６頁
(22)　野村亜紀子・前掲資本市場クォータリー145頁
(23)　北　真収・前掲開発金融研究所報13－14頁

第2章 アメリカのESOPの概要

【税制上の優遇措置】

(企業拠出)
　企業拠出は損金算入が可能である。損金算入額の税制上の上限が適用されるためには、自社株取得のための企業拠出と、借入れの元本返済のための企業拠出。
　借入れの返済の利息支払いのための企業拠出は、高額給与所得者のための拠出が全体の3分の1以下であれば、上限の枠外となる。
(支払配当)
　企業がESOPに支払う配当は損金算入が可能である。加入者に、直接またはESOP経由で配当が支払われればよく、配当を借入金返済に充ててもよい。また、加入者に対し、受取配当をESOPでの自社株取得に充てる選択肢の呈示も可能。
(転職・退職時)
　59.5歳前の引出しは10％のペナルティ課税の対象となるが、IRAに資産移管すれば、ペナルティを受けずに済む。
　59.5歳以降であれば、引出時点で受取額は通常所得として課税される。

(出所)　野村亜紀子・前掲資本市場クォータリー2006年冬号145頁

第3章　従来型の従業員持株制度の概要

1　従業員持株制度の導入と発展

（1）　従業員持株制度と新プラン

　新プランの導入は，従業員持株制度を否定するものではなく，併存的に導入するものと考えられる。新プランの主流は従業員持株会発展型（従業員持株会応用型）であることから，多くは既存の持株会を用いることになる。そこで，新プランを理解するためには，従業員持株制度の仕組みと基本的構造を理解しておくことが必要である[1]。

　従業員持株制度は，新プランと同様に特別の立法的措置を講じられていない。それは，大蔵省の行政指導を根拠として運営されてきたが，それを日本証券業協会の「持株制度に関するガイドライン」が承継し，それに基づき運営されている。

　わが国には，従業員持株制度が深く根付いていることから，新プランの導入を考える場合，従業員持株制度との調整をどうするのかという問題があるが，従業員持株会発展型のプランは，ＥＳＯＰ的機能と持株会とを結合させ，持株会を応用していることから，持株会の意義と機能，そして，持株会による株式の買付けなどの仕組みを理解することが必要となる。

　従業員持株制度については，これに関する立法的措置は講じられていないが，制度導入後40年以上が経過しすっかり定着している。その方式として，証券会社方式と信託銀行方式があるが大半は証券会社方式である。そして，証券会社方式には，間接投資方式（全員会員方式）と直接投資方式（一部会員方式，いわゆ

---

(1)　従業員持株制度については，新谷　勝「新しい従業員持株制度」（税務経理協会　平成20年），「従業員持株制度－運営と法律問題のすべて〔新訂版〕」（中央経済社　平成5年）を参照されたい。

る山一証券方式）とがあるが、ほとんどは、制度参加従業員は持株会の会員になり、毎月、給料から一定額を天引きして持株会に拠出し、持株会が一括して市場買付けを行う間接投資方式であると考えられ、ほぼ、間接投資方式に統一されているとみることができる。

（2） 従業員持株制度の意義と導入の経緯

　従業員持株制度について、日本証券業協会の「持株制度に関するガイドライン」は、「従業員が自社の株式の取得を目的として持株会を組織し、その運営を行うもの」と定義としている。より詳細にいえば、企業が制度として導入し、従業員が組織的かつ継続的に一定の計画に従い、自社株式（勤務先会社の株式）の取得を行うことを目的として、持株会を組織してその運営を行うのであるが、会社が奨励金の支給と運営費用等の負担という経済的支援により、従業員の自社株式の取得と保有を促進する制度である。

　しかし、従業員持株制度について特別の立法的手当てがなされていない。大蔵省等の行政指導に基づいて運営されてきたが、平成5年に日本証券業協会が「持株制度に関するガイドライン」を定めた以後（最終改正平成19年9月30日、平成20年6月5日施行）、従業員持株制度の大多数を占める証券会社方式については、ガイドラインに従って運営されている。

　従業員持株制度は戦前から存在するものであるが、現行持株制度は新従業員持株制度として昭和43～44年ころに開発され導入されたものである。それは、資本の自由化に伴い外資に対する企業防衛策としての安定株主づくりの必要からであった。このように、従業員持株制度は、従業員の福利厚生を目的とするものであるが、出発時から買収防衛目的のための安定株主づくりという狙いが存在していた。

　従業員持株制度導入の契機となったのが、資本の自由化に伴う外資からの国内企業の防衛策の検討をしていた外資審議会の専門委員会が、昭和42年5月、「外資による乗っ取り防止の一方策として、従業員に自社株式を保有させることは、従業員の福祉増進に寄与するとともに、安定株主の効果を期待すること

第3章 従来型の従業員持株制度の概要

ができる」と答申したことである。

　この答申を契機に，資本の自由化に伴う外資からの企業防衛のための安定株主づくりの一環として，従業員持株制度を用いることが検討され，現在の従業員持株制度が導入されたのである。

　このような状況の下で，昭和43年の秋ころ，野村証券が「新・従業員持株制度の提唱」として，持株会（投資会）を制度の中心に位置づけ，持株会により制度を運営していく，継続的市場買付方式の従業員持株制度を開発した。続いて，山一証券，日興証券，大和証券も，業務の一端として積極的に普及に努めた。なお，山一証券の開発したプランは，山一プランとよばれ（少数組合員方式：直接投資方式），他のプラン（全員組合員方式：間接投資方式）と異なったスキームである。

　他方，信託銀行も信託を用いた方式の従業員持株制度を開発したが（信託銀行方式），現在に至るも，従業員持株制度のほとんどは証券会社方式であり，その中でも，制度参加従業員の全員が持株会の会員となり，持株会に株式取得資金を拠出する全員組合員方式が大半である[2]。したがって，持株会発展型の新プランの多くも，プランに参加する従業員全員が持株会の会員となる全員組合員方式である（以下，「会員」を新プランに参加する従業員の意味で使用する）。

　従業員持株制度は，導入以来，着実に導入企業を増やし，実施企業が90％を超えてから久しい。近年では，従業員の加入率の伸び悩み現象がみられるにしても，わが国の企業社会に定着している。その意味で，新プラン（ＥＳＯＰ）の導入に際して，従業員持株制度との整合性を考えなければならない。

（2）　少数組合員方式というのは，管理職にあるなどの一部の従業員を会員とする持株会を設置し，その他の従業員は持株会と月掛投資約款による加入契約を結び，参加者として制度に参加する。参加者は毎月株式取得資金を拠出するのであるが，持株会に対する出資ではないから，拠出金ではなく積立金とよばれている。持株会は，参加者から集めた資金により，毎月，株式を買い付けるのであるが，それは，参加者の株式取得を代行することになる。持株会が買い付けた株式は各人の共有となるが，積立金の拠出額に応じて各人の共有持分の計算がなされ，各人はその持分を管理の目的で持株会に信託し，株式の名義は持株会理事長とするというスキームであるが，多くの点で全員組合員方式と共通している。

第1表 従業員持株会状況

	年度		平20	平21	増減[増減率(%)]
	調査対象会社数	(注1) 社	2,032	2,006	△ 26
株式保有状況 (市場価格ベース)	調査対象会社上場時価総額	(A) 億円	2,256,598	2,985,891	729,292 [32.3]
	持株会株式保有金額	(注2) (B) 億円	21,455	28,540	7,084 [33.0]
	持株会株式保有比率(市場価格ベース)	(B)/(A) %	0.95	0.96	0.01
持株会加入状況	調査対象会社従業員数	(注3) (C) 万人	458.9	462.7	3.7 [0.8]
	持株会加入者数	(注4) (D) 万人	205.9	208.3	2.3 [1.2]
	持株会加入者数の調査対象会社従業員数に対する割合	(D)/(C) %	44.88	45.03	0.15
	加入者1人当たりの平均株式保有金額	(B)/(D) 万円	104.1	136.9	32.8 [31.5]
(参考)					
株式保有状況 (単元数ベース)	調査対象会社上場単元数	(注1) (E) 万単元	150,395.7	167,853.5	17,457.8 [11.6]
	持株会株式保有単元数	(F) 万単元	1,293.7	1,462.6	168.9 [13.1]
	持株会株式保有比率(単元数ベース)	(F)/(E) %	0.86	0.87	0.01
	加入者1人当たりの平均保有単元数	(F)/(D) 単元	6.28	7.02	0.74

(注)1.本調査の集計対象は、各調査対象会社の上場普通株式であるため、非上場株式や種類株式等は調査対象株式には含まれていない。
2.持株会株式保有金額は、各調査対象会社の従業員持株会の保有株式数に、当該会社の平成22年3月末の株価(終値)を乗じた数値を合計して算出している。
3.調査要綱に記載のとおり、持株会については連結の従業員数を用いているため、上場会社の非上場会社の従業員数も含まれている場合がある。
4.従業員持株会は、制度上子会社の従業員の加入も可能となっているため、持株会加入者数は、調査対象会社従業員数の内数には必ずしもなっていない。
(出所) 東京証券取引所「平成21年度従業員持株会状況調査結果の概要について」平成22年10月18日

第3章 従来型の従業員持株制度の概要

第2表 奨励金支給状況

年度	奨励金額 円		0	～20未満	20以上～40未満	40～60	60～80	80～100	100～150	150～200	200以上～	合計
平20	会社数	社	120	4	89	853	167	64	626	42	67	2,032
	比率	%	5.9	0.2	4.4	42.0	8.2	3.1	30.8	2.1	3.3	100.0
平21	会社数	社	123	4	87	851	163	56	631	33	58	2,006
	比率	%	6.1	0.2	4.3	42.4	8.1	2.8	31.5	1.6	2.9	100.0

(注) 1. 本調査における奨励金額とは、買付手数料や事務委託手数料に対する補助を除き、拠出金1,000円につき従業員持株会の制度実施会社から加入者に対し支給される金額をいう。
2. 奨励金支給会社における奨励金の平均支給額は、平成20年度77.97円、平成21年度76.47円となっている。
3. 奨励金額が50円の会社数は、平成20年度832社、平成21年度829社、100円の会社数は、平成20年度604社、平成21年度609社となっている。

(出所) 前掲

77

上場会社の従業員持株制度の運用は，持株会を用いて月掛投資方式による継続的な市場買付けとしてなされている。株式の取得方法として，従業員または持株会に対する第三者割当ての新株発行方式も不可能ではないが行われていない。

　自己株式の譲受方式は，長らく自己株式の取得が禁止されていたので，それが可能なのは，会社が適法に取得した自己株式の処分として，持株会に譲渡する場合にとどまったが，自己株式の譲渡という方式は行われなかった。会社法の下では，会社が自己株式を取得することが認められ，保有自己株式の処分として従業員持株会（以下，「持株会」）に譲渡することは可能であるが，現実には行われていない（新プランの場合は，自己株式を用いた株式取得スキームも行い得るとされている）。

　従業員持株制度は，福利厚生目的で従業員の中・長期的な財産形成の達成を図ることを目的とするものであり，貯蓄的要素の強い自社株式投資プランである。会社の経済的支援は不可欠であるので，奨励金の支給等の措置が講じられるのである。従業員の福利厚生目的で会社が導入し，経済的支援をすることが許されるのは，会社の支援の下に，従業員に自社株式を保有させることにより，企業に対する帰属意識を高揚させ，それが生産性の向上という企業利益に結びつくからであるとされている。

　アメリカの従業員の自社株式取得に関するプラン（employeers share scheme plan）の概要として，退職企業年金型のプランと貯蓄的プランとに大別することができる。それは，退職時株式給付型プラン（Stock Retirement Plan）と月掛投資プラン（Monthly Investment Plan）に対応している。そして，退職時株式給付型プランの主要なプランがＥＳＯＰである。

　月掛投資プランは，一定の参加資格を有する従業員が，受託会社に自社株式の取得と管理のための口座を開設する。そして，制度導入会社は，参加従業員の給与から資金を一括して，毎月，受託会社に交付し，受託会社はこの資金で自社株式を市場買付け，買い付けた株式を信託財産として管理する。参加従業員は開設した口座に一定数の株式がプールされた状態になると，引き出して売

第3章　従来型の従業員持株制度の概要

却換金することができる。

　わが国の従業員持株制度の基本構造は，月掛投資プランと共通するものである。信託制度の発達しているアメリカでは信託口座を用いるのに対し，わが国では持株会を設置して制度の運営に当たるという違いはある。そこで，従業員持株制度は，アメリカの月掛投資プランを，持株会を用いるという形態にアレンジしたものであるということができる。そして，このことは，従業員持株会応用型の新プランがＥＳＯＰをアレンジしたものであることの理解を容易にすることになる。

　従業員持株制度は，アメリカの月掛投資プランを参考にしたものであるが，特別の法的手当てをすることなく，商法等の規定の下で開発されたものであるが，持株会を用いる独特の手法は，商法等の法律に違反することなく導入を可能とした知恵であり，商法や税法との調整を十分に検討して開発されたものであるといえよう。そして，このことは，新プランの開発においても十分に参考にすべきである。

　新プランについても，特別の法的な手当てをすることなく，会社法等をベースにするものであるから，会社法に違反するようなプランは認められない。ＥＳＯＰに近づけようとする工夫自体は，別段，問題にすべきことではないが，会社法との関係を考えないで，会社法に違反する疑いのあるプランの導入は認められないことはいうまでもない。この点，退職従業員に無償で株式を交付するプランには，会社法上の検討課題が残されていることから，それをクリアする必要があるといわなければならない。

　新プランのうち，従業員持株会応用型は，レバレッジド方式のＥＳＯＰを参考にして，これと持株会を組み合わせて，現行法の範囲内での導入可能なものとして工夫したものと考えられる。アメリカのプランについては，退職時株式給付型プランであっても，月掛投資プランであっても信託を中心にするものであるが，わが国の従業員持株制度は，従業員持株会を運営の中心に位置付けている。そして，新プランについても長い経験をもつ持株会を応用し，それとビークルを結び付けようとするものである。新プランについて，ＥＳＯＰに近

79

づける内容であれば，現行法との関係は考えなくてもよいというものではない。

　退職従業員交付型のプランは，非レバレッジド方式のＥＳＯＰに倣ったものであり，スキームは簡略である。しかし，忘れてはならないのは，ＥＳＯＰの場合は退職従業員に交付する自社株式の取得原資は全額企業負担であるのに対し，わが国の場合は無償で株式を交付できないのであり，これが会社法上の自己株式の取得規制と結びつくから，これをどう処理するかという最大の関門がある。これをクリアできなければ，現行法の下で，この種のプランの導入は難しいであろう。

（3）　従業員持株制度の概要

　持株会発展型のプランは，持株会を応用するスキームであるから，従業員持株制度（以下，「持株制度」）と従業員持株会（以下，「持株会」）の基本構造を理解することが必要である。日本証券業協会が定めた「持株制度に関するガイドライン」に基づけば，持株制度と持株会を，次のように理解することができる。

①　従業員持株会と従業員持株制度

　持株会とは，会社の従業員（子会社等の従業員を含む）が，当該会社の株式の取得を目的として運営する組織であり，持株制度とは，持株会において，金銭を拠出し会社の株式を取得する仕組みである。

　持株会に加入する従業員は，その会社に勤務する従業員であるが，子会社等（金融商品取引法２条に規定する定義に関する内閣府令６条３項各号に掲げる当該他の会社）の従業員を含むことができる。子会社等（ある会社が他の会社を直接または間接に支配している場合における当該他の会社）の従業員は，自己の勤務先会社の株式を取得するのではなく，親会社等（持株制度の導入企業）の株式を取得することになる。

　持株会は，持株制度の導入企業の株式を取得することを目的に組織され，運営されるのである。そして，持株会において，金銭を拠出し当該会社の株式を取得する仕組みが従業員持株制度ということになる。このように，持株制度が

持株会を通じて自社株式を取得する場合であるから，従業員が任意に勤務先会社の株式を取得しても持株制度とはいわない。

もとより，持株制度の導入と持株会の設置自体は，持株制度を実施（導入）する企業が行うが，制度の導入後は持株会の運営は自主的になされなければならない。

「持株会の会員は，実施会社および実施会社の子会社等の従業員に限られる」

従業員持株制度は，実施会社の従業員が，持株会を通じて実施会社の株式を取得する制度であるから，持株会の会員資格を有する者は，その会社の従業員に限られる。しかし，実施会社の子会社等の従業員についても参加資格を認めているのである[3]。したがって，新プランにおいても，規約に定めること等により，子会社等の従業員等も対象者に含めることは可能である。

「持株会は，実施会社および実施会社の子会社等の従業員による取得対象株式の取得，保有の促進により，従業員の福利厚生の増進および経営への参加意識の向上を図ることを目的とする」

持株会を設けて持株制度を実施する目的は，対象従業員による実施会社の株式を取得し，保有することにより，従業員の福利厚生の増進および経営への参加意識の向上を図ることである。他に，目的があることは許されるが，この導入目的が主要目的でなければならない。このことは，新プランとして持株会を用いる場合についても同様に理解すべきである。

「持株制度（持株会）の実施会社とは，その取得の目的とする対象の株式を発行する会社をいう。取得対象株式とは，持株会が取得の目的とする対象の株式をいう」

実施会社は，持株制度を導入する企業のことであるが，自社株式（子会社等の従業員については，親会社等の株式）の取得を目的とするから，取得の対象となる株式の発行会社ということになる。そして，持株会が取得の対象とする株式

---

(3) 大蔵省証券局長の日本証券業協会連合会に宛てた昭和46年6月10日付け通達〔従業員持株制度に関する証券投資信託法上の取扱いについて〕参照

が取得対象株式となる。

　「会員とは，持株会に加入している従業員をいい，理事長とは，持株会の会員のうち，持株会を代表し，持株会が定める業務を執行する者をいう」

　持株会制度は任意参加であり，制度参加者は持株会に参加するのであるが，大多数の持株制度においては，全員組合員方式の間接投資方式をとることから，制度参加従業員は持株会に加入して会員となる。

　理事長とは，持株会を代表し，持株会が定める業務を執行する者であるが，持株会の会員である従業員の中から選ばれる。経営者や監督的立場にある者により持株会が支配されることを避け，持株会の自主性を確保するためである。

②　従業員持株会の組織と運営

　「持株会は，従業員が，実施会社の株式を取得することを主たる目的とする，民法667条1項に基づく組合とする。従業員持株会は，規約により，ⅰ）会員が株式の取得等のために，持株会に拠出する金銭は，会員の持株会に対する出資であること，理事長に管理信託された株式に係る配当金による株式の取得は，各会員の持株会に対する拠出金による取得であること（全員組合員方式の場合），ⅱ）株式取得資金，理事長に管理信託された株式に係る配当金は，個々の従業員の所有に帰するものであること，を定めなければならない（少数組合員方式の場合）」

　持株会の主要目的は，実施会社の株式を取得することであり，持株会を組合として設置することを明確にしたものである。持株会の性質を，権利能力なき社団と解することもできるが，特に組合とすることを明確にしたのである。これは，課税との関係で有利に取り扱われることを理由とする。

　全員組合員方式については，会員の持株会に対する拠出を出資であること，株式に係る配当金は再投資されるのであるが，それによる株式の取得は，各会員の持株会に対する拠出金による取得とされるのであり，また，少数組合員方式については，株式取得資金，理事長に管理信託された株式に係る配当金は，個々の従業員の所有に帰することを明確にするのである。

これは，持株制度が証券投資信託法3条に抵触しないための措置であると考えられる[4]。新プランにおいても，同条に抵触しないように，同様の措置を講ずることが必要である。

③ 従業員持株会と株式取得資金

「拠出金は，会員が株式を取得するために，持株会に拠出する金銭である」

持株会に参加する従業員（会員）は，株式取得資金を，毎月，給与および賞与から天引きした形で拠出するがこれを拠出金（定時拠出金）という（少数組合員方式の場合は，積立金とよんでいるが，実質的な違いはない）。拠出金には，定時拠出金のほかに臨時拠出金がある。

拠出金については限度額があり，1会員の1回当たりの拠出金は100万円未満とされている。これは，インサイダー規制の適用除外の要件を満たすためであるが，現実には，従業員の1回の拠出金が100万円ということは考えられない。通常，従業員の拠出は数口～数十口（一般に，1口は1,000円）に限られている。拠出金に限度額が設けられる主たる理由は，会社が奨励金を支給することとの関係からである。

「奨励金は，持株会を通じた株式取得に際し，実施会社またはその子会社等が会員に付与する金銭をいう。実施会社は，会員に対し，福利厚生の一環として取り扱われる範囲内において，定時拠出金に対して一定比率を乗じた額または一定額の奨励金を付与することができる」

導入企業は，会員たる従業員が持株会を通じた株式取得に際し，一定の率で計算した額の奨励金が支払われる。奨励金を支払わなくてもよいが，従業員の参加を促すためには奨励金の支給を必要とする。奨励金の支給は福利厚生目的で行われ，支給の限度も福利厚生の一環として取り扱われるのに相当な範囲内であることが要求される。

奨励金支給の合理的範囲は，福利厚生目的として支給するのが合理的である

---

(4) 大蔵省証券局長の日本証券業協会に対する昭和56年6月1日付け回答書〔従業員持株制度の整備，拡大について〕参照

と認められる金額の範囲内である。それが，具体的にいくらであるかは，個別企業の事情などによるから一律にいえない。拠出金の3％〜20％程度の範囲内が相当であるとされているが，かなり幅があり，具体的な運用に際しては弾力的に考えるべきである。そこで，多くの場合，従業員の拠出金の5％〜10％が支給されているが，個別の事情によっては，100％ということもあり得る。

相当性の範囲を超えた奨励金の支給は自己株式の取得となる場合がある。この点，新プランにおいては意識的に論議されている。

「会員が実施会社の子会社等の従業員である場合は，当該会員に対する奨励金の支給は，当該会員の属する会社が行う」

子会社等の従業員に対しては，その従業員の勤務先会社が奨励金を支給する。つまり，勤務先会社は，他社の株式を取得するために奨励金を支給することになる。実施会社ではなく，その従業員の勤務先会社が奨励金を支給するのは，奨励金は福利厚生的性質を有することに加え，税法上は給与として取り扱われることから，当該従業員の勤務先企業が奨励金を支給することになる。

「実施会社および実施会社の子会社等は，持株会が支払う事務委託料を負担することができる」

持株会を運営していくためには，証券会社等に対する株式買付け手数料，株式の保管料などの支払をすることが必要となるが，それを会社が負担するという形で財務的支援をするのである。新プランにおいても，この財務的支援は重要な意味をもち，当初信託等としてなされる。

④ 株式の取得と管理

「株式の取得は，一定の計画に従い，個別の投資判断に基づかず，継続的に買付けを行う。定時拠出金および一時的に定時拠出金に追加する臨時拠出金による買付けは，原則として規約で定められた日に行う。その日の買付けが困難になり，その状況が継続している場合は，規約を変更して連続した複数日による買付けが行えるものとする。この場合，買付け金額の分割割合は各買付日において等分とし，あらかじめ規約に定めるものとする」

持株会は，毎月，会員の拠出金と会社から各人に支払われる奨励金を一括し，株式取得資金として株式の市場買付けをするのである。この場合，買付けは，一定の計画に従い，個別の投資判断に基づかず継続的に買付けを行わなければならない。

インサイダー取引の禁止規定の適用除外のためであるが，持株会の買付けに先立ち，市場で不当な思惑買い等が行われないようにする配慮もある。当該株式が品薄などの理由で，規約で定められた日の買付けが困難となった場合は，規約を変更して連続した複数日による買付けが行えるようにしたものである。

新プランについては，ビークルによる一括買付けをするのであるが，それには，このような事態に至ることを回避するという意味も認められる。

「持株会の取得対象株式は，実施会社が発行する株式のうち，規約により定めた株式とする。ただし，2種類以上の株式の取得はできないものとする」

実施会社が数種類の株式（種類株式）を発行している場合は，どの種類の株式を取得の対象とするかを規約に定め，規約に定めた種類の株式のみを取得株式とする。数種類の株式に分散投資をすることは好ましくないからである。通常，取得対象株式となるのは普通株式（会社法では，普通株式も種類株式の1つと位置付けられている）である。

「持株会が取得した株式は，理事長名義とし，会員を共同委託者，理事長を受託者とする管理信託財産として管理する。議決権は理事長が行使するが，各会員は総会ごとに，理事長に対し特別の行使（不統一行使）を指示することができる」

持株会が取得した株式は，持株会を組合と解すれば，会員の共有財産になるが，各会員は株式持分を理事長に管理信託するのである。そして，株主名簿上の株主は理事長1人になる（理事長名義に一本化）。そこで，議決権は理事長が行使するが，各会員には理事長に対する議決権行使についての指図権が認められている。会員が議決権行使について特別の指示をした場合は，理事長はこれに従わなければならないから，議決権の不統一行使となる。

持株会が一人株主として認められることは，金融商品取引法上，重要な意味

をもつが、一人株主と認められるためには、持株会の取得株式は理事長名義とし、議決権は理事長が行使する（不統一行使でもよい）ことが必要である。

そして、取得株式は理事長に管理信託し、理事長名義として議決権は理事長が行使する、会員の議決権の行使に関する指図は新プランについても同様に考えることができる。

「配当金は、これを受領する権利が確定する日における会員の持分に応じて拠出するものとし、理事長が一括して受領し、管理するものとする」

配当金は、株式名義人たる理事長が一括して受領するのであるが、実質的には、受領する権利が確定する日における会員の持分に応じて各会員に帰属することになる。そして、各会員に帰属することになる配当金は理事長が管理し、現金で分配するのではなく各人の拠出金に繰り込むことになる。

しかし、配当金が拠出金に繰り込まれ、株式の取得資金になる場合であっても、各人の通常の拠出金とは性質が異なるから、会社は奨励金を支給しないことになっている。この取扱いは新プランについても同様に取り扱うべきである。

2　従業員持株制度の運用

（1）　株式の取得と管理

従業員持株制度は、導入企業から独立した団体として設置された持株会を中心に、運営される従業員の任意参加制度である。そして、自社株式の取得原資は、各参加従業員（会員）の拠出金（給与から天引き）と会社からの奨励金であり、月掛投資方式の少額資金の継続的投資方式である。持株会はこの資金を一括して、定時・定額による市場買付け（ドル・コスト平均法）を行う。この方式によれば、インサイダー取引規制の適用が除外となる。

ドル・コスト平均法とは、アメリカで開発された少額資金で定時・定額に同一株式を市場買付けする方法である。この方法によれば、長期間の少額資金による継続投資によることから、株価の変動に影響されることはないから有利であるとされる。これによれば、よほどの株価の長期低迷でもない限り、有利な

投資方法とされている。

　持株会による自社株取得は，ドル・コスト平均法を応用したものであるが，従業員の有利な自社株投資となる（従業員持株会応用型の新プランは，持株会がビークルから，自社株式を，毎月，定時に，その時々の時価で買い受けるというプラン内容であるから，ドル・コスト平均法の応用であるということができる）。

　持株会が買い付けた株式は持株会に帰属し，持株会理事長一人名義とされる（株主名簿上の株主は理事長1名である）。そして，参加従業員は持株会に属する株式に対し，拠出額に応じて株式持分（共有持分）を有することになる。そして，株式持分が規約等で定めた一定数（一般に，株式取引単位を基準にして決定される）に達した場合は，株式持分を引き出して売却することが可能となる。会社が従業員の株式取得のために奨励金を支給していることから，自由に引き出して換価したのでは，制度の目的を達成できないから，引出制限を設けるべきであるとの意見が強い。

　しかし，株式取得資金の大半を従業員が拠出し，しかも，持株制度は貯蓄的な性格を有することから，引出制限は困難であるとされている（従業員持株会応用型の新プランについても，基本的には，株式持分の引出しを制限することは困難である）。強制的に引出しを制限すれば，財産権の不当な制限となる場合が考えられる。

　持株会が取得する株式は，導入企業の株式（自社株式）のうち，普通株式に限るという取扱いがなされている。従業員の福利厚生，財産形成という観点からみれば，議決権のない配当優先株などの種類株式でも差支えないはずであるが，普通株式とするのは市場取得との関係で種類株式の買付けは困難である（上場株式は一般に普通株式である）ことに加え，議決権のない株式では安定株主の確保という機能を期待することができないことによると考えられる（新プランの場合についても，買付けの対象となる株式が普通株式であることを当然の前提にしているものと考えられる）。

(2) 従業員持株会の設置

従業員持株制度の運営に当たる主体として，中核に位置づけられるのが持株会である。新プランの多くは持株会発展型のプランであることから，従業員持株制度を実施している企業については，既存の持株会を利用することができるが，新プラン専用の持株会を新たに設置することもできる。既存の持株会を利用する場合は，従業員持株制度により取得した株式と，新プランにより取得した株式とを分別して管理する必要がある。従業員持株制度を実施していない企業の場合は，新たに持株会を設置しなければならなくなる。

持株会は，実施会社1社につき1組織とするとの制限があるが，これは従業員持株制度の運営に当たる持株会を，2つ以上認める必要がないとの趣旨であるから，新プラン専用の持株会を設けることはこの制限を受けないものと解される。

(3) 従業員持株会の性格と機能

持株会とは，制度導入会社の従業員が当該会社の株式の取得を目的として運営する組織であるが，持株会に参加することのできる従業員の範囲に，子会社の従業員を含めることができる。

資格を有する従業員は，自由意思により持株会に参加し会員となることができる。また，理事長に届け出ることにより，自由に退会（脱退）をすることが可能である。退職等により参加資格（会員資格）を失った場合は脱退することになる。退会（脱退）した場合は，持株会から株式持分（株式）の返還を受けることになる（新プランについても，既存の持株会を使用する場合は，これと同様の取扱いになる）。

持株会の法的性質については，民法上の組合，権利能力なき社団，任意の団体とする考え方が可能である。権利能力なき社団と解する余地があるが，持株制度の多数を占める証券会社方式の持株会は民法上の組合（民法667条以下）と位置づけられている（信託銀行方式の場合は任意の団体とされている）。

組合とするその理由として，証券投資信託法3条に抵触することの回避，取

得株式の処理の利便性，税制上の有利性（法人税の課税はなく，参加従業員が受ける配当金は配当所得となり，配当控除を受けることができる）があげられている。

　従業員持株制度は会社が導入し，持株会が中心となって運営されるのであるが，会社との関係は密接で一体となって制度の運営に当たることが実際上必要である。また，持株会の運営のためには，会社の施設を利用することが必要な場合が多い。しかし，持株会は会社の支配下にあってはならず，会社ないし経営陣から独立したものでなければならない。独立性の確保は規約上および実際の運営において要求される。

　独立性が問題になる重要な基準は，持株会の理事長に上級職員や経営者のために行動する人物が就任したり，理事長の選任が会社の意向に従ってなされるような場合である。もっとも，役員は従業員持株会に加入できないから，役員が理事長になることはない。

　持株会の独立性が確保されていない場合については，奨励金の支給と相まって，株主の権利行使に関する違法な利益供与や自己株式の取得であるとされる場合がある（新プランについていえば，持株会はビークルから自社株式を譲り受けるから，同様の問題が生ずる）。

（4）　従業員持株会の子会社該当性

　従業員持株制度は，持株会により制度実施会社の株式を取得するスキームである。ところが，会社法は子会社による親会社株式の取得を禁止している（会社法135条1項）。そこで，持株会が制度実施会社の子会社と認定されたのでは，従業員持株制度を運用することは困難となる。

　子会社とは，当該会社がその総株主の議決権の過半数を有する株式会社その他の当該会社がその経営を支配している法人として法務省令で定めるもので（会社法2条3号），経営の支配という実質的支配力基準をとっている。そして，法務省令で定める子会社とは，ある会社が他の会社等の財務および事業の方針の決定を支配している場合における他の会社等をいう（会施規3条1項）。そして，会社等とは会社，組合，その他これに準ずる事業体をいう（会施規2条3

項2号)。

　持株会の性質は組合と解されることから，会社等に該当することから，制度導入企業により，持株会が支配されているときは，持株会は子会社に該当することになる。

　しかし，財務および事業の方針の決定を支配している場合については，一定の実質的支配だけでなく，一定の議決権を有するという関係が要求される（会施規3条3項）。そこで，組合の性質を有する持株会について議決権を考えることができるかが問題になる。この点，組合の業務の執行は，組合員の過半数で決する，業務の執行は，組合契約でこれを委任した者が数人あるときは，その過半数で決することから（民法670条1・2項），持株会についても議決権という観念があることも考えられなくはない。そうすれば，持株会についても，一定の議決権を有するという関係が認められる場合には，持株会が子会社に該当する場合も考えられる（新プランについては，ビークルの子会社該当性を問題にしているが，持株会はビークルから導入企業株式を取得するのであるから，新プランについても持株会の子会社該当性を問題にすべきである）。

　そこで，持株会の子会社該当性を避けるためには，導入企業により財務および事業の方針の決定を支配されることがないように，制度上と実際の運用上も独立性を確保する状態を構築することが必要である。

3　従業員持株制度と奨励金

(1)　奨励金の性格

　従業員が持株制度により自社株式を取得するに際し，自社株式の取得を奨励するために，制度導入会社が一定の金銭を給付するのが奨励金である。奨励金は，一般に，従業員の拠出金に対し5％〜10％の割合で支給されるのであるが，100％支給する（従業員の拠出金と同額の奨励金を支払う）という企業も現れている。反対に，奨励金を支給しない企業も存在する。

　奨励金の支給は，従業員の自社株投資を奨励し，持株制度に参加しやすくす

ることを目的とするが，併せて，自社株投資に伴うリスクを回避し，補填するという機能を有することから，持株制度の発展と維持のためには不可欠である。奨励金の支給は，従業員に対して支払われるのであるから，当該従業員が株主であることは株主平等の原則（会社法109条1項）に反するものではない。

奨励金の支給は，当該従業員の勤務先会社が行うべきであるから（勤務先会社の負担），持株会に子会社の従業員が参加していても，その従業員に対する奨励金の支給は子会社が行うことになる。奨励金の性質が福利厚生費であることから，導入企業は例え子会社の従業員であっても，他社の従業員に対し奨励金を支給することはない。

反対に，子会社にとっては，従業員が親会社（他社）の株式を取得するために奨励金を支給することになる（このことは，新プランについても，持株会に加入している子会社の従業員が，プランに参加した場合についても同様に考えるべきであろう）。

奨励金は労働の対価ではないから賃金ではない（労基法11条）。導入企業は福利厚生制度の一環として，相当な金額の範囲内で支給するのであるが，福利厚生費の性格を有する。しかし，所得税法上は給与と扱われ，本来の給与と合わせて所得税が課税されることになる。そこで，税務上の取扱いは福利厚生費的性質を有する給与となる。

持株制度の実施会社は，持株会の会員（制度参加従業員）に対し，福利厚生費として認められる範囲内において，拠出金に対して一定率を乗じた額を支給するのである。拠出金の支給に関して特別の立法的手当てはなされていないが，従業員の株式取得資金の一部を援助するにとどまり（株式取得資金の全額を企業が負担することはできない），また目的も適正であるから，拠出金の支給は適法であることはいうまでもない。

従業員の福利厚生目的で奨励金を支給して，従業員持株制度を促進することが，従業員にとって中長期的な財産形成になるとともに，それが会社の利益につながることが適法性の根拠となる。そこで，奨励金の支給は，従業員の自社株投資により企業に対する帰属意識の強化，勤労意欲の向上による生産性の向

上という会社利益のために、会社の資産を使って支援することが可能となる（新プランについても、奨励金の支給を適法化するための根拠は同様に考えられる）。

（2） 奨励金の支給

　従業員持株制度の運用において、株式取得資金として参加従業員が、毎月、給料から天引きという形で拠出するのである。制度導入企業は従業員の拠出金（1口1,000円、何口というような形による）に対し、何％という一定の割合の奨励金を支給するのである。そこで、各従業員の拠出金と、会社からの奨励金を併せた額が各人の株式取得資金（原資）となる。そして、持株会は参加従業員（会員）の株式取得資金を一括して、毎月、市場買付けの方法で株式を買い付けて保有する（新プランの場合も、持株会がビークルに支払う株式取得代金の原資は、参加従業員による拠出と会社からの拠出金ということになる。拠出金については、新プランの特性と促進のために、拠出金の額を多めに設定することは可能であろう）。

　従業員持株制度の導入後相当期間が経過すれば、参加従業員（会員）が株式（株式持分）を引き出すことがあまり多くないことを想定すれば、持株会の保有株式数は累積的に増大していくことになり、安定株主の確保につながることになる。

　奨励金支給の趣旨は、従業員が持株会に加入して自社株投資をすることを推進するためであるが、会社にとって過大な額であってはならないものと理解されてきた。その額は定額とされているが、従業員の拠出金の5％〜20％とするのが一般的であり、5％〜10％程度が多いとされてきた。

　それは、従業員に対する福利厚生費として会社が処理することが可能な金額によることを理由としてきた。そして、奨励金は福利厚生費とすることが可能な範囲で支給するのであり、税務上の処理は給料であるとしても、労働基準法上は賃金とみるべきでない。

　奨励金の額を一律に従業員の拠出金の何％とするのではなく、会社の業績とか処分可能な利益額を基準にすべきであるとの見解もあった。これによれば、奨励金の性質を福利厚生費とすることに拘束されず、また奨励金の額は固定さ

れたものでなく，会社の業績等に連動して増減することになる。しかし，会社の業績が悪化した場合の取扱い，定額買付けという原則が，毎年，変動することは許されるとの解釈によらなければ，奨励金の額の変動により制度が維持できなくなるのではないかという問題が生ずる。

　奨励金はそれを支給することにより，従業員の持株制度参加を促進するという趣旨であるから，従業員の拠出金の何％とするのが支給の趣旨に適合するであろう。そこで，支給率を会社に過大な費用負担をかけることなく，どこまで引き上げることが可能か，また会社業績によってそれを引き下げることが可能かという形で問題とすべきであろう。現行の従業員持株制度への加入率が，頭打ちの状態にあることの解決策として，拠出金の支給率の引上げがいわれるのは自然であるといえよう。

　この点，昨今の従業員に対する報酬制度（給与）の多様化に伴い，妥当とされる奨励金付与率の範囲も変化するのに対応すべきである。そこで，奨励金の支給率を低く抑えていたのは，企業が多額の奨励金を支給して持株会に株式を取得させ，自己株式の取得禁止規制を潜脱するおそれがあるとされていたのも，会社法の下では，自己株式の取得が認められているので，奨励金と会社による自己株式の取得額との総額が配当可能利益の範囲内に収まっていれば，自己株式の取得禁止規制の潜脱のおそれはない。また，奨励金は従業員に対する福利厚生を目的に，広い意味での報酬として支払われている。そこで，持株会の会員に対し，自社株式取得の原資となる奨励金を付与することと，企業が保有する自己株式を報酬として従業員に分配することとは，その実質に異なるものではないことなどを理由に，奨励金の支給比率の引上げと20％超えの適法性に関する提言がなされている[5]。

　奨励金の支給比率の引上げは，企業コストの増大につながるが，企業が負担することになる奨励金の総額を試算し，企業の人件費や利益水準と比較した場

---

(5) 元村正樹「奨励金引き上げによる従業員持株会の活用を考える」『資本市場クォータリー2004年冬』5頁，太田　洋「平成15年商法改正に関する実務上の問題点と今後の課題」ジュリスト1258号，2003年12月15日

合，現状とほぼ同じ支給率（6.6%）の場合，東証一部上場企業の99%の企業で，奨励金の人件費に対する割合が0.5%未満に収まり，87%の企業で経常利益の3%未満に収まっている。支給率を一律20%引き上げた場合の試算でも同様の結果がでている[6]。そこで，企業コストという面では，支給率を一律20%までの引上げは十分可能であるから，従業員の加入率の向上のためにも奨励金の引上げを検討すべきであろう。

ついで，持株制度を報酬制度の一環として活用し，例えば，職階に応じて奨励金の付与率に格差を設けることにより，従業員に対する評価報酬の１つとして位置付けることも検討されるべきであり，さらに持株会に業績連動的な意義を求めるのであれば，一定の上限と下限を設けた上で，奨励金付与率を業績に連動させるような規約を制定することが考えられる。これにより，企業業績が悪化した時に企業は奨励金負担が軽減されるという効果がある。もっとも，ただ奨励金を増やせばよいというものではなく，従業員に対する情報開示も合わせて行うべきである。自社の経営状況について従業員が興味を持つことは望ましいことであり，持株会の活性化はその契機となり得る[7]。

奨励金の支給について，従来，従業員の拠出金の何%というように，拠出割合に着目して支給割合が決定されてきた。しかし，拠出金の何%という支給率によるのではなく，会社の利益水準や業績に連動させ，他の福利厚生制度における給付水準などにより，流動的に支給率を決定すべきであるとの立場がある。しかし，これには多くの問題点があることから，当面はできるだけ支給率を引き上げるとともに，定期的に支給率を見直すという方向によるべきであろう。

（３）　奨励金の支給等の経済的支援と自己株式の取得規制

奨励金の支給は，従業員持株制度の運用のために必要であるから，福利厚生費として認められる合理的な範囲内で認められるのであり，それは自己株式の取得規制の対象にはならない。これに対し，従業員の株式取得資金の全額を会

---

[6] 元村正樹・前掲資本市場クォータリー６頁参照
[7] 元村正樹・前掲資本市場クォータリー10頁

社が負担することはできない。これを認めたのでは，株式の無償交付と同様になるばかりか，自己株式の取得規制に抵触することになる（これは，新プランについても当てはまることであるから，退職従業員に無償で自社株式を交付するプランの導入は，会社法との関係で十分に検討する必要がある）。

　現行従業員持株制度は，従業員の拠出金と奨励金を合わせ，これを原資として市場買付けを行うというプランの内容である。しかし，工夫によっては，持株会の借財能力を問題にする立場があるが，借入金により市場買付け，または自己株式の譲受けというプランも可能である。この場合，会社が資金を貸し付けるという方法があるが，よほど貸付け関係を明確にしていなければ，会社資金による取得であるとして自己株式の取得とみられる場合が多いから，この方法は避けるのが賢明である。

　そこで，持株会による銀行借入れという方法を選択し，従業員の拠出金と奨励金により返済していくことになる。持株会による借入れに際し，会社の保証は不可避である。会社の保証が自己株式の取得にならないかが問題になるが，実質，持株会が借り受け，弁済関係も明確であれば，自己株式の取得に当たらない（新プランは，ビークルが借入金により自社株式を買い付けるのであるが，会社の保証はビークルの借入れによりなされるのであり，持株会がビークルからの株式譲受資金の原資は従業員持株制度の運用の場合と同様である）。

　持株会による自社株式の取得方式は，会社による自己株式の処分または第三者割当ての新株発行（募集株式の発行）という方法によってもなされるが，自己株式の処分手続きは新株発行手続によりなされるから同一手続きによることになる。

　この場合，自己株式の取得価格（処分価格）や新株発行価格について，持株会が取得することを理由に，有利な価格（時価よりかなり低い価格）とすることができるかであるが，第三者に対する有利発行（有利な価格による処分）手続として，株主総会の特別決議を経れば適法に行うことは可能である。

　有利発行手続を経ることなく，奨励金を支給して有利発行と同様の目的を達することができるかが問題になる。新株発行または自己株式の取得方式による

場合でも奨励金の支給は認められるが，奨励金の支給率は市場取得の場合と同様に考えられる。福利厚生費として認められる範囲内の合理的範囲内に限られ，有利発行（有利処分）手続を回避するために，合理的な金額以上の奨励金を支給することは，脱法的行為となるから許されない。

（4） 奨励金の支給と株主の権利行使に関する利益供与

従業員持株制度を通じた従業員の自社株式の取得に際し，奨励金が支給されるのであるが，それが，株主の権利行使に関する利益供与にならないかが問題になる。利益供与になるとされるならば，会社は奨励金を支給することができない。

株主の権利行使に関する利益供与の禁止は，ⅰ）株式会社は，株主の権利の行使に関して，会社または子会社の計算で財産上の利益を供与してはならない（会社法120条1項），ⅱ）特定の株主に対して無償で財産上の利益を供与したときは，株主の権利の行使に関して財産上の利益を供与したものと推定する（同条2項），との規定である。

奨励金の支給は，福利厚生目的であって，議決権の利用とか安定株主の確保を目的とするものではないから，それが適正に運用されている場合は違法な利益供与とはならない。

利益供与となるか否かは，実質的に判断しなければならないが，持株会が管理する株式については，理事長が議決権を行使する。理事長の議決権行使の独立性が，実質的に確保されていれば利益供与にならないが，反対に，それが確立されていない状態の下で，奨励金を支給すれば利益供与とみられることは避けがたい。

奨励金の支給は，特定の株主である従業員に対して，無償で財産上の利益を供与することになる。無償で財産上の利益を供与することが，株主の権利の行使に関する利益の供与であるとの立証が困難であることから，無償の場合については「株主の権利の行使に関して」なされたものと推定されるとして立証責任を転換したのである。

奨励金の支給は，元来，株主の権利行使とは無関係のはずであるが，会社法の規定上，株主の権利の行使に関する財産上の利益供与との推定を受けることになる。そこで，被告（責任を追及された取締役）において，株主の権利の行使に関するものではないとして，推定を覆すための立証をしなければならない。

奨励金の支給は，福利厚生目的でなされたものであり，議決権の行使に関係するものでないことを立証できれば，推定が覆されることになる。そして，それは，制度的にも実際的にも，理事長の議決権行使の独立性が確保されていることの立証によりなされるが[8]，持株制度が適正に運用されている限り，立証はそれ程難しいことではない（奨励金の支給と利益供与との関係は，新プランについても同様に考えればよい）。

4 信託銀行方式の従業員持株制度

信託銀行方式の従業員持株制度（従業員持株信託）の概要は，持株会（任意の団体）を事務処理目的で設置し，持株会の会員である従業員は，信託銀行との間で従業員を委託者兼受益者とする自益信託を，信託目的を自社株式の取得と管理に限定して，金銭信託以外の金銭の信託として設定する。そして，従業員は持株会を通じて，毎月，給与からの天引き分と会社から支給される奨励金とを合わせ信託財産として信託銀行に信託する。信託銀行は，信託金を一括して自社株式を買付けて管理し，信託終了時に自社株式を参加従業員に引き渡すという内容であり，それは通常の信託である。

---

[8] 福井地判　昭和60年3月29日　判例タイムズ559号275頁

第4章　新プランの開発と導入

1　ESOPの導入論議

　わが国でアメリカのESOPが意識されたのは，株価の低迷期であった2001年ころであった。当時，長引く株式市場の低迷に対し，「経済同友会の提言」にみられたように，産業界などから従来型の従業員持株制度とは別に，ESOPの導入が提言され検討課題となっていた。

　当時，ESOPを本格的に紹介した論稿は，ESOPは企業財務（コーポレート・ファイナンス）・企業統治（コーポレート・ガバナンス）の手段として，借入金による企業買収，すなわち企業の支配権を獲得し，資産収益率の向上，資産構成の再編などの経営改善に取り組んで，将来の株価上昇を追求する手法という点であり，LBOやMBOとESOP（支配権までは必ずしも及ばない）は酷似している。企業支配権を取得する株主が，LBOでは第三者たる買収者，MBOでは経営陣，ESOPでは従業員という違いはあるが共通点がある。また，産業界が実現を望む「自社株買い」と「金庫株」とも関係が深いものであると指摘していた[1]。

　その後，わが国においても，「LBO」や「MBO」が普及し，自己株式の取得と保有（金庫株）が認められ，自社株買いも本格化した。そして，金庫株の有効（効率的）な処分方法として，従業員持株目的に使用することが認識されるに至り，現行の持株制度に加え，従業員持株プラン導入の下地は形成されていったとみることができる。

　昨今，株価の低迷期にあることから，再びESOPに対する関心が高まり，日本版ESOP（新プラン）が開発され導入が進んでいる。それは，株価対策

---

(1)　井潟正彦＝野村亜希子「米国ESOPの概要とわが国への導入」知的資産創造／2001年3月号56頁，59頁

としてもつ意味が再認識されたものということができる。もとより，新プランは，従業員にインセンティブを与え，従業員のモチベーションの向上による労働生産性の向上という従業員と企業利益を促進するものでなければならない。新プランの導入と運営に際し，企業が現金または自己株式を拠出することができるのも，かかる目的に沿ったものであるからである。

新プランのうち，従業員持株会応用型プランは，導入の目的が従業員の福利厚生を図ることは従業員持株制度の場合と同様であるが，さらに導入企業の業績の向上に伴う株価の上昇による利益を，従業員に還元しようとするものである。それにより，企業に対する帰属意識と生産性の向上につながり，企業利益にもなることが導入の適法性の根拠となるのである。

新プランはそれを発展させるために，持株会による株式の取得方法をさらに容易化するために，ビークルによる借入金による一括取得と，順次，持株会に譲渡するという内容であり，従業員持株制度との整合性を確保するものである。

従業員持株制度をベースとするプランであり，ＥＳＯＰをベースにしたとしても，それは，従業員に交付する株式取得資金が全額会社負担とするＥＳＯＰとは大きく異なり，現行法の下で開発された独自のプランである。それを，日本版ＥＳＯＰと呼ぶか否かは，用語の問題であると考えられるが，現行法の下で，適法に考案されたプランとして評価することができる。

これに対し，退職給付型プランは，退職従業員に自社株式を交付するという退職給付であって退職企業年金型のプランである。全額企業拠出であることからＥＳＯＰとの近似性が認められ，日本版ＥＳＯＰと呼ぶのであろう。しかし，ビークルを用いなければＥＳＯＰと大きく異なるばかりか，導入企業の全額負担による自社株式給付であるから，現行法の下で，退職給付型プランを適法に導入し得るかとなると，多分の疑問が生ずることは避けがたい。

新プランに株価対策としての意味が認められ，また安定株主の確保，敵対的買収予防策としての機能が期待されるとしても，それは副次的なものである。新プランと従業員持株制度には大きな差があるが，全く相いれないものではないと考えられる。しかし，従業員に拠出を求めるプランであることから，新プ

ランと従業員持株制度との運用上の調整を必要とする。

2 ESOP導入の必要性

　アメリカにおいては，確定拠出年金型のプランとして401KとESOPは併存している。わが国でも，近年，ストック・オプションの対象者に従業員を含むことが認められ，また日本版401Kといわれる確定拠出年金などの新制度が登場したが，それに加え，新プラン（日本版ESOP）を応用した新プランを導入することにより，自社株式を用いた新プランを導入することは有益であると考えられる。

　ESOPは，連邦従業員退職所得保障法（エリサ法）と内国歳入法（IRC）で定められた確定拠出型企業年金であるが，わが国の場合は，新プランを導入するための特別の立法的措置はなく，また税制上の優遇措置も講じられていない。そこで，ESOPの制度をそのまま導入することができないので，擬似的なESOPの導入ということになる。新プランが日本版（日本型）ESOPといわれるのもこのためである。

　新プランは，現行法の範囲内で可能な限りESOPと同様の機能をもつようにすべきである。ESOPの場合は，自社株式の取得資金は全額企業の拠出となるが，わが国の既存の法制の枠組みの中で導入する場合，ここが最大のポイントとなる。現在，新プランについて多くのスキームが開発されているが，もっともオーソドックスな方法は，ビークルと既存の従業員持株会を用いるという手法である。ビークルに一般社団法人または信託を用いることにより（ビークルに借財能力が認められる），ビークルが導入企業の保証の下に株式取得資金を借り入れ（レバレッジド型ESOP），それにより，自社株式を一括して取得し，順次，従業員持株会に譲渡するという方法である。

　ESOPの導入のためには，最終的には立法的措置を必要とするが，できるだけESOPに近づけるためには，新プランの具体的な内容として，①ビークル（日本版ESOP）に借財能力を認め，借入金で自社株式を買い付ける。②拠

出は企業拠出だけとし，従業員の拠出は認めない。③企業拠出は，例えば従業員1人当たり50万円を損金算入とし，支払配当と借入利息に支払われた企業拠出も損金算入とする。④従業員に対する所得課税は，引出しまで行わない。転職時の課税繰延による税制優遇措置の導入などが提言されている。特に，税制優遇措置がＥＳＯＰ普及の起爆剤になったことから，わが国でＥＳＯＰ近似のスキームを構築する際には，当面は税制優遇措置のない形をとることになろうが，わが国なりのＥＳＯＰ導入の意義に鑑みて，税制優遇措置を検討する余地は十分にあると考えられる(2)。

　もっとも，ＥＳＯＰはどのような企業にもふさわしい制度とは限らない。アメリカの事例にみるように，①経営陣と従業員が一体となって，復活あるいは新生に向けて真の経営計画推進を始める企業，②潤沢なキャッシュフローがあり，格付けも高い企業，これに加えて，高い利益成長，ひいては株価の伸びが期待できる新興企業ということになるとされている(3)。

　従業員のモチベーションの向上，従業員の福祉目的，労働生産性の向上，そして安定株主の確保という点からは，ＥＳＯＰのための経費負担が重荷にならない企業であれば，これに限定する必要はないであろう。なお，ビークルを用いたレバレッジド（借入金）方式による場合は，ビークルが借入主体と認められなければならないことはもとより，企業による債務保証は不可欠である。

3　新プラン（日本型ＥＳＯＰ）の導入

（1）　新プラン導入の必要性目的と意義

　新プラン導入の趣旨は，現行の従業員持株制度の運用では，毎月，少額資金により継続的に市場買付けをすることから，取得株式数において不十分であることに加え，市場流動性の低い株式の場合は，市場流通株式数が少なく，売り

（2）　井潟正彦＝野村亜希子・前掲知的資産創造69頁，野村亜紀子・前掲資本市場クォータリー148頁
（3）　井潟正彦＝野村亜希子・前掲知的資産創造70頁

に出ている株式数が少ないとか、持株会による買付けにより、株価が上昇して予定数の株式数が買えない場合がある。また、従業員の株式引出しが可能であるので、株価が上昇したらすぐに株式持分を引き出して売却することがあるが、これでは中長期インセンティブ効果は十分ではないことが指摘されてきた。

　これに対し、新プランを導入する趣旨は、ビークル（受け皿）が、銀行からの借入金で、将来、従業員に付与する目的で予定の数量の自社株式（以下、株式）を一括して取得し、一定期間内に譲渡するという方法によれば、持株会は安定した株式数を毎月取得できることになり、ひいては従業員のインセンティブ効果が期待され、従業員の定着、企業帰属意識の高揚と生産性の向上など会社の利益につながるばかりか、ビークル（Vehicle）を通じた議決権行使により、従業員に経営参加の機会を提供することから、コーポレート・ガバナンスとしての観点からも重要な意味があるとされている。

　さらに、副次的な効果として、安定株主の確保、株価対策という現実的な機能が期待できるほか、相互保有株式のように、保有株価の下落に伴う減損処理により、企業収益が圧迫されることがないという利点がある。

　新プランと従業員持株制度との関係であるが、新プランは従業員持株制度を廃止するものではなく、それを補完するものであると位置付けられている。このことは、新プランの多くは、持株会を応用している従業員持株会発展型のプランであることからも理解できる。

　従業員持株会発展型のプランの場合、持株会は市場買付けに代えてビークルから、その時々の時価で、毎月、買い付けるのであるから、従業員にとってどのような利益があるのか、インセンティブ効果が期待されるとはどのようなことなのかが問題にされる。

　この点、ビークルが持株会に時価で売却することにより、プランの終了時に、トータル計算でビークルに売却益が生じた場合（取得価格より転売価格が高く、売却益がでた場合）、その利益を受益者たる従業員に分配するとか、同様に、ビークルに残存している株式（株価の上昇により、毎月、持株会に売却する株式数は減少したが、高値で処分したことにより、ビークルは銀行に借入金を返済し終わった

が，売却未済の株式が残存している場合）を売却した代金を分配することにより，インセンティブ効果が期待できると説明されている。

　新プランとして従業員持株プランの登場した実質的理由として，わが国の上場会社における現行の従業員持株制度の普及はほとんど終わり，従業員の加入率の増加や保有株式の増加もあまり期待できない状況にあり，現行の従業員持株制度は頭打ちの状況にある。従業員持株制度の導入以来約40年が経過したが，制度そのものが岐路に立っているということが考えられる。

　そこで，ビークル（受け皿）を用いて一括して大量の自社株式の買付けという方向に進み，株価対策と安定株主の確保へと方向性の転換を図ることは，それなりの理由があるものといえよう。このような状況の下で，近年，アメリカの従業員株式所有プラン（ＥＳＯＰ）に関心が集まり，導入の動きが活発化しているが，経済産業省も検討課題にし，前記「報告書」の公表に至っている。

　ＥＳＯＰ導入の必要性が指摘されているが，現行法の下では，アメリカ型の全額企業拠出の従業員持株プラン（ＥＳＯＰ）の導入は難しいことから，現行法の枠内で可能な日本版（日本型）のＥＳＯＰとしての新プランが開発されたのである。

　もとより，新プランの導入により，現行の持株会による従来型の月掛投資型の市場買付方式を廃止するのではなく，従業員持株制度と新従業員持株制度を並存させ，運用の実績をみてどうするかを決めるべきである。

（２）　新プラン導入の目的と意義

　アメリカの上場企業においては，ＥＳＯＰの株式保有率は，発行済株式数の５％以上に達し，経営に影響を与えている例が少なくないばかりか，50％超えの株式を保有し，経営を実質的に支配している場合もある。これに対し，わが国の従業員持株会の場合は，中小規模の上場会社においては，持株会の保有比率が５％超えの会社や，持株会が筆頭株主である会社，上位10位以内の大株主である場合もあるが，通じていえば，従業員持株会の保有比率（業種別平均）は，約１～２％の保有にすぎない。

第4章　新プランの開発と導入

しかも，どちらかといえば，従業員貯蓄プラン（Thrift Plan）型の自社株投資の部類に属するものであって，従業員の任意加入による持株会を通じ，継続的な月掛投資と企業から支給される奨励金を合わせて，自社株式を市場で買い付けるシステムである。加えて，制度参加従業員は在職中でも，自己の株式（株式持分）が一定数に達すれば，随時，持株会から引き出して売却することが可能であることから，持株会の保有株式数の増大を期待することは困難であろう。

日本版ESOPの導入を提言する理由として，退職給付制度の拡大と従業員による自社株取得の促進のために，現行の持株制度の運用に加えて自己株式方式によるスキームも認めよというのである。また，自己株式の取得と保有が認められているので，保有自己株式の処分として，自己株式を用いたプランの導入は会社法上可能である。また，現行の制度の下でも，持株会が企業の保証の下で，銀行借入れにより調達した資金により，自社株式を取得することは不可能ではないが，取得株式数に限度があるばかりか，持株会の借財能力と弁済能力に問題があるとされている。

ESOP導入の必要性が提言されるのであるが，それは市場から一括して自社株式を買い付け，あるいは会社が保有する自己株式の処分としての売渡しにより，短期間に従業員株主の株式保有比率の引上げが可能であることに着眼したものであると考えられる。しかし，従業員の資金拠出能力には限界があるので，プランの導入会社がビークルを設け，ビークルがレバレッジド方式で資金を作り，自社株式を買い付け，順次，持株会に転売するという方式の新プランが考案されたのである。

買収防衛策としての安定株主の確保として，新プランの有用性が認識されている。しかし，企業経営の安定化を図るためには，株主の安定化が必要であるとしても，安定株主確保の手段として新プランを用いることには賛同を得ることができないであろう。やはり，本来の従業員のための福利厚生施設を導入の主目的にすべきである。

現行の従業員持株制度は，創設期から従業員の長期財産形成という福利厚生

と安定株主の確保という2つの目的を支柱としていたが，新プランについても，従業員のインセンティブ効果を主要目的とするものであり，安定株主の確保や株価対策は副次的なものと位置付けなければならない。

他方，中小規模の非上場企業においては，事業承継問題の現実化に伴い，従業員に事業を承継させるために，後継者問題の解決策として日本版のＥＳＯＰ（特にレバレッジドＥＳＯＰ）を導入する必要が高いものと考えられる。

しかし，法整備がなされていないことから，ＥＳＯＰをそのまま導入することはできない。そこで，新プランに関するスキームは，株式取得資金の拠出，ビークルの議決権行使などを中心に議論の深化が求められるのである。

（3） 福利厚生費用としての適正基準

新プランの導入と運営のために，会社が合理的な範囲内（相当額の範囲内）で経費を負担することが認められるのであるが，それは新プランの目的である従業員の福利厚生のために必要な費用であって，適正な基準の範囲内のものであることが要求される。

福利厚生費として相当な金額であっても，それを使って全額企業負担のプランを正当化し得るものではない。つまり，会社の拠出が福利厚生費として認められる範囲内であることは，会社法上，それを使って無償給付型のプランを行うことを正当化するものではない。仮に，福利厚生費として相当な金額を使って株式を取得するにしても，必然的に取得株式数は少ないものとなる。

福利厚生費用としての適正基準は，個別具体的に判断すべきであるが，この場合，判断の基準となるのは，①導入企業の規模，経営・財務状況，業界内の地位，②従業員への給与，賞与その他の福利厚生制度に基づく支出の金額，これらについての同業他社との比較，③プランの導入によって，期待される従業員のインセンティブ向上の効果等を総合的に判断して決することになる[4]。

この判断を誤り，過大な支出をした場合は，取締役は任務懈怠責任として多

（4） 太田　洋「日本版ＥＳＯＰ導入に際しての実務上の留意点」商事法務1857号17頁

額の賠償責任を追及する株主代表訴訟を提起されることがあり得る。

(4) 保証料の支払

ビークルが，株式取得資金を金融機関から借り入れるに際し，会社の保証は不可欠であるが，一般に，会社は保証するに際し，ビークルから一定額の保証料の支払を受けることになっている（すでに導入されたプランは，ビークルは一定額の保証料を支払うという設定がなされている）。これは，保証料を受け取ることにより，保証と保証料の支払を対価関係とすることにより，保証による自己株式取得や，株主の権利行使に関する利益供与の問題が生じないようにする趣旨であるが，保証料の支払を必要とする合理的理由があるか否かは疑問である。

会社の保証は，ビークルがプランに基づき，株式取得資金の借入れのために保証が必要不可欠であることから，導入企業がプラン実行のために保証をするのであり，任意選択的に保証するのとは意味がちがう。そうすれば，借入れが従業員の福利厚生目的を達成するプランのためになされ，しかも，合理的な金額の範囲内であれば保証料の支払は要件とは解されない。

むしろ，実際に，会社が保証責任を負わなければならないような場合が生ずることは，それはプランの設計自体に問題がある場合が少なくないから，保証料の支払の問題ではないはずである。保証責任は常に生ずるリスクであるから，要は，保証料の支払の要否ではなく，保証することに合理性と相当性が認められるか否かである。

保証料の支払を受けても，それは極めて形式的なものにならざるを得ない。保証料の支払原資は，企業の必要経費としての拠出金や当初信託金であるから，自己の資金により保証料の支払を受けるにすぎないことになる。そうすれば，保証料の支払にどれほどの意味があるのか分からない。まして，形式的に保証料を支払うことにより，自己株式の取得とか，株主の権利行使に関する利益供与の関係が解消するとは考えられない。

保証料の額の算定は，信託等のビークルが負っているリスク（ひいては，導入企業が保証により負担するリスク）は，信託等が当初取得した株式を持株会に

全て移転し終わった時点（プランの終了時）において，最終的に信託等が被る可能性がある損失の額（取得株式のプランの期間中における値下がり）が基準になる(5)。

しかし，プランの設定時に，かかる基準により保証責任リスクを算定し得るのか，そんな方法が具体的にあるのか疑問である。株価の変動には多くの要員があり，ここまで下がれば損害が生ずるというシミュレーションは可能である。しかし，プランの導入に際し，株価の下落による損失の発生は，当然に織り込み済みであり，そのために保証するのであるから，保証料を支払うというのは何か判然としない。

最終的にビークルに損失が生ずる場合は，ビークルが借入金を弁済し得ないことになるから，導入企業が保証責任を履行して弁済しなければならなくなるが，プラン自体が，最終的にビークルに利益が出たら従業員に分配し，損失が生じた場合は導入企業が責任を負うという内容になっていることに照らしても，保証料の支払を受けることに合理性はない。

4　新プラン導入の目的とその検討

（1）　新プラン導入議論の本格化

新プラン導入の理由として[6]，従業員を新たな株主にすれば，株主と従業員との利害調整の役割を果たすことが期待できる。従業員に対し，企業は株主のものであり，従業員は株主から経営を委託された企業の一員として，株価の最大化を実現すべきであるといっても説得力がないが，反面，自分の報酬のみに関心が向き，株価に影響を及ぼす業績や，キャッシュフローに無関心という従業員の姿勢を容認していても経営は成り立たない。そこで，迫りくる株主重

（5）　太田　洋「日本版ＥＳＯＰ導入に際しての実務上の留意点」商事法務1857号17頁
（6）　以下の叙述は，井潟正彦＝野村亜紀子＝神山哲也「米国ＥＳＯＰの概要と我が国への導入」資本市場クォータリー2001年冬号〔野村資本市場研究所〕20－23頁による。

視の時代を意識させながら，従業員が生きがいをもって働くためには自社株式の所有が最善である。

　もとより，ESOPは，どのような企業にも相応しい制度とは限らないのであり，導入が必要で容易であると考えられるのは，復活と再生に向けて真の経営計画推進を始める企業，潤沢なキャッシュフローがあり，格付けも高い会社である。また，買収防衛の観点からは，最強の敵対的買収防衛策として機能してきた株式持合いが崩れているが，とりわけ手元流動資金が潤沢な優良企業にとって，これに代る新たな株主を見出す時代が到来した。そこで，ESOPと同様の機能を果たす仕組みを，従来の持株会とは独立した全く別個の制度として導入すべきである。そのために，新しい法制・税制優遇の確立に向けて早急な対応が必要であるとしている。

　さらに，近年の労働分配率の低下の要因の1つとして，報酬カーブのフラット化が指摘されている。従来のスティープな報酬カーブ（年功序列型の報酬体系）における従業員のペイオフは，長期的な企業成長による果実を従業員に分配する機能をもつだけでなく，従業員の忠誠心と組織力に経済的合理性を与える。しかし，報酬カーブのフラット化はこれを薄れさせる副作用を伴うが，ESOPはこの副作用への有効な対応策になり得るとしている[7]。

　そして，現実論として，新プランには株価安定策としての機能が期待されることから，株価の低迷期こそ，新プランを導入する好機であるといえよう。

　これに対し，新プランの導入に慎重な立場は，現行の法制度の下ではアメリカと同様のESOPを導入し運用することは困難であるから，これを導入するためには法整備を必要とする。また，ESOPを導入した場合，ESOPは一時金給付を前提とした制度であるから，年金給付を前提とするわが国の企業年金制度へダイレクトに持ち込めるかという点や，制度実施会社の倒産や株価が下落した場合は，給付額が減少し，老後の所得保障機能に対する不安が大きいことに加え，そもそも，制度実施のインセンティブが，従業員よりも事業主サ

（7）　深澤寛晴「買収防衛策にとどまらないESOP」大和総研レポート（2007年2月2日）1頁

イドに大きく傾斜しているのではないかと指摘している[8]。

たしかに，この立場が指摘するように，特別の法制もなく，税制上の優遇措置もないままでアメリカ流のＥＳＯＰを導入することは困難である。また，プランの内容によっては弊害がないわけではない。ＥＳＯＰ導入のメリットも，従業員よりも経営者側にあることも否定できない。そこで，現段階では，新プランとして現行法の下で導入可能なスキームを模索するとともに，制度設計と実際の運用において，恣意的なものにならないようにする方策と工夫が必要である。

ＥＳＯＰにより自社株式を大量に買い付ければ，株価の引上げ，安定株主の確保というメリットはある。しかし，第一に，株価が上がることが大前提であるから，株価が下がった場合は，従業員はかなりの不利益を負担することになる，第二に，株価下落のリスクを企業から従業員に転嫁することになるので，従業員の理解を得ることが相当困難である，第三に，株式は流動性の高い資産ではあるが，現物支給であることから，従業員にとってキャッシュでの支払に比べて魅力が劣るなど，労務管理の面からは難しい問題があるとの指摘もなされている[9]。

（２） 現行従業員持株制度と新プランの調整

新プランは，自社株式を用いた従業員持株プランであり，株式の取得資金などの費用の全部または一部を企業が負担して株式を一括取得するのであるが，株式の取得資金の多くを従業員が拠出するとしても，プランの実施期間内（10年以上に設定することは考えられなくはないが，５年程度にすることが妥当であろう）は，会員は持株会から株式持分を引き出せないという制度設計は可能であると考えられる。

これに対し，従業員持株制度は，株式の取得資金の大半は従業員が拠出し，これと会社から支給を受けた奨励金とを合わせて，毎月，定期的に市場買付け

---

(8) 大和銀行「企業年金ノート」4頁（2001.2 No.394）
(9) メールマガジン・労務雑感「esopと株価対策」〔平成13.1.25〕1頁

をするという少額資金による継続投資である。そして，従業員の株式持分が一定数に達した場合は，持株会から株式を引き出して処分が可能な仕組みであり，従業員の福利厚生，安定株主の確保などにおいて共通しているが，その目的と内容は新プランとは異なったものである。

　従業員持株制度の運用において，一定の持株数に達すれば会員は自由に株式持分を引き出せるのは，持株制度は期間設定がなされず永続的に存続することを前提としている（もちろん，制度を廃止することは可能である）からである。新プランはこれとは異なり，期間を設定して行われるのであるから，期間内の引出制限を設けても，別段，不都合というわけではない。

　現行の持株制度はほぼ普及が終わり，従業員の加入率と持株会の株式保有比率も頭打ちの状態にあることから，退職給付の目的でビークルにより1度に多数の株式を取得させることは，従業員に対するインセンティブ効果，安定株主の確保，株価対策などからみて，新プランを導入する必要性は高いものと認められる。

　新プランによるビークルおよび従業員の保有自社株式数は，現行持株会の運用による場合と比較にならない程大きなものであり，新プランの導入により一夜にして安定株主が出現することになる。もっとも，わが国の現状と法制度の下においては，新プランにより会社の支配権に変動をきたす程度の株式の取得と所有は一般に想定できない。

　新プラン以外にも，インセンティブ効果を期待できるものとして，すでにストック・オプションが存在している。しかし，ストック・オプションは，実際上，対象者ならびに付与数において限度があるばかりか，オプションが行使されて初めて株式となり，議決権の行使が可能となる。しかも，株価が上昇した場合に，オプションを行使して株式を手に入れ，売却して利益を得るものであるから，コーポレート・ガバナンスと中長期のインセンティブ効果の期待としてはあまり役立たない。

　従業員持株制度を採用している会社が，持株会発展型の新プランを導入する場合（特にビークルが保有株式を持株会に譲渡するというプランの場合），両者を併

存させることを前提とするから，どう調整するかという問題がある。

この点，従業員持株会発展型プランは，従業員持株制度の安定的な発展を図ることから，それとの整合性を必要とする。従業員持株制度により株式を市場買付けすれば，一時的に株価が上昇し株式取得コストが高くなるとか，予定株式数を取得できない場合が想定されるが，この新プランによれば，持株会が将来取得することを予定している自社株式を，ビークルがあらかじめ一括して取得し，定期的に持株会に譲渡することにより，従業員持株制度の安定的な運用を図ることが期待できると説明されている[10]。

もっとも，現象的にみれば，ビークルが市場から一括して大量の自社株式を取得することにより，持株会による現行の買付けがさらに困難になることは容易に想定することができるといえよう。

新プランと持株制度とは，目的や内容が異なることから，新プランを導入しても従業員持株制度を廃止する必要はない。そこで，現行持株会による自社株式取得と並存させることになる。並存させてこそ，株価対策や安定株主の確保という目的を達成することができるのであり，従業員持株制度を廃止したのでは，その効用は減殺されることになる。ただ，新プランが従業員の拠出を必要とすることから，従業員は２重の拠出という負担をしなければならないという問題がある。

そうすれば，新プランが定着すれば，従業員持株制度は新プランに発展的に解消される可能性があるといえよう。

ビークルは，借入金により一括して自社株式を買い付け，計画的に持株会に売却するのであるが，買い付ける自社株式数は所定の期間内に持株会に売却完了が見込まれる株式数であることが必要である。しかし，実施後の状況により，計画的に売却できない場合がある。参加会員数の減少により，持株会の予定買付資金が当初見込みを下回り，所定の期間内に売却できなかった場合があり，反対に，参加会員数の増加により，持株会の予定買付資金が当初見込みを上回

---

(10) 有吉尚哉「日本版ＥＳＯＰの法的論点と実務対応〔上〕」商事法務1881号26頁

り，所定の期間以前に売却が完了するという場合も考えられる。

　ビークルと持株会との間で，株式の譲渡がなされるスキームであり，それに基づき売渡しの約定がなされるが，約定の内容が持株会に当初の計画どおりに買受義務を課すのであれば，持株会の事情いかんによってはその実行が不可能となり買受義務違反となる。プランの性質からみて，持株会に約定どおりの買受義務を課すのは行きすぎであろう。そこで，事情変更を理由に持株会は買受数を減らすことができ，反対に増やすこともできると解釈すべきであろう。

（3）　新プランの導入に向けて

　現行従業員持株制度は，従業員の財産形成にしても，安定株主の確保という機能の面からみても，制度としては十分に機能していない。それは，従業員の少額拠出に一定の奨励金を合わせた資金により，毎月，自社株式を買い増していくことから，持株会保有株式数はそれほど多くはなく，また株式持分が一定数に達したならば，自由にそれを引き出し売却できる内容である。これに対し，新プランにより従業員に株式をもたせ，プランが終了すれば新プランを断続的に導入していくことにし，すでに終了したプランにより取得した株式についてもできるだけ長期の保有を期待し，従業員に経営に関心を持たせるとともにインセンティブを高めることになる。

　つまり，新プラン導入のメリットとして，インセンティブ効果が理由にあげられるが，実際上の理由として，持株会発展型のプランであっても，従業員退職給付型のプランであっても，ビークルや信託銀行により，一時に多数の株式を取得し保有して，順次，持株会や退職従業員に交付することに新プランの導入の意義がある。

　また，現行持株制度の運用では定期的に購入することから，株価の高い時にも買わざるを得ないが，新プランでは株価の安い時にビークルが一括して取得することができ，加えて，ビークルに一任して株式を買い付けることから，インサイダー取引を懸念する必要はないことを挙げられている。

　もっとも，それは，ビークル保有株式の問題であり，ビークルから持株会に

譲渡されたのちの株式については，現行制度と同様の問題が生ずるが，それは，プランの期間中の引出制限を設けるなどにより対処せざるを得ないであろう。

会社の費用を使って導入するための適法化のための理由（正当目的）であるが，実際上のあるいは大きな目的として，安定株主の確保，株価安定策などの戦略的利用が考えられ，実はこれが真の狙いであることは否定し得ないであろう。

もとより，従業員に株式を持たせ安定株主を確保するとか，経営者の支配権の確保目的の安定株主づくりとして新プランを導入することを意味するものではない。新プランには安定株主の確保という機能があるとしても，それは副次的あるいは結果として生ずる機能というべきである。

新プランによるビークルの株式の大量取得と長期保有は，インセンティブ効果，安定株主の確保となるとともに，労使関係についても安定化に役立つことから，大きなメリットが認められる。しかも，退職時まで保有することにより，退職後に株式を売却して退職後の生活費に充て，または保有することにより継続的にインカムゲイン（利益配当）を受けることができる。しかし，これらは，企業が継続的に発展し，株価も一定の水準を維持していることを前提として成り立つ理論である。

株価の低迷が続く場合は，従業員にとって退職金の支払を受けた方が利益となり，必ずしもインセンティブ効果を発揮し得ない場合がある。特に，新プランが退職金の支払に代えて導入され，しかも，自社株式の取得資金を従業員が実質的に拠出した場合に問題が表面化する。

このようにみてくれば，一般的にいえば，インセンティブ報酬ではあるが，新プラン導入の利益は企業およびその経営者にあるとみることができよう。

そこで，新プランの導入と運用に関し，ビークルを単に都合のよい自社株式の受け皿として利用し，あるいは，経営陣がビークルの議決権を利用するような新プランの濫用リスクを防止し得るための措置が必要である。

さらに，従業員の立場からみた新プランの欠点には，雇用のみならず，資産のかなりの部分までが，自らの会社の業績と運命をともにするリスクがある。会社が倒産した場合，職を失うばかりか蓄えまでも失うことになり，従業員の

第4章 新プランの開発と導入

リスクは高く,労働報酬ばかりか配当など資本報酬の面でも打撃を受けるから,収入源と資産を1つの企業に集中し,企業の消長に左右される危険性がある。新プランは,企業業績に対する従業員のインセンティブを高める手段として導入されるが,株価上昇から現実に従業員が利益を得る時期,その額,株価変動のリスク,そして従業員の雇用自体がもつ意味を考慮すると,株主価値モデルにおける新プランを過大評価してはならない。新プランは,株主利益と従業員利益の乖離を軽減する機能をもつが,従業員がその人的資本を分散投資できないことには変わりがないとの指摘がなされている[11]。

5　インセンティブ報酬型の持株プラン

ESOPは,自社株式を利用した退職企業年金であるが,インセンティブ報酬としての効果を期待でき,従業員をステークホルダー(企業に対する利害関係人)として企業経営上重要な位置付けにもなるとされている。わが国においても,日本版ESOP(新プラン)の導入が始まる以前に,アメリカの退職時株式供与プラン(Stock Retirement Plan)などを参考にして,自社株式を用いたインセンティブ報酬の一種として,従業員に自社株式を保有させ,退職時に退職一時年金としてそれを交付するプランの導入を検討している企業があり,現にそれを採用した企業もある。

例えば,三洋電機はインセンティブ報酬として,在職時の業績や勤続年数に応じて,退職時に自社株式を交付する制度を導入したと報じられている[12]。これは,企業再生のための人件費の削減と関係するのかもしれないが,アメリカにおける企業再生のためのESOPの利用と共通するもので,従業員の勤労意欲の向上,インセンティブ報酬として独自に開発したものと考えられる。

近時,自社株式を用いたインセンティブ効果を目的として,新プランの導入論議が強まっているが,最大のネックになるのは制度導入のための法的整備が

---

(11)　北真　収・前掲開発金融研究所報18-19頁参照
(12)　2004年2月5日付け朝日新聞参照

ないことから，株式取得資金の全額を企業拠出とすることが困難であり，無償で従業員に株式を交付することができないことが，プランの開発の制約となるとされている。そこで，ＥＳＯＰをそのまま導入できないから，新プランは会社法や信託法などの現行法を使い，その枠内で可能とされる制度設計によらなければならない。

　ＥＳＯＰは従業員持株信託的構造を有する。従業員持株信託は，株価の上昇をそのまま従業員の勤労意欲の増大へとつなげることを企図して作られた従業員持株制度に信託を活用する仕組みである[13]。そこで，新プランも，現行法の下で可能な限りＥＳＯＰの仕組みを取り入れた信託利用型のプランとして開発が進んでいるが，すでに導入した企業も多くある。新プランには複数のスキームがあるが，信託スキームは，基本的には，信託形式の従業員による自社株式の取得である。

　ＥＳＯＰは全額企業拠出の企業年金的性質を有するのに対し，新プランの多くは全額企業拠出型ではなく，株式取得資金の大半は従業員の拠出によるから，企業年金的性質は薄くなる。そうすれば，新プラン導入の現実的意味は，ビークルにより一度に大量の自社株式の取得を可能とする点に集約できる。

　新プランは，特別の税制上の優遇措置もない状態で導入されたのであるが（この点は，現行の従業員持株制度についても同様である），新プランの導入を促進するためには，税制上の優遇措置が必要である。これなしには，アメリカのＥＳＯＰのような普及を期待できないかもしれない。

　ビークルとして信託を利用するスキームについていえば，信託税制上の取扱いが必ずしも明らかでないので，「報告書」はこの点を検討し整理しているが，なお個々の企業が行う具体的な取引について適用する場合には，別異の課税関係が生ずることがあるために，税務当局に対して個別に照会を行う必要があるとしている（「報告書」29頁）。

　従業員持株会に対する譲渡方式のプランのうち，ビークルとして信託を用い

---

(13)　新井　誠「第２版信託法」285頁〔有斐閣　2005年〕

るものについて,「報告書」は,一定の条件の下で,ビークルの借入金の支払利息についての会社における損金算入,加入従業員に対する所得課税のプラン終了時までの繰延べ,プランの収益のうちビークル保有の自社株式への配当に対する課税の繰延べを明確にしている[14]。

6 新プラン導入の現実的意義

わが国には,ESOPに関する法規定も税制上の特典もないから,ESOPの導入のための法律的な手当てが喫緊の課題であるが,それは早急には期待できない。そこで,現行法の範囲内で導入が可能な新プラン(日本型のESOP)の開発ということになる。

このプラン導入の意義として,株価や業績に連動するインセンティブ報酬の導入の必要性がいわれているが,ストック・オプションや業績連動報酬では,幅広い従業員に経営参画意識を持たせるには十分でなく,現行持株制度による少額資金による定額・継続的な市場買付けでは,従業員の資産形成に十分でなく,インセンティブ効果に欠け,しかも株式持分の引出制限がないことから,株価の上昇に伴い株式持分を引出換金することからインセンティブ報酬制度として機能していない面がある。

さらに,株式の流動性(市場流通株式)が低い会社の場合,持株会による市場買付けが当該株式の株価に与える影響が大きいため,予定する数量の株式を購入することができないケースもある。そこで,プランの導入により,インセンティブ効果を増進させるとともに,持株会自体の株式購入の安定化を図るものであって,既存の従業員持株制度の機能や効果を拡充・補完し,それ自体の安定的視するという効果を期待することができるものであるとしている[15]。

---

[14] 太田　洋「日本版ESOP導入に際しての実務上の留意点」商事法務1867号13頁。詳細は,「報告書」30-34頁参照

[15] 吉原裕人ほか「信託型従業員持株インセンティブ・プランの設計と法的論点」商事法務1786号22頁

新プランの導入のための可能な方策が検討され，現に，複数のプランが開発され，それぞれのプランを導入した企業も現われている。そして，従業員持株会に対する譲渡型の新プランについていえば，新プランの導入の意義ないし必要性について，一般に次の理由が挙げられている。

　ⅰ）定時・定額買付けによる現行持株会の運用では，株価の高騰期でも買付けをしなければならないばかりか，発行済株式数が少ないなどの理由で市場流通の少ない株式については，予定の株式数を買い付けることができない，持株会に先回りして株式を買い付け，持株会の買付日に売却して利益を得る者が存在するが，新プランによれば，ビークルが株価の安い時に一括して買い付け，順次，持株会に売却することができる。

　しかし，ドル・コスト平均法による定時・定額買付けは，少額資金による長期継続的としては有利な投資方法である。また，予定の株式数を買い付けることができないとか，持株会の買付けに先回りして株式を買い付ける者の存在に対処するためには，事前に定めた方法により分割買付けをするなどの弾力的な取扱いにより対処することができる。

　ビークルが，株価の安い時に一括して買い付けるのは得策である。これは，現行持株制度の運用においても，会社が自己株式を取得しその処分として持株会に譲渡すれば，従業員は有利な価格で株式を取得できることが指摘されていた。

　ビークルが株価の安い時に一括して買い付け，順次，持株会に売却する場合の価格が，その時々の時価であるとすれば，取得価格の点において持株会に特に利益がない。ビークルが取得価格で売却すれば，理論上，プランの終了時に損益は生じないことになる。プランの終了時に，ビークルに利益が生じていれば，従業員に分配するとしても，その従業員がプランの途中ですでに退職していた場合の取扱いも問題になる。

　ビークルが株価の安い時に一括して買い付け，順次，持株会に売却するというのは，新プランの株価対策，安定株主の機能に期待することによる。そこで，要は，現行持株会の運用とビークルの買付けの相違は，買付資金の多寡と買付

第4章　新プランの開発と導入

主体の相違から生ずる差異であるといえよう。

ⅱ) 現行持株会の運用では, 参加従業員は株式持分が取引単位 (多くの場合, 1,000株) に達すれば, 自由に引き出して売却することができるから, インセンティブ効果が十分でない。これに対し, 新プランでは従業員は自由に株式持分を引き出せないが, インセンティブ効果が期待できる。

これは, 退職従業員等に対する無償交付型の場合についてはいえることであるが, 従業員持株会に対する譲渡型については, インセンティブ効果を別にして, 引出制限は当てはまらないであろう。ビークルが自社株式を保有している間は, 株式は従業員に帰属しないから引き出せないのは当然であるが, ビークルから持株会に譲渡された後は, 株式持分が取引単位に達した場合は, 引出しは可能とせざるを得ない。持株会の規約により引出制限をするにしても, 持株会の株式取得資金の原資の大半は従業員の拠出であるから, 相当な期間内に限られる。

ⅲ) 新プランにより, 従業員が持株会へ株式取得資金を拠出するに際し, 奨励金を増額すれば, 持株会はより多数の株式を取得することができ, これは従業員の長期財産形成や退職時に交付を受ける株式数が増大することになる。従業員の企業に対する忠誠心と帰属意識を強化し, 生産性の向上につながるばかりか, 企業業績の向上により株価の上昇が期待されるので, インセンティブ効果を確保できる。

インセンティブ効果の確保が, 新プラン導入の意義ないし必要性の中心であると考えられるが, 現行持株会による制度運営との共通点が少なくない。現行持株会の運用は, 一般に, 参加従業員の持株会への拠出は, 一口千円で10口程度としているようである。口数を制限するのは, それに応じて会社が奨励金を支給することと, 従業員に過重となる拠出を避けるためであるとされている。

そこで, 新プランの場合, 従業員の拠出をどの程度とするか, 奨励金の支給をどの程度とするかという問題があるが, それ程多くは期待できないから, 持株会の取得株式数には限度があろう。また, 現行持株会による運営がなされている会社が, 新プランを導入した場合, 従業員の拠出金と会社の奨励金の支払

は2重になるので，この点の調整を必要とする。

インセンティブ効果の期待というのは，元来，米国型の無償交付型の場合に通用することであり，株式取得資金の大半を拠出する自社株投資の色彩があることから，アメリカ流のインセンティブ効果とはニュアンスがかなり異なるばかりか，株式投資としての損失の問題も生ずる。

そうすれば，現行持株会による運営と新プランとの違いと，新プラン導入の目的は，ビークルによる自社株式の一括取得にあるといっても過言ではない。それには，株価対策，安定株主確保の機能が認められるが，それがために，新プランを否定する必要はない。また，それが新プラン導入の主要目的でない限り，違法であるとすべきではない。要は，運用の適正化の確保である。

ⅳ) ビークルが大量の自社株式を取得するが，その議決権が経営者から独立した主体により，公正に行使されることによって，コーポレート・ガバナンスの見地から有益である。

ビークルが保有する株式の議決権行使の公正確保の問題であり，ビークルの代表者や信託管理人の会社経営者からの独立性確保の問題である。従業員の意思と利益に沿って議決権が行使されるべきであることは，現行の持株会の運用と共通する。しかし，現行の持株会の場合は，取得株式は持株会に属するが（間接投資方式＝全員組合員方式の場合），参加従業員は株式持分を有する実質的株主として議決権行使に関係するが，新プランの場合は，株式は実質的にもビークルに属し，従業員は，単に，将来持株会を通じて株式を取得するという地位にあるのにとどまる。

ビークル保有株式の議決権行使の，経営者からの独立性を確保するためには，ⅰ) 米国のESOPが採用しているパス・スルー議決権行使方式と，ⅱ) ビークルの代表者や信託管理人に会社経営者から独立したものを当てるとか，適正な議決権行使のガイドラインを作成し，ガイドラインに従って議決権行使をするという方法が考えられる。

現行の持株会の運用では，規約により参加従業員に持株会理事長に対する議決権行使に関する特別の指示を認め，パス・スルー方式によっているが，新プ

ランの場合は，持株会は未だ株式を取得していない段階であり，従業員はビークル保有株式について権利を有していないから，パス・スルーにより議決権を行使し得ない。

この点，持株会は将来確実にビークルから株式を買い受けることを理由に，持株会または従業員がパス・スルーにより議決権を行使し得ないかを検討してみる必要があるが，理論的にはかなり難しい。そこで，議決権の行使者に会社経営者から独立したものを当てるとか，適正な議決権行使のガイドラインを作成し，制度的に議決権行使の独立性を確保するしかないであろう。もとより，これについては，会社から完全に独立したビークルの代表者や信託管理人を実際に確保することができるのか，また議決権行使のガイドラインの内容を，株主の意思に沿ったものとすることができるのかという問題がある[16]。

新プランの導入により，従業員の株主化を図ることにより，労使対立を緩和し，従業員の勤労意欲を高め，生産性の向上につながることから，従業員の利益と会社および他の株主の利益が一致することになる。しかし，それも株価が上昇することを前提としたものであり，株価が下落し長期低迷状態にあれば，従業員に失望感が生じ，制度導入の目的を達しないばかりか，退職時給付型のプランの場合については，従業員は退職時に自社株式ではなく，現金の支払を望むということにもなりかねない。

また，新プランには安定株主確保という機能があるが，他の安定株主確保の手段よりは抵抗は少ないが，本来，株主に支払われるべき会社の資金が従業員に支払われることになり，経営者が会社資金を用いて地位の保全を図るという弊害があり，反対に，わが国では現実的ではないが，従業員が経営者にとって代わることもあり得る。そこで，十分な制度設計と適正な運用がなされることが必要である。

現行法の下で，インセンティブ報酬として新プランの導入を必要とする理由は，会社の資金を使って，従業員に自社株式を保有させるという新プランの導

---

(16) 太田 洋「日本版ＥＳＯＰ導入に際しての実務上の留意点」商事法務1867号16頁参照

入が，従業員の利益になるとともに，生産性の向上などにより企業の利益になることが必要である。そこで，プランの対象従業員は長期雇用を前提とするから，原則として当該会社の常勤の従業員となる。

新プランにより，中小企業のＥＢＯ（従業員による企業買収）の場合を除けば，経営支配権の確保に足りる量の自社株式の取得と保有を認めるべきではない。会社が費用の全額を負担することによる福利厚生目的の制度（給料の後払い分を自社株式により受け取る）であり，経営支配権の確保（企業買収）を目的とするものではないことを，制度導入に際し明確に位置づける必要がある。

ビークル（受け皿）が，レバレッジド方式で一括して取得した株式を，持株会が，毎月，その都度の時価で譲り受ける方式が，従業員にとって現行制度の運用と比較してどれだけ有利な株式取得方法なのかも問題になる。プランの終了時にビークルに残余財産があれば，従業員に分配することによりインセンティブ効果を確保できるというのも，元来，株価の安い時に一括して買い付け，従業員に有利な価格（取得価格）で譲渡すべきであるというのが基本的な考え方に基づくものである。

一般従業員向け自社株式報酬制度として，確定拠出型年金401（Ｋ）プランがあり，米国では，401（Ｋ）プランの登場がＥＳＯＰを頭打ちにしたとされている。わが国に新プランを導入に際するに際し，確定拠出年金401（Ｋ）型プラン（対象株式は自社株式に限らないが，多くは自社株投資となる）との関係の調整は重要な検討課題である。

個人型確定拠出年金の場合は，一定の条件を満たす従業員が，毎月，掛金は上限１万８千円（2010年以降，２万３千円に引き上げられる方向）の範囲内で拠出できるが，拠出金全額について所得控除を受けることができる[17]。

新プランの対象となる株式は，普通株式が一般的であるが，種類株式を用いることも可能であり，中小企業のＥＳＯＰについては特に必要な場合が考えられる。

---

(17) 平成21年４月19日付け日本経済新聞14頁

7　新プランの導入と留意事項

　ＥＳＯＰを参考にした新プラン（日本版ＥＳＯＰ）のスキームとして，すでに述べてきたように，従業員持株会発展型プランと退職給付型プラン（自社株式の無償給付型）とがある。しかし，両者は，自社の株式を利用するスキームである点や従業員の福利厚生という究極的な目的では共通するとしても，スキームの効果は全く異なるものである[18]。この点，スキームやビークルにどのような名称を付けるかに関係しない。ただ，共通的に認識しなければならないのは，現行法の下ではＥＳＯＰをそのまま導入することができないということである。

　従業員持株会発展型プランは，ＥＳＯＰとかなり距離があるが，現行法の下で導入することが可能であるから現実的であるといえる。これに対し，退職給付型プランはＥＳＯＰとの近似性を求めようとするが，現行法の下で導入することが可能であるかといえば，法律論的にはかなり疑問があるプランであるから，より一層の慎重な検討と工夫が要求される。

　新プランの導入は，会社の利益と従業員の利益を考えて行わなければならない。会社の利益とは，従業員の定着や企業帰属意識の高揚，従業員モラルの育成による生産性の向上，退職防止などである。敵対的買収防衛策（予防策）として安定株主確保とか，株価の下支えという機能も，それが適正に運用されるのであれば，これも，会社の利益といえるのであるが，株式の相互保有（株式持合い）や買収防衛策の導入とは異なり，内外の投資家の賛同も得やすいであろう。もとより，それは副次的効果であって，会社の費用を用いて安定株主として機能する大規模の従業員株主を創設することについてのコンセンサスを得ることは困難であろう。

　会社の費用を使って会社の支配権に影響を与えるような大量の株式を有する

---

(18)　有吉尚哉「日本版ＥＳＯＰの法的論点と実務対応〔上〕」商事法務1881号32頁

株主を形成することは，会社法の観点からは課題が多くあり，会社法秩序との関係においても検討を必要とする。自己を支持する株主を形成するような新プランの導入は，許容性の限界を逸脱したものとして取締役の任務懈怠（善管注意義務違反）になりかねない。

ビークルの議決権行使は，経営陣のためではなく，従業員が会社の意思決定に参画することを意味するから，実質的権利者である従業員のためにビークルの議決権行使の独立性が制度的にも実質的にも確保されていなければならない。それ故に，ビークルの独立性を確保し従業員のために議決権行使することの確保が重要である。

8　新プランの導入と従業員持株会

(1)　ＥＳＯＰと従業員持株制度の異同

ＥＳＯＰは，信託として設立された全員参加方式であって，株式取得資金は全額企業拠出であるが，原則59.5歳以降の退職時までは株式の引出しが認められない退職給付制度である。そうすれば，民法上の組合である持株会を制度の中心に位置付け，運用に当たる現行従業員持株制度とは大きく異なる制度といえよう。

従業員持株制度は，従業員の長期財産形成を目的とする貯蓄型の自社株投資の性格を有する。これに対し，ＥＳＯＰは企業拠出の年金型ではあるが，実際上，従業員が持分（株式）を引き出し換金する多くの場合は，退職時であると考えられることから，従業員持株制度もある程度は企業年金的性格を有している。

従業員持株制度とＥＳＯＰとでは取得し保有する株式数では格段の差があるが，それは，従業員の継続的な少額投資によるものか，レバレッジド（資金の借入）方式と全額企業拠出による株式の大量一括取得かという制度上の差異から生ずるものであり，従業員持株制度は会社の支配権に影響を及ぼす程度の大量株式の取得を目指す制度ではないが，ＥＳＯＰについても，本来，企業年金

の一種であって支配権の取得を目的とするものではない。

（２） 新プランの導入と従業員持株会

　わが国の場合，特別の法整備がなされていないことから，米国型のＥＳＯＰを導入することは難しいが，それをベースにして新プランを開発し，導入することは不可能ではなく，現に，この方向でプランが開発され導入されつつある。

　ＥＳＯＰは全員参加の全額拠出方式であるが，新プランはそのスキームにもよるが，拠出金の大半は従業員の拠出によるから任意参加の形態によらなければならない。

　現行従業員持株制度を廃止するのではなく，両者を並存させるという形での導入となるが，有力な新プランのスキームは，ビークルが保有する株式を持株会が譲り受けるという内容である。同一持株会を利用することを想定すれば，持株会が譲り受けた株式の管理は，現行持株会の運用と同様であると考えられる。もっとも，将来，ＥＳＯＰが法制化された場合は，ＥＳＯＰに一元化することが望ましいから，それに合わせたプランを設計することになろう。

　直接，持株会を用いて新プランを導入できないかを検討すべきであるが，民法上の組合の性質を有する持株会については，借財能力が問題になるばかりか，返済能力も十分でないから，制度導入会社と持株会の間にＥＳＯＴに相当するビークル（信託・中間法人）を設置し，ビークルがレバレッジ方式で借入金により一時に多数の株式を取得し，順次，持株会に売却するという手続によらざるを得ないであろう。

　新プランでは，持株会がビークルより株式を譲り受けることから，現行持株制度の採用会社の場合，持株会は月掛投資方式により取得した株式と，従業員持株プランにより取得した株式とを保有することになる。そこで，分別して，新プラン専用の別口座を設けて管理運営する必要があるが，新プラン口座に入れられた株式については，規約等によりプランの設定期間内の引出しを認めないとの制度設計をすれば，引出制限の目的を達するであろう。もっとも，持株会が取得した株式の管理と理事長を通じての議決権の行使については，両者に

それ程の差異はないと考えられる。

9　新プランと株式の取得方法

　従業員持株制度の場合，持株会による株式取得の方法は市場買付けによっている。これに対し，新プラン（持株会発展型のプラン）については，ビークルによる導入企業株式の取得と，ビークルの持株会に対する譲渡という2段階の株式取得からなっている。

　ビークルの持株会に対する譲渡は相対取引としてなされるが，1つの基本的契約に基づく継続的取引としてなされる。持株会の株式取得は市場買付けに代えてビークルから保有株式を買い受けるのであるが，買受けのための資金，株式取得後の管理等については，持株制度の運用の場合と同様に考えればよい。

　新プランの場合のビークル（後述のESOP信託またはSPV）による株式取得の方法は，市場買付け，第三者からの譲受け，自己株式の処分としての譲受け，第三者割当ての新株発行（募集株式の発行）という方法が考えられるが，第三者割当ての新株発行の方法は発行済株式数を増やすことから，現実的でないとされ現段階では行われていない。

　市場買付けの方法が，もっともオーソドックスであり，株価対策や安定株主の機能も認められることからこの方法を基本に考えればよい。この場合は，ビークルができるだけ株価の安い時期に，銀行からの借入金で調達した資金を原資として市場から買い付けるのであるから，インサイダー取引とならないように注意して買付けをすればよい。

　第三者からの譲受けは，株式の相互保有を解消する場合の受け皿とするなどとして用いれば有効である。相対取引としてなされるが，市場取引によらなければならない場合は，立会時間外取引（ToSTNeT取引）を用いるという方法によることになる。

　自己株式の処分としての譲受け方式は，導入企業が保有株式を処分するに適した方法である。会社は自己株式の処分として，市場売却をすることができな

いから，ビークルはもっとも好ましい譲渡先であるといえよう。会社がビークルに対して，保有する自己株式を譲渡するためには，第三者割当ての新株発行（募集株式の発行）手続によって行う（会社法199条以下）。

自己株式の処分として，ビークルや信託銀行（専用信託口）に対し自己株式を譲渡する場合は，募集株式の発行と同一の取締役会の決議を必要とする（処分価格が特に有利な価格の場合は，株主総会の特別決議を必要とする）。

募集株式の発行手続によるが，新プランの実施のための取締役会の決議における自己株式の処分の目的および理由として，当社従業員に対する企業価値向上へのインセンティブの付与，福利厚生施設の充実等を目的として新プランの導入を決議したが，プランの実施のためには，保有自己株式の処分として，ビークルまたは信託銀行（専用信託口）に対し自己株式を××万株譲渡することが必要である。譲渡価格は，本取締役会決議の前日の終値である1株×××円とする，などを骨子とすべきであろう。

第5章　新プランの導入と検討事項

1　新プランとその概要

(1)　開発されたスキームの概要

　わが国にＥＳＯＰをそのまま持ち込むことはできない。ＥＳＯＰを参考にしても，わが国の実情に合ったものとしなければならない。その場合，念頭に置くべきことは，株式を交付するための資金調達（株式の取得資金の原資）と，現行従業員持株制度との調整つまり整合性の確保である。

　結論的にいえば，新プラン（日本版ＥＳＯＰ）には多くの形態があるが，ビークル等が自社株式を一括して取得するという点では共通している。それを大別すると，既述のように，従業員持株会応用型プラン（従業員持株会発展型）と，退職給付信託を利用した退職従業員交付型応用型プラン（無償給付型プラン）がある。

　両プランは，スキームにおいても，株式取得資金においても大きく異なる。前者は，貯蓄的性格が濃厚なプランであるのに対し，後者は退職企業年金（退職給付型）のプランである。そこで，両プランは従業員の福利厚生という共通の目的を有するが，大きく内容が異なるプランである。

　会社法との関係で，結論的にいえば，従業員持株会応用型プランは，適正に運営されている限り，ほとんど問題は生じないであろう。これに対し，退職給付信託型のプランは，重要な未解決の検討課題があるように見受けられる。少なくとも，公開されているスキームからは，会社法上の問題が解決済みとは読みづらい。

　従業員持株会発展型プランは，ビークル（受け皿）が導入企業の株式を一括して取得し，順次，従業員持株会に譲渡するというプランであるが，ビークルに一般社団法人を用いる匿名組合出資方式のスキームと，信託を用いる信託ス

キームとがある。

　退職従業員交付型プランは，信託財産として管理している自社株式を，順次，退職従業員に交付するプランであるが，ビークルとして特別信託を用いる方法があるが，開発されたプランはビークルを用いることなく信託銀行が直接受託者となる方法である。

　現在，これらのプランが開発されているが，いずれもアメリカのＥＳＯＰのように法的根拠があり，全額企業負担となるプランではない（退職従業員交付型プランといっても，全く無償で給付することを意味するものではないと理解すべきである）。それは信託銀行等が競って開発したものであるが，現行法の範囲内で工夫されたものであるから，自ずから，限界がありＥＳＯＰと同様に考えられるものではない。それ故，日本版ＥＳＯＰ（日本型ＥＳＯＰ）といわれるのである。

　プランを，レバレッジド型（借入金方式）とノンレバレッジド型（非借入金方式）との関係で捉えれば，従業員持株会発展型はレバレッジド型であり，退職従業員交付型はノンレバレッジド型の全額企業拠出型である。

　レバッジド型（借入金方式）のプランによる場合，ＥＳＯＰと日本版ＥＳＯＰ（新プラン）とは，基本的には共通した構造である。しかし，わが国では従業員に無償で自社株式を譲渡することができないから，全額企業負担のプランというわけにいかないため，ＥＳＯＰをベースにしながら，日本流にアレンジしているのである。

　レバッジド型ＥＳＯＰも従業員持株会発展型プランも，特別信託（ＥＳＯＰ信託）が借入金により自社株式を取得するが，ＥＳＯＰと新プランとの相違は次のようである。

　第１に，ＥＳＯＰについては，弁済原資を導入企業が全額拠出し，従業員の拠出を認めないのに対し，新プランの場合は，あくまでも特別信託（ビークル）の借入金であり，導入企業は借入金について支払保証をするのにとどまるということである。

　第２に，ＥＳＯＰの場合は，特別信託が借入金により取得した株式は，信託基金（特別信託）が仮勘定により保管し，借入金の弁済に応じて従業員口座に

移されることになる。これに対し，新プランの場合は，ビークルが保有し，順次，持株会に譲渡することになる。

　従業員持株会発展型プランは，ビークルが導入企業の保証の下に金融機関から資金を借り入れ，借入資金により自社株式を買い付けるのである。この点においては，アメリカのレバレッジド型ＥＳＯＰと共通する。しかし，基本的な違いは，ＥＳＯＰの場合は，ビークル（ＥＳＯＰの特別信託）の借入金の弁済原資は全額企業が拠出することである（全額企業負担）。

　持株会の多数を占める全員組合員方式は，全員が持株会に加入して会員となり，会員のうちから参加希望者が新プランに参加することから，全員参加形式とはいえないばかりか，ビークルは保有株式を持株会に有償譲渡（売却）した代金をもって，借入金の弁済に充てていくことになる。そうすれば，日本版ＥＳＯＰは貯蓄的性格が濃厚であり，退職企業年金的性質は薄くなり，かなりＥＳＯＰとは異なった性質のものとなるが，現行法の範囲内での導入であることからやむを得ないことである。もとより，このプランをＥＳＯＰと呼ぶかどうかは用語の問題であるから，この点はあまり問題にすべきではないであろう。

　これに対し，退職従業員交付型の場合は，信託銀行やビークルが導入企業から自社株式の信託を受け，または株式取得資金の信託を受け，これにより買い受けた自社株式を信託財産として管理し，退職従業員に，順次，交付することになる。このプランの場合，従業員は拠出せず，全額企業拠出となることから限りなくＥＳＯＰに近づくことになる。

　しかし，特別の立法のないことから，従業員に対し無償交付するために自社株式を信託できるか，自社株式の取得資金を全額企業が信託できるか，換言すれば，退職従業員に自社株式の無償交付ができるかという問題がある。

　この点，自社株式の無償交付は，株式取得資金の信託，自己株式の処分としての信託によるにしても難しいといわなければならないことになる。そこで，取得条項付の新株予約権を用いるという方法によるも，それは手段（スキーム）であるから，従業員に対する自社株式の無償交付の適法性の問題をまず解決しなければならない。形式的に取得条項付の新株予約権の発行手続を経ていても

全てが適法になされることになるのではない。

　従業員に対する自社株式の無償交付が認められないとすれば，従業員の自社株式取得原資の調達をどうするかという問題がある。この場合，取得原資の確保のために，取得資金に当てるために退職金や賃金（給与）に上乗せして支給し，上乗せ支給分を株式取得資金として積み立てるか，退職金制度を廃止し，それを原資として退職金相当額の自社株式を交付するなどの工夫が必要となる。

　このプランは，信託銀行が導入企業から，株式取得資金の信託を受け，これで自社株式を買い受け，あるいは自社株式の信託を受け，信託財産として管理し，退職従業員に交付するというノンレバレッジド方式であるが，この形態のプランにもビークルとして特別信託を用いる方法が考えられる。

　この形態のプランはＥＳＯＰを指向するが，従業員に自社株式の無償交付をすることが現行法の下では困難であることから，全額企業負担のプランとすることは，従業員に自社株式の無償交付のために，信託するための原資をどこに求めるのかという問題が残る。さらに，ビークル（特別信託）を用いないのであれば，単に，企業が退職従業員に交付するための自社株式を他益信託しているのと実質的に同じであり，わざわざ日本版ＥＳＯＰという必要がないのかもしれない。

　退職従業員交付型のプランは，全額企業拠出による自社株式の退職給付により，ＥＳＯＰ化を目指すものであるとしても，現実に導入されたプランによれば，信託銀行が導入企業から株式の取得資金の信託を受け，これにより導入企業株式を買い付け，管理して退職従業員に給付するという内容となっている。そうすれば，金銭信託以外の金銭の信託を目的とする他益信託に過ぎないのであり，通常の信託であってＥＳＯＰとはいえないであろう。

（2）　開発された新プランのスキーム

　報告書は，新プランは信託や一般社団法人（旧中間法人）というビークルを利用して，従業員に自社株式を付与する新スキームであるとし，新プランの形態として開発されたプランには，①従業員持株会に対する譲渡型と，②退職等

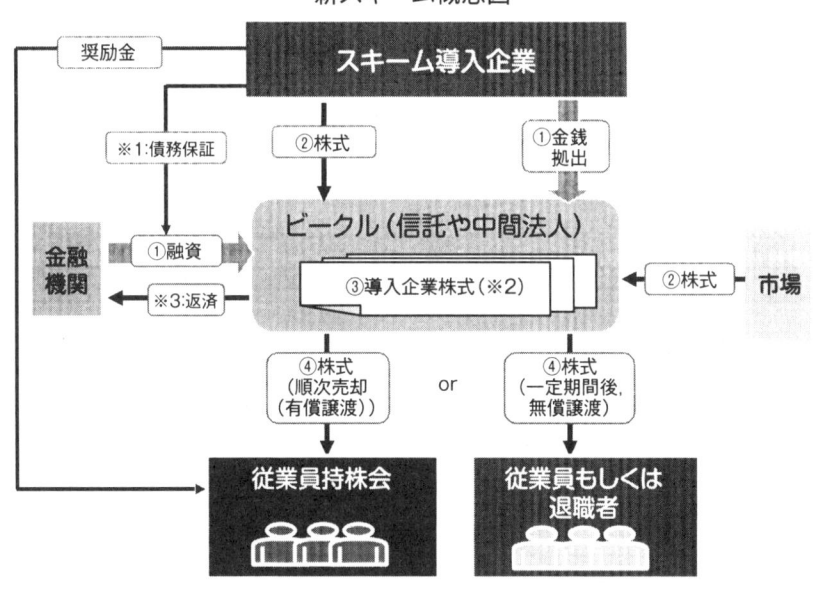

第5章　新プランの導入と検討事項

新スキーム概念図

① 信託や中間法人といったビークルが，金融機関からの融資（※1）・導入企業からの金銭拠出を受け，株式取得等に必要な資金を取得する。
　※1：ビークルが金融機関から融資を受ける場合には，当該借入に対して導入企業が債務保証を行う方法が考えられる。
② ビークルは，将来従業員等に付与する導入企業株式を，導入企業や市場から取得する。
③ ビークルが保有する導入企業株式について，受託者や中間法人が，将来の株式受給者である従業員の意思や従業員の利益を考慮した議決権の行使を行う。（※2）
　※2：具体的には，例えば，(i)従業員持株会における議決権行使状況を踏まえる方法，(ii)将来株式を受領する従業員の利益に沿うよう策定したガイドラインや個別議案に対する従業員の意識調査に従う方法，(iii)従業員の代表者や有識者等から構成される委員会において議決権行使の内容を決定する方法が考えられる。
④ ビークルは，導入企業株式を従業員持株会に順次売却する（※3）か，導入企業株式を一定期間保有したあとに，一定の要件（退職時等）を満たす従業員もしくは退職者に導入企業株式を無償譲渡する。
　※3：上記①において，金融機関から融資を受ける場合には，従業員持株会への株式譲渡の対価でもって当該融資の返済を行う方法が考えられる。

（出所）　経済産業省「新たな自社株式保有スキームに関する報告書」37頁

従業員に対する無償給付型がある。報告書は、①のスキームを中心に考えているが、いずれのスキームについてもそれを否定してない。①のスキームについては、信託や中間法人をビークルと位置付けているが、②のスキームでは、信託銀行をビークル（受け皿）とは見ていないようである。

スキームは多くあるが、実際にどのようなスキームを導入するかは、会社の規模や組織構造、財務状況、従業員の数、会社の経営戦略とスキームの目的との関係などによって異なる。そのため、「報告書」では、利用されるビークルの特性や、会社とビークルの関係、ビークルが株式を取得するための財源、従業員に対する株式の付与方法といった新スキームの基礎的構成要素に関して、現行法制度等との関係で、特に留意すべき点について整理している[1]。

ビークルとして用いるのは、導入企業からの独立性を確保できる信託や中間法人（中間法人法は、平成20年12月１日施行の一般社団法人及び一般財団法人に関する法律の施行により廃止されたが、施行の際に存する有限責任中間法人は、一般社団法人として存続できる）であるが、中間法人法の廃止後においても、一般社団法人と有限中間法人とは、基本的な制度設計において同一ということができるとされている[2]。

新スキームをめぐっては、複数の論議が考えられるが、有効に活用されれば従業員の勤労意欲の向上や、導入企業の利益の向上等に資することが期待できる。新スキームを有効に活用すれば、従業員への会社利益向上に対するインセンティブの付与等を通じて、会社や一般株主の利益向上に寄与する要素も備えていると思われる[3]。

従業員持株会応用型には、ビークルとして信託（特別信託）を用いるプランと一般社団法人（ＳＰＶ）を用いる方式があるが、それは理論的な問題というよりも、開発会社が信託銀行であるか、銀行であるかという実際上の理由によ

---

(1)　田中明夫・前掲商事法務16頁
(2)　藤瀬裕司「一般社団法人制度の創設と資産流動化への影響」金融法務事情1768号16頁
(3)　田中明夫・前掲商事法務20頁

るものであると考えられる。

2 新プランと株式取得資金の原資との関係

(1) 持株会発展型のプランと株式の取得原資

　報告書は,「対象となるプランについて,ビークルが株式を取得するための財源は,導入企業からの金銭拠出（バリエーションとして,ビークルに付与した取得条項付新株予約権の取得対価としてビークルに導入企業の株式を交付するものもある）や金融機関からの借入れとした。従業員もしくは退職従業員に対して,導入企業株式を無償譲渡する方法も考えられる」としている。しかし,その各々について適法性の観点からは言及していない。

　アメリカのＥＳＯＰは,エリサ法に根拠があり,また全額企業拠出のプランである。これに対し,新プランは法的根拠がなく,株式取得資金の全額を企業拠出とすることが認められない法制の下でのプランである。そこで,株式取得資金の原資をどうするかが最大の課題であり問題点でもある。それは,従業員の負担とせざるを得ないが,どのような形で負担させるかという問題に行きつく。

　持株会発展型のプランについては,ビークル（ＥＳＯＰ信託・ＳＰＶ）が銀行から借り入れた資金により自社株式を取得し,取得株式を持株会に譲渡し,受け取った売却代金により借入金を返済していく,持株会の譲受代金は会員の拠出と会社から支給される奨励金ということになる。そうすれば,株式取得のための原資や資金の流れを明確に説明することができる。

　従業員持株会発展型プランと退職従業員給付型プランを比較した場合,いずれのプランにも長短はあるが,現行法の下では会社の無償給付（全額企業拠出）は難しく,わが国には退職金制度が定着していること,現行従業員持株制度との整合性の確保などからみれば,従業員持株会発展型と退職従業員給付型のいずれを選択するかは企業の特性に応じて選択すればよいことではあるが,従業員持株会発展型プランの方が,ＥＳＯＰとの近似性に欠けるが無難ではないか

と思われる。日本版ESOPは，特別の立法的措置を講ずることなく開発されたプランであるから，特にESOPの近似性をプラン選択の基準とする必要はないと考えられる。

（2） 退職従業員給付型のプランと株式の取得原資
① 現行法と無償給付型プランの適法性

　報告書は，従業員持株会応用型を主眼にしているが，退職従業員等（退職前でも，一定の勤続年数の要件を満たした従業員を交付の対象とするプランもある）に対する無償交付型は，退職給付信託を使って自社株式を信託するものである。会社が，ビークル（信託銀行）に自社株式または自社株式の取得資金を信託するものとしている。

　「報告書」の公表時のバリエーションは，取得条項付新株予約権を利用した自社株式信託方式であったが，その後，別段の法的なスキームを用いることなく，信託銀行に株式取得資金として金銭を信託し，信託銀行がこれを使って自社株式を取得し，自社株式を信託財産として管理するというスキームも現れた。これは，ESOPの特別信託の代わりに信託銀行を用いた退職給付プランである。しかし，現行法の下でかかるプランが可能なのかが問われることになる。やはり，信託銀行に信託する金銭の原資をどうするのかという形で問題にせざるを得ない。

　このプランの場合は，無償で従業員は退職時に自社株式の給付を受けるスキームであるので，従業員は出捐をすることなく自社株式の給付を受けるから，ESOPであるとの考え方がある。しかし，この点を正確に理解すれば，従業員は株式取得資金を直接拠出することなく，自社株式の給付を受けることができるという意味であり，全く無償で給付を受けるという意味ではないことに注意すべきである。

　法的根拠のない新プランの下では，従業員に自社株式を無償で交付することが許される根拠が何であるかが問われる。現行法の下の運用としては，会社の支出が許されるのは運営費用と株式取得資金の一部援助にとどまり，株式取得

資金の全額企業拠出が認められるのではない。

　そうすれば，特別に立法的手当てがなされていないのに，企業が退職従業員に無償で自社株式を給付することは許されることではない。要は，退職給付型プランといっても，従業員は株式取得資金を直接に拠出しないが，それに代わる取得原資をどこから引き出すかという問題であり，形を変えた有償譲渡であることには変わりはない。

　従業員持株制度との関係の議論であるが，従業員に自社株式を無償で譲渡するなどということは到底できないことであり，そのようなことをすれば，取締役の善管注意義務違反だけでなく，特別背任罪の問題が生ずる可能性のあることが指摘されていた[4]が，このことは，現在においても等しく通用する。

　そこで，企業が退職従業員に無償で自社株式を給付するプランを導入することは，適正にプラン設定をしなければ，取締役の任務懈怠責任が生じ，株主代表訴訟（会社法847条）の対象になり，また，取締役がプランを実行することは違法行為差止め（会社法360条）の対象となる。さらに，刑事責任として特別背任罪（会社法960条1項3号）に問われかねない。

　会社が従業員もしくは退職従業員に対し，原資関係を考えることなく，自社株式を無償で交付し，またはそのために自社株式の取得資金を供与することは違法と解さざるを得ない。そして，かかる目的のために信託形式を用いて信託銀行等に対し信託した場合でも同様である。もとより，取得条項付新株予約権を用いることによりそれが適法化されるものではない。

　そこで，このプランにおいては，退職等従業員に対して自社株式を交付するための原資を，どこから，どのようにして調達または拠出するかという問題の解決を避けて通れない。

　アメリカの場合と異なり，わが国においては従業員に株式を無償で給付することなど想定していない。それに近い形で採用が可能なのは，ストックオプションによる場合であり，新プランによるも，従業員に株式を無償給付するこ

---

(4)　河本一郎ほか『従業員持株制度のすべて』〔商事法務研究会昭和45年〕35頁

とは難しい。導入会社が退職従業員に交付する目的で，自社株式や株式取得資金を信託するための原資をどうするかである。これが解決できれば，このプランは適法なものとして導入でき，限りなくＥＳＯＰに近づくことになる。

②　退職従業員交付型プランと原資の確保

　退職従業員交付型のプランといっても，現行法の下での導入であることから，アメリカのＥＳＯＰように全額企業負担の無償給付型とすることではない。そこで，退職従業員に給付するための自社株式を取得するための原資をどうするかが解決を必要とする課題となる。会社に資金があるから，無償で給付するための自社株式取得資金に充てることが許されるわけではない。

　退職金や給料の一部を引当てにして，事前に金銭を一括して信託するということにせざるを得ないから，実質的には無償給付プランではない。この点を不明確にすればプラン自体の適法性が問われることになる。そうすれば，退職従業員交付型のプランの計画設計はそれほど容易なことではない。

　このプランによる場合，退職金の全部または一部に相当する額を原資として，あらかじめ自社株式を取得しておくというスキームが考えられる。導入企業にとっては，安定株主の確保につながるばかりか，退職金として現金が一度に社外に流出することの防止という大きなメリットがある。しかし，従業員にとっては，退職金を現金で支払われるのと，自社株式を給付されるのと，どちらにメリットがあるかということになり（端的にいえば，退職金が現金で支払われるか，自社株式で支払われるかの違いとなる），しかも選択の余地がないことから，これはインセンティブ効果とも大きく関係する。

　退職金制度を廃止し，退職金として支払うべきものを原資として自社株式を給付するのであれば，技術的な問題は別にしても，無償給付という会社法上の問題は回避することができると考えられる。退職金とは別に従業員に無償交付するというのも，自社株式を給付するための原資を退職金に上積みするという趣旨であれば，単に，形式的に上積みしているのでなければ，退職金の一部を引当原資として，自社株式を給付するのであるから無償給付とならないと解す

第5章 新プランの導入と検討事項

ることは可能であると考えられる。

　退職金を自社株式の交付に代えるために考えられるのは，従業員に退職金（退職給与）を支払うための任意積立金である退職積立金を，新プランのための株式取得資金に振り替えるという方法であるが，退職金を現金ではなく自社株式により支給することから，会計上の処理を含めて検討すべきであろう。

　退職給付引当金は，労働協約または就業規則等によって，従業員の退職時に退職金として会社に支払義務が生ずることに備えて引当金として設定することから，これを株式取得資金に振り替えることは難しいが，退職給付引当金はそれとは別に設定されるものであるから，株式取得資金としての使用も可能であろう。

　アメリカでは，退職金の制度が普及していないことに加え，特別法により退職従業員に自社株式を無償で交付するための財源が確保されている。これと同じことを，退職金の制度が普及し，退職従業員に自社株式を無償で交付するための立法的手当てのないわが国で行うことは難しく，それを実現しようと思えば，原資として退職金を現金ではなく自社株式で給付するという方法しか思いつかない。退職金をもって株式の取得財源（信託金）とするためには，例えば，企業が，退職給付引当金（従業員が将来退職するのに伴い，企業が支払う退職金の支払に備えて設定する引当金）として計上した費用相当額の現金を，毎年，定期的に信託銀行に信託し，信託銀行が信託を受けた資金により自社株式を取得し，退職従業員に退職金に代えて自社株式を給付する方法が考えられる。

　この場合，企業の信託金は独立した基金の性質を有するものとし，会社の資金ではないことを明確に確立することが必要となる。こうすれば，退職金を原資とすることにより，原資関係の説明が可能となり，会社法上の問題は回避できるであろう。しかし，賃金の性質を有する退職金を自社株式で給付するのであるから，労基法上の問題が生ずることから，労基法上の手続を必要とすることに加え，実際上，従業員の理解と協力不可欠である。そうすれば，このプランの適法化のためには，会社法と労基法の適法要件を同時に満たさなければならないから，そう簡単に解決できることではない。

退職金制度が普及していないアメリカでは、退職時に自社株式を給付することには無理がなく、退職一時年金的なものとして問題にならないが、退職金制度が長い歴史をもち、長い労使慣行として確立しているわが国の企業社会と調和するかという問題がある。退職金制度を廃止し、または退職金を減額して自社株式を給付することは、労使関係を悪化させることにもつながりかねない。また、企業が給与を現金で支払うことに代えて、自社の製品を給付すること（トラックシステム）が批判されるのと同様に、このプランは、企業が処分に困った自己株式を退職金代わりに従業員に給付するものであるとの批判が生ずることにもなりかねない。

③ 退職従業員交付型プランと労基法との関係

退職従業員に給付するための、自社株式の取得原資を退職金に求める場合、労働基準法との関係で検討課題が生ずる。この場合、信託銀行が退職従業員に自社株式を給付するのであり、導入企業が給付するのではないから、労働基準法上の問題は生じないとの形式論は、導入企業が退職従業員に交付するために信託していることから、実質的には会社の給付であることから通用しないであろう。

賃金は労働の対価であるが、退職金（退職手当）は賃金の一部後払い的な性質を有し、それは法的な支払義務の対象となる賃金の性質を有する。退職金が、使用者の恩恵的給付の性質を有する場合は賃金ではないとしても、労働協約、就業規則、労働契約等によって、あらかじめ支給条件が明確にされている場合は賃金と解されることになる(5)。

退職金は支払強制がなされないにしても、慣行としてであっても、制度が存在する以上、就業規則に記載しなければならない（労基法89条3の2号）。就業規則に定めなければならないのであるが、就業規則に定めることにより労働契約の内容になるのであるが、それ以外の場合でも退職金を内規その他により支

（5） 昭和22年9月13日　発労働基準局関係の事務次官通達第17号参照

給する労使慣行が成立しているときは，労働契約の内容となり，使用者は支払を義務付けられる。従業員はそれを期待することにより，健全な労使関係が構築される。

　そして，退職金の支給が制度的に確定され，わが国の労使関係の信頼と企業に対する忠誠心として根付いている。そこで，長年の慣行を覆し，退職金制度に代えて自社株式を給付することが適切であるかどうかは慎重に検討しなければならない。

　退職金は，就業規則の相対的記載事項（労基法89条3の2号）とされていることは，賃金性を否定することにはならない。就業規則の性質をどのように解するにしても，退職金は支払が労働契約の内容となっている場合は，他の労働条件と同様に，使用者は手続を踏めば，就業規則を変更し得るという一般論により，退職金を廃止し得るか疑問は残る。労働契約の内容になっているのであれば，使用者が一方的に廃止することができないことになる。

　退職金に変えて自社株式を給付するというのも，退職金の廃止の場合と同様の手続をしなければならない。それにも係わらず，退職金に代えてあるいは退職金制度に代えて，自社株式の交付をすることは現物給付となるのではないかという問題が生ずる。

　賃金は通貨（現金）で支払われなければならないが（労基法24条1項），退職金も賃金である場合は，現金で支払わなければならないから，自社株式で給付することは現物支給（トラック・システム）に該当する。この場合であっても，労働協約，過半数労働組合または労働者の過半数を代表する者との書面による協定により，現物支給（元来，生活必需品を主眼におくものである）をすることは可能であるが，リスク商品である自社株式までを協定の対象とする趣旨であるか否かはさらに検討する必要がある。

3　従業員持株会応用型プランに向けた方策

　新プラン（日本版ＥＳＯＰ）は，本格的に導入が検討されてから日が浅く，法的な措置がなされていないことから，全額企業拠出であるアメリカの非レバレッジド型ＥＳＯＰを導入することには，かなりの障害が予想される。そこで，現行法の範囲内で，全額企業拠出型の新プランを導入するには，根幹的部分に未解決の問題を残していることは否定できないであろう。

　新プランは，現行法の範囲内で導入可能なものとして模索しているといわざるを得ないが，開発されたプランは，従業員持株会応用型プランと従業員退職時給付型プランに大別することができるが，前者については，ビークルに信託を用いる方法と一般社団法人を用いる方法があり，後者については，取得条項付新株予約権を用いる方法と，特別の会社法上のスキームを用いないものとがあり，現段階では3とおりのプランが開発されている。

　それぞれのプランは，それを開発した金融機関や証券会社の事業目的と営業に対応させ，それに適したプラン設定であるとみることができる。そして，今後，開発各社がそれぞれのプランの導入に向けて企業に働きかけ，顧客獲得のための営業活動を活発化するものと予測できる。

　新プラン（日本版ＥＳＯＰ）を確定拠出年金型のプランにし，ＥＳＯＰに近づけるためには，全額企業拠出型のプランが好ましいことはいうまでもない。しかし，現行法の範囲内で，全額企業拠出型の新プランの導入を考える場合，会社が無償で従業員に自社株式を交付することは許されない。仮にそれが可能であるとしても，給付される自社株式の数量に限界がある。

　報告書は，現在開発されている全プランを認めた上で，現時点で統一的なスキームはなく，また，どのようなスキームを構築・導入するかの判断は，スキームを導入する会社規模や組織構造，財務状況，従業員の数，会社の経営戦略と当該スキームの目的との関係によって異なり得るとして，どのようなプランを導入するかについて選択の自由を認めている。

第5章　新プランの導入と検討事項

　従業員持株制度をベースとして，自社株式に投資するプランとして日本版ＥＳＯＰの立法化を図ることが検討されるべき課題である[6]。日本版ＥＳＯＰの導入に向けては法制面での整備など課題も多いが，今後論議が進められていくことが期待されるが，日本版ＥＳＯＰのベースとして持株会を活用することが考えられるとして[7]，かなり早い段階で持株会の利用によるプランの導入を示唆する見解があった。

　このように，新プランの導入が本格的に論議され，プランの開発と導入が進む以前においても，新プランとして持株会を用いるものが考えられていた。それは，アメリカのＥＳＯＴ（ＥＳＯＰの運営信託）に相当するビークルと持株会を組み合わせるものであった。

　ＥＳＯＰと同様の機能を持つスキームを導入するに当たり，当面は，既存の法制の枠組みの中で，可能な限り近似の形を目指すことになるが，その際，株式公開企業については，現行持株会をベースにするのが自然と考えられるが，レバレッジドＥＳＯＰを想定すると，多くの場合，民法上の組合である持株会が借入れを行うのは現実的でない。そこで，別の主体が借入れを行い，市場から自社株式を買い付け，あるいは，企業から金庫株を取得し，これがＥＳＯＰの仮勘定のような機能を果たす形が考えられるとの見解が示されている[8]。これは，ビークルが自社株式を取得し，これを持株会に譲渡する信託応用プランへと進展したものといえよう。

　このように，持株会発展型のプランは，現行法の範囲内で導入できるプランとして，十分に検討した成果とみることができ，突然にＥＳＯＰと持株会を結びつけるプランとして開発されたものではない。そして，現段階においては，ビークルがレバレッジにより取得した自社株式を持株会に譲渡するプランが無

---

(6)　北　真収「クロスボーダー敵対的ＴＯＢとリスク・マネジメントへの示唆〔下〕」『開発金融研究所報』（国際協力銀行）第7号（2001年7月）4頁
(7)　元村正樹「奨励金引き上げによる従業員持株会の活用を考える」『資本市場クォータリー2004年冬号』10頁
(8)　野村亜紀子「米国公開企業によるＥＳＯＰの活用とわが国への示唆」『資本市場クォータリー』〔2006年冬号〕148頁

難ではないかと思われる。そして，参加従業員の持株会への拠出金に対し会社が支給する奨励金を引き上げることにより，ＥＳＯＰに近付けるべきであろう。

　従業員持株会発展型は，退職給付型のＥＳＯＰとは異なり退職企業年金的性格が希薄になるが，現時点における導入が可能なプランの限界とみることができる。それは，ビークルが自社株式を一括して取得することに意味があると思われる。従業員持株会発展型のプランがベストであるとはいえないが，現行法の下で導入するとなると，会社法との関係で，それなりの工夫がされていることから無理のないプランであるといえる。そこで，現在，複数の新プランが開発されているが，可能な限りプランを統一し，共通のスキームによるべきことが望ましいといえる。

第6章　従業員持株会発展型プランの基本的理解

1　従業員持株会応用型プランの概要

(1)　日本版ＥＳＯＰの基本的理解

　新プランの運営のために，ビークル（Vehicle）を設け，ビークルが銀行からの借入金により自社株式（導入企業株式）を一括して買い付け，順次，従業員持株会に譲渡する。ビークルは，持株会から受け取った売渡代金で，銀行に対して借入金を返済していく。持株会は，現行従業員持株制度の運用のように自社株式を市場から取得するのではなく，ビークルから買い受ける（取得）のである。

　持株会の株式取得代金は，新プランに参加している持株会の会員の拠出金と会社からの奨励金を原資とする。そして，取得した株式は持株会に帰属することになるが（共有財産），プラン参加の各参加従業員は持株会に帰属する株式に対し，拠出額に応じて共有持分（株式持分）を有するのである。この関係は現行従業員持株制度の運用と同様である。

　この形態の新プランは，従業員持株会を応用したものであることから，従業員持株会発展型（従業員持株会応用型）プランといわれている。それは，アメリカのＥＳＯＰを参考にしたものであるが，ＥＳＯＰではないことから日本版ＥＳＯＰといわれている。

　日本版ＥＳＯＰは，ＥＳＯＰをモデルにして日本流にアレンジしたものであり，ＥＳＯＰそのものではない。持株会発展型プランは，レバレッジドＥＳＯＰに類するものであるがＥＳＯＰとは異なるものである。レバレッジドＥＳＯＰの場合は，ＥＳＯＰの特別信託（ＥＳＯＰ信託）により借入れを行い，自社株式を一括して取得するが，ＥＳＯＰ信託の借入金の返済原資は全額会社負担となっている。ＥＳＯＰ信託は，毎年，会社から拠出される資金により借入金

の元利を返済していく（導入企業から支払われる配当金も，弁済資金に当てる）。全額会社負担とすることが可能なのは，それがエリサ法により認められ，しかも，一定金額の範囲内で損金扱いとすることが認められているからである。

　これに対し，わが国では，会社法上，従業員に対して無償で株式を給付（交付）することが認められていないが，これを可能とするための立法的手当てがなされていない。税制面についても，福利厚生費と認められる範囲内で損金扱いが可能であるのにとどまる。

　持株会がビークルから買い受ける資金の原資を会社が拠出することができない（これを認めれば，会社が無償で従業員に自社株式を給付することになる）。そこで，持株会の株式の買受原資は，プランに参加している従業員の拠出金と会社が福利厚生費として支給する奨励金を合わせたものである。

　このように，持株会発展型のプランは，現行法の枠内で新プランを実施することを可能とするために考案されたスキームであり，それなりの工夫がなされたものであり，多くの問題点を含んでいることは否定できないが，現行法の下で適法性が確保されるべく工夫されたプランであり，特別の法的なテクニックを用いることも必要としないから，現時においてはベターなプランとして評価されよう。もとより，このプランがＥＳＯＰではないことを理由に，これを否定すべきではない。持株会発展型のプランは，日本型の新プランとして十分に存在意義が認められるものである。

　しかし，反面，検討すべき課題も残っている。従業員持株制度との関係をどうするのか，ビークルによる自社株式の一括取得と，持株会が自社株式を市場取得するのではなく，ビークルから譲り受けるということ以外に，従業員持株制度の運営とどのように違うのかが明らかでない。また，その性格も，退職給付プランというよりも貯蓄型のプランでみることができよう。加えて，従業員による自社株投資であるという性格から，投資リスクを伴っているということは避けられない。

　もっとも，新プランは，従業員持株制度とならび従業員の福利厚生を目的とするものであるが，現実的機能として，安定株主の確保や株価対策に用いるこ

とができるというメリットがある。

　新プランをできるだけ，ＥＳＯＰ的なものにするとともに，インセンティブ効果を期待できる仕組みにする必要があるが，現行法の範囲内で行うには限度がある。また，株価対策や買収防衛策という実際的機能を重視しなければならない。

　新プラン（日本版ＥＳＯＰ）の大半は，ビークルと持株会を連結させた持株会発展型のプランであるが，このプランのうちにも，ビークルとして，有限責任中間法人（「一般社団法人及び一般財団法人に関する法律」が施行された平成20年12月1日以後は一般社団法人となる）を用いて匿名組合出資をするプラン（一般社団法人形式のプランが用いるビークルを，以下，「ＳＰＶ」という）と，特別信託（ＥＳＯＰ信託）を用いるプランとがある。ビークルの違いはあるが，プランの仕組み（スキーム）は基本的には共通している。そして，プランの多くはＥＳＯＰ信託を利用した信託型プランである。

（２）　開発された新プランのスキームの概要

　従業員持株会を用いる形態の日本版ＥＳＯＰは，アメリカのＥＳＯＰを参考にしたものであるが，ビークルによる借入れと株式取得はＥＳＯＰと共通し，持株会を用いる点でＥＳＯＰと異なっている。しかし，これはアメリカのように特別の手当てをすることなく，現行法の範囲内で開発されたものであるからやむを得ない。現行法の下で考案され，しかも，現行従業員持株制度との併存を前提として，持株会と組み合わせたものである。

　ＥＳＯＰ的な面がある一方で，ＥＳＯＰとしては違和感があるかもしれないが，日本版ＥＳＯＰとみれば合理性が認められる。もとより，全く問題の点がないとはいえないばかりか，不透明な部分が残っていることも事実である。

　しかし，現行法の下で行うためには，ビークルの借入れによる自社株取得と持株会に対する譲渡という方法のプランが最善のものと考えられる。

　開発され導入されている持株会発展型のプランのスキームとして，信託応用型と一般社団法人型がある。しかし，いずれも，ビークルに借入能力を認め，

会社の保証の下に銀行から資金を借り入れ、それにより自社株式を一括して買い入れ、保有株式を順次持株会に譲渡する方法である。それは、当該企業がプラン（制度）を導入し、持株会の会員である従業員が持株会に自社株式の取得資金を拠出し、これと会社からの奨励金を合わせ、持株会がビークルから自社株式を取得し、取得株式は持株会の保有となり、会員従業員はそれに対し株式持分を有する。また、持株会は任意参加とせざるを得ないから、従業員持株制度と基本的な枠組みは同一である。いずれも、現行法の下で、導入が可能なものとしての工夫であるから、できれば統一したスキームに向かって進むことが望ましい。

（3） 新プランの位置付け

従業員持株制度は長い歴史をもち、わが国の企業社会に深く根付いていることから、新プランは従業員持株制度との併存を図るべきであり、そのために両者の調和と整合性を図る必要があると考えられる。

ＥＳＯＰは法的根拠をもち、株式取得資金の全額を企業拠出とするのに対し、わが国の新プラン（日本版ＥＳＯＰ）は、導入の地盤が整備されていない状態で開発されたものであり、ＥＳＯＰを参考にしたものではあるがＥＳＯＰではないことから（開発された各プランには、ＥＳＯＰ的な用語が用いられているが、ＥＳＯＰではない）、かえってＥＳＯＰのような法的制限（例えば、株式取得資金の拠出は会社に限られ、従業員の拠出を認めない）がないことから、比較的自由に制度設計をすることが可能となることから、持株会を応用するプランの開発が可能となったのである。

新プランの指針となる「報告書」は、主として従業員持株会発展型プランを検討の対象とした上で、新プラン（新スキーム）の設計・運用等に当たり、現行法制度等との関係で特に留意すべき点等について検討を行い、新スキームを有効に活用するために必要な基礎的事項の整備をした上で、その内容を踏まえ、今後、新スキームが真に有効に活用され、わが国企業の競争力の維持・向上に寄与することを期待したいとしている[1]。

「報告書」は，論点整理であり，会社法上の論点について詳細に法的検討を加えているが，明確に適法性の判断基準を示したものではなく，また金商法上の論点には言及していない。そこで，これに従えば，全く法律上の問題が生じないとまではいえないが，指針（ガイドライン）の役目を果たすものであるから，当面はこれに従って処理することが無難であるといえる。

　「報告書」により，日本版ＥＳＯＰの留意すべき事項について，法律的観点から一応の論点整理がなされたが，会計面の処理については，平成20年11月20日に開催された企業会計基準委員会で，「新たな自社株保有スキーム」（日本版ＥＳＯＰ）の会計処理について検討するよう提言がなされ，同委員会で検討している。検討課題は，日本版ＥＳＯＰを個別財務諸表においてどのように会計処理するか，連結財務諸表上の子会社として連結が必要か，などが検討の対象となっているとされている。同委員会の検討の結果を待って，日本版ＥＳＯＰの会計処理の方向付けがなされることになる。

　このように，新プランの導入は現行法制度との整合性が認められ，現行法上，適法なものと認められるものでなければならないが，従業員持株会発展型のプランは，ＥＳＯＰを参考にして，わが国に導入するためにアレンジしたスキームであり，インセンティブ効果を期待されるプランとされている。このプランのスキームは，法的な問題が生じないように，現行法の下で十分に検討し整備されているといえよう。

　現行の従業員持株制度の機能を充実させ，より福利厚生目的を達成するものであるとされている。それは，従業員持株制度を補足するものであるが，併せて株価の安定と安定株主の確保という従業員持株制度では十分に達成できなかった機能を備えている。そこで，このプランが，健全に運営され，機能している限りは，従業員の利益と会社の利益という２面を同時に実現することが可能である。

（１）　田中明夫・前掲商事法務20頁

（4） 持株会発展型プランのスキームの概要

このプランは，ビークルが，ⅰ）銀行からの借入金（ローン）により導入企業の株式を一括して大量に取得し，ⅱ）毎月，持株会に有償譲渡していくプランである。ⅰ）はレバレッジド型のＥＳＯＰであり，ⅱ）はビークルの借入金の弁済原資を企業負担とできないことから，ビークルが持株会に譲渡した株式の譲渡代金をもって，借入金を弁済していくという日本型の工夫である。このように，従業員持株会を応用して，これとＥＳＯＰを組み合わせたプランであって，現行法の範囲内で新プランを適法に導入するために工夫されたもので

【従業員持株会応用型プランの仕組図】

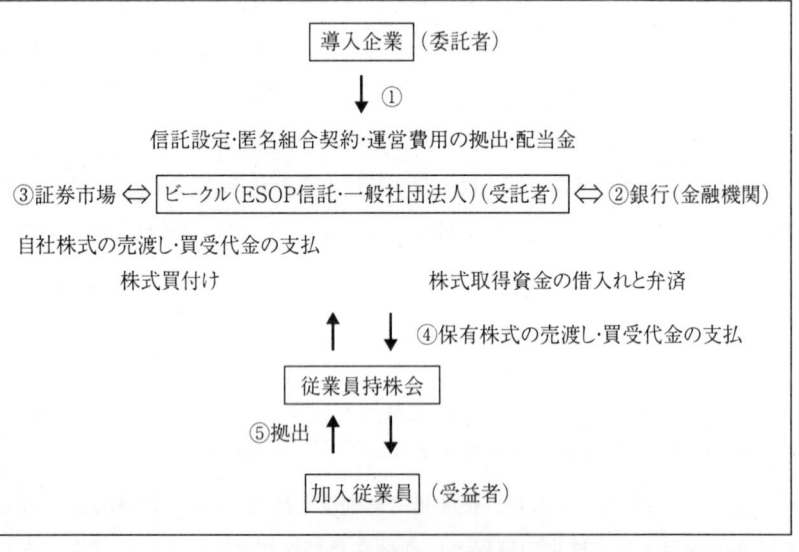

```
              導入企業 (委託者)
                 ↓ ①
     信託設定・匿名組合契約・運営費用の拠出・配当金

③証券市場 ⇔ ビークル(ESOP信託・一般社団法人)(受託者) ⇔ ②銀行(金融機関)
自社株式の売渡し・買受代金の支払
        株式買付け           株式取得資金の借入れと弁済
                  ↑ ↓ ④保有株式の売渡し・買受代金の支払
              従業員持株会
           ⑤拠出 ↑ ↓
              加入従業員 (受益者)
```

① 導入企業は，ビークルとの間で信託設定・匿名組合契約をし，運営費用を拠出する。ビークルに対し配当金を支払う。
② ビークルは，導入企業の保証の下に，銀行から株式取得資金を借り入れる。
③ ビークルは，借入金により自社株式を市場取得または導入企業から買い受け，代金を支払う。
④ ビークルは，保有自社株式を順次持株会に売却する。持株会はビークルに買受代金を支払う。
⑤ 加入従業員はビークルに拠出する（持株会がビークルに支払う売買代金の原資）。

ある。その意味でＥＳＯＰをアレンジして開発された日本型のＥＳＯＰ（日本版ＥＳＯＰ）であり、ビークルと持株会を組み合わせた方式である。

　より具体的にいえば、プランの導入企業が、運営の主体としてビークル（ビークルに信託を利用する形態と一般社団法人を用いる形態とがある）を設置し、ビークルが、導入企業の債務保証の下に、金融機関（銀行）から導入企業株式（自社株式）の取得資金を借り入れて、この資金をもって自社株式の市場買付け、または導入企業から自己株式の処分として譲り受ける。ビークルは、保有する自社株式を、毎月、持株会に売却していき、受け取った代金により、銀行からの借入金を返済していくというスキームである。

　ビークルが、持株会に対する株式売却代金により銀行からの借入金を返済していくという点でＥＳＯＰと異なり、持株会が、毎月、自社株式を市場で買い付けていく従業員持株制度の運用と異なり、ビークルが一括して大量の自社株式を取得し、順次、持株会にそのときの時価で譲渡するのである。

　従業員持株会発展型プランの場合の持株会は、通常の持株会（会員に子会社等の従業員を含む）という単一の持株会だけでなく、拡大従業員持株会（実施会社を子会社等とする、またはこれに準じた関係を有する上場会社の株式で、財産形成に資するものであるとして選択した株式を取得対象株式として、実施会社の従業員が当該株式を取得するために設けられた持株会）やグループ従業員持株会（同一銘柄の株式を取得対象株式とする拡大従業員持株会を設立することができる２以上の会社の従業員が、共同して設置した拡大従業員持株会）を含めることが可能であると考えられる。

　株式取得資金を銀行からの借入金によることは、レバレッジド型ＥＳＯＰと共通するのであるが、最大の差異は、ＥＳＯＰは自社株式を用いた全額企業拠出の年金プランであり、ビークルの株式買付けのための借入金の弁済原資は全額会社資金によるが、これについては特別の法的手当てがなされている。

　これに対し、新プラン（日本版ＥＳＯＰ）の場合は、ビークルが持株会に自社株式を売り渡した売買代金により借入金を弁済していくのである。それは、特別の法的手当てをしなければ、会社は従業員に自社株式を無償で給付できないが、特別の法的なく現行法の下で、開発されたプランであることに原因する。

導入企業がビークルの借入金の弁済原資を拠出することは，従業員または退職従業員に自社株式を無償で給付することになる。このことを正確に理解しておかなければ，ビークルを用いるか否かに係わらずプラン設計の適法性が問題になる。

　ビークルは保有する自社株式を持株会に売り渡すのであるが，持株会の株式買受代金の大半は，従業員の拠出によることから（従業員の拠出と会社から支給される奨励金），自社株投資の色彩が残存している。従業員の拠出を要するから，参加資格のある全従業員の参加方式によることは難しく任意参加によらざるを得ない。

　プランの終了時にビークルには株式の値上がり益相当分の利益（株式売却益）が蓄積され財産が存在している場合（借入金を完済した後に株式が存在する場合は，それを売却して現金化する）は，信託終了時にその利益を加入従業員に分配することにより，インセンティブを確保できるという，従業員持株制度にない効果が期待できるところに特色がある。なお，プランの終了時に，ビークルに損失が生じ，借入金の返済が不可能な場合は，会社が保証責任を履行して銀行に弁済し，制度参加従業員は責任を負わない仕組みである。

　自己株式の処分方式をとれば，持株会が銀行から資金を借り入れて，直接，導入企業が保有する自己株式を譲り受けることは可能である。しかし，会社が直接持株会に自己株式を譲渡するのではなく，ビークルを用いるのは，取得資金の調達はレバレッジド方式（借入方式）で行うが，持株会による借入れには問題点が多く存在し，スムーズにいかないことを懸念したためである[2]。つまり，持株会に借財能力（持株会により借入れができるか）が認められるか否かの問題が存在することにも原因する。

　加えて，持株会が借入れをすることなく，会員従業員の拠出金と会社から支給される奨励金により，導入企業から直接自己株式の譲渡を受けるとすると，少額資金による取得であるから，会社は継続的な譲渡を行うことが必要となる。

(2) この点については，菅原胞治「従業員持株会と貸付取引をめぐる問題点」金融法務事情1233号10－11頁が詳しい。

それは，その都度，自己株式の処分手続（募集株式の発行手続と同じ）をすることが必要となり，手続が繁雑となる。この点，ビークルに対し一括譲渡すれば，手続が1回で済むという利便性があることを理由とするものと考えられる。

　導入企業が，自己資金または銀行からの借入金を，株式取得資金として持株会に貸し付けるという方法も考えられなくはないが，この方法では，会社資金による取得，つまり自己株式の取得となることが懸念されるなどの理由でこの方法は行われていない。

（5） 持株会に対する譲渡価格の検討

　ビークルが保有する自社株式を，順次，持株会へ譲渡するのであるが，譲渡価格は，譲渡時の時価とするプラン設定がされている。そこで，譲渡の都度，ビークルに売買差損益が生ずることになり，最終的にプランの終了時に差損益が確定する。そして，利益が生じている場合は従業員に分配されることになるから，インセンティブ効果を期待できるというのである。

　持株会に対する株式譲渡は長期間にわたり継続的になされるが，その間，株価の騰落があるが，トータルすれば適正な譲渡価格によるものと考えられる。そこで，時価により売買し，信託終了時に精算し，残利益があれば分配するというやり方が適正であるともいえる。しかし，反対に，プランの終了時に差損が生じていれば負債が確定することになる。この場合，プラン参加従業員は債務について弁済責任を負わないが，このような場合は，持株会を通じて取得した株式が値下がりし，参加従業員に損失が発生するから，必ずしもインセンティブ効果が期待できるとは限らない。

　譲渡時の時価による売却の場合は，持株会の毎月の株式取得資金が一定していることを前提にすれば，その時々の時価により売却株式数が左右されることになるから，プランの期間終了前に株式の全部が売却済みになり，反対に売却できない株式が残存することにもなり，所定の期間内に予定どおりに株式を処分するというプランの設計を実行できない場合が生ずる。

　そうすれば，譲渡価格を譲渡時の時価とするのではなく，定額という方法も

検討すべきである。プランは従業員の利益を第一に考えるならば，持株会が有利な価格で取得できるスキームによるべきである。そうすれば，ビークルはできるだけ株価の安い時期に株式の一括買付けを行い，順次，取得価格（定額）で持株会へ譲渡するというスキームも検討すべきであろう。持株会がビークルから取得時の時価以下で取得したとしても，持株会に利益が発生したとみるべきではないし，従業員にこの時点で時価との差額の利益が生じたと考える必要はなく，利益の確定は持株会から持株を引き出した時点であると考えればよいことである。

これによれば，従業員は有利な価格で自社株式を取得することができる。そこで，プランの終了時に差損益を確定させることにより，インセンティブ効果を期待するといわなくても，従業員は有利な価格で自社株式を取得し，株価の値上がりによるインセンティブ効果を期待することができる。

現行持株制度の運用では，持株会は株価が高い時にも買付けをしなければならないことが問題点として指摘されている。これに対し，新プランでは，ビークルは株価の安い時期に自社株式を一括して取得できるのであるが，持株会に対し，順次，時価で譲渡するのであれば，持株会が株価の高いときにも時価で買い受けなければならないから，現行の市場取得による運用と大差がないからあまりメリットはないことになる。しかも，プランの終了時にビークルに利益が生じているとは限らない。そうすれば，持株会への譲渡を取得価格とし，ビークルに売却損益が生じない仕組みによることも検討すべきであろう。

もっとも，ビークルから定額（ビークルの取得価格）で買い取る場合は，株価が下落していれば，買取時の価格が時価より高いことも想定される。この点，ビークルが株価が安い時期を選んで買い付ければ，定額の買取価格が買取時の時価より高いことはあまり考えられない。買取価格が時価より高いときがあっても，一時的な現象にとどまり，トータルすれば，持株会は有利な価格で株式を取得することができよう。

(6) プランの実施のための導入企業の財務支援

　ビークルの借入れに際し，導入企業の保証は不可欠であるが，導入されたプランの多くは，ビークルが導入企業に対し保証料を支払う内容となっている。

　導入企業は，ビークルの銀行からの借入金につき弁済原資を拠出することはできないが，プランの運営のために必要な資金を拠出することができる（ＥＳＯＰ信託または匿名組合出資）。

　導入企業は，弁済原資を拠出することはできないが，借入金の金利を負担することができるかという問題がある。金利負担の場合は，借入金の弁済原資の企業負担，つまり自社株式の無償給付とまではいえないから，福利厚生費として認められる合理的な範囲で負担することは許されると解される。

2　従業員持株会からの引出制限

　新プラン導入の意義（副次的目的ないし隠れた目的）として安定株主確保の機能に対する期待がある。ビークルが保有している間は，ビークルは持株会に譲渡する以外に保有株式を処分しないから，安定株主確保としては十分である。もっとも，持株会に譲渡するに応じて，ビークルの保有株式数は減少していく。

　問題は，ビークルが持株会に対し，保有する自社株式を譲渡し，株式が持株会の保有になった後の引出制限として問題になる。プラン参加従業員は，持株会が保有する株式に対し，拠出額に応じて株式持分を有する。そこで，従業員持株制度の場合と同様に，従業員の株式持分が一定数に達した場合は，持株会から自由に引き出して換金することを認めることになるのか，あるいは，新プランにおいては引出しを制限することができるかという形で問題になる。

　新プランにより自社株式を取得した従業員が，自由に持株会から株式（株式持分）を引き出して処分するのでは，新プランのインセンティブ効果が減殺され，また安定株主確保の目的が達せられないとの指摘がなされている。そこで，持株会からの株式（株式持分）の引出制限する必要があるとされている。しかし，それが可能か，その理由付けをどうするかという問題がある。

従業員持株会発展型の場合は，持株会の株式取得資金の大半は従業員の拠出によることから，プランは自社株投資と貯蓄型投資の性質を有するといわなければならない。そうすれば，一般的にいえば，一定の株式数に達した場合に，従業員が持株会から株式（株式持分）を引き出すことを制限することは難しいといわなければならない。

　しかし，新プラン導入の趣旨の1つとして，従業員持株制度のように引出単位に達した場合に，従業員が株式（株式持分）を自由に引き出すことを認めたのでは，インセンティブ効果が減殺されるとしているように，引出制限をしなければプラン導入の意味が半減するともいえる。そこで，引出制限はプランの運営上必要であるから，相当な範囲までの引出制限が必要であるとするのが一般的認識である。

　この点の工夫として，従業員の拠出については引出制限をすることが困難である。引出制限をすれば，従業員の株式処分の自由を奪う不当な財産権の侵害となりかねないから，引出制限の可能性を奨励金の支給との関係で模索する立場がある。

　それは，奨励金の支給を受けて取得した株式については，規約等により合理的な期間内という一定期間で引出しを制限できると考えられる。この場合，引出制限を従業員の拠出によって取得した部分について引出制限は難しいが，奨励金により取得した部分に相当する株式は，退職時まで引出しを制限することも可能であるとの立場がある[3]。

　導入企業は，新プランにより従業員が自社株式を取得するために，奨励金を支給しているのに，奨励金により取得した株式を早期に処分したのでは，プラン導入の目的を達することができないとの趣旨であるが，その理由付けをどうするかは奨励金の性格の理解にも関係する。また，退職時まで引出しを制限することであるが，福利厚生目的で奨励金を支給するのであるから，奨励金による部分については退職時まで引き出せないとすることは，合理性がある制限と

---

(3)　太田　洋＝松原大祐「日本版ＥＳＯＰの法的論点」経理情報1134号16頁

いえるか疑問である。

　奨励金に相当する部分というのは，当該従業員が持株会を通じて取得した株式数（株式持分数）を，従業員の拠出による部分と奨励金による部分に案分して計算するという方法によることになる。複雑な計算となるが不可能ではない。しかし，現実的にみて，従業員の拠出金に対して支給される奨励金の支給率を10％程度と想定した場合，奨励金の支給額は少ないことから，引出制限の対象となる株式数も限られたものとなる。

　そこで，引出制限の実効性を確保するためには，奨励金の支給率の引上げが必要となる。しかし，支給率を100％に引き上げても，奨励金の支給により取得した割合は50％にとどまるから，引出制限の対象となるのは引出可能な株式数の半分にとどまることになる。

　自由に引き出すことを認めたのでは，新プラン導入の意味が失われる。そこで，プランの実行中（プランの期間中）は，従業員は株式持分を引き出すことができないと，新プラン用の持株会規約に定めることは許されるといえよう（退職や退会した場合は除く）。

　プランの期間を5年～10年程度に設定すれば，それは不合理な引出制限の期間であるとは考えられない。従業員持株制度については導入期間が設けられないことから，制度を廃止しない限り永続的に存続する仕組みである。したがって，株式持分引出の自由を保障しなければならない。これに対し，新プランについては，プランの期間が設定されているのであるから，プランの期間内に取得した株式について持株会から引き出すことを制限しても，別段，不都合はないといえよう。ただ，どうしても換金する必要が生じた従業員については，持株会の理事長の承認の下に引出しを認めるとの措置を講ずれば足りるものと考えられる。

　プランの期間内にビークルの保有する全株式が持株会に移転するように設計されているから，プランの終了時には株式の全てが持株会に属することになる。そうすれば，会員が持株会からの株式持分の引出しという問題になる。新たな新プランが設けられても，終了したプランについてはこの関係は変わらない。

プランが無事終了した場合，株式の全てが持株会に属することになるが，この場合の株式持分の引出しに関する取扱いは，新プランの趣旨からみて，従業員持株制度の運用と同じようにする必要はないと思われる。投下資本の回収を困難にするような制限は許されないとしても，合理的な量の引出制限，合理的期間内の引出制限を設けることは可能であると考えられる。

　新プランの趣旨は，従業員が短期間内に投資利益をあげることを目的とするのではなく，インセンティブ効果を目的とする中長期の株式保有を目的とすることから，プランが終了すれば，次のプランが開始されると否とに関わらず，所定の株式数に達しておれば，全く自由に引き出して換金することを是認できるものではない。引出制限の合理性を高めるためにも，従業員持株制度の運用の場合と比べて，奨励金の支給率を高めに設定することが必要であると考えられる。

　株式持分の引出しは換金目的によること，つまり株式を処分することであるから，引出制限は株式の譲渡制限の一種であると解される。上場会社の持株会の場合であっても，持株制度の場合と違い，規約等により制限を設けることは可能であると考えられる。これは，約定による引出制限であるが，合理的な数量と期間内であれば，引出制限をすることは可能である。合理性の判断は引出制限の内容によるが，従業員の株式処分の自由を不当に制限する場合は，過度の引出制限として財産権の処分を奪う不当なものとなり，公序良俗に反して無効となるが，それ以外の場合は有効と認めて差し支えないと考えられる。例えば，期間制限としてプラン終了時まで，数量的には一度の引出し数を2分の1とするなどは適法と考えられよう。

　合理的な基準による引出制限は可能であるが，やむを得ない理由がある場合についてまで，一律に引出制限を適用するのではなく，理事長の承認の下に引き出せることを規約等に明確に定めておくべきである。あまりに厳格な引出制限は効力の問題のほか，参加従業員の増大が見込めず，あるいは途中退会を生ずるおそれがある。

　もとより，そこで，新プランについて引出制限をするのであれば，このこと

を従業員に明確に説明し，了解を得ておく必要がある。

この点，退職給付型プランについていえば，全額企業拠出（無償給付）のプランであるから，従業員は退職時に信託銀行等を通じて，自社株式の交付を受ける仕組みであり，プランの途中で，株式を引き出すことはできないから，引出制限の問題は生じない。

3　従業員持株会応用型プランの2類型

（1）　信託応用型と一般社団法人型

業員持株会発展型プランには2種類のプランがある。ビークルとしてＥＳＯＰ信託（特別信託）を用いる信託応用型（信託利用型）と，ビークルに一般社団法人（Special Purpose Vehicle：ＳＰＶ）を用いた匿名組合方式の一般社団法人型がある。使用するビークルにより，プランのスキームが異なるが，その基本的構造は共通している。

信託応用型のプランの場合は，ビークルとして，特別信託（ＥＳＯＰ信託）を用いるプランである。プランの当事者は，導入企業を委託者，ＥＳＯＰ信託（開発者により色々な名称が用いられているが，実質は同じである）を受託者，一定の条件を満たす従業員を受益者とする他益信託を設定する信託応用方式である。それは，特別信託を用いて当初信託金を拠出（信託）する金銭信託（信託報酬や運営資金に充てるための金銭の信託であって，株式取得資金を信託するのではない）であるが，信託設定時に受益者となる従業員が確定していないのが特徴である。

これに対し，一般社団法人型プランは，ビークルとして一般社団法人（ＳＰＶ）を用い[4]，導入企業を委託者兼匿名組合員，対象従業員を利益享受者，

---

(4)　従来，中間法人を用いるプランとして設計されていたが，中間法人法は平成20年12月1日に廃止されたが，廃止前に存するものは存続できるし，廃止後は一般社団法人を使用することになるが，実質的には同一のスキームによることは可能とされている。このプランの詳細については，藤瀬裕司ほか「シンセティックＥＳＯＰの概要とその可能性」商事法務1734号18頁，河本一郎ほか「シンセティックＥＳＯＰ／スキームの適法性」商事法務1776号4頁以下が詳しい。

159

SPVを営業者とする匿名組合出資方式（商法535条）を用いたプランである。

このように，ビークルとして何を使うかにより信託プランと一般社団法人プランに分けられる。もっとも，一般社団法人を利用する形態のプランも，ビークルが取得した株式について，「有価証券管理処分信託」を設定している。

従業員持株会発展型プランは，いずれの形態の場合であっても，プランの終了時において，ビークルの株式取得資金と持株会に対する譲渡代金の総額との差額がプラスであれば，ビークル（ESOP信託やSPV）に利益が残り収益が生じたことになる。しかし，ビークルに生じた利益の帰属は，理論的な問題としてプランにより異なった取扱いとなる。

反対に，プランの終了時において，差額がマイナスであればビークルに損失が生じたことになる。この場合は銀行からの借入金の返済が困難になるが，これについては導入企業が保証責任として弁済することになり，持株会および持株会の会員であるプラン参加従業員は弁済責任を負わない。プラン参加従業員は，受益者または利益享受者の地位にあることから，ビークルに損失が生じた場合でも責任を負わないのである。

従業員持株会発展型のプランは，いずれの形態による場合であっても，ビークルを用いて，株式取得資金の借入れと株式の取得を行い，ビークルは保有株式を持株会へ譲渡するというスキームである。そのため，ビークルを設置しこれをプランの中核に位置付けるのである。

信託利用型プランと一般社団法人型プランは，用いるビークルは異なるが，基本的構造とスキーム（手法）の多くは共通し，大差はない。この２つのタイプのプランが存在するのは，理論的な面によるというよりも，開発者が普通銀行か，信託銀行かということに原因すると考えられる。

ビークルが保有している自社株式の議決権の行使については，いずれのプランも，プラン参加従業員の意思を尊重する方向で（参加従業である持株会会員の集約した意向），で議決権を行使する（パス・スルー方式の議決権行使）ということは共通している。

ビークルとして，ESOP信託を用いても，一般社団法人（SPV）を用い

ても基本的スキームは共通するのであるが，次のような相違部分も存在する。

① ビークルに生じた利益の帰属

両プランには，ビークルが持株会に対して株式を譲渡することにより生じた最終の売却益の累計が，持株会の会員たる従業員に帰属するか（信託型スキームの場合），導入企業に帰属するか（一般社団法人スキームの場合）について差異が生ずる。

最終の売却益は，ＥＳＯＰ信託を使用した信託型のプランの場合は，受益者たる従業員に帰属するから，従業員に対し拠出額に応じて現金で分配することになるので，これによりインセンティブ効果が期待できるとされている。これに対し，ＳＰＶを用いた一般社団法人型プランの場合は，利益は匿名組合員（出資者）たる導入企業に帰属し，従業員に帰属しないことになる。

② ビークルの株式取得方法

ビークルによる株式取得の方法として，信託型プランの場合は，市場買付け，自己株式の処分としての譲受け，第三者割当の新株発行の引受けといういずれの株式取得方法も用いることが可能である。これに対し，一般社団法人型プランの場合は，会社が保有している自己株式の処分としての譲受けという方法に限っている。しかし，市場買付け，第三者割当の新株発行の引受けという方法を用いることは，理論的に不可能であるのかはさらに検討する必要がある。これは匿名組合の「営業」のための出資，「営業」から生ずる利益（商法535条）の解釈にも関係する。

（２） 持株会発展型プランとビークルの選択

信託型プラン（信託利用プラン）と一般社団法人型プランの間に，前述の①，②相違点が存在することから，信託応用型スキーム（信託利用プラン）を用いる方が，より適合的かつ柔軟な設計が可能である点で利便性が高いことになる[5]。さらに，信託型プランがビークルとして信託を利用する理由として，信託契約

の当事者（委託者・受託者・受益者）の権利関係や，信託受益権の内容について個別的事情に応じていかようにも定めることができるから使い勝手がよい。受益権の内容についても，信託財産の交付，運用収益の配分等について，信託契約により極めて柔軟に取り決めることが可能であることが指摘されている[6]。

　従業員持株会発展型の場合，対象となる従業員はプラン導入時においては特定されていない。そこで不特定のプランの対象者を利益享受者として位置付けるよりも，受益者が特定していない信託（目的信託）を認める信託法に基づく信託利用プランを用いる方が，法律関係を簡明に説明することが可能となる。

　課税面については，ビークルに信託を利用するプランについては，「報告書」は，一定の条件の下で，信託による借入金の支払利息について導入企業における損金算入，加入従業員に対する所得税の課税をプラン終了時までの繰延べ，プランの収益のうち，信託保有株式への配当に対する課税の繰延べを認めている[7]ことから，信託型のプランを用いた方が有利と考えられる。

　現在，導入されている新プランの多くは，従業員持株会発展型の信託利用型のプランであるといえる。しかし，信託型プランと一般社団法人型プランのいずれを選択するかは，個別企業の具体的な事情に応じて選択すべき問題である。

　現在，導入されている一般社団法人型プランは，「当社は，ＳＰＶに対し自己株式を時価で処分する」として，自己株式処分方式を採用している。しかし，それは自己株式処分の引受けによる株式取得を予定したプランとして設定されているからであると考えられる。第三者割当の新株発行の引受け，市場取得の方法の可能性について検討する必要があると考えられる。

（5）　太田　洋「日本版ＥＳＯＰ導入に際しての実務上の留意点」商事法務1857号14頁
（6）　渡辺　潔「日本版ＥＳＯＰ入門」〔中央経済社　2009年〕42－43頁
（7）　報告書29－34頁，太田　洋「日本版ＥＳＯＰ導入に際しての実務上の留意点」商事法務1857号13頁参照

第7章　信託利用型の従業員持株プラン

1　信託利用型プランの概要

(1)　ESOP信託利用型プラン

　信託利用型プランとは，従業員持株会発展型プランのうち，ビークルとして特別信託（ESOP信託）を用いるスキームをいう（退職従業員給付型プランも信託スキームを用いるが，ここでいうのはビークルとして信託を用いるプランである）。そして，新プランの導入企業の多くは信託利用型プランによっている[1]。

　信託利用型プランの特徴は，持株会に対する安定的株式の供給と，インセンティブ効果を期待することができるように制度設計されていることである。

①　持株会に対する株式の安定的供給

　現行の持株会が市場で定期的に株式を買い付ける方式による場合は，市場流通株式数の減少による市場価格の乱高下，売り物が少ないことによる買付困難，持株会の買付けを見越した思惑買いなどの弊害が生ずることが指摘されている。それに対し，このプランによれば，かかる弊害に対処することが可能となり，持株会は安定した価格で，継続的に自社株式を取得することが可能となる。

　プランのスキームとして，自社株投資会専用信託（ESOP信託）を設置し，ESOP信託（開発各社により従持信託などの名称が用いられている）が，できるだけ株価の安い時期を見計らって，市場から株式を一括して買い付ければ株価の下支えになり，順次，持株会に譲渡すれば，持株会は安定した価格で一定の数量の株式を取得することができる（市場買付けの方法による場合）。

　これに対し，自己株式の取得という方法の場合は，会社が保有する自己株式

---

(1)　プランのスキームについては，以下，内ヶ崎　茂「従業員持株信託の導入効果とスキーム設計」商事法務1914号29頁以下参照

の処分として，会社はＥＳＯＰ信託に対し持株会の譲受けが予定されている株式数の自己株式を一括して譲渡する。そして，ＥＳＯＰ信託は，毎月，各月の市場価格で，持株会に譲渡するのであるが，これにより，持株会の株式取得が会社の株式の市場価格に影響を与えることなく，安定した価格での株式の取得が可能になるとの利点がある[2]。

会社が保有する自己株式を従業員持株会に譲渡すれば，持株会は有利な価格で自社株式を取得することができるとして，持株会に対する譲渡目的の自己株式の取得を認めるべきであるといった，自己株式の取得規制の緩和論が唱えられた時期があった。現行法の下では，自己株式の取得と保有が認められるのであるが，新プランはこの考え方を生かし，ビークルに対する自己株式の一括譲渡，ビークルによる持株会への定期的譲渡という，自己株式の処分としての譲渡と，持株会の定時買付けという現行持株制度の運用をうまく組み合わせたものであると考えられる。

② インセンティブ効果の確保

ビークル（ＥＳＯＰ信託）は，保有する自社株式を持株会に対しその時々の時価で売却するというプランの内容として設計されている。そうすれば，株価が上昇傾向にあればビークルに売買益が生ずる。そして，信託期間中に発生する株式の売却損益はビークル内で通算され，信託終了時にトータルで売却益が発生していた場合には，受益者である従業員間で分配される仕組みである。これにより，プラン参加従業員は，ビークルの株式の取得後に株価の上昇により生ずる転売利益を，信託終了時点で信託の残余財産の分配という形で享受することが可能となるから，これによりインセンティブ効果を確保することができるとされている。

このプランは，制度導入企業株式の株価の上昇により，信託終了時の残余財産が生ずることが期待されるから，従業員向けの新たなインセンティブ制度の

（2） 片木晴彦「信託利用型従業員持株インセンティブ・プラン」商事法務1814号13頁

導入や，従業員株主の創出と増加といった企業のニーズに応えるものであるとの説明がなされている。

このように，このプランの導入は，持株会の会員を対象とする福利厚生制度として，自社株式による財産形成を支援しつつ，株価上昇によるメリットを従業員が享受できるようにすることで，幅広い従業員が一般の株主と同様に株価を意識し，企業に対する帰属意識を高めるとともに，企業価値の向上を目指した業務遂行を行うことを促すことを期待するものであると理解することができる。

（2） ＥＳＯＰ信託と目的信託としての適法性

信託行為の定めにより，受益者となるべき者として指定された者は当然に受益権を取得する（信託法88条）。信託利用型プランによる場合は，プラン参加の従業員を受益者となるべき者と指定して，従業員を受益者とする他益信託を設定することになる。しかし，信託を設定する時点では，受益者となる従業員が存在しないのである。この場合について，信託法上，信託の設定時点で受益者が存在しない他益信託の設定も，信託管理人を選任することにより可能であると認められている（信託法123条1項）。

そこで，このプランによれば，制度導入（信託設定）時には，受託者となる従業員は特定して存在しないが，かかる信託は「目的信託」として有効であり，20年の範囲内で設置することができる（信託法258条1項，259条）。そこで，信託管理人を選任することによりこのプランを有効に実施することが可能となる。

ビークルが保有する株式の実質的な権利者は従業員であるから，ビークルは受託者として善管注意義務（信託法29条），受益者（従業員）に対する忠実義務（信託法30条）を負う。そこで，受益者に代ってその権利を行使する信託管理人の設置（信託法123条），複数の受益者の権利行使を代理する受益者代理人の選任（信託法138条），受益者に代ってその権利を行使し，受託者の監督を行う信託監督人の選任（信託法131条）により，受益者の利益確保が考えられる。

信託管理人の選任の趣旨について，プラン運営上の公正を図るため，従業員

の利益に沿うようにプランが運営されることの確保などがあげられているが，このプランの場合は，信託法上，信託管理人の選任が必要である。信託の設定時において，受益者が特定していることまでも要しない。受益者が現存・特定していない信託の場合は目的信託となる。この場合は，信託管理人を設けることができる（信託法123条１項）。信託管理人は，受益者が不特定の場合および受託者が未存在である場合に，受益者の利益を保護するために置かれるのである。

　このプランの場合，受益者となる従業員は信託設定時には確定していない。そこで，この信託プランを有効なものとして設定し得るかについては疑問が生ずるところである。しかし，平成18年の新信託法が受益者の存在しない信託を認めたことから，信託法上の有効性が確保された。つまり，このプランは新信託法がなければ成立し得なかったものとみることができる。

　「報告書」は，このプランによる場合，従業員が信託行為に定められた条件を満たすまでは，受益権を有しない他益信託の設定となるが，受益者が現に存在しない間は，受益者のために権利を行使する信託管理人を選任することが考えられるとして，信託管理人を選任することにより，このプランが有効であることを認めている（従業員退職給付型プランの場合も，自社株式が信託銀行に信託されているが，これも，従業員が退職等のあらかじめ定められた条件を満たすまで，受益権を有しない他益信託の設定となるので，やはり，信託管理人の選任が必要である）。

　受益者の定めのない信託の存続期間は20年以内であるが（信託法259条１項），この期間内で，持株会に売り渡す株式数（ビークルの取得株式数）を算定して，これとの関係で信託期間（プランの設定期間）を定めるのである。プランの設定期間は短すぎては，持株会の取得株式数が少なくて意味がなく，インセンティブ効果も期待できない。反対に，プランの設定期間があまり長くては，長期間従業員を拘束することになるばかりか（もとより，プラン参加の従業員も，退職や退会により持株会から脱退する），安定株主の確保目的であるとの疑いを持たれかねないから，合理的な期間内のものとして設定されるが一般には５年程度が好ましい。

　多くのプランは，信託期間５年と設定しているが，受益者の定めのない信託

であることから相当な期間設定であると思われる。なお，ビークルである特別信託（ＥＳＯＰ信託）が銀行からの借入金により導入企業株式を取得するが，銀行の融資期間は5年程度とされることが多いことから，プランの期間も5年に設定し，この間に，ＥＳＯＰ信託は保有株式の全部を持株会に売却し，銀行からの借入金も完済するようにプラン設定がなされている。

　このように，持株会に対し5年程度の期間内で売り渡すことが可能な株式数とそれに要する取得資金を算定し，それに見合った株式取得資金を銀行から借り入れるのである。そして，借入金（原資）により取得した株式を，信託期間内に全て持株会に売却し，信託終了時に信託内に，株式も借入金残債務を残さないように理想的なプランの設定がなされている。新プランが導入されてから間がないことから，5年後にこのプランが成功しているかどうかについて慎重に見守りたい。

2　信託利用型プランのスキーム

（1）　信託利用プランのスキーム

　最初の信託利用型のプランは，従業員向けインセンティブ・プランとして，ＥＳＯＰを参考にして持株会の仕組みを応用した，信託応用型の「信託型従業員持株インセンティブ・プラン（E-Ship : Employee Shareholding Incentive Plan)」とよばれる野村證券方式の従業員持株プランである[3]。

　そして，多くの信託銀行はこの形態のプランを用いている。現在では，新プランのうち，このプランが主流となっている。開発各信託銀行により，プラン名やビークル名は異なっているが，プランの基本的スキームはほぼ同様である。

　野村證券方式のプランについていえば，導入企業を委託者，一定の条件を満たす持株会の会員（以下，「会員」）を受益者とする他益信託（ビークルとして従業員持株会専用信託）を設定し，信託（ビークル）が信託設定時に導入企業株式

---

(3)　以下，NOMURA News Release 1 – 2 頁〔2007年8月2日〕による。

を一括して取得し，信託期間を通じて従業員持株会に対し毎月売却し，持株会への株式売却により生じた純利益の類型額（信託の残余財産に相当）を，信託終了時に受益者要件を満たす会員に分配するのが基本的な仕組みである。そして，このプランの具体的な仕組みは次のようである[4]。

（2） ビークルの設置と資金の借入れ

① 企業が，受益者要件を充足する従業員（従業員持株会の会員）を受益者とした従業員持株会専用信託（ビークル）として他益信託を設定する。この場合，受益者たる従業員は受益者確定事由発生時まで確定しないため，信託管理人（信託法123条）が選任される。

企業は設定したビークルに対し，信託報酬，保証料その他のビークルに係る信託費用の支払のために，持株会関連で福利厚生費として適正な額の金銭であって，企業の会計および税務上も，福利厚生費として費用性が認められる範囲内の額の金銭を当初信託として信託する。

② ビークルは，銀行から企業株式の取得に必要な資金の借入れを行う。当該借入に当たり，企業，ビークル，銀行の三者間でビークルの借入れについて補償契約を締結する。補償契約に基づき，企業は，ビークルの借入れについて保証を行うが，その対価として保証料をビークルから受け入れるとのプラン設定がなされている。

受託者（ビークル）は，株式の取得資金を銀行借入により調達するのであるが，借入契約においては，受託者の責任をビークルに係る信託財産に限定する旨の特約を付けるとともに，導入企業は銀行との間で，受託者がビークルに係る信託財産を全て換価または処分しても，本借入れを弁済できない場合に，銀行に生じた損害を保証する契約を締結する。この場合，企業はその責任負担の対価として，そのリスクに応じた適正な額の保証料をビークルから徴収するとされている。

(4) 吉原裕人ほか「信託型従業員持株インセンティブ・プランの設計と法的論点」商事法務1786号23頁-24頁参照

しかし，保証料の支払原資は企業の信託費用としての支払額（当初信託）に含まれることから，会社資金で保証料の支払を受けることになり，対価性を強調してみても保証料の徴収は形式的なものにすぎなくなる。保証は企業が導入したプランの遂行のために必要なビークルの借入れのためになされ，プランを遂行するために不可欠な保証であるから，保証料の支払が必要とはいえない。

（3） ビークルによる株式取得と持株会に対する売却

① 受託者（ビークル）は，銀行からの借入れによって調達した資金で，信託期間内に持株会が取得すると見込まれる数量の企業株式を，一括して取得する。したがって，銀行からの借入金は，持株会に譲渡することが予定される株式数の株式を買い付けるために必要な資金ということになる。

自社株式の取得方法としては，自己株式処分方式，新株発行方式，市場買付方式の選択が可能である。自己株式処分方式による場合，ビークルは設定された信託期間内に，持株会の取得が見込まれる株式数の自己株式を一括して譲り受けることになる。ビークルによる一括取得によれば，会社の自己株式の処分手続が一回で済むという利便性がある。

取得価格は時価とされているが，持株プラン目的であるから，時価をある程度下回る価格によることは許されると解されよう。しかし，特に有利な価格による場合は，新株の有利発行手続によらなければならないから，株主総会の特別決議を必要とする。

期間内に持株会が取得することが見込まれる取得株式の数量の予測は，持株会の取得のための原資，つまり，プラン参加従業員（持株会の会員）の拠出見込額を基準にすることになろう。

② ビークルは，信託期間を通じ，持株会との間であらかじめ締結する株式売買基本契約に基づき，保有する株式を毎月一定日に持株会にその時々の時価で売却する。

ビークルは，信託期間中に持株会に対し，譲渡することが予定される自社株式を，一括して取得し信託内勘定として保有することになるが，もとより，当

該株式は，形式的にも実質的にもビークルに帰属することが要求される。そして，ビークルは保有する株式を，毎月一定日に持株会に時価で売却する。持株会が，毎月取得した自社株式は，持株会に属することになるが，プラン参加従業員（持株会の会員）の共有財産となる。そこで，会員の拠出額に応じて各従業員の口座に移し，持株会が管理することになるが，名義は持株会理事長名義に一本化されることになる。

持株会に対する譲渡価格は，その時々の売却時における時価であるとされている。そうすれば，ビークルにとっては，取得価格と譲渡価格の差額が譲渡益または譲渡損として生ずる。この点，信託期間の終了時に損益を計算して，従持信託に売却益が存在する場合は，これを分配することにより，インセンティブ効果が期待できるとするのである。

③　ビークルは，従業員持株会から支払われた株式売却代金および保有株式に関わる配当金をもって銀行からの借入れの元利金を返済することになる。

ビークルは，レバレッジド方式により株式を取得し，そのための借入金の弁済は，持株会への株式売却代金および企業から受領する配当金をもって当てるというパス・スルー償還による弁済である。

そこで，持株会が確実に当該株式を買い受け，企業が配当金を支払うことがプランの前提となるから，この前提が崩れた場合はビークルの返済は困難になる。この場合，信託財産（取得株式）の処分により対処し，それでも不十分な場合は，企業が保証責任を履行しなければならない事態に至るが，こうなれば導入したプランは失敗に終わることになる。

（4）　信託管理人による議決権行使等の指図

信託期間を通じ，受益者の代表として選定された信託管理人が議決権行使等，信託財産の管理について指図を行う。

ビークルが，持株会に譲渡する以前の株式についての議決権行使について，議決権行使は信託管理人の指図により行うのであるが，委託者が信託財産の管理の指図を行うことから，本件プランについても，信託法理によれば導入企業

(委託者)が議決権行使に関して，信託管理人を指図することができるが，それでは適正でないばかりか，自己株式が真実譲渡されたことにならないから認めるべきではない。そこで，プラン参加の従業員の意思に従ってビークルが議決権を行使するよう議決権行使の指図をしなければならない。

　受託者が保有する株式の議決権行使については，信託管理人が指図するが，指図権の行使につき企業経営者の影響が及ぶことを排除するためには，議決権行使に関し，信託管理人の経営陣からの独立性の確保を図ることが重要であり，そのための方策は各企業の実情に応じて個別に設計されるべきであるが，例えば，ＥＳＯＰの場合はパス・スルー議決権によっていることから，パス・スルー議決権類似の制度の利用などが考えられる。

（5）　信託終了におけるプランの処理

　①　信託終了時に信託内に残余財産がある場合には，信託契約において予め定められた受益者要件を充足する当社従業員（または従業員持株会の会員）に対し，信託期間内に買い付けた株数等に応じて残余財産が分配される。

　ビークルは，信託期間の終了，その他信託契約に規定された信託終了事由の発生により終了する。この場合，信託終了時にビークルに残余財産がある場合は，受益者たる持株会の会員等に分配するのであるが，分配率は信託期間内に買い付けた株数等に応じて決定される。

　この分配をもってインセンティブ効果があるとされている。残余財産があるのは，多くの場合，信託期間を通じてビークルに売買益（売却益）が生じ，それがプールされていたものである。このプールされていた利益から，ビークルに係る未払債務の弁済に充てた分を差し引き，持株会の会員等に分配するのである。利益の分配に際し，信託契約の途中（プランの係属中）で退職した従業員をどう取り扱うのかという問題がある。期間計算で最終利益の分配という方法によることになろう。

　②　信託終了時に借入れが残っていた場合には，保証契約に基づき企業が弁済する。

企業は，ビークルが保有する信託財産を全て換価または処分しても，株式取得資金としての借入金を弁済できない場合は，弁済不能分につき保証契約に基づき，銀行に対して弁済責任を負うのである。

3 信託スキームの具体的内容

① ＥＳＯＰ信託（特別信託）の設定

プランの導入企業（委託者）は，特別信託（ビークル＝ＥＳＯＰ信託）を受託者とし，受益者要件を充足する従業員を受益者とする他益信託を設定して，その運営費用として見積もった相当額の資金を当初信託金として拠出する。信託の種類は金銭信託であり，設定信託の目的は受益者たるプラン参加従業員に対する福利厚生目的で，従業員持株会に対する自社株式の安定的・継続的な供給のための自社株式の取得と管理および処分である。

このプランは，導入企業（委託者）が当初信託金を拠出して，一定の資格のある従業員を受益者とする特別信託を設定するのであるが，導入企業が，信託設定時に拠出する当初信託金は，信託報酬，信託費用準備金，借入金返済のための損失補填準備金，保証料などのプランの運営のために必要な費用である。もとより，当初信託金は信託のために要する費用であって，自社株式の取得資金を信託するのではない。

特別信託を設定した後であっても，信託期間中に信託変更の一般の例に従い，信託契約を変更することができる。そこで，委託者（導入企業）と受託者（ＥＳＯＰ信託）との合意により，信託管理人の承諾のもとに信託契約の内容を変更することは可能である。もとより，信託の目的である従業員の福利厚生という目的に反する変更，従業員に特に不利益となるような変更，および当初信託契約の内容を大幅に変えるような変更はできないと解される。

② 特別信託による株式取得資金の借入れ

特別信託は，信託期間内に従業員持株会が取得する自社株式数を見積もり，

見積株式数の株式を取得するために必要な資金を銀行から借り入れる。借入れに当たっては，特別信託は第三者評価に基づく保証料を導入企業に支払い，導入企業は特別信託の借入れについて保証するという内容のプランである。

　特別信託（ビークル）は，導入企業株式（自社株式）を取得するために必要な資金を銀行から借り入れる。必要な資金の算定は，信託期間内に従業員持株会が取得する自社株式数を見積もって行われる。

　借入金は，これまでの従業員の持株会への拠出実績および奨励金の額に照らして，持株会が特別信託から自社株式の取得の対価として支払うことが可能な額に基づき，特別信託が返済可能な金額の範囲内によるべきである。借入れに際し，導入企業の保証があるからといって，返済に困難が伴うような過大な借入れをすべきではない。

　特別信託の銀行からの借入れに際し，導入企業は保証をするのであるが，特別信託は導入企業に対し保証料を支払うとの内容のプラン設計がなされている。

　しかし，保証料の支払を内容とするプラン設計が必要であるかは，再検討の必要があると考えられる。

③　特別信託による自社株式の買付け

　特別信託は，銀行から株式取得資金として借り入れた資金をもって（原資として），信託期間内に従業員持株会が取得すると見込まれる（従業員持株会に対する譲渡が見込まれる）数の導入企業株式（自社株式）を，導入企業または株式市場から，一括して，または一定期間内に取得し，取得株式を一定期間保有することになる。

　特別信託が，借入金により，一括して大量の自社株式を取得し保有することに，新プラン導入の特別の意味が認められ，これにより，持株会に対する自社株式の安定供給という本来の目的に加え，安定株主の確保や株価安定策という効果を期待することができるのである。これは，従業員持株制度の運用が，少額資金による継続投資であるのに対する新プランの特徴である。

　自社株式の一括取得の方法は，株式市場からの取得と，導入企業が保有して

いる自己株式の処分としての譲受けによりなされる。株式市場からの取得の場合は、株価対策となるとともに、市場流通株式数を減少させるという効果をもつ。自己株式の処分方式の場合は、導入企業にとって保有自己株式を社外に流出させることなく、保有する自己株式の最も効果的な処分の方法となる。

　導入企業が、特別信託に対し第三者割当ての方法による新株を発行するという方法も考えられるが、この方法では発行済株式数を増やすことになるから、株価対策としてはあまり有効な手段とならないばかりか、安定株主の機能も限定的なものになる。

④　信託による自社株式の従業員持株会への譲渡

　特別信託（ビークル）は、保有する自社株式を、信託期間を通じ、毎月一定日までに、従業員持株会に対し、譲渡時の価格（時価）で継続的に譲渡していく。譲渡代金（売渡代金）は、持株会に対する参加従業員の拠出金と会社から支給される奨励金の合計額（定額）である。

　特別信託の持株会への定時・定額による売渡方法は、従業員持株制度により持株会が買い付けるのと同様のスキームであり、ドル・コスト平均法によることから、中長期的にみれば持株会に有利な投資方法であると考えられる。もっとも、従業員持株制度による持株会の株式取得は市場買付けであるのに対し、このプランによる場合は、持株会は特別信託から自社株式を買い付けることになるという差異があるのが特徴である。

　持株会は、毎月、一定の資金（プラン参加従業員の増減により、資金額に相当の変動があることは想定の範囲内である）で株式を買い付けるのであるから、株価が上昇しておれば持株会が買い受けることができる株式数が少なくなり、信託期間の満了により信託の終了時に信託内に株式が残存している場合があることが想定される（この場合は、高値で売却したことにより、銀行からの借入金を完済している）。

　反対に、株価が下落しておれば、持株会を買い受けることができる株式数が多くなる。その結果、予定の期間経過前に信託内の株式が全部持株会に移転す

ることになるから，信託期間の満了前であっても，信託の終了を待たず，株式の売却が終了するので信託は終了することになる。同様に，プラン参加従業員数の増大などにより，持株会の買付金額が増加した場合も，予定の期間前に信託内株式が全部持株会に移転し，信託期間の満了を待たずに信託が終了することになる。

問題は，信託期間内に特別信託が，予定どおりに持株会への株式譲渡がなされず，信託内に売れ残り株式が存在する場合である。特別信託は，持株会への株式の譲渡代金により銀行借入金を返済するのであるから，プランの終了時に特別信託に借入金の残債務が存在する場合である。この場合は，導入企業が保証責任を果たして一括弁済するというプラン設計がなされている。

特別信託が，毎月，持株会へ自社株式を譲渡するのであるが，譲渡価格はその時々の時価によることがプラン設計されている。時価によることは，プランの終了時（信託終了時）に，信託内に利益が発生していれば，参加従業員に分配することによりインセンティブ効果を期待できるからである。

しかし，譲渡価格を時価に設定するプランには再検討の余地がある。時価によれば，最終的に信託内に利益が残った場合は，それを従業員に分配することになるが，信託内に分配するような利益がなく，損失が生じている場合も想定しなければならない。

自己株式の取得が原則禁止されていた当時，自己株式の取得規制の緩和論として，従業員持株会へ譲渡する必要があげられていた。それは，会社は株価の安い時に一括して自己株式を取得し，それを，順次，持株会に譲渡すれば従業員は有利な価格で自社株式を取得することができるとするものである。そして，自己株式の取得規制の緩和の突破口となったのも，従業員に対する譲渡目的の自己株式の取得であった[5]。

本プランの基礎にも，このような考え方があるのではないかと考えられる。それを，会社による自己株式の取得ではなく，特別信託が借入金により自社株

---

(5) この点に関する詳細は，新谷　勝「自己株式の取得と従業員持株制度」〔中央経済社　平成6年〕を参照されたい。

式を取得し，持株会に譲渡することにより，これを実現しようとするものである。

そうすれば，特別信託の自社株式取得は，持株会への譲渡を目的とする自社株式の一括取得であることから，持株会への譲渡価格は従業員にとって有利な価格によることを考える必要がある。そうすれば，ＥＳＯＰ信託は株価の下落時に，底値（最も安い株価）と思われる価格で株式を取得し，持株会への譲渡価格は取得価格に設定するということを検討すべきであろう。この方法によれば，信託終了時の利益の分配というインセンティブ効果を期待できないかもしれないが，理論的には，信託終了時に信託内に利益も損失も存在しないことになる。そして，これはプラン参加従業員にとって有利な自社株式の取得方法になるから，かかる価格で取得した自社株式を保有することにより，インセンティブ効果の確保が可能となるといえよう。

⑤ 持株会の取得株式の管理

持株会が，毎月，特別信託から買い付けた自社株式は，持株会に帰属するのであるが，この点に関する取扱いは，従業員持株制度による持株会の運用の場合と同一である。持株会は民法上の組合とされているから（少数ではあるが，組合とされないスキームもある），持株会に帰属した株式は持株会の理事長名義に一本化される。そして，プランに参加している従業員は，組合に帰属している株式に対し，拠出額に応じて持分を有するのである。

⑥ 借入金の弁済

特別信託は，従業員持株会への保有自社株式の売却による売却代金および受取配当金を原資として，銀行からの借入金の元本と利息を弁済する。受取配当金を弁済原資に当てるのは，ＥＳＯＰの場合と同様である。

このプランは，借入金方式（レバレッジド）で自社株式を取得するのであるが，借入金の返済原資を，ＥＳＯＰのように会社の拠出とするのではなく，持株会への譲渡代金によるとしていることに特徴がある。ＥＳＯＰと持株会を組み合

わせたものであるが，持株会への譲渡代金を弁済原資とするのは，現行法の下では，従業員に無償で株式を交付すること（全額企業負担）が認められないからである。会社が弁済資金を提供することができないことから，特別信託は持株会への株式売却により弁済原資を確保することになる。これにより，プランの適法性の確保が可能となる。

⑦ 配当金の支払

　特別信託は，株主として分配された配当金を受領する。特別信託は，借入金により自社株式を取得して株主となるのであるから，配当金を受領するのは当然のことである。特別信託に対し配当金が支払われない場合は，自己株式性が認定されることになりかねない。

　もとより，持株会に譲渡した株式については，譲り受けた持株会が株主となるから，持株会が配当金の支払を受け，また議決権を行使することになる。

⑧ 株主としての権利行使

　信託期間を通じ，信託管理人（受益者代理人を含む）は，従業員持株会に加入している従業員の意思を反映した議決権行使等の株主としての権利の行使に対する指図を行い，特別信託はこれに従って株主としての権利を行使する。

　持株会に譲渡されるまでの間は，特別信託が株主であるから特別信託が議決権を行使することになるが，特別信託は議決権行使について固有の利益を有するものではないと考えられる。プランは従業員の利益のために運営されるべきであるから，将来，持株会に譲渡することが予定されている株式についても，従業員の意思を反映した議決権行使が必要とされるのである。

　このプランの場合は，信託の設定時に受益者となる従業員が特定されていないから，信託管理人が置かれるのである。そして，特別信託の議決権行使等の株主としての権利の行使の指図は，信託管理人により行われるのであるが，信託管理人の指図は，将来，受益者と特定される従業員の意思を反映し，それに沿った権利行使の指図であることが要求される。

従業員の意思を反映するとは，公正に従業員の意思であると推定されるところに従って議決権行使等の指図をすることである。それは，持株会の会員の多数意思を反映したものであることが要求される。したがって，導入企業の経営陣のために議決権を行使することではなく，従業員のために議決権を行使すべきである。これに違反すれば受益者たる従業員に対する忠実義務違反となる。

⑨ 信託収益（金銭）の分配

特別信託内の株式の株価上昇により，信託終了時に信託内に残存する株式（残余株式）がある場合には，換価処分の上，受益者に対し信託期間内の拠出割合に応じて信託収益（金銭）が分配されるプランの仕組みである。

特別信託が保有する自社株式（信託内株式）の株価が上昇した場合には，持株会が一定の資金で買い付ける株式数が少なくなる。そこで，持株会が一定額の取得資金で買い付けていっても，持株会に全部の株式が譲渡されることなく，信託終了時に信託内に株式が残存する場合がある。

借入金の弁済に充てるだけの株式譲渡代金の支払を受け，それにより，銀行に対し借入金を完済したが，信託内に売却せずに残存株式がある場合は，それは信託内に利益が生じたのと同じ結果になるから，かかる残余株式を市場で売却し，売却代金を受益者たる従業員に分配することになる。これにより，このプランはインセンティブを与えることになる。

⑩ 借入金が残った場合の措置

信託終了時に，特別信託が保有する自社株式（信託内株式）の株価が下落した場合には，信託内に借入金が残ることになる。この場合は，導入企業が保証契約に基づき，貸出先銀行に対して一括弁済することがプランの内容となっている。

信託期間中に信託内株式の株価が下落した場合は，持株会は一定の資金で多くの自社株式を買い受けることができる。その結果，特別信託はより少ない売買代金の支払を受けることにより，保有する自社株式の全部を売却することに

なるが，これでは，借入金の全額を弁済することができず，信託終了時に信託内に借入金残債務が残ることになる。この現象は，株価が下落した場合だけでなく，プラン参加従業員数の減少などにより，持株会の取得資金が減少したような場合についても生ずる。

このような場合には，特別信託は借入金の全額を弁済することができず，弁済未了の残債務が存在することになるが，導入企業が保証債務の履行として弁済責任を負い，従業員や持株会が弁済責任を負わない内容のプランとなっている。

⑪ 残余財産の帰属

信託が終了した場合，清算時に残存するすべての財産（残余財産）は，帰属権利者（委託者）たる導入企業に帰属するプランの内容となっている。

信託終了時に，特別信託に利益が生じていれば，受益者要件を満たす従業員に分配され，委託者たる導入企業に帰属することはない。しかし，ここでいう残余財産は信託に生じた利益のことではない。それは，信託期間中に，持株会の拠出金額が減少するなどによって，特別信託の持株会への株式譲渡がスムーズにいかなくなり，銀行への弁済が困難になった場合は，導入企業（委託者）が追加信託をして，借入金債務の弁済を一時的に負担せざるを得なくなる。この場合，信託終了時に信託内に残余株式が残っていた場合に，残余株式を換価処分した金銭（残余財産）により，実質的には，追加信託相当分を権利帰属者たる導入企業に返却されるとの趣旨である[6]。

---

(6) 内ヶ崎　茂・前掲商事法務31頁

4 特別信託のスキームとプランの運営

(1) 特別信託の構造

　信託設定時に導入企業(委託者)が当初信託金を拠出し、一定の資格のある従業員を受益者とする他益信託であり、特別信託はビークルの機能を果たすことになる。信託の性格は信託設定時の委託者の拠出および信託終了時における受益者への分配が、金銭でなされることから金銭信託である。

　受益者は従業員であるが、信託設定時には受益者たる従業員は存在せず、信託期間中は受益者が不確定であり、信託終了時に受益者たる従業員が確定するという内容の信託プランであるから、目的信託型の他益信託である。

　目的信託であることから信託管理人が設置されるのである。信託管理人は、プランの運用に関して特別信託(ビークル)に対し指図を行うものである。信託の終了時においては、受益者となる従業員は特定することから、信託管理人は受益者代理人となる。

　プランの運用のスキームは、特別信託が導入企業の保証の下に、銀行から株式取得資金を借り入れ、この借入金により導入企業株式(自社株式)を買い付けて保有し、持株会に譲渡するのである。信託期間内に信託内株式の株価が値上がりし、信託終了時に利益が生じた場合、または株価上昇相当分の残余株式が存在する場合は株式市場で売却し、それにより生じた信託利益(信託収益金)を受益者(従業員)に分配するのである。

　特別信託(受託者)は、信託契約に基づく信託管理人の指図に従い、信託内株式の持株会に対する売却、議決権行使、信託の借入金返済、信託内株式の配当金受取等の信託財産の管理と処分を行うことから、特定運用の金銭信託であるが(特定運用の金銭信託とは、信託契約で、信託財産たる金銭の運用対象が特定の財産に限られているもの、または委託者もしくはその代理人等がその都度具体的に指図するものをいう)、信託管理人はプランの運用に密接に関係する。

　特別信託は、信託契約に定められた一定の目的に従い、信託財産の管理と処

分，その他信託目的の達成に必要な行為をするのであるが，委託者に対し善管注意義務を負い，受益者に対しては忠実義務を負う（信託法2条1項，29条2項，30条）。

受益者要件は，信託期間中に持株会の加入者であり，新プランに参加した者である（参加資格者は，プランの規約等により定められる）。持株会の会員（加入者）であることが，プラン参加の要件であるが，プランへの参加は自由参加（任意参加）であるから，持株会の会員であっても，本プランは任意参加型のプランであるので，本プランに参加しない従業員も存在することが考えられる。

受益者要件は，プランの規約等により定められるのであるが，受益者要件を満たした従業員が退職した場合は退職者，死亡等の事由で従業員でなくなった者やその相続人を，信託終了時のプランの対象者に含むことができる[7]。

（2） 信託管理人（受益者代理人・信託代理人）

① 信託管理人の指定

信託管理人とは，受益者が現存しない場合に，信託契約の定めにより指定された者であるが（信託法123条），受益者のために，自己の名をもって受益者の権利に関する一切の裁判上および裁判外の行為をする権限を有する（信託法125条）。行為をするに際しては，受益者に対して善管注意義務および忠実義務が課せられる（信託法126条）。

本プランの場合，信託が設定され，受益者は持株会の加入者であることが定まっていても，信託期間中に受益者が特定しない（未存在）ことが特徴である。信託の終了時に受益者が特定（存在）することになる。このように，信託期間中は将来受益者となる従業員のために信託管理人が置かれるのであるが，信託の終了時においては，受益者となる従業員は特定（存在）することから，信託

---

(7) 金融商品取引法第2条に規定する定義に関する内閣府令（定義府令）16条1項7号の2，企業内容等の開示に関する内閣府令（開示府令）第2号様式等，金融庁の特定有価証券の内容等の開示に関する留意事項について（特定有価証券開示ガイドライン）2－3，これらに対するパブリックコメントに対する金融庁の回答（金融庁パブコメ）12頁№12

管理人は受益者代理人として，以後，信託事務を行うことになる（信託法138条）。この場合，信託行為に定めるところに従い，信託監督人を選任することができる（信託法131条）。

信託管理人は，職務の公平性を確保するために，導入企業の経営陣との利害関係のないことが要求されるから，弁護士や公認会計士等の専門家から専任されることが望ましい。もとより，顧問関係にある者，あるいは顧問関係にある者と密接な関係にある者は除かれる。信託管理人は，信託内株式の議決権行使について信託（信託の代表者）に対し議決権のための指図を行うことから，独立性と公平性が強く求められるのである。

② **信託管理人の権限**

信託管理人は，信託設定に基づく自社株式の取得，信託された金銭による自社株式の買付け，持株会への売却，信託終了時の自社株式の換価処分に関する指図，借入金の返済等についての指図，信託費用準備金や損失補填準備金の追加信託に関する指図等を行うが，一番問題が多いとされるのは，議決権行使等の株主権行使についての指図である。これは，プランの適法性と第三者名義による自己株式の違法取得または違法処分，議決権行使に関する利益供与とも関係する。

信託された金銭による自社株式の買付けは，インサイダー取引規制と関係するので，信託管理人がインサイダー情報に接しないように障壁を設けるべきであるが，情報受領者となった場合には買付けを中止すべきである。信託内株式の持株会への売却は，プランの内容が事前の計画に基づき，定期的かつ継続的に行うように設定されている場合は，インサイダー取引規制の適用除外となる。

③ **信託管理人の議決権行使に関する指図**

信託内株式についての議決権行使は，信託（信託の代表者）によってなされるが，それは，信託管理人の指図によってなされる。指図は，受益者（将来の株主となるプランの対象従業員）の最善の利益を確保するために，その意思を反

映させるものでなければならないから，信託管理人の経営者からの独立性が強く求められるのである。

そのため，恣意的な指図がなされないように，あらかじめ信託内株式に関する議決権行使の基準を定めることが必要である。これは，従業員持株制度の場合の，参加従業員の持株会理事長に対する特別の指示と同様に理解すればよい。一般的にいって，新プランについては，ⅰ）持株会が保有する自社株式に係る議決権行使の賛成または反対の比率と同一の比率で議決権を行使する方法，ⅱ）持株会が保有する自社株式に係る議決権行使における多数意見と同一の議決権を行使する方法による議決権行使基準が考えられる。そして，定義府令に係る金融庁パブリックコメント回答（5頁No.32～6頁No.35）では，ⅰ），ⅱ）の方式により議決権が行使される場合には，議決権行使の指図者が信託管理人であってもよいとしている[8]。

④ 追加信託の必要

導入企業（委託者）は，信託運営のための必要な費用として，当初信託金を拠出して信託するのであるが（自社株式の取得資金を信託するのではない），信託管理人の指図に従い，受託者の同意を得て，金銭を追加信託することができる。追加信託しなければならない場合として，当初信託金の内から，損失補填準備金を借入金の弁済に充当しても（当初信託金は信託費用の支払に充てるものであるが，信託債務の弁済のために使ってもよい），元利金を返済することができない状態になった場合に，導入企業は借入金の不足額を追加信託する場合である[9]。

追加信託を必要とする場合として，ⅰ）持株会に対する拠出金の減少により，当初予定した金額で持株会が買い入れることができなくなり，その結果，信託が予定通りの弁済資金を確保できなくなった場合，ⅱ）株価の下落により，取得価格より持株会に対する譲渡価格が安くなったため差損が生じ，弁済資金の確保ができなくなった場合が考えられる。

---

(8) 内ヶ崎　茂・前掲商事法務34頁
(9) 内ヶ崎　茂・前掲商事法務34－35頁参照

もとより，それは特別信託の債務を肩代わりするものではなく，特別信託の運営のために必要とされる資金を追加信託する趣旨である。

5　信託プランの終了と処理

（1）　持株信託の終了事由

　信託の終了は，信託契約で定めた信託の終了事由の発生により終了するほか，委託者と受益者の合意により終了させることができるなど，法定の事由の発生により終了するが，その中で重要なのが，信託の目的を達成したとき，または信託の目的を達成することができなくなったときである（信託法163条1号，164条）。そして，信託が終了したときは，信託の清算手続を行う（信託法175条以下）。

　新プランとしての信託の終了事由は，①信託期間の満了，②信託内株式の売却終了，③導入会社の解散（破産を含む）または持株会の解散，④株式取得のための借入金（信託借入）についての期限の利益の喪失，⑤導入会社と受益者たる従業員（信託管理人）の合意による信託の終了が考えられる。

　①　信託の設定に際し，信託期間（通常5年）が設定される。そして，信託期間の満了により信託は終了する。

　②　信託は，保有する信託内株式を信託期間満了時において，すべての株式が売却済みとなるように設計されるのであるが，参加従業員が増え拠出金が増加したことによる持株会の買付代金の増大，株価の下落により，持株会がより多数の株式を買い付けることができる場合は，信託期間の満了を待たず売却終了として信託は終了する。

　③　導入会社（委託者）の解散（破産を含む）の場合は信託の終了事由となる。また，プランは，信託による持株会への保有自社株式の順次譲渡であるから，持株会が解散したときは，信託の目的を達成することができなくなったことによる解散事由となる。

　④　株式取得のための借入金（信託借入）の返済を遅延し，期限の利益を喪失して一括弁済しなければならない事態に至れば，信託を存続させることができで

きなくなったものとして信託は終了する。この場合，導入企業が保証債務の履行として一括弁済する。

　反対に，信託内株式の値上がりなどの事由により，信託に弁済資金ができた場合は，信託は，期限の利益を放棄して，早期に弁済を完了させることができる。この場合でも，信託内に持株会に譲渡する自社株式が存在する場合は，売却済みに至るまでは信託期間内に信託が終了しないものと解される。

　⑤　導入会社と受益者たる従業員（信託管理人）の合意により信託を終了させる場合とは，当初予測できなかった事由の発生により，プランを存続させることができなくなった場合に，合意により信託を終了させるのである。

（2）　信託の清算手続き

　信託が終了した場合は，清算受託者は清算手続きを行うが，その順序は，信託財産により，①信託債権に係る債務（信託借入等）についての残債務の弁済，②受益債権に係る係る債務（信託収益の分配）の弁済，③導入企業に対する残余財産の給付という，信託清算手続きによる（信託法163条，175条，177条，182条，183条）。

　①　信託終了時に，信託内に返済資金がある場合とか，残余株式を売却して弁済原資を確保し得る場合は別段問題はない。信託内に返済原資のない場合や不十分な場合は，信託管理人の指図に従い，導入企業（委託者）は借入金の弁済のための追加信託を行う。導入企業は，弁済資金を追加信託するという方法以外に，信託の借入れに対し保証しているから，保証人として弁済について利益を有することから，直接，保証債務の履行として弁済するという方法がある。この場合，信託の借入金債務が完済された場合であっても，現実に求償権を行使することは難しいであろう。

　②　信託債務を弁済した後，信託内に収益がある場合，残余株式がある場合はこれを換価して，信託終了時に受益者と確定する（信託期間中は受益者と確定しない）持株会に参加している従業員（一般には持株会の会員）に対し，信託期間内の拠出割合に応じて信託収益を分配する。この信託収益の分配が期待され

ることが，新プランに期待されるインセンティブ効果であるとされている。

　③　導入企業は，委託者（帰属権利者）として，信託債務の弁済，信託収益の弁済をした後に，残余財産がある場合は，換価処分により金銭の給付を受ける。

6　信託型プランの導入と留意事項

　本プランに安定株主の機能を期待することは差し支えないが，経営者の自己保身目的に使用され，または自己株式の取得規制の潜脱との懸念をもたれることを避けるために，できるだけ詳しくプランの内容を開示する必要がある。そこで，借入金額や弁済能力とも関係するが，信託の議決権割合をあまり高くしないようにする必要がある（例えば，5％未満に設定する）。

　自己株式の処分方式の場合は，会社がかなり大量の自己株式を取得して金庫株として保有し，金庫株の処分として他益信託である特別信託（ＥＳＯＰ信託のＥＳＯＴに相当する）に対し，プランの期間内に，持株会による取得が見込まれる数量の導入企業株式を一度に譲渡することが可能となる。しかし，第三者割当ての自己株式の処分として適正に行うことが必要である。

　そして，特別信託は取得した自社株式を保有して，順次，これを持株会に譲渡する仕組みである。

7　信託応用プランの開発と導入企業

(1)　野村証券のインセンティブ・プラン (E-Ship)
①　プラン導入の意義と目的

野村証券と野村信託銀行は，共同で信託型従業員持株インセンティブ・プラン (Employee Shareholding Incentive Plan：E-Ship) を開発した。このプランは，アメリカで普及しているＥＳＯＰを参考に，従業員持株会の仕組みを応用したプランである。E-Ship では，持株会の会員を受益者とする他益信託が，信託設定時に導入企業株式を一括して取得し，信託期間を通じて行われる持株会への毎月の株式売却による純利益を，受益者要件を満たす会員に信託終了時に分配する。導入企業の株価の上昇により，信託終了時の残余財産が生じることから，持株会に加入する幅広い従業員を対象としたインセンティブ・プランとしての効果が期待できるとしている。

プラン導入のメリットとして，

ⅰ) 持株会に加入するすべての従業員を対象とする福利厚生制度として，自社株式による財産形成を支援しつつ，株価上昇によるメリットを従業員が享受できるようにすることで，幅広い従業員が一般の株主と同様に株価を意識し，企業価値向上を目指した業務遂行を行うことを促す。

ⅱ) 信託内の導入企業株式について，受益者たる従業員の利益を代表した信託管理人が，従業員の意思を反映した議決権行使を行うことから，従業員が株主としての意思を企業経営に反映することを通じて，導入企業のコーポレート・ガバナンスの向上を期待できる。

ⅲ) 持株会が，市場の流動性の影響を受けることなく，円滑に自社株式の買付けを行うことができる。

などが挙げられる。

② プランとスキームの骨子

野村証券と野村信託銀行の E-Ship

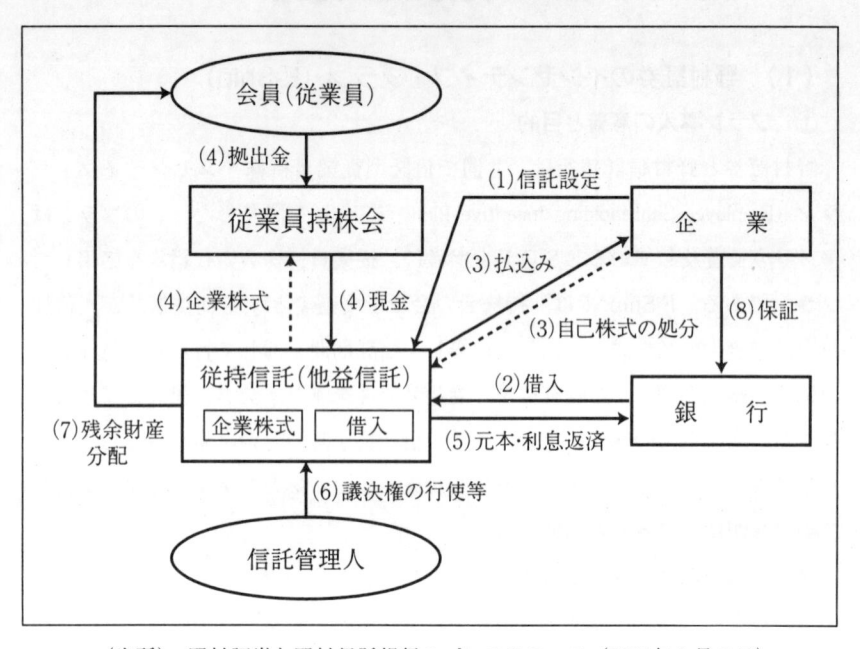

```
会員（従業員）
   │(4)拠出金
   ↓
従業員持株会 ←──(1)信託設定── 企　業
   │            (3)払込み
(4)企業株式 (4)現金
   ↓            (3)自己株式の処分
従持信託（他益信託）         (8)保証
 [企業株式][借入] ──(2)借入── 銀　行
                (5)元本・利息返済
(7)残余財産分配
   ↑
(6)議決権の行使等
   │
信託管理人
```

（出所）野村証券と野村信託銀行のプレスリリース（2007年8月2日）

① プランの導入企業が，受益者要件を充足する従業員（持株会の会員のうち，プランに参加した従業員）を受益者とした持株会専用信託（従持信託）という他益信託を設定する。

このプランは，持株会の会員を受益者とする持株会専用信託（従持信託）という他益信託を設定し，運営費用等に充てるために当初信託を設定する。このビークルとして従持信託を用いるのが E-Ship であるが，従持信託とは他のプランがＥＳＯＰ信託と呼んでいるのと同じである。

なお，他益信託であるが，プランの設定時（信託の設定時）には，受益者となる従業員が確定していないから目的信託であり，信託管理人が置かれる。

② 従持信託（特別信託）は，銀行から導入企業株式の取得に必要な資金の

借入れを行う。借入れに当たって，導入企業，従持信託，銀行の三者間で従持信託の行う借入れに対し保証契約を締結する。

ビークルである従持信託は，導入企業の株式取得資金を金融機関から借り受けるのであり，株式取得資金の原資は借入金である（レバレッジド方式）。そして，従持信託の銀行借入れに際し，導入企業が保証するのであるが，これらの点は，他の従業員持株会発展型のプランと同様である。

③ 従持信託は，信託期間内に持株会が取得すると見込まれる（持株会に譲渡することが予定される）株式数に相当する企業株式を取得する。

従持信託は，取得して保有する自社株式を，順次，持株会に譲渡するのであるが，そのために，信託期間内に持株会が取得すると見込まれる相当数の株式を取得することになる。株式の取得方法は，自己株式の処分として割当てを受ける方式（自己株式の取得型の場合は，企業は従持信託を自己株式の処分先として利用することが可能となる），市場買付方式があるが，新株発行方式も可能である。

④ 従持信託は，信託期間を通じ，保有する株式を，毎月一定日に持株会に取引所取引により時価で売却する。

従持信託は，取得して保有する自社株式を信託期間中に，毎月一定日に持株会に時価で売却するスキームは，他の従業員持株会発展型のプランと同様である。従持信託と持株会の取引であるのに，取引所取引により売却するのは，相対取引によらず立会外取引（ToSTNeT取引）による趣旨に解される。

⑤ 従持信託（ＥＳＯＰ信託）は，持株会への株式売却により受け入れた株式売却代金および保有株式に係る配当金を銀行からの元本金利の返済に充てる。

従持信託は，持株会へ保有自社株式を売却した代金と受取配当金により，銀行からの借入金を弁済するのであるが，これは他の従業員持株会発展型プランの場合と同様である。

⑥ 信託期間を通じ，受益者の代表として選定された信託管理人が，議決権行使等，信託財産の管理の指図を行う。

従持信託が保有する自社株式（持株会へ譲渡する前の株式）の議決権は，当然のことながら従持信託が行使するのであるが，議決権行使の適正を確保するた

めに信託管理人が指図し，従持信託は指図に従って議決権を行使しなければならない。信託管理人は受益者たる従業員の利益のために，その意向に従って指図をしなければならない。そして，これは議決権行使以外の場合についても同様である。

信託管理人の指図は，信託をビークル等に用いた他のプランについても共通する。

⑦ 信託終了時に信託内に残余財産がある場合には，信託契約において予め定められた受益者要件を充足する従業員（持株会の会員）に対し，信託期間内に買い付けた株式数に応じて残余財産が分配される。

信託終了時に，信託内に残余財産（信託利益）がある場合，つまり，持株会に売却したことによる売却益の累計がある場合は，受益者たる従業員に，信託期間内に買い付けた株式数（拠出額）に応じて配分される。これが，信託型プランのインセンティブ効果であるといわれている。売却益の累計の分配は，信託形式の従業員持株会発展型プランについて一般に認められている。

⑧ 信託終了時に借入れが残っていた場合には，保証契約に基づき導入企業が弁済責任を負い，銀行に対し弁済する。

信託終了時に信託内に売却損が生じている場合は，従持信託の銀行に対する借入金債務が残ることになるが，この場合は，導入企業が保証人として弁済し，受益者たる従業員は弁済責任を負わない。これは，他の従業員持株会発展型プランの場合と同様である。

③ プランの導入企業

最初に E-Ship の導入を決定した企業は広島ガス（東証2部上場）であるが，プランの内容は次のとおりである[10]。

同社は保有している自己株式265万株のうち75万株を従持信託へ一括して処分する。自社株投資専用信託（従持信託）が，今後5年間にわたり投資会（持株

---

(10) 平成19年8月2日付け「信託型従業員持株インセンティブ・プラン（E-Ship）の導入について」と題するプレスリリース

会)が取得する規模の自社株式を一括して取得するのであるが，そのため，同社は保有している自己株式265万株のうち75万株を従持信託へ一括して処分するとの内容である。

今後5年間にわたるとしていることから，信託期間（プランの期間）は5年であると解される。そして，株式の取得方法は自己株式の処分としての譲受方式である。

同社が導入した従業員持株プランの仕組みは，「広島ガス自社投資会」（以下，投資会という）の加入者である従業員を受益者とする「自社投資会専用信託」（ビークル）が，今後，5年間にわたり投資会が取得する規模の当社株式を予め一括して取得し，信託終了時点までに投資会への当社株式の売却を通じて，当該従持信託内に累積した売却益相当額（残余財産）が残った場合，それを，受益者要件を満たす当社従業員に分配するインセンティブ・プランである。

そして，本プランの導入に伴い，広島ガスは保有自己株式265万株のうち，75万株（2億5,200万円相当）をビークル（従持信託）へ一括して処分することを前記取締役会で同時に決議している。

このプランは，投資会が信託の仕組みを活用して自社株式を購入し，5年後に高値になれば参加従業員は値上がり益と配当を得るが，値下がりした時は会社が損失を一部負担する珍しい条件を付け，会社はリスクを負ってでも従業員の帰属意識を高めることを目的とする。

それに応じて，加入を決め，持株会で月3千円の積立てを始めた従業員もいる。平成19年の年末時点で，全従業員660人の69％が持株会に加入したと報じられている[11]。

もとより，会社がリスクを負担する。株価が値下がりした時は会社が損失を一部負担するというのは，ビークルが借入金の返済が困難となった場合に，会社が銀行に保証責任を履行するとの趣旨であり，従業員に生じた損失を会社が補填する趣旨ではないと解される。

---

(11) 平成20年2月22日付け日本経済新聞

大同メタル工業(東証・名証第1部)も、平成20年1月25日、信託型の従業員持株プランを導入したが、その仕組みはこのプランに沿ったものと考えられる。

これに対し、全日空のプランでは、従業員に対し中長期的企業価値向上のインセンティブを付与すると同時に、福利厚生の増進策として、持株会の拡充を通じて従業員の株式取得および保有の促進により、従業員の財産形成を達成することを狙いとしているとして、貯蓄型プランであることを鮮明にしている。そして、株式の取得方法は取引所市場からの取得予定である。

従持信託が今後5年間にわたり持株会が取得する規模の自社株式を一括して取得するとし、信託期間(プランの期間)を5年と設定していると解されるが、今回は、4年間の中期経営戦略に合わせて従持信託を設定したが、信託終了後もその時点の経営環境を見極めた上で、原則として繰り返し従持信託を設定していくとして、信託終了後に再度信託を設定することを予定している[12]。

このように、広島ガスは自己株式処分タイプ、全日空は市場買付けタイプを用いているように、E-Ship のプランによる株式の取得方法には、自己株式処分タイプ、市場買付けタイプがあるが、その他、新株発行タイプも考えられることから、従持信託(ESOP信託)による株式取得方法には幅が認められる。

(2) 三菱UFJ信託銀行の「従業員持株ESOP信託」
① プラン導入の意義と目的

三菱UFJ信託銀行の開発したプランは、「従業員持株ESOP信託」とよばれている。それは、アメリカで普及しているESOPを参考に、従業員持株会の仕組みを応用した信託型従業員インセンティブ・プランであり、自社株式を活用した従業員の財産形成を促進する貯蓄制度の拡充(福利厚生制度の拡充)を目的とする。

ESOP信託は、借入金により一括して株式市場または発行会社から、信託期間内に従業員持株会の取得見込株式数を取得する。そして、取得株式を順次

---

(12) 平成21年2月26日付けプレスリリース『信託型従業員持株インセンティブ・プランの導入について』

持株会に譲渡していく。

　持株会に加入する従業員を受益者とし，自社株式の株価上昇により，信託終了時に信託財産が残る場合は，当該従業員の拠出割合に応じて金銭で分配する。反対に，自社株式の株価下落により，信託終了時に借入金が残る場合は，導入企業が保証契約により一括して弁済する。

　ＥＳＯＰ信託内の自社株式の議決権行使は，従業員持株会の意思が反映される仕組みであり，従業員の意向が経営に反映される仕組みであるとしている[13]。

　このように，ＥＳＯＰ信託は，ＥＳＯＰを参考に，従業員持株会の仕組みを応用した信託型従業員インセンティブ・プランであるが，従業員の財産形成を促進する貯蓄制度の拡充を目的とするとして，アメリカの退職企業年金型のＥＳＯＰとは異なるプランであることを明確にしている。

　なお，三菱ＵＦＪ信託銀行の当初のプラン（旧プラン）は，「ストック・リタイアメント・トラスト（自己株式退職時付与信託）」と呼ばれる退職時株式給付型のプランであった。このプランの場合は，信託銀行が退職従業員に自社株式を無償で交付するというスキームである。そのため，導入企業が信託銀行に自己株式を信託し，または金銭の信託を受けた信託銀行が自社株式を買い付けることになるが，そのための原資をどうするのか，また，自己株式の取得や処分についても解決困難な問題が存在する。そのため，取得条項付の新株予約権を用いていたが，成功したものとは考えられなかった。そこで，現行法の下でのプランとしては，退職時株式無償給付型のプランは無理であるとして，信託を用いた従業員持株会発展型のプランに変更したものであると推測することができる（他に，プランの対象者を管理職に限定せず，広く一般従業員に拡大するためであるとも考えられる）。

---

(13)　三菱ＵＦＪ信託銀行のプレスリリース『従業員インセンティブ・プラン「従業員持株ＥＳＯＰ信託」のご案内』

三菱UFJ信託銀行のESOP信託

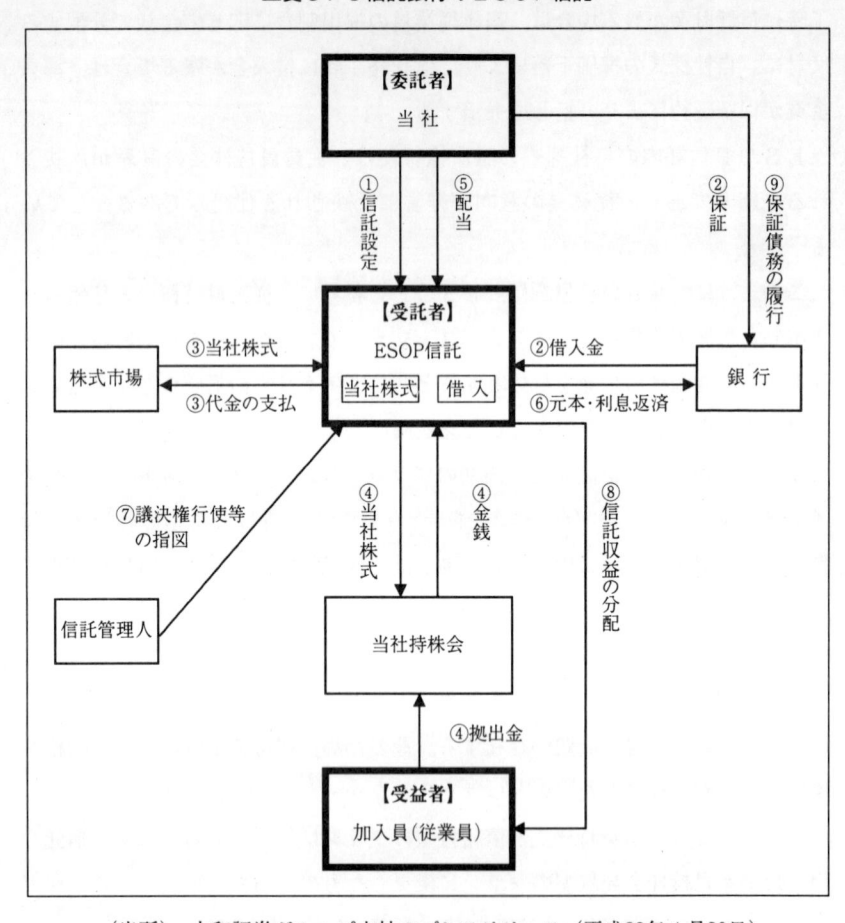

（出所）　大和証券グループ本社のプレスリリース（平成22年4月30日）

② プランとスキームの骨子

① 発行会社（プランの導入企業）は，受益者要件を充足する従業員（持株会の会員）を受益者とするESOP信託を設定する。

持株会の会員を受益者とする持株会専用信託（ESOP信託）という他益信

第7章　信託利用型の従業員持株プラン

託を設定し，運営費用等に充てるために当初信託を設定する。このビークルとして用いるＥＳＯＰ信託は，E-Ship プランの従持信託に相当するものである。

　プランの設定時（信託の設定時）には，受益者となる従業員が確定していないから目的信託として設定される。

　②　ＥＳＯＰ信託は，銀行から導入企業株式の取得に必要な資金の借入れを行う。借入れについては発行会社が保証する。

　ビークルであるＥＳＯＰ信託は，導入企業の株式を取得するための資金を金融機関から借り受けるレバレッジド方式であり，株式取得資金の原資は借入金である。そして，ＥＳＯＰ信託の銀行借入れに際し，導入企業が保証するのであるが，これは，E-Ship プランと同様である。

　③　ＥＳＯＰ信託は，借入金により，信託期間内に持株会が取得を見込む株式数の株式を株式市場または導入企業（発行会社）から一括して取得する。

　ＥＳＯＰ信託は，取得して保有する自社株式を，順次，持株会に譲渡するのであるが，そのために，信託期間内に持株会が取得すると見込まれる相当数の株式を取得することになる。株式の取得方法は，市場買付方式と自己株式の処分として割当てを受ける方式とがある。新株発行方式を予定していない点で，E-Ship プランと異なる。

　④　ＥＳＯＰ信託は，信託期間を通じ，保有する株式を，毎月一定日までに持株会に拠出された金銭をもって譲渡可能な数の株式を時価で持株会に譲渡する。

　ＥＳＯＰ信託は，取得して保有する自社株式を信託期間中に，毎月一定日に持株会に時価で売却するのであり，このスキームは E-Ship プランと同様である。しかし，ＥＳＯＰ信託と持株会の取引は，取引所取引による売買に限定されていないから，相対取引によることも，取引所取引（立会外取引：ToSTNeT 取引）によることも可能であるが，毎月一定日までに一定の資金により持株会が取得するのであるから，相対取引によるのが通常である。もっとも，取得株式数によっては，金商法との関係で ToSTNeT 取引によらざるを得ない場合も想定されなくはない。

⑤　ＥＳＯＰ信託は，持株会への株式売却による売却代金および保有株式に係る配当金（配当金を受領）を原資として，銀行からの借入金の元本および利息を返済する。

ＥＳＯＰ信託は，持株会へ保有自社株式を売却した代金と受取配当金により，銀行からの借入金を弁済するのであるが，これは E-Ship プランの場合と同様である。

⑥　信託期間を通じ，信託管理人が議決権行使等の株主としての権利行使に対する指図を行い，ＥＳＯＰ信託はこれに従って株主としての権利を行使する。

ＥＳＯＰ信託が保有する自社株式（持株会へ譲渡する前の株式）の議決権等の権利は，ＥＳＯＰ信託が行使するのであるが，議決権等の行使の適正を確保するために，信託管理人が指図するのであるが，信託管理人は受益者たる従業員の利益のために，その意向に従って指図をしなければならない。そして，ＥＳＯＰ信託は信託管理人の指図に従って議決権等の権利を行使しなければならない。これは E-Ship プランの場合と同様である。

⑦　株価上昇により，信託終了時に信託内に残余の株式がある場合には，換価処分の上，受益者要件を充足する従業員に対し，信託期間内の拠出割合に応じて信託収益として，金銭により分配する。

信託終了時に，株価上昇により持株会に売却した売買代金を弁済した後に，信託内に残余の株式がある場合（株価上昇により，持株会が所定の資金により買い付ける株式数が少なくなった結果）は，当該株式を市場で売却処分して，受益者要件を充足する従業員に対し，信託期間内の拠出割合に応じて信託収益として，金銭により分配するのであり，これは E-Ship プランの場合と共通している。この分配によりプランのインセンティブ効果が期待できるとされている。

⑧　株価下落により，信託終了時に信託内に借入れが残る場合は，保証契約に基づき発行会社が一括して弁済する。

信託終了時に信託内に売却損が生じている場合は，ＥＳＯＰ信託の銀行に対する借入金債務が残ることになるが，この場合は，導入企業が保証人として弁済し，受益者たる従業員は弁済責任を負わない。これは，E-Ship プランの場

第7章　信託利用型の従業員持株プラン

合と同様である。

　このように，従業員持株ＥＳＯＰ信託は，株式の取得原資は銀行からの借入金であり，株式の取得方法は株式市場または発行会社からの一括取得であり，ＥＳＯＰ信託のプランの基本構造は，E-Ship と共通している。そこで，ビークルであるＥＳＯＰ信託は，E-Ship の従持信託に相当する。

③　プランの導入企業

　大和証券グループ本社は，従業員持株ＥＳＯＰ信託を，グループ従業員へのインセンティブ・プランと位置付け，当社およびグループ各社の従業員が運営する従業員持株会（持株会の規約により，子会社の従業員の持株会参加を認めている従業員持株会と解される）のみならず，関連会社を加えたその他のグループ各社の従業員が運営する拡大従業員持株会（子会社に準じた関係を有する非上場会社の従業員が独自に持株会を組織し，対象会社の株式を取得することができるとして，持株会の特則として認められた制度である。一般の持株会とは異なり，他社株式の取得という点に特徴がある）を含めた新たなＥＳＯＰ信託を導入するとしている[14]。これにより，プランへの参加資格を広く設定することにより，多くの従業員がプランに参加することが可能となる。

　ＥＳＯＰ信託導入の目的とし，自社株式を活用した従業員の財産形成を促進する貯蓄制度の拡充（福利厚生制度の拡充）を図るものであるとして，貯蓄型のプランであることを明確にしている。

　信託の内容は，従業員持株会および拡大従業員持株会に加入する従業員のうち，一定の受益者要件を備えた従業員を受益者とする信託を設定し，信託（ＥＳＯＰ信託）は今後5年間にわたり前記各持株会が取得すると見込まれる自社株式を，あらかじめ定める取得期間内に取引所市場より取得するとしている。

　信託期間を5年に設定するとともに，株式の取得方法を株式市場より取得するとしている。そして，持株会社であるグループ本社が導入したプランである

---

[14]　大和証券グループ本社の，平成22年4月30日付けプレスリリース『「従業員持株ＥＳＯＰ信託」の導入に関するお知らせ』

ことなどから，プランの対象となる従業員の範囲を広く設定したものと考えられる。

（3） その他の信託型スキーム

中央三井トラスト・グループが開発した「従業員インセンティブ付与型金銭の信託（ＥＳＯＰ信託）」は，従業員の財産形成を促進する福利厚生制度の充実を目的とするものであり，プランの構造は E-Ship プランと同様の基本構造である[15]。

株式の取得方法については，特に明記していないが，導入企業のプランは，自己株式の処分としての譲受方式によっている[16]。

住友信託銀行が開発した「従業員持株会信託型ＥＳＯＰ（特定金銭信託）」も，プランの構造は E-Ship プランと同様の基本構造である[17]。

このように，信託銀行各社が引続き信託プランを開発している。プランの名称，ビークルの呼び方などは各社により異なるが，いずれのプランも野村証券と野村信託が開発した「E-Ship」と基本構造を共通にしている。そこで，従業員持株会発展型で信託をビークルに使うプランのスキームはほぼ統一され，これが現在の新プランの主流であると考えられる。

なお，E-Ship プランは，ビークルである信託を「従持信託」としているが，これは，ＥＳＯＰ信託と同一形態のビークルであることから，用語的には，ＥＳＯＰ信託と統一的に使用するのが適当であると考えられる。

---

[15] 中央三井トラスト・ホールディングス等の，平成22年2月23日付けプレスリリース『「従業員インセンティブ付与型金銭の信託」（ＥＳＯＰ信託）」の提供開始について』

[16] 株式会社栄光，平成22年2月23日付けプレスリリース『「インセンティブ付与型ＥＳＯＰ」導入に関するお知らせ』

[17] 住友信託銀行の，平成22年3月12日付けプレスリリース「従業員持株会信託型ＥＳＯＰ（特定金銭信託）」の取扱い開始について

第8章　一般社団法人利用型のプラン

1　一般社団法人型プランの概要と特色

　アメリカのESOPを導入するためには，そのための法制化（特別の立法的措置）と税制上の優遇措置が不可欠であるから，ESOPをそのまま導入することは困難である。しかし，持株会とSPV（Special Purpose Vehicle）を組み合わせて，レバレッジド型のESOPと同等の法的・経済的効果を持つプログラムを構築することが可能であるとして，開発された従業員持株プランである。このプランは，ビークルとして一般社団法人を用いるところに特色がある。

　従業員持株会発展型（従業員持株会応用型）プランには，前述のビークルとして特別信託を利用する信託型のスキームがあるが，このプランは一般社団法人（平成20年12月1日以前は有限責任中間法人）を用いるスキームである。ビークルとして用いる一般社団法人をSPVと位置付けている。

　導入企業がSPVに対し，基金の拠出として匿名組合出資をする。持株会とSPVを組み合わせたものであるが，ビークルは異なるが基本的には信託型のスキームと共通している。また，従業員の経営監視によるコーポレート・ガバナンスの向上を図ること，インセンティブ効果を確保するという点も同様である。

　新プランは，現行法の枠組みの中で従業員持株会を戦略的に活用したプログラムである。しかし，持株会の多くは民法上の組合であるため，金融機関からの借入れは事実上困難であるので，SPV（ビークル）を通じた借入れによるプログラムである。ビークルは保有株式を持株会に譲渡するのであるが，ビークルとして，信託応用型プランのように専用信託を用いるのではなく，一般社団法人（プランの開発時は中間法人を使用していた）を用いることになる。しかし，ビークルとして一般社団法人を用いる場合も，プランの運営については，可能

な限り信託応用型プランと同様に考えるべきであろう。

　ビークルとして、信託でなく一般社団法人を用いるのは、プランの開発者が信託銀行ではなく、普通銀行によることも関係していると考えられる。開発者（銀行）は、ＳＰＶ（ビークル）の自社株式の取得資金を融資するという、営業上のメリットがあると考えられる。

　導入企業は、プランの運営のためにＳＰＶを設立し、ＳＰＶは、銀行からの借入等により調達した資金により、従業員に将来分配するために発行会社から保有自己株式（金庫株）を取得してストックする。ＳＰＶは持株会に譲渡するまでの間、保有株式について議決権を行使するのであるが、議決権行使の方針は、持株会の意思を直接的に反映させ、ＳＰＶによる議決権行使を通じた持株会の議決権を拡大するとともに、副次的に従業員の株式保有による買収防衛という効果の実現を図るものとしている[1]。

　一般社団法人型のプランは、ビークルとしてＳＰＶを設置し、ＳＰＶを営業者とする匿名組合契約を締結して匿名組合出資をするのであるが、匿名組合出資は信託型プランの場合の当初信託に相当する。

　ビークルであるＳＰＶは導入企業の保証の下に、銀行から株式取得資金を借り入れ、それを原資として一括して導入企業株式を取得して保有し、順次、持株会に譲渡していき、持株会から受け取った株式の売却代金により、銀行からの借入金を弁済していくスキームであり、使用するビークルについて特別信託を利用スキームと異なるが、それ以外の点については共通している。

　ＳＰＶの株式取得方式は、導入企業が保有する自己株式の譲受方式であるが、自己株式の処分方式によることは、自己株式の有効活用により資金調達の多様化を図ることが可能であるとされている。導入企業は一括してＳＰＶに対し自己株式を売り渡すから、自己株式の処分の手続は一回で済むという利便性がある。

　なお、このスキームは、導入企業が保有する自己株式をＳＰＶに対して譲渡

(1) 藤瀬裕司ほか「シンセティックＥＳＯＰの概要とその可能性」商事法務1734号18－19頁

する自己株式の取得方式であるが，ＳＰＶによる市場買付けのスキームを工夫し，検討することも必要であると考えられる。

　ＳＰＶを通じて導入企業株式（自社株式）を取得するプランであることから，ＳＰＶが子会社に該当したのでは，このプラン自体が成り立たない。導入企業がＳＰＶの議決権などを支配しないような仕組みと運用を行うことが必要である。ＳＰＶが，法律上の子会社でないようにプラン設計した場合であっても，導入企業がＳＰＶの株式取得資金の調達に際し保証をしていること，ＳＰＶに対し匿名組合出資をしている関係から，会計上の処理としては，ＳＰＶを連結の範囲に含めるという方法が検討されている。

2　一般社団法人型プランのスキーム

(1)　一般社団法人型プランの基本構造

　一般社団法人型プランの仕組みは，①Ａ社はＳＰＶに対し匿名組合出資をする。②ＳＰＶはＳＭＢＣより株式取得資金について融資を受けるが，Ａ社は当該融資に対し保証をする。③Ａ社はＳＰＶに対し自己株式を時価で処分するが，ＳＰＶは持株会が購入する株式の10年分に相当する当社株式を一括して引き受ける。④ＳＰＶは取得した株式につき有価証券管理処分信託（信託口）を設定する。⑤従業員は，毎月の給与，賞与の支給月については賞与の一定額を，奨励金と合わせ持株会に拠出する。⑥持株会は，毎月，当該拠出金をもって，信託口から時価でＡ社株式を買い受け，ＳＰＶは信託口を通じて売却代金を受領する。⑦ＳＰＶは受領した売却代金をもって，ＳＭＢＣに対し融資元利金の返済をする。⑧ＳＰＶは，その保有するＡ社株式に係る議決権を，持株会の議決権行使割合に応じて行使する。

　このプランは，ビークルとしてＳＰＶを用いるのと，株式の取得方法を導入企業の保有自己株式の譲受けにすることを別にすれば，信託応用型プランとそれ程大きな差異はないように思える。野村証券の E-Ship が，ビークルとして専用信託を用いるのに対し，このプランはＳＰＶを用いるという違いはあるが，

プランのスキームは，ほとんど共通している。そこで，信託応用型プランに準じて考えていけばよいが，一般社団法人型プランの仕組みは次のようである[2]。

（2） 一般社団法人型プランのスキーム

一般社団法人型プランの，具体的スキームは次のとおりである。

① 発行会社は，設立された中間法人（現在では一般社団法人）ＳＰＶに対し，匿名組合出資を行う。

このプランは，ビークルとして専用信託を用いるのではなく，中間法人であるＳＰＶを設置する点に特徴がある[3]。

導入会社は，ビークルとして人的・資本関係において切断された別法人である有限責任中間法人（ＳＰＶ）を設立し，ＳＰＶを営業者，発行会社を匿名組合員とする匿名組合契約（商法535条）を締結する。匿名組合契約は，営業と営業者という概念を要求するから（商法535条，536条1項），相手方の商人性が要求される。営業者となるＳＰＶは有限責任中間法人であるから，当然に商人性が認められるものではないが，ＳＰＶは持株会との間で，発行会社の株式を買い入れて，持株会へ時価で売却することを約し，その履行として発行会社の株式の買入れを実行するから絶対的商行為に該当し，商人性が認められる（商法4条1項，商法501条2号）と説明されている。

② 銀行は，発行会社による保証を条件にＳＰＶに対しローンを供与する。

発行会社は，ＳＰＶに対して基金と匿名組合として出資金を拠出して，株式取得資金の一部を供与するが，それは，株式取得資金のごく一部に過ぎず（匿名組合出資は株式取得資金の5％程度），大半は銀行からの借入れにより調達する。ＳＰＶの借入れに対し，発行会社は銀行に対して保証することから，ＳＰＶが

（2） 藤瀬裕司ほか「シンセティックＥＳＯＰの概要とその可能性」商事法務1734号18頁以下，河本一郎ほか「シンセティックＥＳＯＰ／スキームの適法性」商事法務1776号4頁以下参照

（3） 平成18年6月2日公布の「一般社団法人及び一般財団法人に関する法律」により中間法人法は廃止されるが，新法施行の際に現存する有限責任中間法人は，みなし一般社団法人として存続する（整備法2条1項）

プログラム終了時に株式を処分してもローンを返済できない場合には，保証債務を履行しなければならない。

　企業は，匿名組合契約に基づいて損益の分配としてＳＰＶ保有株式の配当を受け，また保証債務を履行しなければならないから，ＳＰＶの株式取得に対し経済的利害関係を有している。しかし，ＳＰＶによる株式取得が行われ，それは持株会への移転という一連のプロセスの過程においてなされ，ＳＰＶが保有する株式の議決権行使についても，発行会社からの独立性が確保されていれば，会社の計算による自己株式の取得とはならない。

　③　ＳＰＶは，発行会社の保有する自己株式の割当てを一括して受ける。その買付規模は，従業員持株会の過去の買付実績等に照らし，合理的な範囲内（例えば，20年分）とする。

　ＳＰＶが保有する発行会社の株式については，例えば，従業員持株会の各構成員の行使効果を議決権数に応じて反映させるなど，あらかじめ定款等で定められた方針に従い，議決権が行使される。

　ＳＰＶは，従業員持株会に譲渡するために，発行会社の保有する自己株式を一括して買い受けるのであるが，例えば，10年分を一括して買い受けるとすると，かなりの量の株式の取得と保有になる。しかし，買受資金は借入金によることから借入金の金額も巨額化し，弁済の確保や支払金利が問題になる。そこで，一括して買い受ける株式の数量は合理的な範囲内とすることが必要となる。

　ＳＰＶが保有する発行会社の株式の議決の行使については，発行会社からの独立性を確保するとともに，参加従業員の意思を反映させるなど，あらかじめ定められた方針に従い議決権が行使されるようにされている。

　なお，従業員の株式保有による安定株主の確保により，買収防衛策という効果の実現を図ることができるとしても，それは，あくまでも副次的なものと理解すべきである。

　④　発行会社の従業員は，毎月の給与等から，従業員持株会に株式購入資金を払い込む。

　制度参加従業員は，毎月，従業員持株会に対し給与等から天引きの方法で，

株式購入資金を拠出するのであり，現行の月掛投資方式と同様の方式である。問題は，従業員持株制度の実施会社の場合，従業員は現行の拠出金と併せて，2重に拠出しなければならないことになるから，この点をどう取り扱うかという問題が生ずる。

⑤　従業員持株会は，毎月，従業員からの払込金をもって，SPVからその時々の時価で発行会社の株式を買い取り，各従業員の口座に持分を割り当てる。

SPVは，持株会に譲渡するために発行会社から，一括して自己株式を譲り受けて保有し，毎月，時価で従業員持株会に譲渡する仕組みである。持株会は従業員からの払込金（拠出金）により，SPVに対しその都度代金を支払うのである。

持株会は毎月の支払により，それに相当する量の自社株式を譲り受け，その株式を各従業員の拠出金に応じて，各人の口座に割り当てるのであるが，これは，現行持株制度の月掛投資による場合と同様の手法である。

⑥　SPVは，従業員持株会から受領した株式売渡代金をもって，毎月銀行にローンを弁済する。

SPVは，一括して自社株式を取得するのであるが，その取得資金はレバレッジド方式（借入金方式）により調達する。そして，銀行借入金を毎月分割弁済するのであるが，弁済金の原資は毎月，持株会に分割譲渡した株式の受領代金をもって充てることになるから，計画的に持株会に分割譲渡することが可能な場合でなければプランは破綻する。

SPVは，保有株式を所定の期間内に，全部持株会に譲渡しなければならないから，それに見合った数量であることが要求される。持株会に時価で譲渡することから（持株会の取得資金は，ほぼ一定額である），株価の高騰状態が継続した場合は，譲渡株式数が減少し期間内に全部譲渡し得ない場合があり，反対に，株価の低迷状態が継続した場合は，期間内に分割譲渡する株式数が足らなくなる。

⑦　一括取得した株式を，毎月，持株会に分割譲渡を続けることにより，SPVが保有する発行会社の株式が従業員に分配される。

ＳＰＶは，一定の期間内に持株会に譲渡する予定数の株式を発行会社から譲り受けて保有し，毎月，継続的に持株会に譲渡し，持株会はその都度従業員に分配するのであるから，これを繰り返すことにより，所定の期間の終了時には，ＳＰＶが保有する全株式が持株会に帰属することになる。そして，期間の終了時に，ＳＰＶに生じた株式譲渡損益等は確定する仕組みである。

　ＳＰＶに支払不能の債務が残っていた場合は，発行会社は保証債務の履行として弁済責任を負うが，反対に，譲渡益がプールされていた状態の場合はどうなるかであるが，発行会社の匿名組合出資としての拠出は少額であるから，持株会に帰属させるべきであるが，この点，プランにより明確にしておく必要がある。

　プランの終了後に，ＳＰＶに売却益の累計がある場合，それを参加従業員に分配することができるかという問題がある。信託型プランの場合は，対象従業員は受益者であるから，それを分配することになる。しかし，ＳＰＶは社団法人であるが従業員はその社員（構成員）ではない。また，ＳＰＶに生じた損益は匿名組合出資の分配となるから，売却益の累計は匿名組合出資をした導入企業に属し，従業員には属さないことになる。

　そうすれば，このプランによれば，従業員は持株会を通じて安定的に自社株式を取得することはできるにしても，インセンティブ効果を期待できないことになり，従業員の立場でみた場合，現行従業員持株制度の運用とどう違うのか，どのような利益があるのかという疑問が生ずる。そこで，このプランについては，奨励金を高額にするなどの工夫が必要となる。いずれにしても，従業員よりも導入会社とその経営陣にとってメリットが大きいプランであるということができよう。

　そこで，プランの終了時にＳＰＶに利益が生じていた場合には，プラン参加の従業員に分配する工夫と方策を検討することが喫緊の課題というべきであろう。

(3) 三井住友銀行のシンセティックESOP
① プラン導入の意義と目的

わが国で，最初に開発された新プラン（従業員持株会発展型プラン）であり，「シンセティックESOP」と名付けられている。これは，アメリカで普及しているESOP（退職給付制度）を参考にして三井住友銀行が独自に開発したものであるが，ビークルに有限責任中間法人（平成20年12月1日以後に開始されたプランについては，有限責任中間法人が，一般社団法人になる）を用いて，匿名組合出資する一般社団法人型プランである。

シンセティックESOP導入の意義として，①従業員持株会に対する長期的かつ安定的な株式の供給を可能にするほか，SPV（ビークル）が保有する株式の議決権について，持株会の議決権の行使割合に行使する仕組みとすることにより，持株会の会員である従業員の議決の強化を図ることができる。②従業員の意思の反映によるコーポレート・ガバナンスの充実強化を図ることが期待できる。③従業員持株会による株式取得では，毎月一定日に集中することから株式の市場流通性を圧迫し，株価が一時的に上昇するという問題があるが，この問題を回避し，総体的に安定した投資環境を確保する効果が期待できるとしている。

第8章　一般社団法人利用型のプラン

② シンセティックＥＳＯＰプランとスキームの骨子

三井住友銀行のＥＳＯＰストラクチャー

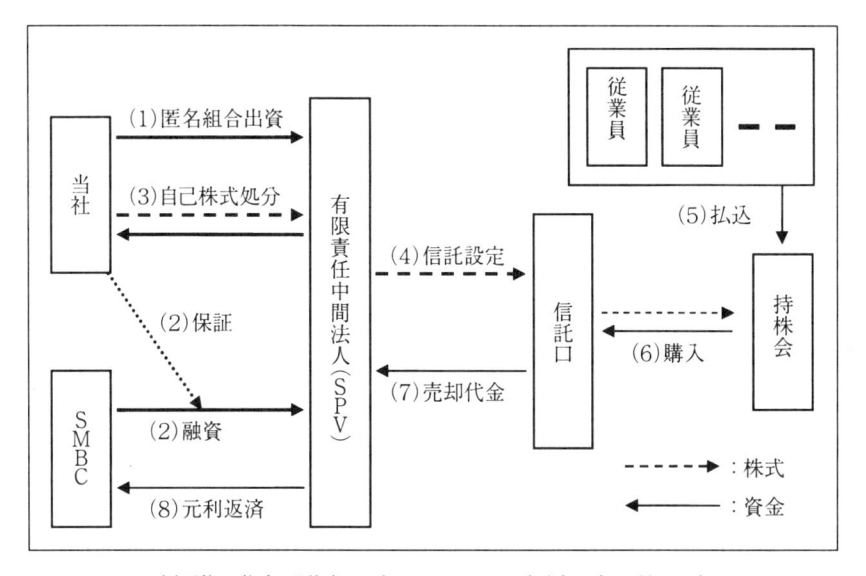

```
当社 ─(1)匿名組合出資─→ 有限責任中間法人（ＳＰＶ）
当社 ←─(3)自己株式処分─
当社 ┈(2)保証┈→ ＳＭＢＣ
ＳＭＢＣ ─(2)融資─→ 有限責任中間法人
有限責任中間法人 ─(4)信託設定┈→ 信託口
信託口 ←─(6)購入─ 持株会
従業員 ─(5)払込─→ 持株会
信託口 ─(7)売却代金─→ 有限責任中間法人
有限責任中間法人 ─(8)元利返済─→ ＳＭＢＣ

┈┈→：株式
───→：資金
```

（出所）　住友不動産のプレスリリース（平成20年２月７日）

①　プランの導入企業は，プランの導入のために，予め市場買付け等により自己株式を取得して保有する。

このプランは，導入企業がＳＰＶに対する自己株式の処分としての譲渡型であることから，導入企業はあらかじめ必要な自己株式を確保しておく必要から自己株式を取得するのである。しかし，すでに相当数の自己株式を保有している場合は，あらためて自己株式を追加取得する必要はないと考えられる。

②　導入企業は，ＳＰＶ（ビークル）を設置し，匿名組合契約に基づく出資をする。

ＳＰＶとして，有限責任中間法人を用い，匿名組合趣旨を行うのがこのプランの特徴である（平成20年11月30日以前に開始されたプラン）。一般社団法人及び一般財団法人に関する法律が施行された平成20年12月１日以降に導入されたプランについては，ＳＰＶは一般社団法人である。

匿名組合出資は，株式取得資金の原資として使用するためでなく，プランの運営費用に充てるためである。ＥＳＯＰ信託（特別信託）を用いるプランの当初信託に相当するものである。

③　三井住友銀行は，導入企業による保証を条件に，ＳＰＶに対し資金を貸し付ける。

ＳＰＶに借財能力を認めて，ＳＰＶが株式取得資金を銀行から借り入れるのであるが，借入れに際し導入企業が保証する。これは，ＥＳＯＰ信託を用いるプランと同様である。

④　導入企業は，ＳＰＶに対し保有する自己株式を一括して処分（譲渡）する。ＳＰＶは，銀行からの借入金により処分自己株式を引き受け，株式譲受代金を支払う（引受額の払込み）。ＳＰＶは，譲り受けた株式につき有価証券管理処分信託（信託口）を設定して管理する。

このスキームは，基本的には特別信託を用いるプランと共通するが，ＳＰＶの株式取得の方法は，自己株式の処分としての譲受型であり，また有価証券管理処分信託を用いるという点で，特別信託を用いるプランと異なる。なお，株式買入れのための原資が銀行からの借入金によることから（レバレッジド方式），退職給付型のプランとはスキームが大きく異なる。

ＳＰＶは，取得した株式について有価証券管理処分信託（信託口）を設定して管理するのは，ＳＰＶ自らが株式の管理に適さないからであるが，信託口を設定することから，この限りにおいて，このプランも信託を用いるプランであるといえよう。

⑤　従業員持株会の会員である従業員は，導入企業から支給される給賞与および奨励金をもって，毎月，従業員持株会に拠出金を払い込む。

持株会の会員が，毎月，給与等から天引きの方法で一定額を奨励金と合わせ持株会に拠出するという方式であり，特別信託を用いるプランと同様のスキームである。なお，これは従業員持株制度の運用システムである。

⑥　従業員持株会は，毎月，会員である従業員からの拠出金をもって，ＳＰＶ（信託口）から時価で株式を買い付け，各会員に当該株式に係る持分を割り

当てる。

　持株会は，毎月，会員である従業員からの拠出金を一括して，これによりＳＰＶ（信託口）から時価で株式を買い付けるのであり，ＥＳＯＰ信託を用いるプランと同様のスキームである。従業員持株制度が市場買付方式であるのと異なる。持株会が買い付けた自社株式について，各組合員が拠出額に応じて株式持分を有することは，ＥＳＯＰ信託を用いるプランや従業員持株制度の場合と同様である。

　⑦　ＳＰＶは，従業員持株会から支払われた株式売却代金をもって，順次，銀行からの借入金（ローン）を返済する。返済するというスキームは，ＥＳＯＰ信託を用いるプランと同様である。

　⑧　ＳＰＶは，その保有する自社株式に係る議決権を，持株会の議決権行使割合に応じて行使する。

　持株会に譲渡する以前の株式の議決権について，ＳＰＶは持株会の会員の意向に従って行使しなければならないとの趣旨である。

③　プランの導入企業

　最初にシンセティックＥＳＯＰを導入したのはネクシィーズである。ネクシィーズ（東証・大証１部上場）は，平成18年４月，シンセティックＥＳＯＰの導入を決定し，同年９月，従業員を通じたコーポレート・ガバナンスの向上等を目的としてこのプランを導入した。それは，ＳＰＶ（ビークル）がネクシィーズの保証により銀行から資金を借り入れ，これにより，ネクシィーズが保有している自己株式を，長期間にわたり持株会に対し譲渡することが見込まれる株式の十数年分相当数を，ＳＰＶに取得させるというスキームである。

　ネクシィーズは，ＳＰＶに対する議決権その他の法律上の支配権を有しないが，ＳＰＶの資金調達に際し保証をしている等の事情に照らし，保守的にＳＰＶを連結範囲に含めている[4]。

---

(4)　ネクシィーズの2006年４月13日付けプレスリリース『シンセティックＥＳＯＰの導入に関するお知らせ』

導入の契機として，これにより，市場の需給関係に影響を与えずに一定の株式を取得できることから，株価が一時的に上昇することなど，市場の影響を受けることなく，持株会に対し安定した株式の供給を可能とするとしている。

この制度の導入により，ネクシィーズの発行済株式数に対する，ＳＰＶの保有比率は5.3％となり，保有比率は2.2％の持株会を抜いて保有比率２位の株主となっている（東洋経済「会社四季報」2007年４集）。

なお，住友不動産も，ＳＰＶの取得予定株式数は，従業員持株会が将来にわたって取得すると見込まれる株式の十数年分とし，会計上，保守的にＳＰＶを連結範囲に含めるとしている[5]。

---

(5) 住友不動産の平成20年２月７日付けプレスリリース『従業員持株会連携型ＥＳＯＰ導入に関するお知らせ』

第9章　新プランと会社法上の問題点

1　会社法上の検討すべき問題点の概要

（1）　新プランと会社法上の問題が生ずる原因

　新プランについて法律上の問題点について懸念があったことから，報告書（ガイドライン）は，現行法の枠内で新プランの実施を可能とするために，従業員持株会発展型のプランを中心に，主として，会社法の観点から問題点を洗い出した。そして，会社法および会計上の問題についての解決のための方向を示すことにより，制度普及のために側面からの支援を行った。そして，いずれも法律的観点からの問題はパスするとしている。

　新プラン（日本版ESOP）は，法律上の観点からみても，会社法等に多くの重要な問題を含んでいる。そこで，新プランの導入に際し，どのような会社法等の法律上の問題点が存在するのか，それにどう対処し，どう解決するかが問題になる。これを適切に行わなければ，新プランが違法とされるだけでなく，導入会社の取締役の責任が問われかねないことになる。

　新プランは適法であることが要求されるのは当然であるが，特に会社法に抵触しないプランの内容が要求される。適法性が問題になる根本的な原因は，ESOPは特別法（エリサ法）により根拠付けがなされたプランであり，その内容は全額企業拠出の年金型のプランである。

　これに対し，新プランは特別な立法的な措置を講ずることなく，現行法の範囲内でプラン設計をしなければならないことから，適法性の確保に苦心せざるを得ない。その根本的原因は，会社は従業員に対し無償で自社株式を給付（交付）することができないという会社法の基本構造の下で，新プランを導入しなければならないという制約があることである。

　次に，新プランは会社が導入して実施するのであるから，プランの実施と運

営のためには、導入企業が何らかの財政的支援をすることが不可欠である。そして、この財政的支援をすることが会社法上の問題につながるのである。

新プランをめぐる会社法上の問題点の解決は、持株会発展型のプランよりも、会社法との抵触の可能性が強い退職従業員給付型のプランの方がより深刻となるといえよう。ここに、現在導入されているプランの大半がＥＳＯＰとの近似性を断念して、ビークル（受け皿）を設け、ビークルが自社株式の取得資金を借入金で調達し、取得株式を持株会に譲渡するとし、次いで、持株会の自社株式の取得資金は、会員の拠出金と企業から支給される奨励金によるとの持株会を応用した持株会発展型のプランを選択している理由があると考えられる。

それは、ＥＳＯＰのような退職給付制度ではなく、自社株投資の色彩が濃厚なプランとなる。しかし、現行法の下で、レバレッジド型のＥＳＯＰと持株会を結びつけたプランであるとして評価されるべきである。そこで、それに適応した法律的な対応をすることが必要となる。

（２） 新プランと会社法上の問題

新プランは、全額企業拠出（自社株式の無償給付）のプランは認められないとの現行法の下で、プランの運営のためにビークルを設け、導入企業がビークルおよびプラン参加従業員に対し、必要な財務的支援をすることから、会社法上の多くの問題が生ずることは避けられないが、それをどう調整するかが問われることになる。

新プランをめぐる問題点の中心は、株式取得のための原資の確保である。この問題が解決できれば、他の会社法上の問題点の解決は容易であるが、反対に、株式取得原資が適正に確保されなければ、プランそのものについて会社法上の問題点が解決できなくなる。新プランの多くがビークルによる借入方式による従業員持株会発展型であるのも、主として株式取得のための原資を適法に確保するための工夫とみることができる。

「報告書」は、会社法上の論点として、①ビークルが導入企業株式を取得することと、子会社による親会社株式の取得禁止規制や自己株式に関する規制と

の関係，②導入企業が，ビークルや従業員に対して財政的支援を行うこと等と，株主の権利の行使に対する利益供与や株主平等原則，株式の有利発行規制との関係を中心に取り上げて検討している。

　新プランについて，派生的に発生する問題として，株式取得資金の大半が，従業員の拠出によることから退職まで引き出すことができないプランは無理である。そこで，持株会の規約により引出制限をなし得るか，奨励金の支給割合を高めることにより引出制限を設けることが可能であるか，途中で退職または脱退した従業員に対する最終利益の分配などがあるが，これについてはすでに述べたとおりである。

　また，プランの終了時に，ビークルに借入残債務があっても，受益者であるプラン参加の従業員に弁済責任はないが，新プランは自社株投資であることから，株価の値下がりリスクは従業員が負担しなければならないことは，従業員持株制度の運用による場合と同様である。

　会社法上，生ずることが予想される会社法の重要な問題点として，報告書は，①子会社による親会社株式の取得禁止規制との関係，②自己株式に関する規制の適用の有無，③利益供与との関係，奨励金について，④株主平等原則との関係，④有利発行規制との関係で問題点を指摘し，問題点を整理し検討した上で会社法上の適法性を理由付けている。さらに，自己株式の取得規制など根幹に係わる問題のほか，無償給付と特別背任罪，持株会への時価での譲り渡し，刑事責任としての自己株式の違法取得罪，自己株式の処分としての第三者に対する譲渡，譲渡価格，株主の利益供与，保証料の徴収などが関係する。

　しかし，新プランについて，まず検討することが必要なのは，プランの運営のための会社の財務上の支援をめぐる問題であり，これが多くの法律上の問題点に派生する。

（3）　議決権行使の独立性

　新プランは，企業が導入し，財務的にも支援するのであるから，企業による議決権支配が問題になるが，買収防衛策としての安定株主確保の機能が期待さ

れることから，議決権行使をめぐる問題が生ずることは不可避である。そこで，ビークルの議決権行使の独立性の確保が重要である。これが認められなければ，適正な導入と運営といえないばかりか，自己株式の取得，株主の権利行使に関する利益供与という問題も生ずる。

　アメリカにおけるＥＳＯＰの議決権行使についていえば，ＥＳＯＰは退職給付基金であるから，専ら構成員の利益のために義務を履行しなければならないという，ＥＳＯＰの受託者には受託者責任が課せられていることから[1]，受託者が経営陣の意向に従って自由に議決権を行使することはできない。この点，わが国の信託型プランの場合は，信託管理人の指図により，ビークルが議決権を行使することから，議決権行使の独立性は制度的に確立されているといえよう。

2　新プラン実行と会社の財務的支援の適法性

(1)　プランの導入と会社による財務的支援

　プラン導入企業は，ビークル（ＥＳＯＰ信託・ＳＰＶ）に対しプラン運営のために必要な一定の資金を拠出し（当初信託または匿名組合出資），また，従業員の株式取得資金の拠出に対し奨励金を支給し，ビークルの株式取得資金の借入れに対し保証するなど，新プランの導入と，運営のためには会社が財務的支援をすることが不可欠である。もとより，それは適法性の確保が要求され，合理的な範囲内に限られることはいうまでもない。

　プランの導入と運営のために，導入企業が資金を拠出して運営費用の一部を負担し，従業員に対し奨励金を支給することは，従業員の福利厚生目的で相当額の範囲内で認められることは，既存の従業員持株制度に関する場合と同様に考えられる。加えて，新プランは銀行からの株式取得資金を借り入れるスキームであることから，会社の保証が必要となるが会社の保証の適法性も問題にな

---

(1)　横山　淳・大和総研「ＥＳＯＰと買収防衛策」〜制度調査部情報〜2005年7月1日2頁

る。

　新プランのための会社による金融上の支援は，従業員持株制度と比較してかなり大きくなると考えられる。金融上の支援は，直接的にはプランの運営資金に関して問題にされるが，自己株式の取得規制との関係でも問題になる。会社が経済的支援をすることは不可欠であることから，経済的支援をして新プランを実施することが，企業と従業員の利益につながると判断して，経済的支援をすることは必要な措置として許されることになる。

　導入企業が財務的支援をすることが，従業員の福利厚生のために役立ち，従業員の勤労意欲の向上のインセンティブに役立ち，ひいては企業利益になるとの判断のもとで，必要なコストとして支出することは許される。もとより，それは合理的な金額の範囲内のものでなければならない。過大な支出は不当な会社資金の使用として取締役の任務懈怠（善管注意義務）の責任が発生する可能性がある。

　財務的支援の適法性は，必要性と支援の程度によって判断されるのであるが，合理的な範囲内であるか否かは，新プランの導入コストを含めた会社全体の福利厚生費の水準について，導入会社の財務状況，経営状況等を踏まえ，他社の一般的な福利厚生水準などを参考にして決定されることになるが，多分に経営判断の原則が適用される場合である[2]。

　そこで，新プランの実施のための財務的支援であっても，必要性と相当性の範囲を超えた場合は適法とはいえないことになる。この場合，財務的支援全体が違法となるのではなく，必要性と相当性の範囲を超えた部分が，違法な支出となると解される。この場合，財務的支援を行った取締役の任務懈怠（善管注意義務違反）の責任が問題になる場合がある。

　新プランの導入と運営のためには，導入企業による支援が不可欠である。導入企業による支援は，ビークルに対する支援（拠出）と対象従業員に対する支援（奨励金の支給）とに分けられるが，これは，従業員持株制度における持株

(2)　葉玉匡美＝生頼雅志「従業員持株ＥＳＯＰ信託の法務上の問題点」商事法務1915号15頁参照

会に対する支援と従業員に対する支援に対応するものである。

　これらの問題は，会社による保証問題を除けば（従業員持株制度では，持株会が資金を借り入れて自社株式を取得するような運用はなされていない），従業員持株制度の運用についてすでに解決済みであるので，新プランについてもこれと同様に考えればよい。しかし，ビークルの銀行からの借入れに対し，導入企業が保証することから，これとの関連で新たな問題が生ずる。

　「報告書」は，ビークルが自社株式を取得するための財源は，導入企業からの金銭拠出，金融機関からの借入れであるとした上で，導入企業がビークルに対して財政的支援を行うこと等と，株主の権利行使に対する利益供与や株主平等原則，株式の有利発行規制との関係で問題にしているが，プランはこれらの規制に抵触しないと結論づけている。

（2）　新プランと従業員に対する奨励金の支給
①　奨励金支給の必要性とその限度

　従業員に対し，会社が無償で株式を給付することができない（株式の取得資金の全額を企業負担によるプランは認められない）との法制の下で，従業員の株式の取得資金は従業員が拠出するが，会社はそれに対し一定の奨励金を支給することにより，それを支援するという形で合法化されたものである。奨励金の性質は福利厚生費と解され，福利厚生費と認められる限度で支給が適法とされるのである。ただ，税務処理としては給与所得として取り扱われ，従業員に課税されることになる。

　プラン参加者従業員は，自社株式の取得資金として持株会に拠出するのであるが，導入企業は拠出金に応じて計算した奨励金を支給することができる。導入企業は福利厚生費として認められる合理的な範囲で，奨励金を支給することができることは，従業員持株制度の運用の場合と同様である。

　もとより，福利厚生費と認められる範囲というのは，従業員の拠出に対する支援（奨励金の支給）の範囲をいうのであり，福利厚生費と認められる範囲であれば，従業員に無償で株式を給付することが認められるという意味ではない。

第9章　新プランと会社法上の問題点

　この点，退職従業員交付型のプランの導入者は，福利厚生費と認められる範囲内であれば，自社株式を無償給付をすることが許されると理解しているようである。しかし，このようなことが許されるのではない。

　従業員持株制度の運用のために，会社が持株会および制度参加従業員に対する経済的支援をすることが認められている。従業員持株制度は，自社株投資という貯蓄的な性質から，従業員が毎月少額の資金を拠出して継続的に自社株式を買い付けるのに対し，会社が奨励金を支払う（多くは，従業員の拠出額の5％〜10％程度）というプランである。

　新プランについても，奨励金の支給の必要性と合法性について，従業員持株制度の場合と同様に考えればよい。もっとも，新プランについては，奨励金の支給額（支給率）を高めに設定することが必要とされるがそれは可能であろう。奨励金の支給は，従業員持株制度の場合と同様に，プランにより取得した株式の値下がりにより，参加従業員の損失発生を補填するために，事前に支給されるものであるとの性質をも有していると解される。

　新プランによる持株会の株式取得は，従業員持株制度の運用（市場買付け）とは異なり，ビークルが一括して大量に取得した自社株式を，順次，持株会に売り渡すというスキーム上の相違はある。しかし，持株会が株式を取得する資金（原資）は従業員の拠出によることから，従業員の拠出に対し導入企業が奨励金を支給することが許されることは，従業員持株制度の場合と同様である。

　どの程度までの奨励金の支給が許されるかは，合理的範囲の問題であるが，企業規模，企業業績，同業他社との比較において決することになるが，従業員持株制度の運用より高めに設定して，場合によっては奨励金の支給率を100％とすること（例えば，従業員が持株会に1口1,000円を拠出する場合に，会社が1,000円の奨励金を支払えば，1口当たりの拠出金額が2,000円となる）も可能であると考えられる。

　新プランについては，奨励金の支給率を弾力的に取り扱うことが必要であるかもしれない。この点，奨励金の額は従業員の拠出額の何％以内という画一的な制限によらないことも考えられるとの立場がある（報告書21頁）。これは，従

業員持株制度の場合の奨励金の支給率よりは弾力的に取り扱うべきことを示唆するものと解される。

　奨励金の支給額を増やせば、実質的には全額会社拠出のプランに近づくことになり、ＥＳＯＰに近づくことが期待できるとの考え方もできる。しかし、奨励金の性質から支給額には限度がある。新プランにおいても支給される奨励金の性質は福利厚生費であって、奨励金の支給により、従業員による自社株式取得を推進するとの趣旨から、自ずと性質上からの限界があり、従業員の拠出額以上の奨励金の支給は認められないといわなければならない。

　奨励金の支給率は変更ができないものではなく、企業業績等に応じて変更（増減）は可能である。しかし、このことは対象従業員に事前に説明し、理解を得ておくことが無用の混乱を回避するために必要である。

②　子会社従業員に対する奨励金の支給

　新プランの対象者は持株会に参加する従業員（会員）であるが、持株会に参加できる従業員の範囲に、子会社の従業員が含まれている場合がある。この場合は、持株会に加入している子会社の従業員をプランの対象者とするプランを設定することは可能である。

　子会社の従業員も、プラン参加従業員として、持株会に拠出してプラン導入企業の株式を取得することになる。子会社の従業員のプラン参加を促進するためには、子会社の従業員にも奨励金を支給することが必要となる。この場合、持株会における統一的な事務処理の必要から、一口当たりの拠出金とこれに対する奨励金の支給額は、親会社の従業員と子会社の従業員を統一して同額にすべきであろう。

　問題は、プラン参加の子会社の従業員に対する奨励金の支給は、親会社（プラン導入企業）が行うべきか、それとも従業員が勤務している子会社が行うべきかという点である。新プランの趣旨と機能に照らせば、親会社が奨励金を支給するという考え方もできなくはないが、奨励金の性質が福利厚生費であり、

税務上の処理としては各従業員の給与所得となることから、子会社の従業員に対する奨励金の支給であっても、親会社が支給するのではなく、子会社が支給すべきである。この点、従業員持株制度の運用の場合と同様である。

(3) ビークルの借入れと会社の保証
① 導入企業による保証の必要性

従業員持株制度の場合は、持株会が民法上の組合の性質を有することから、持株会による借入れができないなどの理由で持株会が借入れをすることはなく、会員である制度参加従業員の拠出金と会社から支給される奨励金を一括して、毎月、定時・定額買付けを行うシステムである。

これに対し、新プランにおいては、導入企業の運営上の支援としてビークル（特別信託・ＳＰＶ）に対する拠出（当初信託・匿名組合出資）のほかに、ビークルの借入れに対する債務保証がある。これは、新プランはビークルの自社株式の取得資金は銀行借入れによることから、借入れをスムーズに行うためには、導入企業による保証は不可欠であることを理由とする。反面、ビークルが支払不能に至れば、導入企業は保証債務を履行しなければならない。

導入企業によるビークルに対する運営上の支援は、当初信託または匿名組合出資であって、これは株式の取得のための資金の拠出とは異なる。導入企業が株式の取得資金として支援し得るのは、従業員に対する奨励金の支給に限られ、ビークルの株式取得のために会社が資金を拠出して援助をすることはできない。

そこで、導入企業によるビークルの自社株式取得のための金融支援は、ビークルの借入れに対する保証という形でなされる。なお、導入企業がビークルに株式取得資金を貸し付けるという方法も可能であるが、この方法を用いるプランはない。この方法によることは、第三者名義による自己株式の取得であるとの懸念が生ずることにもなりかねない。

新プランのスキームは、ビークルが一括して大量の自社株式を買い付けることから、多額の株式取得資金を必要とするが、銀行からの借入れにより資金を調達することになる。この場合、プランの導入会社がビークルが株式取得資金

を借り入れるに際し、保証することが不可欠であるから、プランの導入会社の保証がプランの内容として設定されている。

会社（導入企業）が保証することは、長期間のプランの実施期間中に、持株会に対し計画的に株式を譲渡できない場合、あるいは、ビークルの保有期間中に株価の下落などによりビークルに損失が生じ、ビークルが計画的に銀行借入金の弁済が困難な事態に至れば、会社は保証責任を免れないことになる。

ビークルが支払不能の状態に陥った場合、会社は保証責任を免れないから会社に損害が生ずることも想定できる。しかし、保証は正当目的であるばかりか、新プランの実施のために必要不可欠であることから、保証はその内容にもよるが、一般に、正当な金融支援として適法なものである。もっとも、プランの内容はしっかりしたものでなければならない。計画設計に無理があり、ビークルの弁済に困難であることを予見しながら、プランを導入し、自社株式の取得資金の借入れについて保証したような場合については、取締役の任務懈怠責任が発生することは避けられない。

② 保証料の徴収の要否

会社が保証した場合、保証債務の履行というリスクに加え、自己株式性や株主の権利行使に関する利益供与性が問題になるとの観点から、対価性を確保すべくプランの内容として保証料の徴収が行われている。

会社が債務保証した場合は、プランの実施に伴い最終的にビークルに損失が生じ、またビークルが支払不能に至った場合は、会社が保証債務の履行として弁済しなければならない。しかし、これは保証に際してビークルからリスクに応じた額の保証料を徴収しているか否かには係らない問題であり、保証の性質を一般の保証と同様に考える必要はない。

相当な額の保証料の支払を受けていれば、保証によるリスクと保証料の支払が対価関係にあるから、保証が適正になされ自己株式性や株主の権利行使に関する利益供与性の問題が生ずることがないから、導入企業は適法に保証することができるとの趣旨であると解される。

導入企業が特別信託やＳＰＶの借入れについて保証するについて、適正な保証料を収受する必要があるとする理由として、自社株式の取得が会社の計算による取得に該当し、自己株式の取得となることを避けるためであるが(3)、株主の権利行使に関する利益供与となることを避ける意味でもあると考えられる。

保証料の算定は、当初信託期間中に発生する損失の期待値に基づきなされるのであるが、具体的には、外部専門家により合理的に算出された、第三者評価に基づく金額によるべきであるとされている(4)。

しかし、保証料の支払は、必ずしも必要としないと解される。プランの実施のために必要な借入れを行うために、実施会社の保証が不可欠であるから保証するのは当然のことであり、特に保証料を徴収しなければならない必然的な理由はない。ビークルの借入れが適正になされ、したがって、保証も適正であるか否かが問われるのであり、保証と保証料の支払の対価関係を要求する必要はないといえよう。むしろ、会社の保証に対し、保証料の支払を必要とするのでは、プラン自体に無理があると見られてもやむを得ないであろう。そこで、保証料の支払を必要としない内容のプランを設定することは可能である。

保証料を支払ったからといって、自己株式の取得に当たらないことになるとは限らない。会社の計算による取得か否かは保証料の徴収に結び付くものではない。保証料を徴収したからといって、会社の計算による取得ではないとはいえないし、保証料を徴収しなかったからといって会社の計算による取得であるとはいえない。

同様に、保証料を徴収すれば、株主の権利行使に関する無償の利益供与とならないというためには、かなり高額の保証料の支払が要求される。株主の権利行使に関する利益供与となるか否かは、保証料の支払に係わるものではないといえよう。

保証料の支払を必要としても、保証料の支払は単に形式的なものに過ぎないと考えられる。保証料の支払の原資について考えれば、ビークルがプランの運

（3） 太田　洋＝松原大祐「日本版ＥＳＯＰの法的論点」経理情報1134号14頁
（4） 内ヶ崎　茂・前掲商事法務32頁

営費用として，導入企業から当初信託金として拠出を受けた資金で，導入企業に対し，保証料を支払うのであるから，保証料の支払はきわめて形式的なものになる。このように，保証料の支払によりプランと借入れの正当性を担保するものとは解されない。

保証の適法性と保証料の有無は別問題であるばかりか，会社が保証をするのは，プランを実施するために必要不可欠であるからであり，会社が任意に保証するのとは同一に考えるべきではない。保証の適法性は，適正な判断に基づいて保証がなされたか否かにより問題にされるべきであり，保証料の徴収は必ずしも必要ではないといえよう。

保証の適法性は保証料の徴収の有無ではなく，保証の必要性と合理性，そして，保証する額の相当性により判断すべきである。そして，適正な予測の下の保証であれば，結果的に企業が保証責任を履行することになっても，適正な保証による結果であるとして是認されることになる。

ビークルの借入れのために，会社の保証は必要不可欠であるから，結果的に多額の保証責任を免れない場合があるとしても，弁済計画が確実なものであれば保証を認めない理由はない。この場合，適正な保証であれば，保証料とリスクとの対価関係までは要求されないから，保証料の徴収は必ずしも必要ではなく，保証の適法性は保証の合理性と保証額の相当性によるべきである。

自己株式性を否定するためとか，無償の利益供与（会社法120条2項）となることを回避するためというのも，形式的な保証料の支払を受けることにより問題が解決するとは考えられない。

保証料の支払が必要であるとしても，保証料支払の原資がどこから出ているかも問題とせざるを得ない。ビークルが導入企業に支払う保証料の原資は，当初信託とか匿名組合出資に含まれることから，会社が拠出した資金で会社が保証料の支払を受けるのであるから，保証料を徴収する実質的な意味はなく，保証料の支払は極めて形式化し，会社の保証を正当化するための単に名目的なものにとどまる。

保証料の額についても，保証リスクと保証料の対価関係を求めるのであれば，

保証料の額はそれ相当の高額が要求されることになる。しかし，保証料の額の決定に第三者が関与するにしても，保証料の支払原資が会社の拠出によることから，必然的に保証料はそれ程多額なものにすることができない。

③ 会社の保証と自己株式性

　導入企業は保証債務の履行というリスクを負担することから，ビークルが取得し保有する株式（持株会に譲渡される前の株式）について，導入企業が議決権行使を実質的に支配するとか，ビークルに配当金を支払わないという場合は，たとえ，保証料の代わりにするとか，保証料の上乗せという意味であっても，会社の計算による株式の取得となり，違法な自己株式の取得との認定を受けやすくなる。

　また，プランの内容が，到底，ビークルが返済することができないとか，返済困難が予測される場合のように，会社が保証債務の履行を免れないことを予測して保証したような場合は，ビークルの借入金を実質的に会社の資金で弁済することになるから，会社資金によるビークル名義の株式取得として，自己株式性が認定される場合も考えられる。

　「報告書」は，導入企業の保証が会社の計算によるものであること（自己株式性）を否定する補足理由として，導入企業が債務保証に対する保証料を収受する場合，その金額が保証リスクに見合った適正なものであれば，債務保証が実質的な取得資金の負担とみなされるような形式ではないことを補強する一要素となるとの指摘がある。それは，導入企業は保証債務により，自社株式のダウンサイドリスクを負担することになるが，当該リスクのみ一方的に負担するのでなく，リスクに応じた適正な保証料を収受することが，導入企業にとっての債務保証の経済的合理性を説明する一助になると考えられるとするものである（報告書16頁）。

3 子会社による親会社株式の取得禁止規制との関係

(1) ビークルの子会社該当性の問題

　新プランは，ビークルとして特別信託またはＳＰＶを用いて，導入企業の株式を取得し，ビークルが，毎月，定期的に保有株式を持株会に譲渡するというスキームであるが，会社法は子会社による親会社株式の取得を禁止している（会社法135条1項）。

　そこで，ビークルが子会社に該当したのでは，ビークルによる導入企業の株式を取得するというプラン自体が実施できなくなってしまうから，ビークルに関する会社法上の問題として，ビークルの子会社該当性が問題になる。

　「報告書」は，本件スキームにおいては，導入企業がビークルに対して一定の財政的支援（従業員に対する奨励金の支給，ビークルが行う借入れに関する債務保証等）を行うなど，導入企業とビークルの間に一定の関係があることに鑑み，ビークルが導入企業の子会社に該当するか否かが問題になるとして，従業員持株会発展型プランとの関係で子会社該当性を問題にしている。

　そして，会社法上，子会社に該当するか否かは，他の会社によって「財務及び事業の方針の決定」を支配されているか否か（いわゆる実質支配力基準）により判断される（会社法2条3号，会施規3条1項・3項・4項）。

　ビークルによる株式の取得が第三者名義の自己株式の取得に該当し，自己株式の取得規制の対象とならないかという問題のほかに，ビークルの子会社該当性が問題になる。ビークルが子会社に該当すれば，子会社による親会社株式の取得禁止規定との関係から，ビークルによる導入企業の株式を取得できないから，新プランそのものが成り立たないことになる。

　そこで，新プランの導入に際し，ビークルが子会社に該当しないように，制度設計しなければならないのはもとより，運用面においても子会社に該当しないように配慮しなければならない。この点，特別信託を用いるプランと，ＳＰＶを用いるプランのいずれのプランの方が，ビークルの子会社該当性の問題が

生じないかという問題がある。

　導入企業がビークルを実質的に支配していれば、会社法上の子会社とみられることになる。会社法上、子会社となるのは会社だけに限らず、その他の事業体も会社法上の子会社になることから、ビークルについても子会社該当性の問題が生ずることに注意しなければならない。

　この点、一般社団法人形式の場合のビークル（ＳＰＶ）については、ビークルの構成如何によっては、子会社となる該当性が否定できない。これに対し、ＥＳＯＰ信託等の特別信託を用いれば、信託には議決権や意思決定機関の存在を観念できないから、子会社該当性が否定されることから[5]、ＥＳＯＰ信託を用いることが適切であるとの見解がある。しかし、ＳＰＶをビークルとして用いるプランも、ＳＰＶが子会社に該当しないように十分検討し、それに応じたスキームを用意していると見受けられる。

　新プランの場合、導入企業がプランを導入し、ビークルに対しプランの運営費用を拠出し、また、ビークルが株式取得のための借入金について保証していることから、ビークルの独立性が確保されているか否かという形で子会社該当性が問題にされる。具体的には、ビークルの議決権行使の独立性が確保されているか、ビークルの代表者に誰が就任しているか、配当金の支払が現実になされているかなどが関係するが、従業員持株制度の場合と同様に、従業員持株会の独立性の確保基準、つまり議決権行使の独立性が実質的に確保されているか否かを中心に検討すべきである。

（2）　ビークルの子会社該当性の問題

　会社法は、子会社による親会社株式の取得は禁止しているが（会社法135条1項）、子会社には会社以外の事業体も含まれる（会社法2条3号、会施規3条1項・3項）。ビークルが子会社に該当したのでは、子会社による親会社株式の取得が禁止されることから、ビークルによる導入企業の株式を取得するというス

（5）　太田　洋＝松原大祐「日本版ＥＳＯＰの法的論点」経理情報1134号13－14頁

キームそのものが成り立たなくなるから，子会社該当性は極めて重要な意味をもつ。

会社法上，子会社の認定は実質的支配基準によっている。子会社とは，「会社がその総株主の議決権の過半数を有する株式会社，その他の当該会社がその経営を支配している法人等として法務省令で定めるもの」をいう（会社法2条3号）。親会社とは，「株式会社を子会社とする会社その他の当該会社が，その経営を支配している法人として法務省令で定めるもの」であるとしている（会社法2条4号）。

そして，会社が他の会社等（外国会社を含む会社，組合その他これに準ずる事業体）の「財務および事業の方針の決定を支配している場合」の，当該他の会社等を子会社と定めている（会施規3条1項）。

子会社に該当するか否かの第1の判断基準である議決権の過半数支配については，ビークルについて議決権の過半数支配という問題は生じない（ESOP信託については議決権そのものが考えられないが，一般社団法人であるSPVについては，議決権が考えられなくはないにしても，議決権の過半数支配が生じないように制度設計されているはずである）。そこで，第2の判断基準である「財務および事業の方針の決定を実質的に支配されている組合その他これに準ずる事業体」（会施規2条3項2号）に含まれるか否かにより判断されることになる。

ビークルは，会社法上，「組合その他これに準ずる事業体」に含まれることから，「財務および事業の方針の決定を実質的に支配されている」か否かという実質的支配力基準により，子会社該当性が判断されることになる。

導入企業がビークルを設置し，運営のために必要な費用を拠出し，またビークルの借入れのために保証をしている。導入企業は，ビークルと密接な関係があるだけでなく財務的支援をしている。そうすれば，導入企業（他の会社）により「財務および事業の方針の決定」が支配されている可能性が存在する。

この場合，導入企業がビークルを実質的に支配しているという関係が存在すれば，ビークルは子会社と認定されることになる。これに対し，ビークルの運営の独立性が確保され，財務および事業の方針の決定が導入企業により実質的

に支配されていなければ子会社に該当しない。そして，子会社該当性の判断は，ビークルの管理運営の状況，代表者に誰が就任するか，議決権行使の独立性の確保などを総合して判断すべきである。

　もとより，プランの規定上，形式的にビークルの独立性が確保されているだけでは十分ではなく，プランの運用上においても，ビークルの独立性が確保され，実質的に支配されていないことが子会社と認定されないための要件である。

　会計上の取扱いとして，ビークルは財務諸表等規則の「会社に準ずる事業体」として子会社に含まれるとされている。そこで，子会社の認定基準は，企業会計上の基準と共通している（連結財務諸表原則第三　一・2，同注解5，財務諸表等規則8条3項）。しかし，会計基準は連結財務諸表上の子会社の範囲を決めるためのものである。それは，会計上の処理との関係で，連結子会社とみるべきか否かを判断の基準とし，従業員が利益を受ける「他益信託」についても，会計処理上の観点から子会社に該当すると考えるのであり，また導入企業の個別財務諸表上，ビークルの保有株式を自己株式として会計処理を行う必要も理由としているようである。

　連結財務諸表とビークルの子会社判定であるが，信託スキームの場合，他益信託が「会社に準ずる事業体」に該当するかどうかは必ずしも明確でないが，連結財務諸表上，当該信託が子会社に当たるかどうかを検討する必要がある。信託は，財産管理の制度としての特徴も有しており，通常，「会社に準ずる事業体」に該当するとはいえないが，受益者が複数の信託の中には，連結財務諸表上，子会社とみる方が適切な会計処理ができる場合があるとされている。

　したがって，信託スキームにおいて，具体的に，どのような場合に信託が子会社に該当し，どのような場合に子会社に該当しないのかが論点となり得る。

　これに対し，会社法の認定基準は，親会社株式の取得禁止との観点からの規制である。このように，目的を異にする別異の観点からの基準によるものであるから，統一的に子会社として認定する必要はない。そこで，ビークルが会計上の子会社と認定されても，当然に会社法上の子会社に該当するものではない。判断の基準は別個のものである。

（3） ビークルの子会社該当性の判断

　子会社の認定は実質的支配基準によるのであるが，財務および事業の方針の決定を支配している場合とは，単に，財務および事業の方針の決定を支配しているだけではなく，一定の議決権を保有している関係にあるとの形式的要件を必要としている（会施規3条3項）。つまり，一定の議決権を保有していることは実質的支配基準の1つと見られるのである。そうすれば，ビークルの子会社認定の基準として，まず，導入企業が一定の議決権を有しているかを認定のための基準としなければならない。

　ビークルに特別信託を用いるプランについては，信託については議決権が考えられないばかりか，議決権以外の実質的支配基準についても，ビークルによるプランの運営は，導入会社とは別の信託管理人等の指図によりなされることから，プラン上は導入企業がビークルを実質支配することにならない。

　ビークルとして，特別信託を用いる場合については，「財務または事業の方針の決定を支配している場合」との要件は，自己および自己と一定の関係にある者が，所有している議決権の数を基準とするものであるから，信託についていえば議決権の存在しない事業体であるから，会社法上の子会社に該当しないとされている[6]。

　そこで，実質上の運用についても，信託管理人等が，導入企業から独立したものとして指図をなし得る場合は，導入企業がビークルを実質的に支配していないと解されるから，ビークルが子会社と認定されることはない。

　さらに，信託についても議決権（同規則3条3項）が観念され，ここにいう議決権を，受益権，信託財産の管理・処分権，受託者に対する指図権または内容変更権限などであると解しても，会社はいずれの権限も有しないので，同条3項各号に掲げる場合のいずれにも該当しないか，同項柱書の「財務または事業の方針の決定を支配していないことが明らかであると認められる場合」に該当する。そこで，信託は会社法上の子会社に該当しないと説明されている[7]。

（6）　吉原裕人ほか「信託型従業員持株インセンティブ・プランの設計と法的論点」商事法務1786号28頁

次に，ビークルとしてＳＰＶ（一般社団法人）を利用する場合は，ＳＰＶについては議決権を考えることができる。そこで，子会社と認定されることがないようにプラン設定と運営がなされる必要がある。この点については，導入企業は，ＳＰＶに対して匿名組合出資はするが，ＳＰＶの社員にならないことから，議決権を有しないので会社法施行規則３条３項１号の要件には該当しない。また，株式取得資金の借入れに際し，保証をするが，社員にならないから２号本文の規定する前提を欠き，会社法上，ＳＰＶは子会社とならない。このように，ＳＰＶは，議決権の行使に当たり持株会の意向を重視するが，持株会は議決権を統一して会社と同一方向に行使する仕組みではないから，持株会の意向に従い議決権を行使しても，会社と同一の内容のものではないから子会社に該当しないと説明されている(8)。

ビークルが導入企業により実質支配されているか否かは，このようなプラン設定によるが，運用の実際においても，ビークルの管理運営の状況，だれが代表者に就任するか，議決権行使の独立性が実質的に確保されているか，などに基づき総合的に判断することになる。この場合，ビークルの資産の管理と処分について，会社と密接な関係にある者が代表者ないし管理人に就任している場合は，業務執行権が会社と密接な関係にある者によって支配されているとみられるから，子会社と認定される可能性がある。

「報告書」は，新プランの実施に際して，会社がビークルに対して一定の財政的支援としての金銭拠出（当初信託，匿名組合出資，債務保証）を行うなど，会社とビークルの間に一定の関係があることから，ビークルの子会社該当性を問題としている。

たしかに，導入企業とビークルの資金的な関係は相当程度緊密である。しかし，ＳＰＶが発行会社から，自己株式の処分として自己株式を譲り受ける場合であっても，取得する自己株式の譲受価格は，時価に基づく適正な価格であり，

---

(7) 吉原裕人ほか・前掲商事法務29頁
(8) 河本一郎ほか「シンセティックＥＳＯＰ／スキームの適法性」商事法務1776号6－7頁

銀行からのローンは，第一義的には従業員が，毎月，持株会に拠出する資金＝ＳＰＶの処分代金を元利金の引当てとしており，ＳＰＶと発行会社との間に人的関係がなく，その保有株式の処分方法，議決権行使方針は定款等により定められ，発行会社の裁量が及ばないように適正に運営されていることから，ＳＰＶは発行会社の子会社ではないと説明されている[9]。

このように，ビークルが子会社であるか否かは，「当該会社が財務および事業の方針の決定を実質的に支配している組合その他これに準ずる事業体」（会施規2条3項2号）に含まれるか否かにより判断されるが，会社と密接な関係にある者が業務執行権を有する者に就任している場合は，会社と密接な関係にある者によって支配されているとみられることから，制度上も実際の運営上からも避けるべきである。

ビークルとしてＥＳＯＰ信託を用いるにせよ，ＳＰＶを用いるにせよ，会社がビークルの財務および事業の方針の決定を支配している場合でなければ子会社とはならないが，制度上も運用上も上記支配がないように配慮することが必要である。

4　自己株式の取得規制との関係

自己株式の取得とは，発行会社が発行した自社の株式を取得することであるが，自己株式の取得に関する会社法155条は，自己株式の意義について特に明らかにしていない。この点，自己株式の違法取得罪に関する規定は，「何人の名義をもってするかを問わず，株式会社の計算において不正にその株式を取得した者」を処罰の対象としている（会社法963条5項1号）。そこで，自己株式の取得とは，会社の計算において，自己株式を違法取得する場合をいうと解される。そして，自己株式の違法取得とは，自己株式の取得規制，つまり，財源規制と手続規制に違反する自己株式の取得であり，その効力は無効である。取締

---

[9] 藤瀬裕司ほか「シンセティックＥＳＯＰの概要とその可能性」商事法務1734号24頁

役の損害賠償責任が生ずるだけでなく、自己株式の違法取得罪により処罰される場合もある。

自己株式の取得となるのは、発行会社がその計算により発行済の株式を取得することであるが、現実に自己株式の取得が問題になるのは、第三者名義による株式の取得の場合である。新プランは、ビークルによる導入企業株式の取得スキームであることから、プランが自己株式の取得規制との関係で問題にならないかが会社法上の重要課題となる。

新プランは、ビークルによる自社株式の取得、持株会のビークルからの自社株式の取得という2重の自社株式の取得を内容とするプランであることから、自己株式の取得規制との関係が問題とされる場合がある。特に、ビークルによる自社株式の取得との関係で、自己株式の取得にならないかが問題にされる。自己株式の取得に該当すると判断される場合については、自己株式の取得規制に沿った処理を履践しなければならないだけでなく、自己株式であることから、議決権を行使できず、配当を受領することもできなくなる。

新プランのうち退職従業員交付型のプランの場合は、導入企業が信託銀行やビークルに株式取得資金を信託し、信託銀行等がこの資金により導入企業の株式を買い付けるというスキームであるから、会社資金による第三者名義による典型的な自己株式の取得に当たるものとして、自社株式の取得規制と正面から抵触するのではないかという重大な問題が存在するが（従業員に交付する目的の取得は自己株式性を否定するものではない）、退職従業員交付型のプランと自社株式の取得規制との関係は後述することにし、ここでは、従業員持株会発展型のプランに限って検討することにする。

自己株式の取得に当たるか否かの判断の基準は、発行会社の計算による取得であるか否かという実質判断によることになる。そして、会社の計算による取得であるか否かの判断については、必ずしも明確な基準が設定されているとはいえないが、一般に次のような判断基準によることになる。

①株式の取得に用いる資金の出所、②株式取得のための取引に関する意思決定（取引の相手方の選択、買付価格の決定、買付時期の決定など）の所在、③取得し

た株式に対する支配の所在（株式の処分や株主権行使に関する権限，配当や売買差損益の帰属）があげられる[10]。そして，これらを総合して自己株式の取得に該当するか否かが判断されることになる。

「会社の計算による」との意味は，株式取得資金の出所を基本的に判断するべきであるが，取得後の株式の管理，議決権行使，経済的利益なども考慮されることになる。

このように，会社の計算においてとは，導入会社（発行会社）が，自己資金または借入金を用いて，第三者名義で株式を取得した場合（実質的には発行会社による取得）である。多くの場合，株式取得資金に当てるために，会社が資金を貸し付ける，会社が保証して第三者名義で借り入れる場合である。新プランについては，第三者（他人）としてビークルまたは信託銀行を用いる場合であっても，会社の計算によるものとして自己株式の取得に当たる場合が考えられる。

新プランの実施のためには，当初信託金や匿名組合出資としての拠出，奨励金の支給，ビークルの借入れによる保証等の導入企業による経済的支援を必要とする。当初信託金の拠出や匿名組合出資は，従業員持株制度における運営資金の会社負担に相当し，奨励金の支給は従業員持株会の場合と同様の趣旨と考えればよい。ビークルの借入れによる保証は新プラン独特のものであり，現行持株制度の運用については行われていない。これらの財務的支援は会社法との関係では自己株式の取得との関係で問題になる。

そこで，新プランの設定と運用は，前記①〜③の要件，特に①，②はプラン運営のスキームと密接に関係していることから，自己株式の取得に当たらないように配慮することが必要となる。導入企業の計算によらなければ，株式の取得方法が市場取得または第三者からの譲受けによる場合だけでなく，保有株式の処分としての譲受けによる場合であっても，自己株式の取得には当たらない。ビークルに対する，第三者割当ての新株発行という方法による場合は，会社の

---

(10) 龍田　節「会社の計算による自己株式の取得」法学論叢138巻4・5・6号5－6頁

計算による払込み（会社資金による払込み）として仮装払込みの問題になると考えられる。

ビークルによる導入企業株式の取得が，自己株式の取得に該当する場合でも，自己株式であるとして，絶対に取得できないものではない。自己株式の取得として，取得の対価は分配可能額の範囲内でなければならないとの財源規制（会社法461条1項），株主総会の承認決議等の手続規制（会社法155条以下）をクリアすれば有効に自己株式を取得することはできる（新プランにより従業員に給付するための自己株式の取得であっても，特別扱いを受けない）。

しかし，この場合でも，自己株式の取得であることはかわりがないから，ビークルは議決権を行使することができないばかりか，利益配当（剰余金の配当）を受けることができないから，プラン導入の意味は半減することになる。

5　自己株式の取得規制に関する報告書の見解

（1）　報告書による論点の提示

「報告書」は，会社法上，他人名義による会社の株式の取得が当該会社の計算による場合には，自己株式に関する取得手続規制や取得財源規制による制限が課せられている。そして，新スキームにおいては，ビークルが所有する株式につき，議決権行使や剰余金の配当を行うことが予定されている。

しかし，仮に，ビークルの導入企業株式の取得が，導入企業の計算によるものとして，自己株式に関する規制に服する場合には，議決権が認められず，また，配当もできないことになり，従業員に対する長期的インセンティブの形成や従業員によるガバナンス効果といった本スキームの目的が減殺されるおそれがある。そのため，ビークルによる株式取得が，導入企業の計算によるものとして，自己株式に関する規制の適用を受けるか否かが問題になるとして，会社法上の問題を提起している。

会社の計算による取得に該当するかについて，前述の基準に従い，①株式の取得に用いる資金の出所，②株式取得のための取引に関する意思決定（取引

の相手方の選択，買付価格の決定，買付時期の決定など）の所在，③取得した株式に対する支配の所在（株式の処分や株主権行使に関する権限，配当や売買差損益の帰属）を判断の基準としている。

（2） 株式取得に用いる資金の出所との関係
・ 報告書の基本的な考え方

　新スキームでは，導入企業株式の取得財源が実質的に導入企業から拠出される場合がある。具体的には，（ⅰ）従業員に対する奨励金の支給，（ⅱ）ビークルに対する金銭拠出（匿名組合出資や信託設定），（ⅲ）ビークルが行う借入れに対する債務保証がある。

　しかしながら，以下の①，②に鑑みれば，上記の資金関係のみをもって，直ちに，ビークルによる導入企業株式の取得が，会社の計算による自己株式の取得に該当することにはならないとする（報告書15～19頁）。

　新プランの導入と実施のためには，導入企業による財務的支援は不可欠であることから，財務的支援をもって，直ちに，導入企業による自己株式の取得に該当しないとするものであり，その理由を示しているが，妥当な見解を示したものである。

　なお，報告書が，ここで対象としているスキームは，従業員持株会発展型のプランであることはいうまでもない。

① 当該資金拠出により，従業員の福利厚生や，勤労インセンティブ向上等に資するものであること。

〔理　由〕

　従業員持株制度の運用において，会社が従業員に支給する奨励金については，従業員の福祉を増進する目的で支給する限り，会社の計算とは評価されないとの理解が一般的である。これと同様に，新スキームについても，財政的支援を行うことが，従業員の福利厚生や勤労インセンティブの向上を図るための負担として，合理的範囲内にとどまるものであれば，当該財政的支援は，会社の計算と直ちに評価されるものではないと考えられる。

その趣旨は，目的の正当性と合理的な範囲内であれば，株式の取得のための金銭的支援が，直ちに会社の計算と評価されるものではないとして，自己株式の取得に当たるものではないとするのである。

会社の計算と直ちに評価されるものではないというのは，それだけでは，自己株式の取得に当たると判断されるものではないという趣旨に理解される。そこで，取得株式の支配の問題も検討しなければならない。

② ビークルによる借入れは，導入企業が保証を行う時点で，すでに返済の見込みのない名目的なものでないことが必要である。

〔理　由〕

ビークルによる借入債務について，十分な返済可能性があれば，かかる借入債務に対して導入企業が保証を行うとしても，現実に会社財産が棄損されるおそれが大きいとはいえない。これに対し，借入れ当時にすでに返済の見込みがない場合は，会社は保証責任として弁済しなければならないから，ビークルによる借入れが名目的なものとなり，会社の資金で自己株式を取得したことになるのである。

これに関して，ビークルが持株会に対して保有株式の譲渡を行い，その対価の支払を受けることが担保されていれば，ビークルはその対価を借入債務の返済に充てることができる。

ビークルによる株式譲渡が時価を基準に行われるときは，借入債務の返済に充てることができる金額は，当該株式の時価に応じて変化することがありうる。そこで，ビークルの返済可能性は，将来の当該株式の株価の推移に左右されることになるが，将来，株価が下落することが具体的に予見されるといった特段の事情のない限り，ビークルの借入債務には十分な返済可能性があると考えられる。

（3）　株式の取得取引に関する意思決定との関係

「報告書」は，ビークルによる導入企業株式の取得について，それを実行するか否かの決定や，実行する場合におけるその相手方・取得時期・取得価格と

いった買付条件の決定を導入企業が行うことは，当該株式取得が導入企業の支配下で行われるものであることを窺わせる事情と考えられる。

しかし，新スキームにおいては，導入企業がスキームを導入するか否かについて裁量を有することになるものの，後記（4）のとおり，スキーム導入後，ビークルが保有する株式に対する支配が導入企業に帰属しないのであれば，スキームの導入につき，導入企業が裁量を有しているからといって，直ちにビークルによる株式取得が会社の計算によると評価されるものではないと考えられる，としている。

（4） 取得した株式に対する支配の所在との関係

「報告書」は，株式の処分や株主権行使に関する権限，あるいは，配当や売買差損益の帰属は，当該株式に関する支配の所在を窺わせる重要な事情と考えられる。

すなわち，①株式の処分や株主権行使に関する判断の独立性が確保されていることや，②配当や売買差損益が導入企業に帰属しないことは，ビークルが保有する株式に対する支配が導入企業にないと考える重要な事情といえる，としている。

① 株式の処分や株主権行使に関する判断の独立性について

ⅰ）議決権についての判断や，導入企業に対する敵対的または友好的買収が仕掛けられた局面において，これに応じるか否かについての判断の独立性が確保されていることが，ビークルが保有する株式に対する支配が導入企業にないことを明らかにする上で，特に重要であると考えられる。

ⅱ）ビークルが保有する導入企業株式に係る議決権行使の方法として，例えば，イ）持株会を利用するスキームについては，持株会における議決権行使状況（賛成・反対の比率）を踏まえて，受託者・中間法人（現，一般社団法人）が議決権行使を行う方法，ロ）持株会を利用しないスキームについては，導入企業から独立した受託者・中間法人（現，一般社団法人）が，予め，

新スキームに基づいて将来株式を受領する従業員の利益に沿うように策定したガイドラインや，個別議案に対する従業員の意識調査に従った議決権行使を行う方法が考えられる。

イ）の方法による場合，ビークルによる議決権行使の独立性を確保する上で，持株会における議決権行使の独立性が確保されることが重要である。

持株会における賛成・反対の比率は，受給要件を満たす将来の従業員（退職者等）の利益を勘案する上での重要な判断材料と考えられることから，これをビークルによる議決権行使にも反映させる方法（不統一行使）がある。その他，持株会における賛成・反対の議決権行使のうち，いずれか多い方と同一の議決権行使を行う方法（統一行使）も考えられる。

ロ）の方法による場合，具体的な議決権行使の方法を決定するに当たっては，受託者・中間法人（現一般社団法人）に一定程度の裁量性が存することになると考えられる。したがって，取締役など，導入企業経営陣や経営陣と利害関係が強いと認められる者が信託管理人や中間法人（現，一般社団法人）の理事に就任することは，議決権行使の独立性の考え方から問題がある。

ⅲ）議決権行使内容の決定方法や，それに伴う留意点に関する以上の点は，導入企業の買収時における売却判断についても基本的に妥当すると考えられる。

ⅳ）新スキームは，受給要件を満たす将来の従業員のためのものであることから，議決権行使等に関する判断の独立性を確保するに当たっては，これらの従業員の利益の観点から判断が行われることが原則である。

他方，現時点では，受給権者が確定していないことを考えると，例えば，上記イ）・ロ）のような仕組みであれば，通常は，かかる原則に沿うものとして実務上も採り得る現実的なスキームであると考えられる。

これに対して，例えば，ごく一部の従業員の意向のみによって決定される場合など，受給要件を満たす将来の従業員全体の利益を考慮しているとは言い難い方法により，議決権行使の判断が行われることは適切ではないものと考えられる。

信託を用いるスキームについては，信託法上も，受託者は忠実義務（信託法30条）等を負っていることから，議決権行使や買収時の株式売却を含む信託事務の処理は，あくまで受益者である将来の従業員（退職者等）の利益の観点から行われるべきであり，導入企業の現経営陣のために行われるべきものであってはならない。

ⅴ）持株会の利用の有無に関わらず，従業員の代表者や有識者から構成される委員会において，議決権行使の内容を決定する方法を採用することも考えられる。この場合についても，導入企業経営陣や経営陣と利害関係が強いと認められる者が委員に含まれることは，議決権行使の独立性に疑義を招くおそれがあるものと考えられる。

② 配当や売買差損益の帰属について

ビークルが保有する株式に対する配当や，ビークルに発生する売買差損益が導入企業に帰属することは，第三者名義で取得された株式の支配が導入企業に属することを推認させる重要な事情であると考えられるが，会社の計算によるものと評価されるか否かは，最終的には前記の諸要素を総合的に考慮して判断されるものであり，ビークルが保有する株式について，その処分や株主権行使に関する権限を，導入企業が有しない等の場合には，当該株式に対する支配は，導入企業にはないといえる場合もあり得ると考えられる。

6　自己株式の取得となることの回避

（1）　新プランと自己株式の取得規制

新プランと自己株式の取得規制との関係が生ずるのは，①ビークルや持株会の株式取得資金が導入企業の拠出によるものか（株式取得資金の出所），どの程度まで導入企業の拠出が認められるか（合理性と相当性），②ビークルの株式取得のための意思決定（取引の相手方の選択，買付価格の決定，買付時期の決定など），③取得した株式に対する導入企業の支配との関係についてである。

自己株式の取得規制との関係は，①のビークルの株式取得資金が導入企業の拠出によるものか（株式取得資金の出所）どうかを中心に検討すべきである。②のビークルの株式取得の意思決定は，新プランは当該企業によって導入されることから，スキーム上やむを得ないことであり，これにより，別段，障害が生ずるわけではない。公正を期すために，信託管理人の指図によるなどの方策が講じられている。

③のビークルや持株会の取得した株式に対して，導入企業の支配が認められる場合は，自己株式の取得と認定されることになるから，プランの設定においても運用においても，導入企業の支配が及ばないようにしなければならない。導入企業による支配の問題は，従業員持株制度の運用における持株会に対する導入企業の支配力排除と同様に考えることができる。

ビークルや持株会の取得した株式に対する支配力の認定は，一般に，株式取得後の問題として取り扱われる。そこで，保有自己株式として，議決権の行使が認められない（議決権がない），利益の分配（利益）を受けられないとして処理されることになる。

なお，自己株式の取得に当たる場合でも，取得規制（財源規制・手続規制）をクリアすれば適法に自己株式を取得できる。しかし，自己株式であることから，議決権はなく，利益配当請求権もない。

（2） 新プランと自己株式の取得資金との関係
① ビークルの株式取得資金の問題点

「報告書」は，自己株式であるか否かの主要な判断基準は，ビークルの株式取得資金の出所であるが，それが導入企業の計算によるものと認定される場合は自己株式の取得となる。ビークル（特別信託やＳＰＶ）は導入企業とは別の存在であり，株式や株式取得資金は信託勘定であると形式的にはいえても，資金関係などからみて導入企業の計算による取得と見られる場合は，第三者名義の自己株式の違法取得となるおそれがある，としている。

新プランは，ビークルが銀行借入れにより，一括して導入企業株式を取得し，

順次,従業員持株会に売り渡すという内容である。そこで,ビークルの株式取得が導入企業の計算でなされたか否かの判断は,ビークルの銀行借入れが真実存在するか否かが問われることになる。この点,プランの設定どおりに運用されていれば,会社の計算による株式取得と見られることはない。そこで,ビークルが議決権を行使し,剰余金の配当（利益配当）を受けることになり,従業員に対する長期的インセンティブ効果とか,従業員によるガバナンス効果といった新プランの目的が達成されることになる。

ビークルが,銀行からの借入金を取得原資とする場合は,市場取得であっても,保有自己株式の譲り受け,第三者割当ての新株発行手続による場合であっても,報告書の示した方向に従い,適正な方法により処理している限りは,自己株式の取得とか仮装払込みの問題は生じない。

これに対し,退職従業員交付型プランの場合は,原資関係がそれほど明確でないことから自己株式の取得とならないようにプラン設定をすることが必要である。自己株式の取得と認められる場合は,取得規制に従わなければならないだけでなく,ビークルが保有する株式につき議決権や利益配当請求権が認められないから（会社法308条2項,453条）,従業員に対する長期的インセンティブ効果とか,従業員によるガバナンス効果といった新プランの目的が達成されない。

② 会社資金による株式の取得と自己株式性

ビークルが,導入企業の資金を使って当該株式を取得すれば,第三者名義の自己株式の取得となる。導入企業がビークルに資金を貸し付けたことにして,これにより当該株式を買い付ける場合が典型であるが,導入企業がビークルや信託銀行に株式取得資金を信託し,ビークルや信託銀行がこれを原資にして,当該株式を市場取得や第三者から取得するという方法による場合は,会社の計算による株式取得として自己株式の取得となる可能性が高い。そこで,このようなプランによる場合は,自己株式の取得規制に抵触しないかを十分に検討する必要がある。プランの内容が明確でなければ,自己株式の取得規制に抵触す

第9章　新プランと会社法上の問題点

ることになる場合が多い。

(3) 会社の拠出と自己株式性

　新プランと自己株式性は、導入企業による当初信託金の拠出や匿名組合出資、奨励金の支給、ビークルの借入れによる保証等の財務的支援をすることが、会社資金による自己株式の取得に当たるかという形で問題にされる。これらの財務的支援はプランの導入と実施のために不可欠なものであるから、その適法性の判断基準は目的と程度によることになるが、それは、従業員持株制度の運用の場合に準じて取り扱えばよい。

　当初信託金の拠出や匿名組合出資は、プランの運営費用に充てるものであり、プランの実施のために不可欠なものであるから、従業員の福利厚生目的という適法目的に沿うものである。福利厚生目的以外の目的（主要目的を基準に判断する）による場合は、適法な支出とはいえないから自己株式性が否定できない場合もある。

　会社の規模・経営状況等を勘案して相当な額であれば適正支出であり、会社の資金を用いた（会社の計算による）株式取得とみる必要はない。奨励金の支給についても、プランを実施するために必要な支援であるから同様に考えることができる。

　プランの運営のための必要な拠出は、合理的な拠出方法で、かつ合理的な金額の範囲内（逆にいえば、福利厚生費と認められる範囲内）でなければならない。それが、合理的な範囲を超えて拠出した場合は、取締役は任務懈怠（善管注意義務違反）の責任を負わなければならない。まして、従業員の株式取得資金の全額を会社が負担するようなプランは、会社拠出の総額が福利厚生費として認められる範囲内であっても、合理的な範囲内の支出ということはできない。

　導入企業は、ビークル（特別信託またはＳＰＶ）に対し、運用のための一定の資金を拠出するが（当初信託または匿名組合出資であり、株式取得資金ではない）、それでも、不十分な場合は、追加信託や追加出資をする場合がある。さらに、ビークルが行う借入れに対する債務保証、従業員に対する奨励金の支給という

ように，導入会社はプランの導入と運営のためには，かなりの資金が導入企業から拠出されることになる。

そして，当初信託または匿名組合出資に損失補塡準備金が含まれている場合であっても，最終的にビークルが返済不能に至り，株式取得のための借入金の返済がなされない場合は，導入会社が保証責任の履行として弁済責任を負う。

しかし，かかる導入企業の拠出をもって，直ちに，ビークルによる株式取得が，会社の計算による自己株式の取得に該当するものと解すべきではない。従業員の福利厚生や勤労インセンティブの向上を図るための負担として，合理的範囲内にとどまるものであれば，当該財政的支援は会社の計算と直ちに評価されるものではない。

株式の取得のための借入れに際して，会社が保証という形で信用を供与することは，会社の計算による株式取得を裏付ける大きな間接事実（事情）となるが，それのみでは足りず，剰余金等の配当または売却損益が会社に帰属するとの取決めがなされていることを要する[11]。

ビークルが持株会に対し保有株式を譲渡し，その対価の支払を受けることが担保されていれば，ビークルはその対価を借入債務の返済に充てることができるから，ビークルの借入債務には十分な返済可能性があると考えられる。そして，それは，保証料の収受がなされているか否かを問わないと解される。もとより，保証料を収受するとしながら，導入企業が剰余金の配当と保証料を相殺する場合は，自己株式性が問題になることがある。

ビークルの借入れに対する保証は，新プラン特有のものである。プランはビークルが銀行借入れにより資金を調達するスキームであり，導入企業の保証がなければ借入れができないという，プランの実行のために必要不可欠なものであるから，保証をしたからといって，会社の計算による株式の取得とする必要はない。

もっとも，ビークルによる借入れが確実な弁済計画の下になされることが必

---

(11) 江頭憲治郎他編「会社法大系　2」青林書院　2009年（近藤純一）157頁

要である。ビークルの借入れについて，確実な弁済計画がなく当初から会社がその負担で弁済せざるを得ないような借入れであることが予測される場合の保証については，会社の計算による株式の取得となる。そして，このような場合に，会社が保証責任を履行せざるを得なくなった場合は，保証に関係した取締役は任務懈怠（善管注意義務違反）の責任を免れない。

（4） 株式取得の意思決定の所在

一般的基準によれば，株式取得の意思決定が導入企業によりなされる場合は，自己株式の取得と認められる。しかし，プランを導入し，株式の取得を決定するのは導入企業であるということから，必然的に株式取得の意思決定が導入企業によりなされるのであり，それがために，自己株式の取得であるというのは極めて不合理である。

そこで，株式取得の意思決定が導入企業によりなされるのであるが，それが合理的なものであれば自己株式の取得に当たらない。当初の計画に基づいて株式取得決定をするとか，信託管理人のような独立した者の判断により株式を取得する，あるいは，信託管理人の判断と指示に基づき，株式取得の意思決定をするような場合は，導入企業による株式取得の意思決定であることを理由に，自己株式の取得に当たるとする必要はない。

株式の取得の意思決定との関係であるが，株式取得に関する意思決定が導入会社によってなされることは否定できないが，これはプラン導入の性質上必然的なことであるから，強いて問題にすべきでない。しかも，株式取得ついての指図を行うのは信託管理人または公正な委員会委員等であることをプラン上明確にし，指図の内容が拠出した資金が導入会社に還流せず，かつ取得株式について導入会社が支配を及ぼすようなものでなければ，導入会社が株式取得に関する意思決定をしたことをもって，会社の計算による取得に直ちに結びつく決定的要素とはならない[12]。

---

(12) 葉玉匡美＝生賴雅志「従業員持株ＥＳＯＰ信託の法務上の問題点」商事法務1915号16頁

もとより，それは，株式取得に関する意思決定に関するものであり，株式の取得を実行するか否か，実行する場合におけるその相手方，取得時期，取得価格といった買付条件の決定は，ビークルにより行われることが必要であり，これまでも導入企業が行う場合は，当該株式の取得が導入企業の支配下で行われるものであることが推認され，株式の取得が導入企業の意思決定によるものとして，自己株式性が認められる可能性が高くなる。

ビークルが，導入企業から株式取得資金の全額について信託を受け，これにより株式を取得するプランについても，株式の買付けの判断はビークルによってなされることが必要である。導入企業の意思に従って取得するような場合は，この点からも，自己株式性が認められることになる。

（5） 導入企業の取得株式に対する支配

導入企業が取得株式について支配している場合は，自己株式の取得であると認定される。プランを導入し，それについて財務的負担をするか否かは，導入企業の意思により決せられるにしても，株式の取得と管理はビークル自身によりなされる必要がある。そして，取得株式の管理と処分についてのビークルの意思決定の独立性が確保され，導入企業の支配を受けない場合については，株式取得に対する支配との関係から会社の計算による株式の取得と考える必要はない。

信託型プランの場合，信託が取得した株式の議決権は，信託管理人が持株会の意思を反映して行使することを指図するとされている。信託管理人は，発行会社との間に特別の利害関係がない弁護士や公認会計士等の職業的専門家が就任するとされ，導入会社の意思から独立した指図をするように配慮されている[13]。ＳＰＶの場合も，公正な判断をなすことができる第三者の判断によることになる。

ＳＰＶ型プランの場合，最終的な権利者が委託者（導入会社）であることか

---

(13) 葉玉匡美＝生頼雅志・前掲商事法務1915号16頁

ら，最終的には導入会社が株式を支配し，自己株式により資金運用しているにすぎないと評価されないかが問題になるが，信託が保有する株式は持株会に譲渡され，収益はすべて受益者に分配されることになっており，プランが途中で終了したような例外的な場合に，余った信託金等の返還先が委託者であるにすぎないから，導入会社が信託財産をコントロールすることはできない[14]。

　もとより，取得株式の管理と処分についてビークルの意思決定の自由と独立性を認めることは，ビークルが取得して保有する自社株式を自由に処分することができることを意味するものではない。それは，あらかじめ定めた計画に従い持株会に譲渡することと，プラン終了時に残存する自社株式を処分することに限られる。プランに従い，導入企業の財務・金融支援により取得した自社株式を，持株会に譲渡する以外の方法で，ビークルが自由に処分することを認めたのではプランそのものが成り立たない。

　取得株式についての支配は，ビークルや信託が保有している株式についての議決権を支配している場合に代表されるが，それ以外の場合でも，株式の処分つまり持株会への譲渡について導入企業が決定権を有する場合や，取得株式について配当金が支払われない，売買差損益が導入企業に属する場合は，自己株式と認定されやすいから，制度的にも運用においてもこのような事態に至らないようにしなければならない。

　新プランにとって，議決権行使の独立性の確保は必要不可欠の要請である。新プランは会社が導入するものであるが，プランの実施と運用に当たるビークルと持株会は，会社から独立した存在であることが要求される。しかし，ビークルは会社から一定の財務的支援を受け，借入れについて会社の保証を得ていることから，制度運営と議決権行使の独立性が確保されているかが懸念される。そこで，制度上も，運用上も，議決権の独立性の確保に努める必要がある。

　アメリカのＥＳＯＰにおいては，議決権の適正化はＥＳＯＰの適格要件である。また，レバレッジドＥＳＯＰの場合，個々の従業員口座に移される前の，

---

[14]　葉玉匡美＝生頼雅志・前掲商事法務1915号15頁

まだ信託基金（特別信託）に保管されている株式も，従業員の議決権行使内容に従う形で投票されるようにして，従業員の議決権行使数を増やす仕組みにすることが重要である。そして，個人口座に割り当てられた会社証券について，会社証券が上場株式である場合は，すべての事項，未公開株式である場合には，特定の事項（合併，資本構成の変更，清算，解散，営業譲渡など）に関する議決権行使をＥＳＯＰに指図できると定められている。しかし，議決権は従業員が個別に行使するのではなく，一括して信託の理事の手に委ねる事例もある[15]。

レバレッジド型ＥＳＯＰの場合，借入金が弁済されていくのに応じ，借入金で購入した株式は，個々の従業員口座に移されるのであるが，従業員口座に移される前は仮勘定の状態で，信託基金（特別信託）により管理されているが，議決権の行使は従業員の意向に従って行使されなければならない。これと同様に，特別信託（ビークル）が保有し，持株会に譲渡する以前の株式についても，特別信託は受託者として，従業員の意向に従って，あるいは従業員の利益に適する方向で議決権を行使しなければならない仕組みにすることが必要であるが[16]，信託管理人によって，その方向で議決権行使をすることが制度的に保障されている。

このことは，わが国のプランにおけるビークルの議決権行使についても当てはまると考えられる。

① 議決権支配がなされないようにする

ビークルが株式を保有している段階では，信託管理人の指示に基づきビークルの代表者が議決権を行使するのであるが，信託管理人やビークルの代表者は導入企業から独立した者であることが要求されるのは当然である。

議決権は，新プランの趣旨に適合する方向で行使しなければならないのであ

---

(15) 北　真収「クロスボーダー敵対的ＴＯＢとリスク・マネジメントへの示唆〔下〕」『開発金融研究所報』（国際協力銀行）2001年7月　第7号19－20頁
(16) 北　真収・前掲論文19頁，横山　淳・大和総研「ＥＳＯＰと買収防衛策」～制度調査部情報～2005年7月1日4頁

るが，だれの意思に沿って行使すべきであるかが問題になる。持株会が有する株式については会員従業員の意思に従ってなされることから，会員従業員は持分に応じ，持株会の理事長に対して議決権行使の指図権を有し，理事長は指示に従って議決権を行使しなければならないから，議決権の不統一行使となる場合がある。

　新プランの場合，ビークルが株式を保有している（株式が持株会に属していない）段階では，会員従業員の意思に従ってとはいえないはずであるが，新プランは従業員の福利厚生目的で導入され，しかも，ビークルが保有している株式は持株会に譲渡することが予定されたものであるから，持株会の意向を反映させた議決権の行使ということになる。

　独立した信託管理人がいる場合は，信託管理人の持株会の意向を反映させた方向での適正な判断に委ねるという方法が考えられるが，ビークルの代表者による場合は，持株会の会員が理事長に議決権行使を指示し，理事長はその方向で（賛否の比率に応じ），ビークルの代表者に議決権行使を指示するという方法によることが考えられる。

② 持株会への譲渡についての導入企業の決定権の排除

　ビークルは，保有株式を持株会に譲渡するのであるが，それについての決定権が導入企業にある場合は，取得株式について支配している場合に該当するが，プランにおいては持株会への譲渡は，当初の計画と約定に基づき，毎月計画的に譲渡することになっており，導入企業の関与がない仕組みである。そこで，プランが適正に運営されている限り，導入企業による譲渡決定の支配という問題は生じない。

③ 配当金の支払

　株式はビークルが保有しているのであるから，ビークルが配当金の支払を受けるのは当然である。配当金の支払がなければ，自己株式とみなされる場合が多い。ビークルが受けた配当金は借入金の弁済に充てることになる。これはプ

ランにより明確にされている。

④ 取得株式についての売買差損益はビークル等に帰属する

取得株式についての売買差損益が，導入企業に属する場合は自己株式とみられる。例え，導入企業の実施した新プランによる株式取得であっても，売買差損益はビークルに帰属することにするプランとしなければならない。

売買差損益がビークルに帰属することから，プランまたは信託の終了時に，ビークルに利益または損失が発生することが予測される。これは最終的な売買差損益の累計となるが，これはビークルに帰属し，導入企業に帰属しないことはいうまでもない。この点，最終的な利益は受託者たる従業員に分配し，最終的に損失が生じた場合（具体的には，銀行借入金の残債務）は会社の負担となっている。これは，ビークルの残債務について，導入企業が保証契約に基づいて弁済するのであり，売買差損が導入企業に属するという意味ではない。

(6) 公開買付けに応じるか否かの判断

ビークルが導入企業株式（自社株式）を保有中に，当該株式に係る株券（上場会社についてはペーパーとしての株券はないが，株券そのものは存在するのであり，取引の対象となるのは株券である）について，友好的または敵対的な公開買付け（TOB）が開始された場合に，ビークルがどう対応すべきかという問題がある（同様の問題は，持株会が保有している株式についても生ずる）。

原則的には，TOBに応じるか否かは，従業員の利益を中心に検討し，総合的に判断すべきことになる。TOBに応じた場合は，ビークルが保有する株式がなくなるから，プランの継続が難しくなる。TOBに応じなくても，TOBが成立後にキャッシュアウトされると同一の結論になるから見極めが必要である。なお，新プランには，副次的にではあるにせよ，敵対的買収防衛策としての機能が認められるのであるから，TOBに応じたのではこの機能が失われることになる。

（7） 自己株式の処分手続

　ビークルの株式取得方法として，導入企業から保有自己株式の譲受けによる方法があるが，現実に売買代金が導入企業に支払われる場合には適法な取得方法である。導入企業がビークルに対し自己株式の譲渡をする場合は，自己株式の処分の処分手続きに従ってなされるが，自己株式の処分は募集株式の発行手続（新株発行手続）によりなされる（会社法199条）。

　そこで，ビークルに対する第三者割当ての募集株式の発行手続によることになる。ビークルが導入企業に対して株式の取得代金を支払うことは，引き受けた新株について払込金を払い込むことになる。新株の払込みは借入金で払い込むことも可能であるから，ビークルが銀行から借り入れた資金により，自己株式の取得代金を支払うというプランは有効である。

　導入企業のビークルに対する自己株式の譲渡手続きは，第三者割当ての新株発行手続によることから，取締役会でビークルに対する自己株式の処分として，処分する株式の種類および数，処分価格，処分する日，処分方法について決議しなければならない。処分する株式の種類および数は，ビークルに譲渡する株式の種類（普通株式が予定される），株式の数は，プランに従った持株会に対する譲渡予定数である。処分方法は，ビークルに対する対象株式の一括譲渡である。そこで，自己株式の処分手続きは1回の手続で済まされることになる。

　ビークルに対する譲渡の場合に，特に有利な処分価格（譲渡価格）であるか否かは，一般の第三者割当ての新株発行に関する有利発行基準（例えば，時価の90％程度の価格）によることなく，新プランの実施に伴う譲渡であるから，ある程度弾力的に有利な譲渡価格を設定することが許されると解される。

　新プランの実施目的であっても，特に有利な価格でビークルに譲渡する場合は有利発行となり，株主総会の特別決議を必要とする。それなしに，ビークルに譲渡しようとすれば，違法な自己株式の処分として処分の差止めの問題が生じ，譲渡した後においてはビークルに差額の支払義務が生じ，関係取締役については任務懈怠の責任が発生することも予測できる。

　もとより，株主総会の特別決議で処理することができるのは，特に有利な価

格でビークルに譲渡する場合であり，株主総会の特別決議を経ていても，ビークルに無償で自己株式を譲渡することはできない。

ビークルに無償で自己株式を譲渡した場合と類似の問題が生ずるのは，導入企業がビークルや信託銀行に対し株式取得資金を信託し，ビークル等が信託を受けた現金をもって自己株式の買受代金を支払うという内容のプランの場合である（退職給付型のプランの場合）。株式取得資金の信託，信託を受けた現金による買受代金の支払を切り離して考えれば，有効な代金の支払とみえるが，プランをとおしてみれば，「見せ金」の場合と同様に会社資金を使った払込み（仮装払込み）になり，かかる株式取得は無効となることに注意しなければならない。

7 株主の権利行使に関する利益供与との関係

(1) 新プランと株主の権利行使に関する利益供与

会社法は，株主の権利行使に関し，会社またはその子会社の計算で財産上の利益を供与することを禁じている（会社法120条1項）。そして，特定の株主に対し無償で利益を供与したときは，株主の権利行使に関して利益を供与したものと推定するとしている（同条2項）。

新プランの実施のために，導入企業がビークルに拠出し，運営資金を負担し，ビークルの借入れについて保証をすることが不可欠である。導入企業が行う財務的支援は，ビークルに対するものと，従業員（持株会の会員中プラン参加の従業員）に対するものとがある。後者は，従業員持株制度の運用の場合の取扱いと同様に考えればよい。そこで，新プランとの関係で利益供与の禁止規定が問題になるのは，ビークルに対する財務支援である。

ビークルは，取得し保有する株式について，議決権などの株主権を有する。そこで，これらの導入企業による拠出や経済的支援が，ビークルの株主権の行使に関してなされた場合は，株主（株主となろうとする者を含む）の権利行使に関する利益供与となる。

しかし，導入企業による財務支援が株主の権利行使に関する利益供与とされ

たのでは，新プランの運営は困難になる。そこで，導入企業は株主権の行使に関係しないような内容と運営にしなければ経済的支援をすることはできない。つまり，経済的支援はビークルの株主権行使に関係しないということを，制度的にも運用上においても確立しなければならない。

（２） 利益供与の禁止規定と報告書の立場
① 報告書による問題点の指摘
「報告書」は，新スキームでは，導入企業がビークルや従業員が自社株式を取得するために財政的支援を行うことから，これが株主の権利行使に関する利益供与の禁止規定に抵触しないかが問題になるとして，新プランの会社法上の論点の１つとして利益供与の禁止規定との関係を取り上げている。

それは，従業員持株制度の奨励金の支給と，利益供与の禁止規定に関して示された従来からの学説およびこれに関する裁判例をベースにした考え方を示したものである。

② 議決権行使の独立性の確保
導入企業による財政的支援は，従業員に対する長期的インセンティブの形成や従業員によるガバナンス効果といった新スキームの目的のために行われるものであり，株式を取得するビークルや持株会に，経営陣に有利な議決権行使等をさせることを目的として行われるものであってはならない。すなわち，プラン導入の目的が正当なものであることに加えて，新スキームの内容が，当該財務支援が「株主の権利行使に関し」（会社法120条１項）て行われるものではないことが担保されていることが，利益供与の禁止規定に抵触しないために必要と考えられる。

導入企業による財務的支援が，真に新スキームの目的たるものであることを客観的に担保する上では，少なくともビークルや従業員による議決権行使の独立性が確保されていることが必要と考えられる。

③　保有株式の処分制限等

　従業員の新スキームへの参加・脱退，あるいは保有株式の処分に対する制約や，財政的支援の内容が，新スキームの目的からみて合理的なものであることも，財政的支援が従業員の福利厚生や勤労インセンティブの向上を図る目的によるものであることを客観的に担保するために必要と考えられる。

④　奨励金の支給額の相当性等

　会社法上，奨励金支給の規模（従業員拠出分に対する支給割合や，支給金額など）が問題になるのは，それが，他の福利厚生制度における給付水準や当該会社の利益水準等の事情を勘案すると，従業員の福利厚生等の制度目的から見て課題であることから，当該制度自体が自己株式取得規制などの会社法上の諸規則の潜脱と疑われるような場合であると考えられる。

　そうすれば，自己株式取得が解禁されている会社法の下においては，少なくとも，ⅰ）議決権行使の独立性が確保され，ⅱ）奨励金の支給額が持株会による株式取得時点における分配可能額の範囲内に収まっており，さらに，ⅲ）奨励金の支給額がその他の福利厚生制度における給付水準や当該会社の利益水準等に照らして相当な規模である限り，奨励金の支給額については，必ずしも，従業員積立分の何％以内でなければならないといった画一的な制約が導かれるものではなく，個別企業の状況に応じて判断されるべきものであると考えられる。

（3）　株主の権利行使に関する利益供与とされないための措置

　導入企業による財政支援が，真に新スキームの目的に沿うものであることを客観的に担保する上では，少なくともビークルの議決権行使の独立性の確保だけでなく，ビークルから順次株式を取得した持株会の議決権行使の独立性が確保されていなければならない。

　次に，導入企業のビークルに対する経済的支援は，特定の株主に対する無償の利益供与であるから，株主の権利行使に関しての利益供与との推定が働くこ

とから，この推定を覆さなければ，新プランを導入し，実施することはできない。

　株主の権利行使に関しての利益供与であるとして争われる多くの場合は，利益供与をした取締役の責任追及訴訟においてであるが，被告取締役において株主の権利行使に関する利益供与との推定を覆すための立証をしなければならない。この点について，従業員持株制度についての奨励金の支給と利益供与との推定の場合と同様に考えてよい。

　従業員持株制度については，奨励金の支給と利益供与との推定に関し，奨励金の支給は無償の利益供与ではあるが，従業員持株制度を運営するために必要な経済的支援であり，持株会の独立性が，制度上も実際上の運用においても確立されていることを立証すれば，利益供与との推定が覆されるとの法解釈がなされている[17]。

　新プランについても，議決権行使に関する利益供与の問題が生じるが，これは議決権行使の独立性確保の問題であり，基本的には従来の奨励金の支給に関する論議が通用する。

　従業員の新スキームへの参加・脱退，あるいは保有株式の処分に対する制約や，財政的支援の内容が新スキームの目的からみて合理的なものであることも，財政的支援が従業員の福利厚生や勤労インセンティブの向上を図る目的によるものであることを，客観的に担保するために必要であると考えられる。

　そこで，会社が運営資金の拠出などビークルに対し，無償の経済的支援をしているが，それは新プランの実施に必要なための適法目的によるものであり，ビークルの会社からの実質的独立性が確保され，ビークルの株主権行使の独立性が，プランについて制度的にも，実際上の運用においても確立されていることを立証すれば，株主の権利行使に関しての利益供与との推定は覆されることになる。

---

(17)　熊谷組の奨励金支給事件に関する福井地判昭和60・3・29判タ559号275頁参照

（4） 株主の権利行使に関する利益供与との推定を覆すための措置

　プラン導入企業において，ビークルに対する資金の拠出，銀行借入れに対する保証，従業員に対する奨励金の支給が，株主の権利行使に関する利益供与とならないことを，制度上もプランの運営上も明確に確立しておくことが必要である。それは，財務的支援の必要性と目的の正当性，支援額の相当性ということに加え，ビークルや持株会の独立性の確保である。

　それは，ビークルの運用者や持株会の理事長に会社関係者が就任することなく，運営の独立性が確保されている制度設計と運用がなされていれば（俗的にいえば，金は出すが口は出さない），株主の権利行使に関する利益供与とならないし，無償の利益供与であるから株主の権利行使に関する供与との推定を受けても（会社法120条1・2項）これを覆すことも容易である。

　ビークルの借入れに対し会社が保証することについて，会社が保証の対価として保証料を徴収しているから財産上の利益の供与ではないとの見解がある[18]。それは，会社が保証料を徴収することは保証との対価関係が認められ，無償の利益供与ではないから，株主の権利行使に関する利益供与との推定を受けることを回避することができるという趣旨であろう。

　しかし，保証料の徴収により，無償の利益供与の問題を解決するというのは疑問である。保証をすることはプランの運営上必要であり，それは株主の権利行使に関係しないとして，利益供与の推定を覆すべきであり，この立証は困難ではないと考えられる。

　この点，従業員持株制度における奨励金の支給と，無償の利益供与の推定について，推定を覆す立証については，従業員持株制度が従業員の福利厚生目的で導入され，かかる目的に沿った運用がなされて，参加従業員の議決権行使の独立性が確保されている場合は，会社が奨励金の支給として相当額の財産上の支援をしても違法でないから，奨励金の支給が株主の権利行使に関する利益供

---

(18) 吉原裕人ほか「信託型従業員持株インセンティブ・プランの設計と法的論点」商事法務1786号30頁

与との推定が覆されたとする裁判例[19]の考え方が，新プランの場合についても通用すると考えられる。

　保証料を徴収するにしても，導入企業に支払う保証料の原資が導入企業からの拠出金であることから，保証料の支払は極めて形式的なものとなり，保証と保証料を徴収することは，実質的にみれば対価関係にあるとはいえない。そうすれば，保証が無償の利益供与ではないとして，利益供与との推定規定の適用を免れるかは疑問である。

　企業がビークルの資金調達に協力し保証することは，新プランのために必要な正当な行為であり，ビークルによる株主の権利行使に関するものではないとして，株主の権利行使に関する利益供与であるとの推定は覆すのが適正な解釈である。この場合，プラン導入の正当性，保証の必要性，そして，ビークルの議決権行使の独立性が，制度上も実際上も確保されていることを立証すれば，保証という支援をすることに対する前記推定は覆されたといえよう。

（5）　新プランと奨励金の支給の必要性

　従業員持株会発展型のスキームは，ビークルが一括して導入企業株式を取得し，保有する自社株式を，順次，持株会に譲渡するのである。そして，持株会の株式取得資金は，会員たる従業員の拠出によることになる。持株会の株式取得の構造は，株式の取得先がビークルか，市場取得かの違いだけである。そして，持株会の株式取得資金は，新プランに参加している持株会の会員の拠出金と導入企業から支給される奨励金によることになる。

　そうすれば，従業員持株制度の運用の場合と同様に，会社から奨励金の支給を受けることになる。新プランに参加する持株会の会員たる従業員は，従業員持株制度と新プランのために2重に拠出しなければならなくなる（導入企業も2重に奨励金を支給することになる）。

　この場合，会社から支給される奨励金が，従業員持株制度と新プランによる

---

(19)　前掲・福井地判昭和60・3・29判タ559号275頁

場合とで同一金額であっては，従業員にとって新プランに参加する意味が少なくなり新プランの円滑な普及の妨げになる。そこで，新プランについては，プラン導入の趣旨に照らし奨励金の金額（支給率）を引き上げる必要が認められる。

「報告書」が，奨励金の支給額がその他の福利厚生制度における給付水準や当該会社の利益水準等に照らして相当な規模である限り，奨励金の支給額については，必ずしも，従業員積立分の何％以内でなければならないといった画一的な制約が導かれるものではなく，個別企業の状況に応じて判断されるべきものであると考えられる，とするのもこのような趣旨に解される。

学説にも，従業員持株制度に関して，奨励金の支給額については株式取得時点における分配可能額の範囲内に収まっており，さらに，奨励金の支給額がその他の福利厚生制度における給付水準や当該会社の利益水準等に照らして相当な規模である限り，奨励金の支給額については，必ずしも，従業員の拠出金の何％以内でなければならないといった画一的な制約が導かれるものではなく，個別企業の状況に応じて判断されるべきものであると考えられるとの見解がある[20]。

持株会に参加する従業員（会員）が新プランの対象者であるから，従業員持株制度の加入者と新プランの対象者は同一である。つまり，持株会の会員（従業員）のうち，希望者が新プランに参加することになる。新プランに参加することは，従業員にとって2重の拠出をすることになり負担が増大する。従業員に拠出させることから，強制参加ないし全員参加というわけにはいかない。

そこで，従業員が新プランに参加することを促すためには，新プランについては奨励金の支給割合を高めることが必要であるが，合理的な範囲内であれば，従業員持株制度の場合の支給割合（一般に，従業員の拠出額の5～10％程度に設定されているが，近年，上昇傾向が見られる）以上の支給率による奨励金の支給をすることも可能であると考えられる。もっとも，奨励金の性格は，従業員の拠出に対して会社が奨励金を支給して従業員の自社株式の取得を促進するという意

---

[20] 大和正史「持株制度と利益供与の禁止」商事法務999号〔1984〕4頁

第9章　新プランと会社法上の問題点

味であるから，奨励金の拠出額の100％とするのが上限であり，従業員の拠出額以上の奨励金を支給することは，新プランの場合であっても許されないと解される。

さらに，会社法の下では，特別に立法的な手当てでもしない限り，従業員に対し自社株式の無償給付をすることはできないが，奨励金の支給額を増やすことにより，ある程度は会社負担のプランに近づけることが可能になり，ＥＳＯＰとの近似性が認められることになる。

8　その他の会社法上の問題点との関係

(1)　株主平等原則との関係

「報告書」は，会社法は，株主をその有する株式の内容および数に応じて，平等に取り扱わなければならないとしている（会社法109条1項）。そこで，新スキームにおいては，導入企業はプランに参加することにより，自社の株主たる地位を有することになる従業員に限り財政的支援をすることになるから，かかる財政的支援が株主平等原則に抵触するか否かが問題になるとして，株主平等原則との関係を指摘している。

そして，これに関しては，従来の従業員持株制度の運用における奨励金支給に関する一般的見解と同様，従業員の株主としての地位に基づいて支払われるものではなく，従業員という地位に基づいてなされるのであるから，株主平等原則には抵触しないものと考えられるとしている（報告書21〜22頁）。

〔解　説〕

従業員持株制度の運用においても，従業員株主についてだけ奨励金の支給を受けるのは株主平等の原則に反する，従業員株主は利益配当と奨励金の支給という2重の支払を受けることになるとの議論も存在していた。

従業員持株制度の運営と奨励金の支給に関して，奨励金の支給を受ける株主が，持株会の会員（従業員）に限られ，一般株主は受けることができないが，奨励金の支給は株主としての地位に基づいて支払われるのではなく，従業員と

しての地位に基づき福利厚生目的で支給されるのであるから，従業員株主にだけ支給されるとしても，株主平等の原則には抵触しないと解されている。そして，この問題は解決済みであるといえよう。新プランにおける奨励金の支給についても同様に考えることができる。

会社法が，株主をその有する株式の内容および数に応じて，平等に取り扱わなければならないとするのは（会社法109条1項），株主間の取扱いに関するものであり，奨励金の支給により従業員株主と一般の株主との間に差異が生じたとしても，株主平等の原則の問題ではない。

要は，奨励金の支給金額の合理性と相当性の問題である。新プランについては，従業員持株制度の運営の場合より多額の奨励金を支給することは許されると解されるが，プラン導入の目的を達するために必要な支給として，支給額の合理性の問題として取り扱うべきである。もとより，株主の利益の分配（配当）財源を損なうような，多額の奨励金を支給することは，相当性の範囲を逸脱し適法な拠出とはいえない。この場合は，取締役の任務懈怠の責任が生じかねない。

（2） 有利発行規制との関係

「報告書」は，ビークルや従業員による株式取得について導入企業が財政的支援をすることが，払込金額を実質的にディスカウントしているものと評価されることにより，実質的にみて株式の有利発行に該当しないかが問題になる。

これに関しては，ⅰ）形式的には，払込金額を含む募集事項が均等に定められた募集行為であって，財政的支援とは別に行われているものであることや，ⅱ）会社の計算による自己株式の取得に該当しない限りにおいて，既発行の株式の第三者からの取得に財政的支援を与えることができることとの実質的なバランスに鑑みると，新株発行や自己株式処分の際に取得者に対し財政的支援を行うことが，直ちに有利発行に当たることにはならないと考えられる。

そこで，ビークルによる株式取得が，導入企業の「会社の計算による」自己株式の取得に当たらない場合には，払込金額自体が特に有利な金額（会社法199

条3項）に当たらない限り，有利発行にも該当しないと考えられる，としている。

〔解　説〕

　ビークルや従業員による株式取得が，募集株式の発行や保有自己株式の処分としての譲渡としてなされる場合に，導入企業が財政的支援をすることが，払込金額を実質的にディスカウントしているものと評価され，実質的にみて，株式の有利発行（有利な価格による処分）に該当しないかについて問題を提起している。

　そして，ⅰ）形式的には，募集行為は払込金額を含む募集事項が，均等に定められたものであって，財政的支援とは別に行われていることから，有利発行に該当しないとしている。ⅱ）ビークルや従業員が，既発行の株式を第三者から取得する場合に，導入企業（発行会社）が，財政的支援を与えることができるのであるが，これとの実質的なバランスを考えると，新株発行や自己株式処分の際に取得者に対し，財政的支援を行ったことが，直ちに有利発行に当たることにはならないとするのである。

　バランス論から，発行済株式の第三者からの取得について，導入企業が財政的支援することが許されるのであるから，新株発行や自己株式の処分の場合について，導入企業が財政的支援することは許されるとするのであり，妥当な考え方である。

　自己株式の取得（会社の計算による株式取得）に該当しない限りというのは，自己株式の取得自体が規制されているから，会社は自己株式を取得するための財政的支援することは許されないとの当然の理を明らかにしたものである。

　払込金額自体が特に有利な金額（会社法199条3項）に当たらない限りは，新株発行や自己株式の処分による株式取得について，導入企業が財政的支援することは許されるのであるが，払込金額自体が特に有利な金額に該当する場合は，有利発行に該当することになり，有利発行手続（株主総会の特別決議）を必要とする。

　導入企業がビークルに対して，特に有利な金額による第三者割当ての新株発

行や自己株式処分を行う場合は，第三者に対する有利発行手続（株主総会の特別決議）を必要とすることになる。このように，新株発行や自己株式処分が特に有利な価格でない場合に，導入企業が財政的支援する場合と，払込金額自体が特に有利な金額に該当する場合とを分けて考える必要がある。

(3) 新プランの導入と取締役等の責任

　新プランは，従業員の福利厚生，従業員のインセンティブ効果と財産形成，企業に対する帰属意識の強化などを図るという正当な目的のために導入され，適正に運営されなければならない。これに反し，経営陣が自己保身などの目的で，会社の費用を使って安定株主の確保あるいは買収防衛策目的でプランを導入した場合は，取締役等の任務懈怠の責任が生ずる（もっとも，副次的効果として，安定株主としての機能を期待することが許されないわけではない）。

　正当目的による導入と適正な運営判断によって，導入企業がビークルを設け，これに会社が相当額の資金を拠出し，ビークルの借入れに対し保証という金融支援をしたが，結果的にプランが失敗に終わり頓挫した場合，あるいはプランの終了時にビークルに多額の借入金残債務が残り，会社が保証債務を負うに至る場合が考えられる。

　このような場合でも，それは適正な経営判断の問題として処理され，導入と運営に関係した取締役や執行役に任務懈怠（善管注意義務違反）の責任は生じない。反対に，明確な検討や予測をすることなく，無理な計画の下にプランを実行したことにより，会社に損害が生じた場合は損害賠償責任を免れない。

　プランの導入後は，会社はビークルの独立性を尊重し，プランの運営に関して干渉すべきでないが，これと適正な監視・監督が要求されるのは別問題である。導入企業はプランの導入者であり，ビークルの借入れに対し保証をしているのであるから，プランの適正運営に関心を払わなければならない。また，信託型プランの場合は委託者として，ＳＰＶ型の場合は出資者として，ビークルを監視するのは当然であるといえる。

　ビークルの株式保有中に株価が下落し，持株会に対する株式の譲渡価格が取

得価格を下回り、最終的にビークルに損失が発生し、弁済が困難な場合に至れば導入企業は銀行に対し保証責任を履行しなくてはならないが、プランは長期間に及び、その間に株価の変動により、最終的にビークルに損失が生じ、これにより企業が保証を履行しても、取締役等は保証時において、ビークルに損失が生ずることまでも予見することは一般に不可能である。

そこで、株価の下落が発生することを容易に予見できるとか、ビークルの運営に問題があるのに、これを放置したなどの特別の事情がない限り、取締役等に任務懈怠の責任があるとはいえない。

これに対し、ビークルの独立性を害さない範囲内で、適正に監視・監督しなければならないのは当然であり、プランの存続が困難と判断される場合は、プランを終了させることも必要である。導入企業の取締役や執行役が、ビークルの運営について要求される監視・監督義務を果たさなかった場合は、任務懈怠責任を負うことになる。

第10章　新プランと労働基準法との調整

1　労働基準法との関係

(1)　従業員持株会発展型プランと労基法の関係

　新プランは労働基準法（以下、「労基法」）とも関係している。労基法の強行法規性から、労基法に違反する行為は無効となるから、労基法に違反する新プランの導入は認められない。そこで、新プランの導入に際しては、労基法との関係を十分に調整した上でプラン設定をすることが必要である。

　従業員持株会発展型プランについては、労基法との関係では、拠出金の給与からの天引き、奨励金の支給（全額現金払い）が問題になる。

　プランに参加している従業員は、毎月、賃金（給与）から天引きされた株式取得資金と、導入企業から支給された奨励金を、合わせて株式取得資金として持株会に拠出する仕組みである。そこで、労基法との関係で、従業員の毎月の給与からの天引きが問題になる。この点、賃金の全額払いの原則から、持株会への拠出金は法令により別段の定めがなされた場合に当たらないから、当然に給与からの天引きすることが許されるものではない。

　拠出金を賃金（給与）からの天引きするためには、当該事業場の労働者の過半数で組織する労働組合、労働者の過半数で組織する労働組合がないときは、労働者の過半数を代表する者との書面による協定が（いわゆる、チェック・オフ協定）をしなければならない。この協定をすれば、賃金の一部を控除して支払うことができるから（労基法24条1項但し書き）、拠出金を賃金から天引きすることが可能となり、労基法上の問題をクリアすることができる。

　会社から支給される奨励金は、従業員に直接支払われるのではなく、株式取得資金として持株会に支払われる。そうすれば、賃金の全額・直接払いとの関係が問題になる。この点、奨励金は所得税法上、給与としての取扱いがなされ

るにしても，福利厚生目的で賃金とは別に支給されるものであり，労働の対価ではないから労基法上の賃金ではない。「報告書」も，奨励金は労基法上の賃金に当たらないとしている。

奨励金が賃金に当たらないことから，これを，直接，従業員に支給することなく，持株会に対して支払うことには労基法上の問題は生じない。

「報告書」も，賃金の通貨払いの原則との関係で，従業員が自ら金銭を拠出して株式を取得するものであって，使用者が当該株式を付与するものではないことから，賃金の通貨払いの原則に違反することはない。また，持株会への入退会が真に従業員の自由意思に委ねられている限り，奨励金が労基法上の賃金に当たらないことから，奨励金によって取得した株式も賃金に当たらず，いずれも賃金の通貨払いの原則に抵触することはないとしている（報告書・23頁）。この点，従業員持株制度の運営の場合と同様である。

（2）　退職従業員給付型プランと労基法の関係

退職従業員交付型（全額企業拠出）のプランは，導入企業が信託銀行やビークルに自社株式または株式取得資金を信託し，受託者たる信託銀行等が，一定の要件を満たす従業員退職時に無償で自社株式を給付するスキームであるが，労基法の問題点がある。

導入企業が，退職等従業員に無償で自社株式を給付するためには，退職金を引当てにしなければならないであろう。換言すれば，退職金を自社株式で給付することになる。退職従業員に自社株式を交付（給付）するのであるから，退職金の賃金性，退職金の廃止または減額の許容性が問題になる。また，給付される自社株式が労基法上の賃金に該当することになれば，賃金の全額通貨払いの原則との関係が生ずるし，それ程簡単に処理できる問題ではないであろう。

そして，退職従業員に自社株式を給付するとのプランは，労基法上の問題点を解決できたとしても，それに伴い会社法上の問題が生ずることがあり，それを別途解決しなければならないことがあり得る。

会社法上の問題と労基法上の問題がリンクしているのであるが，その根本原

因は退職従業員に自社株式を給付するための原資にかかる問題であり，これが，退職従業員交付型プランの根幹であり，これをクリアすることがこの形態のプランの適法性確保のために極めて重要である。

しかし，退職従業員交付型プランの導入に際し，原資の確保をどうするかについてほとんど触れていない。むしろ，タブーとしているようでもある。しかし，このプランの適法性を確保するためには，原資関係の解決が喫緊の課題といっても過言ではないであろう。

2　自社株式の給付と退職金との関係

(1)　退職金の賃金的性格からの問題点

自社株式給付の原資を退職金に求めた場合，労基法上の問題として，退職金の賃金該当性との関係が生ずる。退職金の性質であるが，退職金には功労報償的性格や生活保障的意味が認められるにしても，その本質は後払い賃金であると解される。退職金は就業規則においてその支給条件があらかじめ明確に規定され，会社が支払義務を負う場合は労働の対価として賃金に該当するから，全額払いの原則の適用を受ける[1]。しかも，退職金の支払請求権は，退職金の支給や支給条件が労働協約や就業規則において定められている場合だけでなく，労働慣行によっても認められる。

退職金の支給は，一般に就業規則（附則の年金規定等）において定められている。労基法上も，退職手当に関する事項として，退職手当の決定，計算および支払の方法等を就業規則に記載し，行政官庁に届け出なければならないだけでなく，これを変更するときも同様に届け出なければならない（労基法89条3の2号）。

退職金と自社株式の給付の関係であるが，退職金を減額することなく，退職金とは別に自社株式を給付する場合は，他に原資を求めなければならないが，

---

(1)　最判昭和48・1・19民集27巻1号27頁

それは非常に困難である。この点を考えずに、安易に、会社に資金があるから、退職金とは別に自社株式を給付できるとは考えてはならない。

退職金を原資として自社株式を給付する場合として、退職金に代えて給付する（退職金の廃止）、退職金を減額して減額分を自社株式取得の原資とする方法（退職金の一部を自社株式で給付する）、退職金規定を改定して退職金を増額し、増額分を自社株式で給付する（退職金とは別に、自社株式給付を給付するというのはこの形態のものと考えられる）などの方法がある。この場合、退職金を形式的に増額して、増額分を自社株式で給付するという方法によっても、実質的には無償給付となることには変わりがない。さらに、退職積立金を自社株式の給付のために、株式取得資金に振り替えるなどの方法が考えられる。

しかし、いずれの方法によるも退職金は、労基法上の賃金に該当するから、賃金の現金一括払いの原則との調整を必要とするばかりか、就業規則や労働慣行により退職金の支払請求権がある場合は、これを廃止し、または減額するためには労基法上の手続きを必要とする。そこで、退職金の廃止または減額の措置を必要とするから、かなり複雑な手続きを必要とする。

退職金の賃金性から、退職金を自社株式の取得原資に振り替えて自社株式を給付することは、賃金の全額現金払いの原則に抵触することになる。しかも、それを回避するためには、労働者の過半数で組織する労働組合等と書面による協定を必要とする。しかも、退職金の全額を自社株式で給付することが可能かという問題がある（労基法24条1項前段）。

（2） 退職金等を減額しない自社株式の給付と賃金の通貨払い

「報告書」は、労基法11条の賃金（労働の対価）に該当するかどうかについて、通貨による賃金または退職金を減額して自社株式を給付する制度を設ける場合は、通貨賃金の代わりに該当すると解さざるを得ないが、賃金または退職金の減額を伴わず、また、労働者の拠出が存在せず、内容的にも福利厚生制度として評価し得るものであれば、これを賃金であるという必要はないとした上で、本プランが、賃金または退職金の減額を伴わないなど3つの要件のいずれをも

満たすものとして設計されている場合は，自社株式の給付は労基法上の賃金に該当しないから，同法24条の賃金の通貨払いの原則にも抵触しないことになり，このプランは労基法上適法なものとなる（報告書24～27頁）。

　賃金または退職金の減額を伴わないなど，3つの要件のいずれをも満たすものとして設計されている場合は，自社株式の給付は労基法上の賃金に該当しないと解される。そこで，自社株式を給付することは賃金の通貨払いの原則に抵触しないことになる。しかし，このことは，賃金または退職金の減額を伴う場合は，賃金の通貨払いの原則に抵触することを意味する。

　賃金または退職金の減額を伴わない場合は，自社株式の給付は労基法上の賃金に該当しないから，労基法の問題はクリアすることができる。しかし，それでは，退職従業員に自社株式を給付するための原資をどうするかという会社法上の問題が生ずる。賃金の性質を有する退職金の全部または一部の減額により，原資を確保するしかないのであるから，退職金の減額をしなければ労基法上は適法であるが，会社法上は自社株式の給付は違法となる。反対に，退職金を減額して原資を確保すれば，会社法上は自社株式の給付は適法になるが，労基法上は賃金の全額通貨払いの原則に違反することになる。そうすれば，退職金の減額に関しては，会社法と労基法は二律背反の関係にあるといえよう。

　このように，退職金の廃止や減額により原資を確保することは，労基法との関係で難しい問題が生ずることになる。さらに，退職金が賃金の一部後払いという性格を有することから，自社株式の給付は退職金（賃金）を現金以外で支払うということになる。

　さらに，退職金制度の廃止や，退職金の減額などについては，労使関係を悪化させるばかりか，退職金が賃金的性格をもつことから，退職金制度の廃止や，退職金を減額することは労働条件の不利益変更となり，経済情勢や企業業績に大きな変化が生じたなどの，事情変更の原則が適用される場合など，合理的な理由の存在が要求されることになろう。

　そうすれば，退職給付型の給付プランを導入するために，退職金制度の廃止や，退職金を減額することが合理的な理由に該当するかは慎重に検討する必要

がある。

このように，退職従業員給付型のプランについては，原資をどこに求めるかの問題に加え，退職金との関係で労基法上も複雑な問題が生ずる。

3 報告書と労働基準法上の論点

（1） 賃金通貨払いの原則との関係

「報告書」は，ビークルを通じて一定の要件を満たす従業員に対して，退職時に自社株式を無償で給付するスキーム（従業員退職時給付型スキーム）について，労基法上の賃金との関係について検討している。それは，導入企業からビークルや信託銀行を通じて退職者に無償で給付される自社株式が，労基法上の賃金（労基法11条）に該当しないか，賃金に該当することになれば，「賃金の通貨払いの原則」（労基法24条1項）に抵触するか否かが問題になるとして，これを検討している（報告書23～27頁）。

そして，賃金とは，賃金，給料，手当て，賞与その他名称の如何を問わず，労働の対価として使用者が労働者に支払うすべてのものをいうが（労基法11条)，労働の対価であるか否かについて，任意的・恩恵的なものか，福利厚生施設であるか，企業設備の一環であるか，のいずれかに該当する場合は，通常，賃金に該当しないと考えられる。

そして，従業員退職時給付型スキームにおける自社株式の給付は，「福利厚生施設」に該当するか否かについて整理し検討するとしている。実物給与については，福利厚生施設の範囲は，なるべく広く解釈することにするとともに，本スキームにおいては，給与または退職金とは別に，従業員の勤労インセンティブ向上策等として，付加的に企業が自社株式を給付することを前提としている。

〔解　説〕

報告書は，従業員退職時給付型スキームについて，導入企業がビークル等を通じて退職者に自社株式を無償で給付する場合に，それが，労基法上の賃金に

該当し，賃金の通貨払いの原則に抵触するか否かを検討しているのである。この場合，導入企業が，給与または退職金とは別に，付加的に自社株式を給付することを前提としている。そして，給与または退職金の減額をすることなく自社株式を給付することを，賃金の通貨払いの原則に抵触するか否かを問題にするのである。

この点，給与または退職金を減額して，これを交付する自己株式の取得原資に当てるのではなく，付加的に自社株式を給付するプランであれば，労基法上の賃金通貨払いの原則との抵触は，ほとんど問題にならないと考えられる。

（2） 自社株式給付と福利厚生施設該当性

「報告書」は，厚生労働省の解釈例規をみると，実物給与に関する通達（昭和22・1・29基発第452号）において，「前例若しくは慣習として，その支払が期待されている貨幣賃金の代わりに支給されるものは，賃金として取り扱うこと」とされており，本スキームの自社株式の給付については，次のとおり解するのが適当であると考えられる。

通貨による賃金・退職金を減額して自社株式給付制度を設ける場合は，「貨幣賃金の代わり」に該当すると解さざるを得ないが，通貨による賃金・退職金の減額を伴っていない場合，「貨幣賃金の代わり」かどうかについては，労働契約や就業規則の定め，通貨による賃金・退職金や株式給付の実態等を手掛かりに個々の事案ごとの労使関係の合意内容を認定していく必要がある。

当該合意の認定に際しては，通貨による賃金・退職金の水準と給付される株式の関係等に着目することが適当である。しかし，賃金・退職金の減額を伴わず，また，労働者の拠出が存在せず，内容的にも福利厚生制度として評価し得るものであれば，あえて賃金であるとする必要はない。

福利厚生施設性の該当であるが，付加的に給付される場合には，ⅰ）通貨による賃金・退職金を減額することなく，付加的に給付されるものであること，ⅱ）労働契約や就業規則において，賃金・退職金として支給されるものとされていないこと，ⅲ）通貨による賃金と退職金の額を合計した水準と，スキーム

導入時点の株価を比較して、労働の対象全体の中で、前者が労働者の受ける利益の主であること、の3要件をいずれも満たす場合は、通常、「福利厚生施設」に該当するものと解することが可能である。そこで、本スキームによる自社株式給付については、労基法11条の「賃金」に該当せず、したがって、同法24条の賃金の「通貨払いの原則」にも抵触しないものと整理できる、としている。

〔解　説〕

　報告書は、厚生労働省の解釈例規に従い、前例若しくは慣習として、その支払が期待されている貨幣賃金の代わりに支給されるものは、賃金として取り扱うことになるが、通貨による賃金・退職金の減額を伴っていない場合に、貨幣賃金の代わりかどうかは、個々の事案ごとの労使関係の合意内容を認定していくことになる。労働者の拠出が存在せず、内容的にも福利厚生制度として評価しうるものであれば、あえて賃金であるとする必要はないとしている。

　そして、福利厚生施設該当性の判断においては、3要件をいずれも満たす場合は、福利厚生施設に該当し、本スキームによる自社株式給付は、労基法11条の「賃金」に該当しないから、同法24条の賃金の「通貨払いの原則」にも抵触しないとするのである。

　このように、賃金・退職金の減額を伴わず、また、労働者の拠出が存在しない等の株式給付スキームのプランは、労基法24条と抵触しないのであるが、これは当然のことであると考えられる。ただし、これは労基法24条との関係であり、会社法上の難しい問題との関係が生ずる。

　前述のように、賃金の通貨払いの原則とは別に、会社法上、従業員の退職に際して、会社は無償で株式を給付することができないから、賃金や退職金を引当てに原資を確保しなければならなくなる。しかし、そうすると、今度は、賃金の現金による全額払いの原則という労基法に抵触することになるという難しい問題が存在する。

　このように、労基法上の問題を解決すれば会社法上の問題が発生し、反対に、会社法上の問題を解決すれば、労基法上の問題が発生することになる。

第10章　新プランと労働基準法との調整

（3）　株式持分の引出制限と強制貯蓄の禁止との関係
①　株式持分の引出制限の必要性
「報告書」は，従業員持株会発展型スキームにおいて，従業員の勤労インセンティブ等を確保するため，一定期間（例えば，勤続10年間），持株会が保有する株式の引出しを制限する措置を講じることが，新プランの経済的効果を確保する観点から有益な場合があると考えられる。

ただし，従業員持株会の株式取得原資に従業員が負担する拠出金が含まれている場合には，引出制限が「強制貯蓄の禁止」（労基法18条）に抵触するかが問題になる，としている。

②　従業員の拠出で取得した株式の場合
従業員の持株会への拠出が，強制貯蓄に該当しないためには，持株会への入退会が真に従業員の自由意思に委ねられていることが必要である。

従業員持株制度の運用において，実務手続や市場での売却単位などを考慮して，株式持分について一定の引出制限を設ける実務対応は許容される。しかしながら，従業員が負担する拠出金で取得した株式分について，それ以上の引出制限を課すことは，投下資本回収の途が制約されることになり，従業員の個人財産についての不当な制限として，原則，認められないことになる。

③　導入企業からの奨励金で取得した株式の場合
奨励金は労基法上の賃金には該当しないから，持株会で保有される株式のうち，導入企業からの奨励金で取得した株式分も労基法上の賃金には該当せず，強制貯蓄の禁止規制を受けないと考えられる。したがって，従業員の勤労インセンティブ向上等の効果を確保するため，持株会が導入企業の奨励金で取得した株式分について，一定期間，持株会からの引出しに制限を設けるといった工夫を施すことも可能ではないかと考えられる（報告書28～29頁）。

〔解　説〕
① 持株会からの引出制限期間

　新プランにより従業員が取得した株式を，従業員が持株会から自由に引き出して換金したのでは，新プランを導入した趣旨が失われるから，合理的な範囲内での引出制限の措置を講ずることはやむを得ないこととして是認できるであろう。

　報告書は，従業員の勤労インセンティブ等を確保するため，一定期間（例えば，勤続10年間）．の引出制限の措置を講ずる必要性を認めている。勤続10年間は新プランに参加してからの勤続10年間の意味に解されるが，10年間が合理的期間か否かは問題がないではないが，プランの期間（信託期間）を5年に設定し，この期間内の引出しを認めないとするのは合理的な引出制限であろう。

　プランの終了後の引出制限の期間をどの程度にするかは，拠出金の額，奨励金の支給割合等を考慮して判断しなければならないが，5年に設定すること（合わせて10年）も可能と考えられる。

　もっとも，これは引出制限の問題であるから，引出制限の期間中であっても，当該従業員が持株会から脱退（退会）した場合は，持株会は当該従業員の株式持分を返還し，株式名義を当該従業員名義に書き換えなければならない。

② 奨励金の支給と引出制限

　従業員の拠出金で取得した株式分については，現行持株制度の運用による引出制限以上の制限を課すことは，一般に投下資本の回収を不当に制限することになり，従業員の個人財産についての不当な制限となるから認められないことになる。

　これに対し，奨励金で取得した株式分も労基法上の賃金には該当せず，強制貯蓄の禁止規制を受けない。そこで，従業員の勤労インセンティブ向上等の効果を確保するため，導入企業の奨励金で取得した株式分について，一定期間，持株会からの引出しに制限を設けるといった工夫が可能であることを示唆する。

　持株会の株式取得資金は，従業員からの拠出金と奨励金を合わせたものである。そこで，従業員の拠出金で取得した株式分については引出制限を設けるこ

とはできないが，奨励金で取得した株式については引出制限は可能であろう。

しかし，両者を区別することが技術的に可能であるか，特に従業員の拠出金と奨励金により持株会が取得した株式は，持株会に属し一体化し（組合財産），各従業員は，その上に共有持分を有することになる。そして，株式持分の引出しは組合財産の分割の意味をもつ。そうすれば，拠出金により取得した株式分と奨励金で取得した株式分を区別することが難しくなる。

次に，拠出金を支給するのは導入企業であるのに，導入企業とは別の組織（団体）である持株会が，奨励金であることを根拠に引出制限をする法的根拠が何かも問われることになる。

③　引出制限と強制貯蓄の禁止

従業員の拠出金により取得した株式分について，引出制限を設けることが「強制貯蓄の禁止」規定（労基法18条）に抵触しないかが問題になるとしている。

強制貯蓄の禁止規定は，使用者による強制貯蓄と，使用者が労働者の貯蓄金をその委託を受けて管理する場合の規定である（労基法18条）。本スキームの場合，使用者とは導入企業のことであるが，従業員の拠出により取得した株式を，管理するのは持株会であって導入企業ではない。

そうすれば，持株会による引出制限については，持株会が会社から独立した別組織である以上，強制貯蓄の禁止規定の適用の問題は生じないはずである。これは，持株会の規約等による引出制限の問題と考えられる。契約による引出制限（広義の譲渡制限）と考えられるから，引出制限の約定の合理性の判断の問題である。合理性の判断基準は，参加従業員が株式持分を引き出して換価（売却）することに対する不当な制限となるか否かであると考えられる。

もっとも，労基法上の使用者とは，事業主だけでなく，事業の経営担当者，その他その事業の労働者に関する事項について事業主のために行為するすべての者をいう（労基法10条）。そして，本プランについては，事業主とは導入企業を指すから，持株会の独立性がなく，持株会が導入企業と一体化しているような場合は，持株会による引出制限も使用者（導入企業）による引出制限として，強制貯蓄の禁止規定に抵触すると考えられる。

同様に，事業の経営担当者，その他その事業の労働者に関する事項について事業主のために行為する者が，持株会の理事長等の役員となり，強い影響力を発揮する場合は，持株会による引出制限であっても，導入企業による引出制限と評価され，強制貯蓄規制に抵触することがあると考えられる。

第11章　新プランと金融商品取引法

1　新プランと金融商品取引法

　新プランは，ビークルや信託銀行が発行会社（導入企業）の株式を大量に取得する取引としてなされる。「報告書」は，金融商品取引法（以下，「金商法」）との関係から新プランを検討していないが，プランの運用上，インサイダー取引規制，開示規制，集団投資スキームなど，金商法による規制の適用と関係する部分が少なくない。そこで，新プランの開発と導入に際しては，会社法，信託法，労基法だけでなく，金商法との関係についても十分に検討する必要がある。

　従来，従業員持株制度との関係で金商法（以前の証券取引法）が問題にされたのは，インサイダー取引規制であった。新プランについても，金商法上との関係が問題にされる多くの場合は，インサイダー取引規制（内部者取引規制）であるが，新プランの場合は，ビークルや信託銀行が大量の発行会社（導入企業）の株式を取得し，ビークルは持株会に取得し保有する自社株式を売却するという構造である。そこで，従業員持株制度の運用のように，持株会による定時・定額の市場買付けは，インサイダー取引規制の適用除外になるというような簡単な問題ではない。

　新プランの運用に関しては，投資信託法との関係，公開買付けの必要性，集団投資スキームとの関係，受託者の引受業該当性，信託管理人の業規制との関係，開示規制との関係など，多くの金商法規制との関係が生ずる。

　新プランについては，金商法規定の適用を除外するための措置が講じられている部分が少なくないが，これ以外の関係部分についても，金商法の規制を形式的に適用することは適正な取扱いとはいえない。そこで，解釈上，ある程度の弾力的な取扱いをする必要があると考えられる。

2　インサイダー取引規制との関係

（1）　新プランとインサイダー取引規制の概要

　新プランはビークルおよび持株会が、導入企業の株式を買い付ける（取得）行為であるから、導入会社について未公表の重要事実（インサイダー情報）が存在する場合は、公表前の取引について、インサイダー取引規制（内部者取引規制）に抵触するおそれがある場合が考えられる。インサイダー取引規制の対象となるのは、ビークル（特別信託・ＳＰＶ）、信託管理人、受託者、持株会またはその理事長である。

　退職給付型プランにあっては、受託者（特別信託または信託銀行）、信託管理人である。退職従業員は無償で株式の給付を受けるのであるから、無償の株式取得としてインサイダー取引規制の対象外となる。

　新プランについては、導入会社から独立したビークルまたは信託銀行が、独自の判断で自社株式（導入企業株式）を取得するのであるから、インサイダー取引規制との関係は生じないからこれを懸念する必要はないとか、導入企業に重要事実が発生した後であっても、ビークルまたは信託銀行がその独自の判断で自社株式を買い付けるから、インサイダー取引がされることはないとの説明が散見する。

　しかし、ビークルまたは信託銀行の株式取引がインサイダー取引規制とは無関係というわけにはいかない。重要事実に接した後に、ビークルや信託銀行（具体的には、役員、代理人、使用人）が新たに自社株式の取得を決定し、取得する場合については、インサイダー取引規制の適用を受けるといわざるを得ない。

　新プランの導入そのものが、インサイダー情報（重要事実）に該当するかが問題となるが、新プランの導入自体は、重要事実に該当しないから（金商法166条2項1～3号）、バスケット条項（同項4号）に該当するという特段の事情がない限り、インサイダー取引規制との関係は生じないと考えられる[1]。

　新プランとインサイダー取引規制の関係が生じるのは、①導入企業が、ビー

クルや信託銀行に対して，自己株式の拠出または譲渡する場合の自己株式処分決定，自社株式の取得資金の拠出決定，②ビークルや信託銀行が，市場買付けまたは導入企業から当該株式を買い付ける行為，③ビークルが取得し保有する自社株式を持株会に譲渡する行為が考えられる。

このように，新プランとインサイダー取引規制の関係が生じることから，上記行為がインサイダー取引規制に抵触することを回避するもっとも無難な方法は，導入企業にインサイダー情報が存在するときは，原則として，公表を待って当該取引を行うことである。

しかし，常に，公表を待って当該取引を行うとしたのでは，硬直すぎるばかりか現実的でない場合がある。そこで，プランの実行としての行為が，インサイダー取引規制に抵触しないようにするためには，どのように工夫すべきであるかを検討しなければならない。

（2） 自己株式の処分決定と重要事実

導入企業がビークルや信託銀行に対し自己株式を拠出し，または譲渡する場合は，自己株式の処分であるので，新株発行と同一の手続きにより自己株式の処分決定をしなければならない。この場合，自己株式の処分決定は重要事実であるから（金商法166条2項1号イ），これを公表した後に，自己株式を処分しなければならない。

導入会社が，ビークルや信託銀行に対し自社株式の取得資金を拠出（信託）するとの決定は，自己株式の処分決定という重要事実ではないから，規制の対象に含めるべきかが問題になる。自社株式の取得資金の拠出は，自社株式を取得するための拠出金であることから，やはり自己株式の処分決定に準じた重要事実と解すべきであろう。

自己株式の処分決定に準じた重要事実に該当しないとしても，運営，業務または財産に関する重要な事実であって，投資者の投資判断に著しい影響を及ぼ

（1） 葉玉匡美＝生頼雅志「従業員持株ＥＳＯＰ信託の法務上の問題点」商事法務1915号15頁

すものと認められる場合は重要事実となる（金商法166条2項4号）。

　導入企業が，未公表の重要事実が存在しない時点で，ビークルや信託銀行と信託契約を締結した後，自己株式の処分として信託または譲渡するまでの間に，導入企業において重要事実が発生した場合，それが公表されるまでの間に自己株式の処分を行うことは，理論的にいえばインサイダー取引規制の適用を受けることになる。しかし，これは重要事実を知って行われた取引ではない。そこで，このような場合については，重要事実を知る前に締結された売買等に関する契約の履行として，インサイダー取引規制の適用除外となる（金商法166条6項8号）。

（3）　ビークルによる株式取得とインサイダー取引規制

　ビークルや信託銀行（受託者）による，導入企業株式の取得とインサイダー取引規制の関係は，市場取引等による取得，自己株式の処分としての譲受けについて生ずるが，ビークルや受託者（取引の当事者）に対して指図する信託管理人についても，契約関係者等としてインサイダー取引規制の対象となる（金商法166条1項4号）。

　信託管理人は，直接，導入企業株式の取引の当事者ではないが，「売買その他の有償の譲渡もしくは譲受け」とは（金商法166条1項本文），取引の当事者（主体）となる場合だけでなく，他人に売買等の委託または指図をすることが含まれるから，信託管理人の取得または処分に関する指図は，売買その他の有償の譲渡もしくは譲受けに含まれることになり規制の対象になる[2]。

　ビークルや信託銀行は，導入企業株式の取引の当事者であるからインサイダー取引規制の適用を受けるのであるが，プランの性質上自由判断の余地がなく，当初の計画に従って売買契約を履行するにすぎない場合については，重要事実を知る前に締結された売買等に関する契約の履行としてインサイダー取引規制の適用除外となると解される。

（2）　有吉尚哉「日本版ＥＳＯＰの法的論点と実務対応〔下〕」商事法務1882号28頁参照

ビークルや信託銀行は，導入企業との信託契約に基づき受託者となる。そこで，発行会社（導入企業）と契約を締結している者として準内部者になり（金商法166条1項4号），ビークルが法人である場合は，その役員も準内部者に含まれる（同項5号）。また，ビークルが情報受領者となる場合も考えられる（金商法166条3項）。これらの場合は，当該重要事実が公表されるまでは，自社株式の買付けをすることができない（金商法167条）。

　そこで，会社に未公表の重要事実がある場合は，取引規制の適用を受けないようにするためには，ビークルとの情報を遮断しておく必要がある。ビークルによる自社株式の買付けについて，インサイダー取引規制が適用されるから，ビークルの代表者に会社関係者や内部情報に接する機会のある者が就任するべきではなく，また，会社はビークルとの間で，重要な事実を遮断するシステムを設けて置くべきである。

　次に，公開買付けとの関係で，ビークルによる自社株式の買付けがインサイダー取引規制と関係する場合がある。この場合は，発行会社情報ではなく，公開買付者の情報であるが，ビークルがそれに接した場合は，公開買付情報が公表されるまでは，自社株式の買付けをすることができない。

　会社が，自己株式の処分としてビークルに対して自己株式を譲渡する場合は，適用除外にならないばかりか，自己株式の処分それ自体もインサイダー情報となる重要な事実となり得る。また，ビークルによる市場での一括株式買付けは，インサイダー取引規制の対象となる。会社が，新プランの導入に伴い，ビークルに対し自己株式の処分として自己株式を譲渡する場合は，インサイダー取引規制が適用されるから，ビークルが情報に接しないような体制を確立する必要がある。

　導入企業株券が，上場株券，店頭売買株券またはグリーンシート株券である場合は，インサイダー取引規制の対象となるから，重要事実または公開買付情報が公表されるまでは，ビークルは市場買付け，相対買付け（発行会社からの買付けであるが，大量保有株主からの買付けも考えられる）により当該株券を取得することはできない。

(4) ビークルによる発行会社からの自社株式の譲受け

会社が自己株式の処分として，ビークル譲渡するためには，会社法199条の規定によらなければならないが，自己株式を引き受ける者の募集について，取締役会等の業務執行機関においてこれを決定したことは重要事実の発生となる（金商法166条2項1号イ）。

プランの内容として，導入企業（発行会社）が，保有自己株式の処分としてビークルに一括有償譲渡する場合がある。この場合，導入企業に未公表の重要事実がある場合は，自己株式の処分としてビークルに一括譲渡するのは，未公表の重要事実であるから，それが公表される前に，会社関係者等が当該株式について株式取引をすることは，インサイダー取引規制に抵触することになるから，発行会社はビークルに自己株式を譲渡する前に，機関決定した旨（重要事実）を公表した後に自己株式を譲渡すべきである。

ビークルは，発行会社との間で信託契約または匿名組合契約および保証委託契約を締結している者であるから，会社関係者に該当する（金商法166条1項4号）。そこで，発行会社において，自己株式の処分に関する機関決定があったことが公表された後に，発行会社から自己株式を取得する必要がある。

もっとも，発行会社とビークルとの売買取引は，市場外における相対取引であるから，両者が未公表の自己株式の処分に関する機関決定という重要事実の存在を知っている場合は，いわゆる「クロクロ取引」として（金商法166条6項7号）インサイダー取引規制の適用除外となる[3]。

また，前述のように，発行会社における自己株式の処分に関する機関決定後，自己株式の処分前に，それ以外の重要事実が発生する場合に備えて，「知る前契約」としてインサイダー取引規制の適用除外（金商法166条6項8号）によることもできる。

これは，発行会社における自己株式処分の期間決定後，発行会社においてその他の未公表の重要事実が存在しないことを確認した上，直ちにビークルとの

---

(3) 藤瀬裕司ほか「シンセティックＥＳＯＰの概要とその可能性」商事法務1734号22頁

間で書面により自己株式の売買に関する契約を締結する方法による場合である[4]。

インサイダー取引規制は，売買等の有償取引を対象にすることから，導入企業が信託設定により，信託銀行等に対し，その保有する自己株式を信託する場合（信託譲渡）は，疑問がないわけではないが，インサイダー取引規制の適用を受けないと考えられる。

(5) ビークルと従業員持株会の取引

新プランは，ビークルが保有する導入企業株式（自社株式）を，順次，持株会に譲渡するスキームであることから，ビークルと持株会との株式取引である。そこで，導入企業（発行会社）について重要事実が存在する場合は，インサイダー取引規制との関係が生ずる。

従業員持株制度により，持株会による定時・定額の市場買付方式の場合は，インサイダー取引規制の適用除外になる（金商法166条6項8号）が，新プランについても，定時・定額による買付けが実行されるのであれば，持株会が一定の計画に従い，個別的判断によらず継続的に行う買付けとなるから（金商法166条6項8号，有価証券の取引等の規制に関する内閣府令59条1項4号），従業員持株制度の運用の場合と同様に，インサイダー取引規制の適用除外となる。そこで，持株会によるビークルからの買付けについては，インサイダー取引規制が適用されないから円滑にプランを遂行することが可能となる。

このように，ビークルは，一括して取得した自社株式を，内部情報が発生する前から存在する仕組みとして，持株会に対し定期的に譲渡するのであるから，インサイダー取引規制の適用除外となる。

これは，知る前契約の実行として計画的に取得することによるものである。取得価格についても持株会による買付日の前営業日の時価と設定されていることから，インサイダー取引規制の適用除外となるが，取得価格を定額と定めた

---

(4) 藤瀬裕司ほか「シンセティックＥＳＯＰの概要とその可能性」商事法務1734号22－23頁

場合についても，契約上の義務の履行であるから同様に解される。このように，知る前契約の実行として計画的に取得することから，途中で重要事実が発生してもインサイダー取引規制の適用を受けることなく，持株会は自社株式を取得することができる。

　ビークルの信託管理人または理事長は，発行会社の経営から隔離され，発行会社の重要事実を受領する契機はないように仕組まれているばかりか，ビークルから持株会に対する株式売却は，あらかじめ定められた売却ルールに則って譲渡されるから，信託管理人または理事長に売却時期，売却数等に関する裁量権はなく，定時に，従業員から持株会に拠出された額の合計額を時価により除することにより得られる数の株式を売り渡す方法により行われるから，ビークルによる持株会への売付けに際しては，インサイダー取引規制の抵触の問題は生じないとされている。そして，この場合，インサイダー取引規制の適用除外となるのは，売り手であるビークルだけでなく，買付けを行った持株会についても同様に適用除外となる[5]。

　もっとも，無制限にインサイダー取引規制の適用除外となるのではない。持株会による株式取得が一定の計画に従い，個別的判断によらず継続的に行う買付けであって，各従業員の1回当たりの買付け金額が，100万円未満であることが要求される（金商法166条6項8号，有価証券の取引等の規制に関する内閣府令59条1項4号）。従業員持株会の場合は，問題なくこの条件を満たすことになる。

　次に，上記の条件を満たす場合であっても，証券会社に媒介等の委託をすることが，インサイダー取引規制の適用除外の要件とされている。新プランのスキームは，発行会社の保有する自己株式を従業員持株会へ継続かつ安定的に供給することを目的とするものであるから，実質的には，会社の保有する自己株式を持株会が買い受けるものと解されるばかりか，定期的な相対取引として弊害がないことから，ビークルから持株会が買い受けるに際しては，証券会社に

---

(5)　河本一郎ほか「シンセティックＥＳＯＰ／スキームの適法性」商事法務1776号13頁，藤瀬裕司ほか「シンセティックＥＳＯＰの概要とその可能性」商事法務1734号23頁

委託等を要しないとも解される。しかし、ビークルの独立性を確保し、持株会はそこから買い受けるスキームであるから、買付けには証券会社への委託等が必要になると解さざるを得ないとされている(6)。

このように、重要事実が存在しても、持株会のビークルからの買受けについてはインサイダー取引規制の適用除外となる。もとより、重要事実が発生した場合は、その公表を待って株式取引をするのが好ましいことはいうまでもない。そこで、ビークル等の信託管理人が重要事実に接したときは、持株会に対する譲渡を公表がなされるまで停止するという措置を講ずるべきであろう。これは、持株会の株式買付価格に影響する。

もとより、インサイダー取引規制の適用除外となるのは、持株会がビークルから自社株式を買い付ける場合である。会員従業員が、持株会から株式持分を引き出して売却する場合は、インサイダー取引規制の適用を受けることになる。

3 新プランと金商法の適用除外

(1) 金商法と適用除外の概要

従業員持株制度の運用について、持株会が保有する株式の名義が持株会理事長の一人名義とされ、一人株主と取り扱われることから、開示規制の適用の除外との取扱いがなされ、また、株式の取得方法も定時、定額買付けによることから、内部者取引(インサイダー取引)の適用除外となるなど、金商法上、特別の取扱いがなされている。その根本にあるのが、従業員持株制度が従業員の福利厚生を目的とすることから、金商法の適用を除外しても不都合ではないばかりか、それを円滑に行うためには、金商法の適用除外を認めるのが妥当という考え方によるものである。

そこで、従業員持株会発展型の新プランについて、ⅰ)ビークルが新株を取得することが、金商法2条8項6号の引受業に該当するか、ⅱ)従業員がス

---

(6) 河本一郎ほか「シンセティックＥＳＯＰ／スキームの適法性」商事法務1776号13頁

キームから配分を受ける権利が，法2条2項5号の集団投資スキーム持分に該当するか，ⅲ）スキームにおけるビークルの組成が，投資信託法7条で禁止される有価証券投資を主目的とする信託契約に該当するかに関し，法律上の取扱いが不明確であった。

そこで，持株会を通じた株式所有スキームについて，従業員持株制度の運用と同様に，従業員の福利厚生に資するものであって，金商法の対象から除外しても従業員の保護のために支障を生ずることがないものについては，一定の適用除外としたのである[7]。

金商法の適用除外の要件は次のとおりである。

① 持株会による買付けが行われることを目的として，導入企業株式を取得すること。
② 当該行為が，従業員持株会の契約を実施するためのものであること。
③ 導入企業がビークルへの損失の補填その他の給付をする場合において，その目的，給付の水準等に照らして，従業員の福利厚生のためと認められること。
④ 当該行為に係る業務によって生ずる利益が従業員またはその相続人等に帰属するものであること。
⑤ 従業員が，当該行為に係る業務によって生ずる債務の弁済の責任を負わないこと。
⑥ 当該行為により取得した導入企業株式の議決権が，従業員の指図に基づき行使されるものであること。

以上，①～⑥の適用除外要件のすべてを満たす場合は，有価証券の引受け（金商法2条8項6号），集団投資スキーム持分（同条2項5号），証券投資信託類似行為の禁止（投資信託及び投資法人に関する法律7条）の規制の対象にならない有価証券の引受け（金商法2条8項6号），集団投資スキーム持分（同条2項5号），証券投資信託類似行為の禁止（投資信託及び投資法人に関する法律7-1条）の規

---

(7) 高橋洋明＝森口　倫「規制緩和等のための『金融商品取引業等に関する内閣府令』等の改正の概要」商事法務1880号17頁

制の対象にならない（定義府令16条1項7号の2，金商法ガイドライン第1章2－1条）とされている[8]。

（2） 受託者の引受業該当性

　有価証券の募集に際し，当該有価証券を取得させることを目的として，当該有価証券の全部または一部を取得することは有価証券の引受け（金商法2条8項6号，6項1号）に該当し，これを業として行う場合は第一種金融商品取引法業の登録が必要である。この点，自己株式の処分は金商法上の募集として位置付けられているので（金商法2条3項，金商法2条に規定する定義に関する内閣府令9条1号），プランが自己株式処分型をとる場合（市場買付型のスキームについては引受業規制との関係は生じない），ビークルは，従業員持株会に対して譲渡する目的で，発行会社（導入企業）による募集に応じて自己株式を引き受けることから，ビークルの行為の有価証券の引受け該当性が問題になる。

　ビークルが持株会に譲渡することを目的として，導入企業株式を取得していることが，有価証券の引受けに該当し，受託者の行為が「業規制」の対象にならないかが問題になる。

　この点，有価証券の募集・売出し・私募・特定投資家向け売付け勧誘等に際して有価証券を取得しない限り，有価証券の引受けに該当しない。そこで，ビークルが持株会に譲渡するために，既発行の株式を導入企業や市場から取得する場合は，有価証券の引受けに該当しない[9]。

　ビークルは，当該株式を持株会に取得させることを目的として，導入企業株式を取得することから，ビークルが「有価証券の引受け」を行うものとして，金商法上の引受業に係る規制を受けるおそれがある。

　そこで，①～⑥の適用除外要件のすべてを満たすスキームについては，規制

---

(8)　髙橋洋明＝森口　倫「規制緩和等のための『金融商品取引業等に関する内閣府令』等の改正の概要」商事法務1880号17頁，内ヶ崎　茂「従業員持株ＥＳＯＰ信託の導入効果とスキーム設計」商事法務1914号33頁参照
(9)　有吉尚哉「日本版ＥＳＯＰの法的論点と実務対応〔下〕」商事法務1882号34頁

の対象としなくても，投資家である従業員の保護のため支障が生ずることがないものとして，引受業に係る規定の適用が除外されている。

これらの要件は，従業員持株制度がすでに金商法において一定の規制の対象外とされていることも踏まえ，ビークルが福利厚生の範囲内かつ持株会の目的を実現する限度において適用除外を認めようとするものである。したがって，導入企業の給付の額が福利厚生費と認めるには多額であり，持株会の買付数量の見込みに比してビークルの保有することになる株式が著しく多い場合等，従業員の福利厚生のためと認められないものは，③の要件に反する可能性が高い(10)。

元来，ビークルが，新株として発行される導入企業株式を取得する場合は，有価証券の募集または私募に際しての取得になり，ビークルによる株式取得の特殊性を理由としても，有価証券の引受けに該当することになる。

そして，ビークルが，導入企業が保有する自己株式の処分として譲り受ける場合についても，自己株式の処分は新株発行と同一の手続きによることから，新株として発行される導入企業株式を取得する場合と同様に，有価証券の引受けに該当すると解される。

そこで，これらの点について，平成21年9月9日施行の改正金融商品取引法2条に規定する定義に関する内閣府令16条1項7号の2で，一定の要件を満たす従業員持株会応用型プランについては，ビークルの行為が引受業に該当しない旨が明定された。これは，従業員の福利厚生に資するスキームの適法性確保という観点から限定的な規定であり，従業員持株会応用型プランのスキームについてだけ適用されるものである(11)。

---

(10) 高橋洋明＝森口　倫「規制緩和等のための『金融商品取引業等に関する内閣府令』等の改正の概要」商事法務1880号17－18頁
(11) 葉玉匡美＝生頼雅志「従業員持株ＥＳＯＰ信託の法務上の問題点」商事法務1915号18頁

（3） 集団投資スキームとの関係

　集団投資スキーム持分は，有価証券として取り扱われ（金商法2条2項5号），開示規制や業規制の対象になる。そこで，持株会とビークル（ＥＳＯＰ信託・ＳＰＶ）を一体とみて，導入企業，受託者，従業員を構成員とする集団投資スキームではないかが問題になる。

　スキームにおいて，ビークルの株式譲渡益等を従業員に配分することを予定している場合，実質的に従業員がスキーム全体に対して出資しているものと捉え，従業員が有する権利が集団投資スキーム持分に該当すると解される余地が生ずる。この点，集団投資スキーム持分に該当するとした場合，スキームの持分の募集および財産の運用について，金商法上の業規制が課せられ，スキームの活用を阻害するおそれがある。

　また，投信法7条は，投信法に基づく証券投資信託によらないと，主として有価証券への投資として信託財産を運用する信託契約を禁止しているから，スキームにおけるビークルの組成は，同法に抵触すると解する余地がある。

　他方，引受業に係る適用除外要件のすべてを満たすスキームについては，従業員の福利厚生に資するものであって，金商法等の規制の対象としなくても，投資家である従業員の保護のため支障を生じないと考えられることから，「金融商品取引法等に関する留意事項について（金融商品取引法等ガイドライン）」（金融庁総務企画局　平成21年9月）2－1および7－1において，集団投資スキームに該当せず，投信法7条に抵触しないことが明確化されている[12]。

　新プランにおいては，持株会とビークルは連動し相互に関連しているが，持株会は，一定の計画に従い，ビークルから導入企業株式を取得し，参加従業員（会員）に分配することを目的にする。これに対し，ビークルは，導入企業株式を取得し，持株会に対し安定供給を図るとともに，株価が上昇しプランの終了時に収益がある場合には，収益を従業員に分配することを目的としたものであり，それぞれ独自の目的をもって運営される。そこで，別異の存在であるか

---

(12)　高橋洋明＝森口　倫「規制緩和等のための『金融商品取引業等に関する内閣府令』等の改正の概要」商事法務1880号18頁

ら集団投資スキームではないと説明されている⁽¹³⁾。

　金融庁が策定した金融商品取引法等ガイドラインは，引受業規制の適用除外要件（定義府令16条1項7号の2イ〜ヘに掲げる要件に該当する行為，および同号イ(1)または(2)に掲げる買付けを行うこと）の要件を満たすスキームについては，集団投資スキーム持分（金商法2条2項5号）に該当しないことを明確にしている。

（4）　投資信託法との関係

　投資信託および投資法人に関する法律（「投信法」）は，投信法によって設定された証券投資信託を除けば，原則として，信託財産を主として有価証券に対する投資として運用することを目的とする信託契約を締結してはならないとして，証券投資信託類似行為を禁止している（投信法7条）。

　従業員持株会応用型のプランの場合，ビークル（特別信託・SPV）が銀行からの借入金により導入企業株式を取得し，これを持株会に売却するのであるから，信託財産を主として有価証券に対する投資として運用することを目的とする信託契約として，証券投資信託類似行為になり，投信法7条に違反しないかが問題になる。

　この点，信託の実質的な目的は，プランによる従業員の福利厚生を図ることであり，運用行為は目的を達成するための手段にすぎない。信託の実態としても，取得対象が導入企業株式に限定され，取得および処分の方法も限定され，委託者および保証を通じた実質的なリスクの負担者は導入企業であるが，導入企業は信託収益を受けることはない，受益者たる従業員は，ビークルに対し出捐をしないしリスクを負担することがなく，また運用すること自体が信託の目的ではないから，信託利益を享受するなど一般の投資信託とは性質を異にすることから，投信法7条に違反しないと解される⁽¹⁴⁾。

　金融庁が平成21年9月9日に策定した「金融商品取引法等に関する留意事項について」（金融商品取引法等ガイドライン）は，従業員持株会応用型のプランと

---

(13)　有吉尚哉「日本版ＥＳＯＰの法的論点と実務対応〔下〕」商事法務1882号31頁
(14)　有吉尚哉・前掲論文商事法務1882号29頁

投信法7条との関係について，金融商品取引法第2条に規定する定義に関する内閣府令（「定義府令」）16条1項7号の2イ～へに掲げる要件に該当する行為に係る契約または信託は，投信法7条の規定する信託契約または信託にならないとして，この点を明確にしている。

(5) 信託管理人の業規制
① 投資運用業との関係

投資顧問契約に基づき助言を行うこと（投資助言行為）は，金融商品取引業に該当し（金商法2条8項11号）に該当し，金商法上の業規制，行為規制の対象となるのであるが，従業員持株会応用型のプランにおいて，信託管理人がビークルの導入企業株式の取得や処分に関して，受託者に対して指図等を行うことが，投資助言行為に該当するかが問題になり，また，信託管理人が，受託者に対して，導入会社株式の売買等（自己株式の処分に対する引受け，市場買付け，持株会への売却）の指図を行うことが，投資一任契約に基づいて投資運用業を行うことになるのではないかが問題になる。

この点，個々のプランのスキームにおける信託管理人の具体的な役割を検討し，有価証券の価値等に関する助言を行うことにならないか，「業」として行っているか，などの観点から検討することになるが[15]，プランのスキームにおいて，信託管理人の株式売買についての指図は，あらかじめ信託契約において定められた数，価格，方法，時期において売買することを内容とするものであって，実質的な投資判断を行わないことになっているから，このような場合は投資運用業に該当しない[16]。

② 売買の委託の媒介・取次または代理との関係

信託管理人の行為が，有価証券の売買の委託の媒介，取次または代理にならないかが問題になるが，スキームにおいて，信託管理人は信託契約によりあら

---
(15) 有吉尚哉・前掲論文商事法務1882号35頁
(16) 葉玉匡美＝生頼雅志・前掲論文商事法務1915号19頁

かじめ定められた内容に従って指図を行う立場にとどまり，取引を執行する証券会社やその取引条件については信託契約において確定している。

したがって，信託管理人の指図が存在することが，証券会社において取引の執行を開始する条件とはなっているものの，指図内容自体は自動的に決せられるシステムになっているから，有価証券の売買の委託について，信託管理人が媒介，取次または代理に該当する行為を行うものではない[17]。

しかし，信託管理人の職能と権限をそのように介したのでは，信託管理人は全くの形式的な存在でしかないことになる。

（6） 開示規制との関係
① 新プランと開示の必要性

平成21年定義府令（金融商品取引法第二条に規定する定義に関する内閣府令）の改正（平成21年9月9日施行）は，日本版ＥＳＯＰ制度を念頭におき，新設の定義府令16条1項7号の2が定めた要件の下に，従業員持株会を通じた一定の株式所有スキームを金商法の規制の対象外とした。

それは，従業員持株会を通じた株式所有スキームのうち，定義府令16条1項7号の2イからヘまでに掲げるすべての要件に該当する行為および同号イ(1)または(2)に掲げる買付けを行うことを内容とするスキームに係る権利は，金商法2条2項5号に掲げる権利とはならないとして，集団投資スキームの持分に該当しないことになる。

その結果，信託を用いた従業員持株会応用型プランでは，受益者が持株会加入の従業員であるので，信託受益権に関し金商法による開示をする必要が少ない。そこで，一定の要件に該当する場合は（定義府令16条1項7号の2イ～ヘ）持株会が一人受益者とみなされ，開示規制が適用されない（開示ガイドライン2－3．24－3）。従業員持株会が一人株主と取り扱われるのと同趣旨である。

平成21年12月11日施行の企業内容等の開示に関する内閣府令の改正（第二号

---

(17) 葉玉匡美＝生頼雅志・前掲論文商事法務1915号19頁

様式・記載上の注意（47-2），第三号様式・記載上の注意（27-2））により，従業員持株会に，自社株式（発行会社株式）を一定の計画に従い，継続的に取得させ，または売り付けることを目的として，発行会社の株式の取得または買付けを行う信託，その他の仕組みを利用した制度を導入している場合には，有価証券届出書や有価証券報告書において，当該制度の概要，従業員持株会に対して取得させ，または売り付ける予定の株式の総数または総額，当該制度において，受益権その他の権利を受けることができる者の範囲を開示しなければならなくなった[18]。

② 信託受益権と募集規制

信託財産の100分の50を超える額を有価証券に対する投資に充てて運用する信託受益権については，募集に際して届出を要するなどの募集規制が及ぶ（金商法3条3号ロ，同施行令2条の10第1号）。

ただ，特定有価証券の内容等の開示に関する留意事項について（特定有価証券開示ガイドライン）の2-3によれば，募集該当性の判断において，原則として受益者となることが予定されている者を受益者として人数計算するものとされている一方で，引受業規制の適用除外要件を満たすスキームにおいては，従業員持株会を一人受益者として取り扱うことができるとされているので，引受業規制の適用除外要件を満たすスキームとして構築することにより，募集規制の適用が除外されることになる[19]。

③ 自己株式処分と募集規制

改正金融商品取引法（平成22年4月1日施行）2条に規定する定義に関する内閣府令9条1号により，募集規制に服することになる取引勧誘類似行為に，自己株式処分に係る買付けの申込みの勧誘が含まれることになった。

そのため，従前は，新規発行でないために募集に該当せず，50名未満の者に

---

(18) 葉玉匡美＝生頼雅志・前掲論文商事法務1915号20-21頁
(19) 葉玉匡美＝生頼雅志・前掲論文商事法務1915号20頁

対する勧誘であることから，売出しにも該当しないとされていたが，ビークルに対する自己株式処分についても，募集規制に服することになったので，有価証券届出書の提出が必要となった[20]。

④ 自己株券買付状況報告書の提出

ＥＳＯＰ信託による導入企業株式の取得については，発行会社による自己株式の取得ではないから，自己株券買付状況報告書（金商法24条の6）を提出する必要はない。

⑤ 従業員持株会への譲渡と売出し規制

上場株式については，基本的に私売出しの規定の適用を受けることができないことから，ビークルが持株会に対し自社株式を譲渡することが，売出しに該当しないかが問題になる。

売出し規制との関係であるが，ビークルが保有する自社株式を従業員持株会へ譲渡することが，金融商品取引法上の「売出し」に該当しないかが問題になる。売出しとは，多数の者（50名以上）に対して，発行済の有価証券を対象とする売付けまたは買付けの勧誘をすることをいうが，売出しに該当すれば，内閣総理大臣に対して届出が必要となる（金商法4条1項）。

ビークルが保有する自社株式を，従業員に交付する目的で従業員持株会へ譲渡するのである。対象従業員は多数であるが（持株会の会員），譲渡の相手方は従業員持株会であり，譲受株式は持株会の理事長一本名義で管理されるのであるから，譲受株式が会員の共有になり，各人がその上に共有持分を有するにしても，多数の者に対する売付けとなるのではなく，したがって，持株会1人という特定の者に対する売付けの勧誘にとどまる。

これは，導入会社が保有する自己株式の処分として，従業員持株会に売り渡す場合についても同様に考えることができる。このように，従業員持株会に対

---

[20] 葉玉匡美＝生頼雅志・前掲論文商事法務1915号20頁

する売渡方式は，対象従業員が多数存在するにしても，売渡しの相手方は特定の１人であるから，届出制度の対象とならないと考えられる。

改正金融商品取引法（平成22年４月１日施行）２条４項により，有価証券の売出し概念が変更された。この点，改正後の金商法施行令（平成22年４月１日施行）１条の７の３第７号は，売出しに該当しない行為として，一定の会社関係者等以外の者による私募や私売出しを経ていない有価証券の売買をあげているが，金融商品取引業者が私募や私売出しを経ていない有価証券について売買する場合には，他の適用除外規定に該当しない限り，売出しに該当するとしているから，信託銀行が信託勘定で取り扱う有価証券についても例外扱いとしない。そこで，他の適用除外規定である取引所金融商品市場での売買（同条１号）等の場合でなければ，売出規制に該当する。

もっとも，持株会に対する定期的な自社株式の売却に当たって，毎回開示するというのは現実的でないから，プランのスキームにおいて，取引所金融商品市場である ToSTNeT を通じて売買を行うとの実務上の手当てがなされている[21]。

⑥ 有価証券報告書等による開示

平成22年３月期における有価証券報告書の記載事項については，財務諸表等規則等ならびに開示府令（企業内容等の開示に関する内閣府令）の改正に伴い，信託等を利用した従業員持株制度（日本版ＥＳＯＰ）について有価証券報告書の開示項目とされた[22]。

信託等を利用した従業員株式所有制度の導入は，ストック・オプション制度と同様，重要な投資情報であると考えられることから，有価証券報告書の開示項目となった。「従業員株式所有制度」とは，①株券の発行会社の役員，使用人，子会社等の従業員または②これらの者を対象とする持株会に会社の株式を

---

(21) 葉玉匡美＝生頼雅志・前掲論文商事法務1915号20頁
(22) 金融庁平成22年５月25日「有価証券報告書の作成・提出に際しての留意事項について〔平成22年３月期版〕」

一定の計画に従い，継続的に取得させることを目的とし，当該株式の取得等を行う信託等を利用した制度である。

　有価証券報告書には，従業員株式所有制度として，①従業員株式所有制度の概要，②従業員持株制度に取得させる予定の株式の総数または総額，③従業員株式所有制度による受益権等を受けることができる者の範囲を記載しなければならない。

　ビークルおよび持株会による自社株式の保有について，有価証券報告書，大量保有報告書により開示する必要があるかが問題になる。新プランによる自社株売買について，「売出し」（金商法2条4項）規制が適用されるかは問題であるが，発行会社からビークルへの譲渡，ビークルから持株会への譲渡は，所定のルールに従い機械的に行われるものであり特段の勧誘もない。また，企業からビークルへの自己株式の処分による譲渡は，処分株式の全てをビークル1人で引き受けるから総額引受けとなり（会社法205条）。また，所定の要件を備えた持株会は1人株主として取り扱われることから，金融商品取引法上の売出しに該当しないと考えられる[23]。そこで，有価証券報告書，大量保有報告書による開示の必要はないものと考えられる

(7) 公開買付けの必要性
① 新プランと公開買付けの必要性

　新プランは，ビークルが発行会社の株式を一括して買い受けるというスキームであるが，新プランによるビークルの株式取得は，開発されているスキームによれば，市場買付けのほか，自己株式の処分としての市場外での取引としてなされる。この場合，発行会社からビークルへ一括譲渡される株式の数によっては（具体的には，取得後の持株信託等の株券等所有割合が3分の1を超える場合），相対取引によることは許されず，公開買付け（TOB）によることが必要であ

---

(23) 藤瀬裕司ほか「シンセティックESOPの概要とその可能性」商事法務1734号23頁，片木晴彦「信託利用型従業員持株インセンティブ・プラン」商事法務1814号18－19頁

るかという問題がある。

しかし，アメリカのＥＳＯＰとは異なり，新プランの場合は取得後のビークルの株式所有割合が３分の１を超えることは（金商法27条の２第１項４号），まず考えられない。これに加え，発行会社１人からの買付けであるから，公開買付けによることを必要としないと考えられる[24]。

② 公開買付けに応じるか否かの判断

新プランの下で，公開買付け（ＴＯＢ）がなされ，または公開買付けの勧誘がなされた場合に，ビークルまたは持株会の保有株式について，公開買付けに応募すべきか否かの決定を，誰がどのような形で行うべきであるかという問題があるが，それは，プラン参加従業員の意思に従うべきであると考えられる。

ビークル保有の株式については，各参加従業員は将来の受益者ではあるが，株式を取得するに至っていない。しかし，ビークルの代表者は，委託者である会社の意思に従ってＴＯＢに応ずるか否かを判断すべきではなく，受益者たる従業員の意思に従って行動すべきである。

新プランには，敵対的買収の場合については，公開買付けに応じないという買収防衛策的な機能が認められるにしても，やはり従業員の意思に従い（多くの場合，多数決等による多数株主の意思）公開買付けに応じるか否かを決すべきである。

当該株式は，法形式的にはビークルに属しているが，ビークルの実質上の権利者はプラン参加従業員であり，その利益を最大限に尊重すべきであるから，公開買付けに応じるか否かは従業員または持株会において判断し，ビークルの代表者はそれに従うことになる。

持株会の保有株式については，制度加入の従業員は株式持分を有しているから，公開買付けに応ずるか否かは各参加従業員の意思によるべきであり，持株会の理事長は，それに従って公開買付けに対処すべきである。

---

[24] 藤瀬裕司ほか「シンセティックＥＳＯＰの概要とその可能性」商事法務1734号23頁

ビークルや持株会が公開買付けに応じて保有株式を全部売却すれば，当該新プランの継続は不可能となるが，株式の売却により得た金銭はレバレッジドの場合はビークルの借入金の返済に充てられるが，それ以外の場合は会社に返還するのか，参加従業員または持株会に引き渡すのかという問題が生ずる。

第12章　退職従業員給付型プラン

1　退職従業員給付型プランの概要

（1）　退職従業員給付型の新プラン

　アメリカのＥＳＯＰと日本版ＥＳＯＰ（新プラン）との基本的な違いは，ＥＳＯＰは，特別の立法的措置により，株式取得資金の全額を導入企業の負担とする退職従業員に対する無償給付型のプランであり，確定拠出年金的性質を有する。これに対し，日本版ＥＳＯＰは，株式取得資金の全額を導入企業の負担とするための特別の立法的措置を講ずることなく，現行法の範囲内での工夫による導入であるということにある。

　そこで，わが国では，ＥＳＯＰをそのまま導入することはできない。ＥＳＯＰをベースにするにしてもこれをアレンジしたものになる。それが，日本版ＥＳＯＰ（新プラン）であるが，日本版ＥＳＯＰは，現行法の範囲内で可能なプランとして開発されたものでありＥＳＯＰとは異なるものであることを明確に認識し，理解しなければならない。

　ビークルに借財能力を認め，ビークルが借入金により，一括して大量の自社株式を取得するという点はＥＳＯＰ的であり，持株会に株式を譲渡し，譲渡代金で借入金を返済するというのは日本型である。新プランの大半は，ＥＳＯＰと持株会を組み合わせた「従業員持株会発展型（応用型）プラン」である。

　従業員持株会発展型プランは，持株会を用いることからＥＳＯＰのスキームとは異なるが，現行法の範囲内で工夫された適法なプランである。

　これに対し，従業員持株会発展型プランを批判し，新プランとしてＥＳＯＰ的な退職従業員給付型プランを導入することに積極的な立場が，少数ながら存在していることは事実である。たしかに，ＥＳＯＰを比較法的に検討し，日本版ＥＳＯＰをＥＳＯＰ化することは立法論としてみるべきものがあり，その立

場に賛同することができる。

　しかし，ＥＳＯＰを解釈論的に現行法の下で導入しようとすれば無理が生ずる。そこで，立法論にとどめるべきである。現行法の下で，適法化することが困難なプランであれば，到底，導入することは許されないといわざるを得ない。現行法，特に会社法を無視して強行突破することなど，違法プランを導入することは到底許されることではない。

　わが国にも，一部ではあるが，退職従業員に対する無償給付型の「退職従業員給付型プラン」がある。このプランは，導入企業を委託者，信託銀行を受託者，一定の資格を有する従業員を受益者とする信託プランである。

　このプランは，導入企業が，退職従業員に対し信託銀行を通じて自社株式を給付するために，信託銀行に対し自社株式を信託し，または株式取得資金を信託し，信託銀行は信託された株式取得資金を使って自社株式を取得する。そして，信託銀行は，自社株式（導入企業株式）を管理し，退職従業員に対し所定の計算に基づき給付するというスキームである。

　ＥＳＯＰの場合は特別信託（ＥＳＯＴ）を使うのに対し，このプランの場合は，特別信託（ビークル）を用いることなく，信託銀行が受託者となっている。ＥＳＯＰ（全額企業拠出）との近似性を求めるものであり，確定拠出企業年金型プランの類型に属するものである。目的においてもスキームにおいても，従業員持株会発展型プランとは大きく異なるものである。

　従業員持株会発展型プラン導入の主目的として，ビークルが一括して自社株式を取得することを可能とすることにより，従来の従業員持株会による定時・定額による市場買付けの場合は，流動性の低い銘柄では，一時的な株価の値上がりや，予定株式数の株式買付けが困難となるという事態を回避し得るばかりか，一時に多数の株式を取得し得ることを目的とする。

　これに対し，退職従業員給付型のプランの場合は，このような目的を達成するものではなく，導入企業が信託銀行に自社株式の取得資金を信託し，信託銀行がそれにより自社株式を買い付けて管理し（株式の取得方法は，多くの場合，保有自己株式の処分としてなされている），退職従業員に給付するという退職給付

第12章　退職従業員給付型プラン

をすることを目的とするのである。

（2）　退職従業員給付型プランの概要

退職従業員交付型プラン（従業員退職時給付型プラン）の基本的スキームは，導入企業を委託者，信託銀行を受託者，将来の退職従業員等を受益者とする他益信託を設定し，信託銀行に対し，自己株式を信託し（取得条項付新株予約権を用いるスキームもある），または株式取得資金として金銭を信託し（金銭信託以外の金銭の信託），信託銀行がそれにより導入企業株式を買い付け，管理・保管した後，所定の要件を満たした退職従業員等に交付することを内容とする。したがって，全額企業負担となり，従業員は拠出しない無償給付の信託型プランである。

導入企業から信託を受けた信託銀行が，受託者として導入企業株式（自社株式）を一定の期間管理して，退職等の従業員に交付するプランである（自社株式信託型プラン）。それは，この信託型プランは，導入企業が従業員にインセンティブを与えることを主要目的として，長期勤続した従業員の退職時に自己株式を特別付加的に無償で交付するプランである。

このプランが退職従業員に対し株式を無償交付するための株式の信託方法として，①自己株式の処分として，信託銀行に対し自己株式を信託する方式（自己株式の信託型プラン），②信託銀行が，導入企業（委託者）から株式取得のための金銭の信託を受け，それを使って導入企業株式を取得し，一定の期間管理して退職等の従業員に交付する方式（金銭信託型プラン），③信託銀行に対し取得条項付新株予約権を発行し，右新株予約権の取得と引換えに自己株式を無償で交付する方式（新株予約権型プラン），が考えられる。

このプランのスキームの概要は次のようである。

① 　導入企業を委託者，信託銀行を受託者，将来の退職従業員等を受益者とする他益信託を設定し，導入企業は信託銀行に対しプランの運営費用に充てるために一定額の資金を拠出する（当初信託）。

② 　導入企業が信託銀行（信託銀行・再信託：資産管理サービス信託銀行）に，

自己株式（自社株式）または株式取得資金を信託する。
③　信託銀行は，導入企業から信託を受けた株式取得資金により，導入企業株式を市場買付けまたは自己株式の処分による譲受けという方法により取得する。
④　信託銀行は，信託財産として管理する導入企業株式を，受益者たる退職従業員または一定の受給資格を有する従業員に対し無償で交付する。

株式取得資金の借入れを行わないことから，信託銀行が導入企業から金銭信託として株式取得資金の信託を受け，これにより導入企業の株式を買い付け，買い付けた株式を再信託資産管理サービス信託銀行に再信託し（再信託受託者），再信託受託者において分別管理することになる（あるいは，信託を受けた金銭を再信託し，再信託受託者において株式を買い付け，管理するという方法も考えられる）。株式の取得方法は，信託を受けた金銭を用いた市場買付け，自己株式の処分としての譲受け，第三者からの譲受けによることになる。

このように，このプランは，導入企業を委託者，信託銀行を受託者，従業員を受益者とする他益信託を，目的信託として設定し，信託銀行が導入企業から信託を受けた金銭により，自社株式を買い付けて管理し，退職従業員に給付するのである。それは，信託銀行方式の従業員持株制度を，アレンジして他益信託としたものとみることができる。

そうすれば，会社が退職従業員に給付するための株式取得資金を，信託銀行に信託する金銭信託以外の金銭の信託であり，プランの中核にビークルを設置するＥＳＯＰとは法的構造が異なるばかりか，金銭信託以外の金銭の信託を他益信託として行う通常の信託であり，新プランというほどのことはない。

従業員は退職時まで株式の交付を受けられない内容のプランを目指すこと自体は，適正な方向付けであるということができよう。しかし，ＥＳＯＰのような特別の立法的な手当てがないのに，現行法の下で，無償給付型（全額企業拠出）のプランを適法に導入することができるのかという問題がある[1]。

このプランは，退職従業員を受益者とする他益信託であるが，信託法との関係では，信託の設定時においては，受益者たる従業員が具体的に確定していな

いが，目的信託（受益者を確定し得ない信託）として設定することができるから，信託管理人を定めることにより信託法上有効なものと認められるが，会社法上，適正なプランとするには課題が多い。

2　退職従業員交付型プランと会社法上の位置付け

（1）　現行法と退職給付型プランの導入

　従業員持株会応用型プランは，ビークルが銀行からの借入金により自社株式を取得し，持株会に譲渡するのであるが，持株会の株式取得資金は，持株会の会員である従業員の拠出金と，導入企業が支給する奨励金を合わせたものである。そうすれば，従業員の株式取得資金は，奨励金を除けば自らの拠出によるものである。現行法の範囲内で導入されたものであるから，適正に運営されていれば法律上の問題が生ずることは少ない。

　これに対し，全額会社負担の自社株式を使った退職給付型のプランを，現行法の範囲内で導入することは重大な法律上の問題が生ずることは避けられない。そこで，退職従業員に自社株式の無償給付という全額企業拠出型のプランと，現行法（特に，会社法）との抵触を避けるために，どのような工夫をするかが最大の問題点となる。

　このプランは持株会発展型プランと大きく異なったプランである。退職給付型であるから，従業員は退職時までは株式を取得し得ない。そこで，従業員持株制度の運用の場合と異なり，従業員による株式（株式持分）の途中引出しという問題は生じない。

　持株会発展型プランと，退職従業員交付型プランとのいずれが優れているか，いずれがよりＥＳＯＰに近似しているかを問題にする以前に，退職従業員交付型プランを現行法の範囲内で，適法に導入することができるか否かを検討しなければならない。退職従業員交付型プランの導入の必要性をいかに強調しても，

---

(1)　退職従業員給付型プランについて，法律的観点から検討した文献が少ないのも，適法性の確保に問題があることに原因すると考えられる。

適法性が確保されなければこのプランの導入を断念せざるを得ないことになる。

いかに優れたプランであっても，特別の立法的手当てがない現状での導入であることから，現行法との関係で適法性が確保できないプランであれば，実務上，意味のないものであり，立法論との関係で比較法的な意義が認められるに過ぎないものとなる。

そうすれば，経済学や経営学の観点で検討するのはともかく，法律的観点から捉えた場合は，現行法の下で，このプランを適法に導入するための工夫が可能であるか否かをまず検討する必要がある。現実論としていえば，適法性の確保が可能でなければ，このプランの導入論議は抽象論的なものに終わることになる。

退職給付型プランは，現行法の下でアメリカ型のＥＳＯＰを実現しようとするのかもしれない。しかし，会社法との抵触を避け，会社法上，適法性が確保できなければプランとして導入することはできない。結論的にいえば，プラン自体に重大な法律上の問題が存在することから，プランを適法に導入するためには，それを乗り越えて解決することが必要であるが，会社法との関係でそれは容易ではない。

「報告書」は，労働基準法との関係では，退職従業員給付型のプランについて詳細に検討しているが，会社法上の問題としては従業員持株会発展型プランを中心に検討し，ほとんど退職従業員給付型のプランには触れていないし，適法性確保のための方策を示していない。このことは，会社法との関係で，無償給付型の退職従業員給付型のプランの導入は，困難であることを暗示しているものであり，「報告書」はこのプランの適法性を認知したものとは解されない。

退職従業員給付型プランは，従業員持株会発展型のスキームや効果とは大きく異なるものであるが，従業員持株会発展型のスキームについては，会社法や金商法を含めて，法令，ガイドライン，報告書等により法的にあるいは行政的にある程度の整備はなされているが，退職従業員給付型プランについてはほとんど整備されていない。

アメリカにおいても，ＥＳＯＰの普及はほぼ終わり，他の退職企業年金の整

備などにより，ＥＳＯＰに関する現在の関心は非上場会社における事業承継問題に移っている。そうすれば，アメリカンナイズにより，強いてＥＳＯＰ化する必要はなく，わが国の実情に則したプランを導入することこそが必要であると考えられる。

このプランについては，法整備もなく，またプラン設計において適法性が確保されない状態で，無理に導入すれば違法プランとなり，プランが無効となるだけでなく，取締役等の民事責任および刑事責任にも発展しかねない。もとより，適法なプランであると信じて導入したというだけで責任を免れるものではない。

（２） 退職従業員給付型プランと会社法上の問題点

このプランは，会社法との関係では多くの課題が存在することは否定できない。それをどう解決するかがプランの適法性の確保のために要求される。そこで，まず無償給付型の「退職従業員給付型プラン」について，会社法上，適法性を確保することが可能であるのか，つまり会社法に抵触することなく，このプランを設計することができるのかということである。会社法上の問題点を十分に検討することなく，また，適法性が確保できないのにも関わらず，プランを導入したのでは違法プランとなってしまう。

会社法上，無償給付型の退職従業員給付型プランの適法性が問題になるのは，主として次の３点についてである。いずれも，極めて重要な問題点であることから，これを解決することが，このプランを導入するための前提要件である。

会社法の規定と解釈に十分注意すべきであり，会社法を軽く見るようなことがあってはならないことはいうまでもない。

① 退職従業員に交付するための原資の確保

会社法上，導入企業が従業員や退職従業員に対し，無償で自社株式を給付する（全額会社負担）ことを認める規定がないことから，無償給付が認められない。会社が，従業員に対して無償で自社株式を給付できないという会社法の原則を

前提とする限り，導入企業が退職従業員に対して自社株式を無償で給付することはできなくなる。そこで，従業員に自社株式を給付するための原資をどのようにして確保するかという問題が生ずる。

これが，このプラン設定の出発点となる基本的な問題点である。もとより，導入企業が，退職従業員に交付するために，信託銀行に自社株式または株式取得資金を信託するという方法を用いることにより回避できるものではない。

② 自己株式の取得規制の関係

信託銀行が導入企業から信託を受けた金銭で，導入企業の株式を買い付けることは自己株式の取得に当たるが，これをどう処理するのかである。導入企業が，退職従業員に給付するための株式取得資金を信託銀行に信託し，信託銀行がそれを使って自社株式を取得する場合は，典型的な第三者名義の自己株式の取得の場合に当たると考えられる。退職従業員に給付するためという目的により，自己株式の取得に該当することが否定されるわけではない。

そうすれば，自己株式の取得規制として，財源規制と手続規制を受け，これに違反すると自己株式の違法取得となる。そこで，この問題をどう解決するかがこのプランの導入のための不可欠の要件となる。

③ 仮装払込みとの関係

信託銀行が導入企業から信託を受けた金銭で，募集株式の引受けに係る払込みをすれば仮装払込みとなる。導入企業が保有する自己株式を処分する場合は，募集株式の発行手続によることから，信託を受けた金銭で自己株式の取得代金を支払うことは，仮装払込みとなり自己株式の処分としての株式取得は無効になる。

信託銀行が，導入企業から信託を受けた金銭（資金）により払い込むことは，実質的には，導入企業の資金により払い込む（株式取得資金を支払う）ことになり，「見せ金」に類似する仮装払込みの問題が生ずるから，仮装払込みとならないように工夫することが可能であるかという問題が生ずる。

この形態のプランについて，仮装払込みへの該当性の問題が生ずる余地のないものとして，株式の市場買付型のスキームと新株予約権の有利発行型の概要についてのみ，ごく簡単に述べるとする立場があるが[2]，その趣旨は，自己株式の処分型のスキーム（信託銀行が，信託を受けた金銭で導入企業株式を買い取る）については仮装払込みの問題が生ずることを示唆したものといえよう。

（3） 会社法上の問題点の解決の必要性

　導入企業が，退職等所定の要件を満たした従業員に，無償で自社株式を交付するプランは理想的なものということができる。それは，ＥＳＯＰと同様の目的を達成することができよう。しかし，前記3点の会社法上の問題点をうまく処理できなければ，適法なプランとはいうことができないが，これらの問題点を適正にクリアすることはかなり難しいであろう。

　ビークルが株式取得資金を金融機関からの借入れにより調達し，持株会に株式を売却した代金でもって，借入金を返済するというＥＳＯＰとはかなり距離のある従業員持株会発展型プランが主流になっているのも，会社法上の問題点を解決することが困難であることに原因があると考えられる。簡単に，会社法との抵触を回避できるのであれば，適法性確保のための工夫である従業員持株会発展型プランを開発する必要はなかったと考えられる。

　このプランを導入するためには，特別の立法的措置を講じなければならないのであるが，現行法の下で，それに近いものを実現することが可能かという形で問題にせざるを得ない。しかるに，このプランに対する会社法の壁は極めて厚く，それをクリアすることは容易ではない。そこで，この基本的な法律的な議論と検討をすることなく，それを飛び越えてこのプランの導入を図り，あるいは小手先の技術論により処理しようとしたのでは，到底，適法なプランとはいえない。

　さらに，このプランが有効であるとしても，特別の立法的措置がないことか

（2）　太田　洋監修「新しい持株会設立・運営の実務」商事法務　2011年279頁

ら，自社株式の無償交付のために会社が拠出し得る現金または自己株式数には限度があり，また対象となる従業員もかなり制約されることは避けられないであろう。

このプランを適正なものとするためには，前記の会社法上の問題点を解決するための工夫と努力を必要とする。それが無理であれば，立法的措置を待たずに，アメリカ流のＥＳＯＰの導入に走ることは適正な方策とはいえないばかりか，この形態のプランを導入する緊急の必要性も認められない。

このプランと同様の目的は，ストック・オプションを用いることによっても達成することができよう。ストック・オプションを一般従業員向けに開発することにより，適法な制度として導入することができるはずである。無償またはそれに近い価格で，退職従業員に給付しようとすれば，一定の勤続年数等の要件を満たした従業員に対し，オプションの行使期間等を考慮して，退職前にストック・オプションを発行（付与）することにより，会社法上，適法に目的を達することができるはずである。

（4） 無償給付型プランの実例

新プランの導入が，本格的に論議され始めたのは平成20年ころからであるが，それに先立ち，平成16年に三洋電機は退職従業員に対する自社株式の交付の制度を導入している。制度の内容は，在職時の業績や勤続年数に応じて，退職金に上乗せする形で全従業員を対象として給付するものであり，会社は約150億円を支出して支給するための自己株式を買い付けるとされている[3]。このプランは，信託を応用するというものではなく，極めて，単純な自社株式の退職時給付プランであると考えられる。

これは，従業員退職時給付型プランの先駆的な導入であるが，「退職金に上乗せする」形で行うというのが，無償給付を回避するために，単に，退職金を増額した形をとり，増額分を自社株式で給付するというのであれば，実質無償

（3） 平成16年2月5日付け朝日新聞

給付となるから適法性に問題が残る。これに対し，退職金の支給に関する規定を改正して退職金を現実に増額し，増額分を自社株式で支給するというのであれば，原資関係の説明がつくことになり適法と考えられる。もっとも，労基法上の賃金一括現金払いの原則（労基法24条1項）との関係で問題が生ずる。

　三菱ＵＦＪ信託銀行の開発した旧プランは，ストック・リタイアメント・トラスト（自己株式退職時付与信託）という全額会社拠出の退職給付型プランであった。これは，自己株式の信託型プランであるが，プランのスキームは，導入企業（委託者）が，信託銀行（受託者）に対し，金銭の信託または自己株式を対象とした信託を設定し，信託銀行は対象従業員（受益者）が退職するまでといった一定の年数にわたって管理・運用した後，従業員に株式を支給するとの内容であった[4]。そして，導入企業の例にみると，対象者を管理職であるマネージャー以上の従業員に限っている。それは，多分にストック・オプション的な要素をもつものと考えられる。

　このプランによっても，従業員に対して無償交付ができないこと，自己株式の取得規制の関係などから，どのようにして信託銀行に対し，自己株式を信託するかについて苦心した跡がうかがわれる。それは，取得条項付新株予約権を用いることにより，問題の解決を図っている。しかし，会社法上，無償給付ができないのに，単に，手段的に取得条項付新株予約権を用いることにより解決し得るものではない。取得条項付新株予約権を用いることにより成功するものではないが，それなりの工夫をしたものと評価することができる。

　なお，三菱ＵＦＪ信託銀行の新プラン（現プラン）は，退職時無償給付型プランではなく，従業員持株会発展型のプランである。プランのスキームを変更したのは，会社法の下では，退職時無償給付型プランでは，無理が生ずることに原因するからであろうと推測することができる。

---

(4)　Ｊ－ＣＡＳＴニュース　2007年2月5日，2007年8月20日産経新聞配信，日本駐車場開発株式会社の平成19年9月7日付けの「ストック・リタイアメント・トラスト（自己株式退職時付与信託）の導入に係る新株予約権の発行に関するお知らせ」

3 従業員に対する自社株式の無償給付と原資確保

(1) 自社株式を無償で給付することの意味

　会社法は，会社が従業員に自社株式を無償で給付することを認めていない。そこで，導入企業の全額負担で，退職従業員に自社株式を無償で給付するためにはその原資をどうするかという重大な問題がある。

　このことは，導入企業が，直接，退職従業員に自社株式を給付する場合だけでなく，導入企業が信託銀行に自己株式を信託し（自己株式の信託型プラン），または自社株式の取得資金を信託して（株式取得資金の信託型プラン），信託銀行を通じて退職従業員に自社株式を給付する場合にあっても同様に，自社株式を給付するためにはその原資をどう確保するかが問題になる。

　もとより，これは，会社に十分な資金があるから，潤沢な会社の資金を使って退職従業員に自社株式を無償で給付することが許されるという意味ではない。また，導入企業が，直接，退職従業員に自社株式を給付するのではなく，信託銀行に対し自己株式または株式取得資金を信託し，信託銀行を通じて退職従業員に自社株式を給付するという方法をとることによっても，無償給付の問題を回避できるものではない。自社株式または取得資金を信託するための原資をどこからもってくるかという問題が生ずる。

　このように，退職従業員に無償で自社株式を給付するということは，従業員が株式取得資金を拠出しなくてもよいという意味であって，会社の全額負担で自社株式を給付することができるという意味ではない。そこで，従業員が株式取得資金を拠出しないならば，その原資をどう確保するかという問題がある。

　従業員に自社株式を給付するための原資が確保されなければ，このプランは有効に成立しない。このプランを導入するに当たっては，原資の問題をまず解決しなければならない。これがこのプランの適法要件の第一関門であって避けて通るわけにはいかない。

　しかし，この点について，ほとんど検討されていないばかりか，導入された

プランもこの点について問題意識をもって検討した形跡はない。もっとも，取得条項付新株予約権を用いるプランは，原資について説明がつかないことから，この点についての説明困難を回避するために，取得条項付新株予約権を用いるという技法に出たものと推測することができる（もとより，それが成功したとは思えない）。

　従業員に，自社株式を給付するための原資が確保されないままに，このプランを導入して，退職従業員に無償で自社株式を給付すれば違法プランとなり，会社に損害を与えたとして，それに関係した取締役等は任務懈怠の責任を負い（会社法423条1項），株主代表訴訟により責任を追及される可能性があるばかりか，特別背任罪（会社法960条1項3号）という刑事責任にも発展しかねない。

　従業員に自社株式を無償給付するための原資を，福利厚生目的の費用であるとして説明することはできない。福利厚生目的の支出が許されるのは，従業員が持株会を通じて自社株式を取得する場合に，奨励金という形で会社が支援するためであり，導入企業が退職従業員に対し，無償で自社株式を給付するための原資（財源）とすることができるというのとは全く別の問題である。福利厚生費用を，自社株式の無償給付の財源とすることができないことはいうまでもない。

　このプランを導入するためには，原資の確保をどうするかという基本的な問題を解決しなければ前進しない。これを解決しなければプランは有効に成り立ち得ない。退職給付型プラン（無償給付型プラン）にとって，原資の確保をどうするかは，解決を要する喫緊の課題である。しかし，原資の確保は難しい問題であり，結局は退職金を引当てにせざるを得ないが，退職金の賃金性から労基法上の解決を要する問題がある。

　経済学や経営学の立場では，労働の対価性から退職従業員に対し全額企業負担で自社株式を給付することは，無償給付に当たらないという考え方も成り立つかもしれない。それは，有償または無償の判断の基準は金銭換算の可能性に基づくことから，必ずしも従業員が拠出しなくても，労働の対価性や職務の対価性をもって有償ということができるから，株式の給付も有償給付ということ

ができるかもしれない。

しかし，ここで問題にするのは法律上の有償性であって，労働の対価性というような抽象的な対価では足りない。現実の対価関係つまり，現実に従業員が自社株式の取得資金を拠出するか，拠出しないのであれば何をもってそれに代えるかという現実的な対価関係をいうのである。

（２） 退職金を引当てにする原資の確保と問題点

退職従業員給付型プランというのも，現行法の範囲内での導入であることから，従業員の拠出を要しないだけであり，決して無償で給付することができることを意味するものではない。現行法上，退職従業員に対し自社株式を無償で給付することができない。無償で給付するとなると違法プランであるといわざるを得ない。

そこで，退職従業員に自社株式を給付するための原資を問題にせざるを得ないが，それには，退職金を引当てに原資を確保するしかない。そうすれば，結局このプランは，退職金を自社株式で支払うことを内容とするプランであると集約することができる。

退職給付型プランを導入する場合，退職従業員に自社株式を給付するための原資は，退職金を廃止または減額して確保することが中心になるが，これは退職金の全部または一部を自社株式の給付のための原資に振り替えるのであり，実質的にみれば無償交付のプランではない。

さらに，退職金請求権は雇用契約の無事終了により発生するものと解される。退職金を引当てに原資を確保するとする場合，将来，支払われることを予測した推定退職金というような不確実なものを，退職従業員に給付するための株式取得のための原資として用いることになり，法律的にも現実的にも可能であるかについて，その額を含めて慎重に検討する必要がある。

これは，将来支払われるべき退職金を，前倒しに株式取得資金とすることが適正といえるのかが問題になる。また，退職金を原資とする場合，完全に会社の資金と切り離して管理することが必要となる。退職金を原資としても，それ

が会社の資金である限り，信託銀行に株式取得資金として信託しても，会社の資金による第三者名義の自己株式の取得との関係が生ずる。

また，退職金を原資にする場合，退職金も賃金に含まれることから，労基法との調整を必要とすることはいうまでもない。自社株式を給付することは，退職金を現物で支給することを意味する。

通達は，労働者に支給される物や利益のうち，貨幣賃金の代わりに支給するもの，労働契約においてあらかじめ貨幣賃金の他にその支給が約束されているものは賃金とみなす。ただし，労働者の福利厚生施設は賃金とみなさないとし[5]，そして，実物給付が賃金に当たるか否かは，それを禁止した労基法24条の趣旨および実情を考慮して，慎重に判定すべきであるとしている福利厚生施設の範囲はなるべく広く解釈するとしている[6]。

退職金は，多くの場合福利厚生施設とはみなされないから，自社株式を給付することは，退職金を現物で支給することになり，退職金（賃金）通貨払いの原則との抵触が生ずる。

「報告書」は，自社株式の給付は，給与または退職金とは別に，従業員の勤労インセンティブ向上等を目的として，付加的に自社株式を給付するものであって，福利厚生施設と解されるから，労基法11条の賃金に該当しないことになり，同法24条の「通貨払いの原則」にも抵触しないとしているが，それは，労基法との関係をいっているのにすぎないばかりか，退職金を現金で支給するのに代えて，自社株式で給付することを容認した趣旨であるとまでは解されない。

（3） 退職給付型のプランと退職金制度との調整

アメリカでは，企業年金が主流であり退職金制度は普及していない。このような状況の下で，退職年金的なＥＳＯＰが普及しているのである。これに対し，わが国では退職金制度が定着している。そこで，退職給付型のプランを導入し

---

(5) 昭和22・9・13次官通達17号
(6) 昭和22・12・9労働基準局長通達452号

ようとすれば，退職金制度との調整をどうするかという問題がある。

特別の立法的措置が講じられていない現状で，原資を退職金とするプランを導入し，退職従業員に自社株式を給付するとなると，退職金制度の廃止または縮小の方向に向かうものと予測することができる。

また，退職金制度の廃止または減額については，労基法上の問題も生ずる。このプランは，終身雇用制度少なくとも中長期の雇用を前提とするものであり，また転職した場合には，他の年金制度に接続することを可能とするなど，法制度の整備を必要とする。

導入企業にとって，退職金の廃止または減額により原資を確保して，自社株式を給付すれば，現金で支給をしなくても済むばかりか，自己株式の処分先を確保することができる。反面，従業員のサイドからみれば，退職金を現金で支払われるのと，自社株式の給付を受けるのと，どちらがプラスになるかという問題が生ずる。しかも，自社株式で交付を受けることが有利であるとは限らない。

特に，あらかじめ付与されたポイント数や勤務年数に応じて計算された株式数の自社株式の交付を受ける場合，退職時に株価が低迷していれば，極めて不利であるばかりか，給付された株式を換金処分するためには，株価の回復を待つために，かなり長期間保有を継続しなければならない場合も考えられる。そうすれば，従業員が，現金ではなくリスク商品である株式の交付を受けることを好むかという問題がある。

このように，わが国には退職金制度が普及し定着していることから，現金に代えて自社株式を給付するという退職給付型プランが従業員に受け入れられるのかという看過できない重要な現実的な問題がある。退職金制度により労働インセンティブが維持され，労使関係が支えられているといえる面がある。退職金制度を廃止することは，労使関係に悪影響を及ぼすおそれがある。わが国の労使関係を支えている退職金制度を廃止することが，果たして適切であるのか。長年の経験を経て形成された退職金制度の廃止は，かえってインセンティブ効果が失われることにもなりかねない。

株式給付の対象となるのは一定の資格を有する従業員であるが、それは定年退職または一定の勤続年数（かなり長期の勤続年数が要求される）を有する従業員ということになる。そうすれば、給付の対象となる勤続年数を満たすことなく退職した従業員をどう取り扱うかという問題が生ずる。法律上の制度でないことから、ポータビリティ（携帯）が認められないだけでなく、他の年金に切り換えることは難しいので、中途退職者に極めて不利に作用する。この場合、給付の対象とならない従業員に対しては退職金を支払うのか、切り捨ててしまうのかなどの問題が生ずるから、この点の取扱いも検討すべきである。

退職金制度は労働インセンティブを支える重要な要素である。そこで、退職金制度の廃止や退職金の一部を自社株式で給付することが、かえってマイナスに作用するのではないか、健全な労使関係を阻害することにならないかが懸念される。そこで、退職金に代えて自社株式を給付するのと、現金で退職金を給付するのとでは、どちらが労働インセンティブの効果を期待できるかという観点から慎重に検討する必要がある。そうすれば、このプランの対象として適切な企業は、退職金制度をもたない企業、あるいはすでに退職金制度を廃止した企業ということになろう。

4　自己株式の取得規制との関係

（1）　信託銀行による株式取得と自己株式の取得規制

自己株式の取得であるかどうかは、会社の計算による取得であるか否かという実質的判断によりなされる。会社の計算による取得の代表的な場合は、取得資金の出所が会社の場合である。つまり、会社の計算による取得か否かの決め手となるのは、取得資金の出所ということになる[7]。そして、自己株式の取得が問題になる多くの場合は、第三者名義による株式の取得である。

この自己株式の取得となる基準を退職従業員給付型のプランに当てはめると、

---

(7)　江頭憲治郎「株式会社法」〔第3版〕有斐閣　2009年241頁

導入企業が信託銀行（受託者）に対し、自社株式の取得を目的として株式取得資金を信託し、受託者が信託を受けた金銭により導入企業の株式を取得するのであるから、典型的な会社の計算による第三者名義の自己株式の取得となり、自社株式の取得規制と正面から衝突することになる。金銭の信託と受託者による株式の取得は、別の行為であるとして切り離して考えることはできない。導入企業株式の取得を目的とする金銭の信託と、その金銭を使った自己株式の取得は、計画された一体の行為とみるべきである。

このプランによる受託者の株式取得が、自己株式となることの判断基準として、支配力基準を併用したとしても自己株式の取得になることは変わりがない。

信託銀行を通じて取得するという、信託を用いることにより自己株式の取得にならないとすることはできず、また、退職従業員に交付する目的であることは自己株式性を否定する理由にはならない。そうすれば、このプランにより、信託銀行が導入企業の株式を取得することは、導入企業による第三者名義の自己株式の取得となり、自己株式の取得規制の適用を受ける。そうすれば、信託銀行による株式の取得が、自己株式の取得規制の対象となることは、このプランを実施するための大きな障害となる。

自己株式を直接信託することの説明が原資との関係で困難であり、また、株式取得資金として金銭を信託するスキームでは、自己株式の取得規制や払込仮装（会社から自己株式の処分としての譲受け）の問題が生ずる。そこで、会社法上の難題を回避するために、導入会社が信託銀行に取得条項付新株予約権を発行し、新株予約権の取得と引換えに自社株式を信託銀行に交付するというスキームがある。このような技術論で解決することができるかは疑問であるが、取得原資、自己株式の取得規制、自己株式の処分規制が生じないように工夫と努力をしたものであるとして評価することができよう。

このプランにより、信託銀行が導入企業株式を取得することは、導入企業にとって自己株式の取得となり、自己株式の取得規制に従って自己株式を取得しなければならない。この場合、自己株式の取得規制に違反して自己株式を取得すれば、自己株式の違法取得となり、自己株式の取得は無効となると解される。

自己株式の取得が無効となったのでは、信託銀行は株式を取得できないから、このプランの実行は不可能である。

　自己株式の取得規制に違反して、違法な自己株式の取得となるから、それに関与した取締役または執行役は任務懈怠の責任を負う（会社法423条1項）。この場合の会社に生じた損害額がいくらであるかについては、主張・立証が困難であると考えられるので、多くの場合は、損害額の認定規定（民事訴訟法248条）によることになる。

　さらに、刑事責任として、自己株式の取得に関与した取締役等については、自己株式の違法取得罪（会社法963条5項1号、963条1項）が成立し、5年以下の懲役もしくは500万円以下の罰金に処せられることが考えられる。この場合、株式取得名義人である信託銀行の関係者についても、自己株式の違法取得罪の共犯関係が成立する可能性がある（刑法65条1項）。そこで、安易にこのプランを実行することはできないであろう。

（2）　自己株式の取得とプランの実効性

　信託銀行による自社株式の取得は、第三者名義の自己株式の取得となるが、信託銀行は導入会社の株式を取得できないというのではない。自己株式の取得となることから、自己株式の取得規制（財源規制と手続規制）の適用を受けることになっても、その規制に従えば自己株式を取得することは可能であり、自己株式の取得が絶対的に禁止されるというのではない。

　自己株式の取得規制に従って、自己株式を取得しなければならないのであるから、手続規制として株主総会の決議等に基づくことを必要とし（会社法156条以下）、財源規制については、自己株式の取得財源は、配当可能利益（分配可能額）の範囲内という制限を受けるから（会社法461条1項2・3号）、その範囲で取得しなければならないことになる。

　信託銀行による自社株式の取得が、自己株式の取得となる場合であっても、自己株式の取得規制をクリアすれば、信託銀行は導入企業株式を有効に取得することはできる。しかし、それにより問題点が解決されたわけではない。

自己株式の取得規制をクリアすることにより，適法に自己株式を取得することはできるのであるが，それは有効に自己株式を取得することができるにとどまり，信託銀行名義による導入企業の自己株式の取得であることには変わりがない。

　自己株式については，議決権はなく（会社法308条2項），配当金の支払（剰余金の分配）を受けることができない（会社法453条）から，当該株式の名義人である信託銀行は，議決権を行使できないし，配当金の支払を受けることはできない。

　そうすれば，このプランを導入する意味が失われ，単に，退職従業員に自社株式を給付するための金銭信託にすぎず，退職従業員給付型プランという必要はなく，機能的には全くＥＳＯＰとは異なるものとなる。これでは，プランを導入した意義の大半が失われ，何のために新プランを導入したのか分からなくなる。

　信託銀行は，導入企業の株主総会において議決権を行使することができないことから，信託銀行が株主総会の決議に加わった場合は，議決権を行使することができない者が決議に加わったことになり，決議取消しの訴えの対象となる（会社法831条1項）。

　導入企業が，信託銀行に配当金を支払えば，無効な配当（剰余金の分配）となるから，信託銀行は，導入企業に対し受けた配当金を返還しなければならない。また配当に関与した取締役等は分配額の支払責任を負う（会社法462条1項）。そして，これは株主代表訴訟の対象となることに加え，もし，信託銀行に配当金を支払えば，法令違反の剰余金の配当として違法配当罪が成立する可能性がある（会社法963条5項2号）。

　さらに，導入企業が，信託銀行を通じて適法に自己株式を取得した場合であっても，信託銀行は株主総会で議決権を行使することができず，また利益配当（剰余金の分配）を受けることができないから，プラン導入の意味が失われる。

5 自己株式の処分と払込みに関する問題点

　退職従業員給付型には，信託銀行に自己株式を信託するプラン（自己株式信託型プラン）と，導入企業が信託銀行に株式取得資金（金銭）を信託し，信託銀行は信託を受けた金銭により，導入企業株式を取得するというプラン（株式取得資金の信託型プラン）がある。

　自己株式信託型プランについては，法律上の根拠付けが難しいことから，取得条項付新株予約権を使って説明しているが，それにより解決することは難しいであろう。

　株式取得資金の信託型プランにより，信託銀行が導入企業（発行会社）から自己株式を譲り受けるのは発行会社による自己株式の処分としてなされる。そして，自己株式の処分は，募集株式の発行等として募集株式の発行手続によることが必要である（会社法199条以下）。

　そこで，信託銀行による自己株式の譲受けは，自己株式の処分として第三者割当ての募集株式の発行（新株発行）手続によりなされる。信託銀行が導入企業の株式を取得する方法としては，自己株式の処分という方法と，第三者割当ての募集株式の発行において，新株を引き受ける（新株の引受人となる）場合とがあるが，両者とも同様の払込手続による。

　それは，払込期日または払込期間内に，払込金額の全額を払い込まなければならないのであるが（会社法208条1項），信託銀行が導入企業から信託を受けた金銭により払込みをすることが，会社資金による払込みであるとして，払込みの仮装にならないかが問題になることは避けられない。

　導入企業の募集株式の発行に際し，導入企業から金銭の信託を受けた信託銀行が，信託を受けた金銭により払い込んだのでは，実質的には会社に払込金が入らないから，払込みの仮装として払込みは無効であり，募集株式の発行無効の問題が生ずる。

　この点，発行会社の資金による払込み，すなわち，会社が名義的な株式引受

人に対し，払込資金として，会社の資金を消費貸借その他の方法により融資し，形式的には株式引受人が自己の金員を払い込むという形をとるが，実質的には会社が会社の資金を払い込むことになるような払込みは，実質的に会社資本の充実をもたらさず，したがって一種の払込仮装とみるべきである。会社自身の資金による払込みも，形式的な払込資金が銀行や第三者から出たか，会社自身から出たかだけの違いがあるだけで，株式申込人自身からは，実質的な払込金が出ていない点においては全く同様である。この場合，形式的には払込手続は履行されている。しかし，実質的な計算関係においては，会社が払込金を自ら支払って，自ら受け取るにすぎないのであるから，払込後において払込み前の資産以上のものを得ることは全くない。このように，払込みが，会社の資金によってなされたときは，形式的な払込手続の履行があるにもかかわらず，会社資本は増資によってなんら実質的に増加しないのであるから，預合いや見せ金の場合と同様に，会社の資金による払込みも，かかる仮装払込みにほかならないとする裁判例があるが(8)，学説も，払込資金の出所が会社自身であることから，会社の資金による仮装払込みであるから「見せ金」の一種であり，有効な払込みではないと解されるとしている(9)。

仮装払込みでの認定において，払込金に当てるために，会社の資金を消費貸借等により融資した場合と，金銭信託をした場合とを問わないから，信託銀行が信託を受けた金銭で株金を払い込むことは，会社の資金による払込みであり，会社に実質的な増資も資金の増加も認められないから（現実に，自己株式の売却代金は1円も入ってこない），払込みは仮装といわなければならない。

自己株式の処分についても，導入企業が信託銀行に対して株式取得資金を信託し，信託銀行が信託を受けた金銭で払い込む（株式買受代金を支払う）ことは，形式的には信託銀行が株式取得のための金員を払い込むという形をとるにすぎず，実質的には会社の資金による自己株式の買い受けである。実質的には導入

（8） 東京地判昭和38・10・31下民集14巻10号2165頁，東京高判昭和48・1・17高民集26巻1号1頁
（9） 江頭憲治郎「株式会社法」〔第3版〕有斐閣　2009年684頁

企業に自己株式の処分代金は一切入ってこないにも関わらず，自己株式だけが形式的に信託銀行に移転することになる。これは，通謀虚偽表示（民法94条1項）の一種として払込みの仮装であるといわざるを得ない。

　会社の計算による自己株式の処分であって自己株式の有効な処分とはいえない。仮装払込みであることから，払込みは無効となり信託銀行は導入企業株式を取得することはできない。したがって，払込み仮装の問題を解決しない限り，導入企業が信託銀行に対し株式取得資金を信託し，信託銀行がこの資金を使って導入企業の保有する自己株式を取得するプランは有効に成立しないことになる。

　これは，導入企業が保有する自己株式を退職従業員に給付するために，信託銀行に直接株式を信託すれば原資との関係で問題になるから，株式取得資金の信託という方法を用いているのであり，一種の法的テクニックであって，取得条項付新株予約権を用いる手法と実質的には変わりはないといえよう。

　自己株式の処分は，募集株式の発行手続によるということから，このような違法な自己株式の処分については，自己株式の処分の禁止，不公正な価格で譲渡を受けた者の差額支払義務，取締役の弁済責任，処分無効の訴えの対象となる。

　払込みが仮装であるから自己株式の処分は無効となる。自己株式の処分の無効の主張は，6か月以内に自己株式の処分無効の訴えによらなければ主張し得ないが（会社法828条1項3号），これにより信託銀行の払込義務がなくなるものではないから（信託銀行は払込義務を履行していない），信託銀行は自らの資金により，有効な払込みをしなければならないと解される。

　また，導入企業の取締役等は自己株式の仮装処分により会社に損害を与えたとして，任務懈怠の損害賠償責任を負わなければならないから，株主代表訴訟も覚悟しなければならなくなる。この場合の取締役等の責任は，単なる任務懈怠の責任ではないから，責任の一部免除の対象とはならない（会社法425条1項）。しかも，それだけでなく，特別背任罪が成立する余地がないとはいえない。

　信託銀行が，導入企業から信託を受けた資金で払い込むのであるから，導入

会社の資金による株金の払込みであり，実質的に払込みはないからこのようなスキームを用いても仮装払込みとなる。そうすれば，会社の資金により自己株式の取得代金を払うことになるから，会社資金による自己株式の仮装処分になると考えざるを得ない。

信託銀行の払込み（代金の支払）が，会社資金による払込み（資金の出所）であることから払込みは仮装となる。そこで，自己株式の処分の無効，つまり信託銀行の株式取得行為は無効となるから，信託銀行が導入企業の株式を一定期間保管して，退職従業員に給付するというプラン自体が有効に成立しないことになる。

もとより，導入企業が，信託銀行に自社株式の取得資金として金銭を信託する行為と，信託銀行が信託された金銭により導入企業から保有自己株式を譲り受ける行為を切り離し，自己株式の処分としての譲受けに対して対価を支払っているとして格別の行為とみることはできない。

導入企業が自己株式の譲受けの代金にするために，信託銀行に金銭を信託し，信託銀行が信託された金銭により払い込むというスキームを一体として捉えれば，会社には何ら処分代金が入らないプランであり，あらかじめ企図されたところにしたがって，会社資金を使った一連の払込み仮装行為であるといわなければならない。つまり，導入企業が信託銀行を通じて退職従業員に自己株式を無償で取得させる行為であるというべきである。

会社の資金による払込みであることから，導入企業の自己株式の処分は違法となる。そこで，自己株式の違法処分として，株主による自己株式の処分差止（禁止）の仮処分の対象となる。違法な自己株式の処分がなされた場合は，自己株式の処分に関与した取締役および自己株式の処分に関する取締役会決議で異議を述べなかった取締役について，任務懈怠責任が生じ，株主代表訴訟による責任追及という事態に至りかねない。

6　退職従業員給付型プランと報告書

（1）　報告書による問題解決の可能性

「報告書」は，会社法上の論点として，退職従業員給付型プランに関するものとしては，バリエーションとして，ビークルに付与した取得条項付新株予約権の取得対価として，ビークルに導入企業株式を交付するものもある（報告書4頁）とするほか，ビークルが借入れを行わずに，導入企業からの金銭拠出等を導入企業株式を取得するスキームも考えられる（報告書3頁注15），従業員もしくは退職者に対しては，導入企業株式を無償譲渡する方法などが考えられる（報告書4頁注23）とするにとどまり，退職従業員給付型プランの適法性を認知したものとまではいえないであろう。そうすれば，次のような問題点の存在が指摘されるが，これを解決することが適法化の要件となる。

①　自社株式を無償給付するための原資との関係

「報告書」は，会社法上，持株会発展型のプランを対象としているから，当然のこととして，退職従業員に自社株式を無償給付するための原資について触れていない。この点，このプランが，原資関係について触れることなく，通貨による賃金・退職金を減額することなく付加的に給付するものであって，退職金制度とは別の報酬制度であるとするならば，原資の説明がつかず適法性の確保が困難になるが，そこで，この点をどう処理するかという疑問が生ずることは避けられない。

退職金の立替えまたは前払により，原資を確保することは理論的には可能であるが，技術的にかなり難しいばかりか，会社が出捐した株式取得資金が従業員に支払った退職金の前払金であり，もはや会社の資金でないことを明確にしなければ，自己株式の取得規制との関係を解決することは困難であろう。

② 自己株式の取得規制との関係

　自己株式の取得に当たるか否かの主要な判断基準は，取得資金の出所との関係であるが，「報告書」は，財政的支援を行うことが従業員の福利厚生や勤労インセンティブの向上を図るための負担として合理的範囲内にとどまるのであれば，当該財政的支援は，会社の計算と直ちに評価されるものではないと考えられるとしている。

　そこで，このプランにおいて，退職者に給付される導入企業株式（または導入企業株式の時価相当の金銭）は，従業員（退職者）の福利厚生や勤労インセンティブの向上に資するものであり，導入企業が信託する金銭によって取得する株式数は，将来の退職者に給付する株式数として合理的に算定した「給付予定株式総数」を上限としてプラン設定すれば（したがって，導入企業が信託する金銭については，会計税務上適正に費用処理できるものと判断している），株式取得資金が，導入企業が信託した金銭であるとしても，信託が従業員のために受け取って導入企業株式の取得に充当するのであれば，導入企業の計算による当社株式の取得と評価されるものではないとの考え方がある。

　この点，「報告書」は，「取得に用いる資金の出所との関係で，新スキームでは，導入企業株式の取得財源が，実質的に導入企業から拠出される場合がある。具体的には，①従業員に対する奨励金の支給，②ビークルに対する金銭拠出（匿名組合出資や信託設定），③ビークルが行う借入れに対する債務保証がある。しかしながら，当該資金の拠出により従業員の福利厚生や，勤労インセンティブの向上等に資することに鑑みれば，上記の資金的関係のみをもって，直ちに，ビークルによる導入企業株式の取得が，会社の計算による自己株式の取得に該当することにはならないと考えられる」としている。

　そして，その理由として，従来の従業員持株会において，会社が従業員に支給する奨励金については，従業員の福祉を増進させる限り，会社の計算とは評価されないとの理解が一般的であると考えられる。これと同様に，新スキームについても，「財政的支援を行うことが従業員の福利厚生や勤労インセンティブの向上を図るための負担として合理的範囲内にとどまるのであれば，当該財

第12章　退職従業員給付型プラン

政的支援は、会社の計算と直ちに評価されるものではないと考えられる」（報告書15頁）、とするのである。

そうすれば、従業員の福利厚生や勤労インセンティブの向上を図るための負担として合理的範囲内にとどまるのであれば、当該財政的支援は、会社の計算と直ちに評価されるものではないと考えられるとの部分は、次のように解するのが自然である。

イ）報告書のいう財政的支援は、①従業員に対する奨励金の支給、②ビークルに対する金銭支出（匿名組合出資や信託設定）、③ビークルが行う借入れに対する保証をについていうのであり、明らかに従業員持株会発展型プランを対象としたものであって、全くスキームを異にする退職従業員無償給付型プランを対象にするものでない。

そこで、このプランについては、当該財政的支援は導入企業の計算と直ちに評価されるものではないという報告書の理由を用いるための前提を欠いているといわざるを得ないであろう（もとより、報告書は、退職従業員給付型プランの財政支援について検討したとは思えない）。そうすれば、「報告書」を根拠に自己株式の取得問題の回避は難しい。

ロ）従業員に対する奨励金の支給は、従業員が自社株式の取得のために持株会に金銭を拠出するに際し、導入企業が一定額（一定率）の奨励金を支給してこれを支援することである。従業員の福利厚生や勤労インセンティブの向上を図るために、合理的範囲内で財政的支援を行うことが許されるというのも、報告書が対象とするのは、本件プランのような全額企業拠出型のプランではなく、従業員持株会発展型のプランについての財務的支援を指すことになる。退職従業員給付型プランの場合は、従業員は自社株式の取得のために拠出をしないから、奨励金の支給が問題になる余地はない。

まして、会社が株式取得資金の一部として支給する奨励金の対象者は、自社の従業員であり、ビークルや信託銀行ではない。また、ビークルに対する金銭支出というのは、プランの運営と管理のために必要な拠出であり、当初信託や匿名組合出資をいうのであって、株式取得資金を拠出するという意味ではない。

しかも，このプランの場合はビークルを用いていない。そうすれば，報告書を根拠にこのプランが自己株式の取得規制に抵触しないとすることはできないであろう。

　合理的な金額の範囲内であれば，全額企業拠出を認める趣旨には解されない。それ故，従業員の福利厚生や勤労インセンティブの向上を図るための負担として，合理的範囲内にとどまるのであれば，株式取得資金の全額について導入企業が財務的支援をすることを可能とするわけにはいかない。合理的範囲内であるか，信託する金銭の金額がいくらであるかに関わらず，導入企業は従業員に無償で自社株式を取得させることになる財務的支援をすることができない。

　このように，報告書のいう財務的支援は，退職従業員に自社株式を無償で給付するための財務的支援をいうのではない。また，信託する金銭が会計税務上適正に費用処理できる範囲内であるか否かは，株式取得資金の出所が導入企業であるかどうかという問題（自己株式の判断基準）とは別の次元の問題として検討すべき性格のものである。

③　自己株式の処分と仮装払込みの関係

　株式の取得方法が，導入企業が保有する自己株式を譲り受けるというスキームによる場合，自己株式の処分は募集株式の発行手続によることから仮装払込みの問題が生ずる。

　信託銀行が，導入企業から信託を受けた金銭を原資にして，自己株式の取得代金を支払うというスキームであるならば，導入企業の受け取る自己株式の売渡代金は，自己の資金を使って行われたことになり，売買代金が実質的には導入企業に入らないことになる。つまり，この手法によれば，導入企業が信託した金銭が導入企業に戻り，その代わりに，導入企業の保有する自己株式が無償で信託銀行に移ることになり，従業員に無償で給付するために信託したにすぎなくなる。

　これでは，形式的には導入企業に対する信託銀行による払込みがなされたことになるが，実質的には会社が会社の資金を自己株式の処分に払い込むことに

なる。払込みの原資は導入企業の資金であり、導入企業が信託銀行に直接自己株式を信託すると同じことを、金銭の信託とそれによる株式取得という一連の計画された行為により、迂回しているのにすぎない。払込みの原資が導入企業から出ており、導入企業は自己株式の処分によりなんら実質的な対価を受け取っていないことから、仮装払込みと解さざるを得ない[10]。

そうすれば、このプランによる払込み（自己株式の譲受代金の支払）は、払込仮装として自己株式の仮装処分となり無効であるから、信託銀行は有効に導入企業株式を取得し得ないことになる。そこで、このスキームによる場合は、仮装払込みの問題が生じないように工夫する必要があるが、それはかなり難しいであろう。

（2） 退職従業員交付型プランの現状

現在、退職従業員給付型プランによっているのは、みずほコーポレート銀行とみずほ信託銀行が共同で開発した「株式給付信託（J－ESOP）」だけである。

このプランは、ノンレバレッジドESOPに近いものを志向するものとみることができるが、ノンレバレッジドESOPの場合は、ESOPのための信託（ESOT）を設けて、ESOTが導入企業から株式取得資金または自社株式の拠出を受ける内容であるが、このプランの場合は、ビークル（ESOPの信託）を設けることなく、ビークルの役目を信託銀行が担い、信託銀行の営業として行うことになる。この点において、このプランはESOPとはスキームが異なり、通常の他益信託とみることができる。

このプランは、ビークル（受け皿）を用いた借入金方式によることなく、信託銀行が導入企業から金銭の信託を受け、これにより導入企業の株式を買い付け、退職従業員に給付するというものであるから、極めてシンプルで分かりやすい。しかし、会社法上の工夫がされていないことから、会社法との整合性を

---

(10) 東京地判昭和38・10・31下民集14巻10号2165頁、東京高判昭和48・1・17高民集26巻1号1頁参照

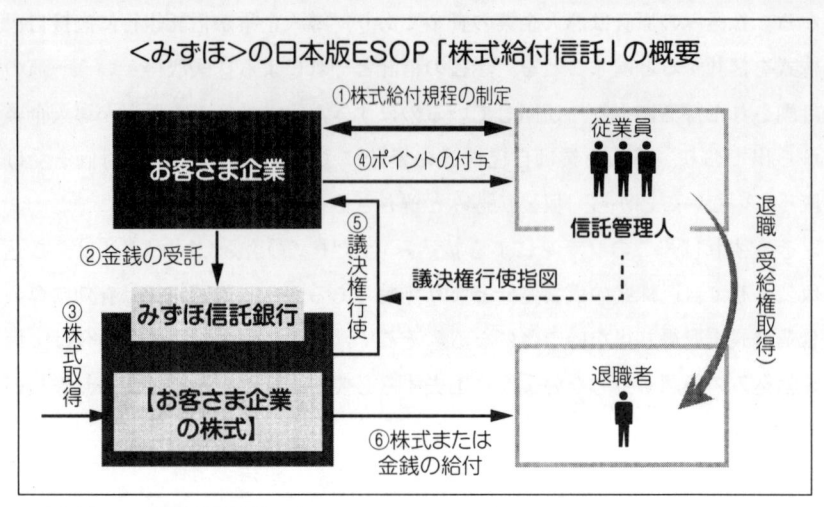

```
       〈みずほ〉の日本版ESOP「株式給付信託」の概要
                ①株式給付規程の制定
   お客さま企業 ←――――――――――→ 従業員
              ④ポイントの付与         信託管理人
     ②金銭の受託    ⑤議決権行使
              議決権行使指図                 退職（受給権取得）
   みずほ信託銀行
   ③株式取得
   【お客さま企業の株式】
              ⑥株式または金銭の給付    退職者
```

（出所）　みずほ信託銀行のプレスリリース
　　　　「〈みずほ〉だからできた，日本版みずほ信託銀行のコラボレーション」

どうするかという問題がある。

　「概要」は，②金銭の受託の原資の出所をチャート図上明らかにしていない。しかし，信託する金銭の原資をどうするかはプラン根幹に係る問題である。退職金相当額の資金を原資にするか，他に原資を求めるのか明らかでない。原資関係を明確にすることが，③株式の取得，⑥株式または金銭の給付の有効性に関係する。③については，自己株式の取得規制に関係するほか，自己株式の処分方式による株式取得の場合は，自己株式の取得資金の仮装払込との問題が関係する（この点，Ｊ－ＥＳＯＰによりながら，取引所市場により株式を取得するという内容のプランを導入している企業も見受けられる）。

　⑥については，株式または金銭の給付の趣旨が判然としない。金銭で給付するのは，自社株式の給付では，退職金の現金払いの原則との関係が生ずることを意識して，換価または時価換算の上，金銭で給付するとの趣旨なのか，あるいは，流通性のない株式（非上場株式）の場合を想定しているのか判然としない。いずれにしても，このプランは退職従業員に，自社株式を給付することを内容とするものであるから，現金で支払うのであれば，通常の退職金と異ならない

ことになり，プラン導入の趣旨との整合性が問題になる。

　株式の給付と現金の給付とを，退職従業員に選択させるというのであれば，現金での給付を希望することが多いと考えられることから，これではプランの維持が困難となるばかりか，なぜ，このプランを導入したかも分からなくなる。

　「概要」の説明によれば，Ｊ－ＥＳＯＰの原資関係について，「企業が給付費用を前払負担することで，自社株が従業員のためにプールされ，権利を持っている従業員に退職時に給付されます。つまり，退職金の一種と考えられます」とある。しかし，退職金を原資にするのか，それ以外に原資を求めるのか明確ではないといえよう。

　次に，導入企業のプレスリリースも，株式取得の原資関係を明確にしていない。原資関係について触れないもの，現行退職金制度とは別に会社への貢献を従業員が実感できる報酬制度として導入するもの，通貨による賃金・退職金を減額することなく付加的に給付するものなどがある。いずれも，退職金との関係には明確に触れていない。この点，退職金を当てるなどの適正な措置がなされているのであれば，原資関係はプランの基幹に関わるところであるから，これを開示することが望ましいといえよう。

　このプランを，特別の立法的手当てを待たず現行法の範囲内で導入するとなると，かなり法的なハードルが高いといえよう。退職従業員に自社株式を無償給付するための原資の確保をどうするかの説明，自己株式の取得規制との関係，信託された金銭による自己株式の取得と仮装払込などの会社法上の問題について，さらに，一層の検討をすることが必要となるであろう。

　以上のように，現行法の下では，アメリカ的な全額企業拠出型のＥＳＯＰをそのまま導入することは難しい。日本版ＥＳＯＰはＥＳＯＰとは異なるものであり，現行法の範囲内で，プラン化しなければならないという基本原則に沿ってプラン設定をすることが求められる。多くのプランが持株会発展型によるのもこのような理由であろう。そこで，この形態のプランについては，会社法と抵触することがないように，株式取得資金の明確化など，プランの適法性を確保するための方策を講ずることが喫緊の課題となるであろう。

7 退職従業員給付型プランに対する法律的結論

　ＥＳＯＰ導入以前のアメリカにおいては，多くの従業員持株制度（自社株式取得プラン）が存在していたが，貯蓄型の自社株式投資である従業員持株制度が主流であった。そこに，エリサ法という特別の立法的措置により，全額企業負担による企業年金型のＥＳＯＰが導入されたのである。そうすれば，現在のわが国は，エリサ法制定前のアメリカと同じような状況にあることから，特別の立法的措置がないのにＥＳＯＰのような全額企業負担による無償給付プランの導入は困難である。

　また，全額企業拠出型のプランは，法律的に可能であるとしても，無償給付をいうのではないからその原資を退職金に求めざるを得ない。それ以外は，贈与（民法549条）とでもいわなければ説明がつかないであろう。

　退職従業員給付型のプランは，ＥＳＯＰとの近似性を求めるが，日本版ＥＳＯＰはＥＳＯＰではなく，現行法の範囲内での工夫であることを忘れてはならない。そうすれば，従業員に対し無償給付をするための原資の確保，自己株式の取得規制および自己株式の処分規制との関係で適法性が確保できないとなると，このプランを有効なものとして導入することはできないであろう。

　このプランの発想自体は理解することは可能である。経済学や経営学として新プランを検討するのではなく，現実に導入するとなると現行法の下での導入と適法性の確保が最大の課題となる。この点，法律論として見た場合は，別段，特別の工夫もすることなく現行法の壁を突き破ろうとすることは困難であろう。したがって，適法性に疑問があるといわざるを得ない。

　そうすれば，このプランを会社法との関係で適法性を確保し，有効なものとするためには，さらなる適法性の確保のための吟味と再検討を行い，そして，それに適したプランの内容を構築することが必要であろう。そのためには，日本版ＥＳＯＰ（新プラン）は，ＥＳＯＰとは異なった日本型のプランであることを認識することが必要であり，法律的観点からはＥＳＯＰとの近似性を追求

することは必ずしも適正な方向付けであるとはいえない。

　退職給付型のプランを現行法の範囲内で導入することが困難であるから，多くのプランが従業員持株会発展型のプランを採用しているのであり，ＥＳＯＰをそのまま導入できるのであれば，従業員持株会発展型のプランなど必要としないはずである。

　退職給付型のプランが適法であるとしても，原資との関係でそれほど多くの株式の取得が期待できないから，次々に退職する従業員に対し，株式を給付するためには，導入企業は継続的な拠出を必要とするであろう。

　なお，持株会応用型のプランと退職給付型のプランを同時並行的に導入し，後者については，管理職従業員を対象にしている企業も見受けられる。その背景には，退職給付型のプランの対象者を一般従業員とすることは難しいとの配慮があるようにも読みとれる。そうすれば，退職給付型のプランを一般化することは困難であると考えられる。

　現段階においては，日本版ＥＳＯＰ（新プラン）は現行法の範囲内でのプランであることから，法律的に問題の多い退職給付型プランを導入するためには，さらに慎重な検討が必要であろう。そうすれば，現段階においては，従業員持株会発展型のプランによらざるを得ないものと考えられる。

　退職従業員給付型プランであっても，金商法規制との関係が生ずる場合が考えられなくはない。持株会発展型のプランについては，一定の事項について金商法規制の適用除外の措置が講じられているが，退職従業員給付型プランについては，現在のところ，金商法規制の適用除外の措置が講じられていない。そこで，このプランを本格化させるためには，金商法上の問題点を洗い出し，金商法との関係においても適法化する必要がある。

　現行法の下で，全額企業負担のプランをそのまま導入することが可能であるとしても，それは企業が大きなコストを負担することになることから，そのためには，全額損金扱いとする税制上の措置が必要となる。加えて，株主の理解を得ることも必要となる。

　さらに，退職従業員給付型プランには，退職給付的意味合いがあることから，

法定の確定拠出年金プランである401K，厚生年金基金，適格企業年金等の既存の制度との調整も必要とするであろう。

法律的なハードルに加え，これらの事情が，現在，導入されているプランの大半が従業員持株会発展型のプランによっていることの背後にあるものと考えられる。

そうすれば，現行法の範囲内で新プランを導入する場合，最大の関心事は適法性の確保である。そのために，工夫され考案されたのが従業員持株会発展型のプランである。退職従業員給付型のプランは，理想的であるとしても，法律上の問題点が多く残され，それをクリアすることが課題として残されているといえよう。そこで，現時点では，従業員持株会発展型のプランによるのが無難であろうと考えられる。

現実論としても，全額企業拠出のプランとなると，企業の負担は大きくなり，福利厚生費として拠出する費用として適正であるか否かが問われることになる。福利厚生費の膨張は，企業収益を圧迫することにもなりかねない。福利厚生費の増大は，昨今の企業情勢に照らせば適正であるかという問題が生ずる。そうすれば，このプランを導入する場合は，必然的に原資を退職金に求めなければならなくなる。

さらに，会社法上問題のあるこのプランによらなくても，法定の確定拠出年金である日本版401K（企業型）によることが考えられる。401K（企業型）は全額企業拠出型であり，原則60歳までの引出しが認められないから，投資対象を自社株式を中心にして運用すれば，ほぼ同一の目的を適法に達することが可能であると考えられる。

8　企業再生と退職従業員給付型プラン

退職従業員給付型プランは，企業再生目的に特化すれば十分存在価値が認められると考えられる。業績不振により，会社更生法や民事再生法の適用申請会社，あるいは事業再生ＡＤＲや私的整理により再生を図る企業の場合，持株会

発展型プランの導入には適さない。

　業績不振の企業が，再生に向かうためには労務リストラ（解雇・賃金や退職金の減額）が避けられないが，退職従業員給付型プランを企業再建のために用いて，賃金や退職金の減額と引換えに自社株式を交付するというプランも十分に検討に値する。

　企業再生のためには，従業員の理解と協力を得ることが必要であるが，解雇や賃金と退職金を減額することが不可避であることから，それを円滑に行うことは容易ではない。無理に強行すれば労使関係を悪化させるだけでなく，勤労意欲を低下させ，かえって企業再生を困難にする場合が多くあると想定される。

　そこで，退職従業員給付型プランを利用し，従業員に対し賃金や退職金の減額に見合った自社株式を給付するというプランが考えられる。企業はビークルや信託銀行に自社株式を信託し，従業員は退職時に賃金や退職金の減額に見合った自社株式の給付を受けるというプランである。

　企業が再建され，株価が上昇すれば，従業員が退職時に受け取る自社株式の価格が高まることになり，従業員の利益につながるから企業再生に向けての従業員の理解と協力を得やすくなる。

　退職従業員に給付する自社株式の原資を，賃金や退職金の減額分によるとして資金関係を明確にするとともに，自己株式の取得規制に違反することなく，また仮装払込の問題が生じないように十分工夫すれば，退職従業員給付型プランを用いることは可能であると考えられる。

　もとより，退職従業員給付型プランの策定者は，企業再生目的の利用など想定していないであろうが，退職従業員給付型プランを企業再生目的で利用することは，今後十分に検討するに値するであろう。

第13章　ESOPの戦略的利用

1　ESOPを用いた企業の復活・再生計画

(1)　米国におけるESOPを用いた事例

　アメリカにおいて，経営不振の会社が企業の復活・再生計画（経営再建）の一環としてESOPを導入し，成功した事例としてクライスラーとユナイテッド航空がある[1]。

　クライスラーは，経営内容が著しく悪化し，1979年には経営破綻が予想されるに至ったが，経営が破綻した場合は，社会的・経済的影響が極めて大きいことから救済策が検討された。そして，復活に向けた経営計画により，給与の引下げによる従業員のモラルの低下を防止し，生産性を高めるために，議会と政府はクライスラーに対する融資保証の見返りとしてESOPの導入を条件付けた。そして，政府支援を受けたクライスラーは，1980年前半に業績が回復し，株価も回復した。従業員の持分（ESOPが有する株式）は，増資がなされたが，発行済株式数の8～15％を占め，従業員は業績と株価の回復によって大きな利益を受けた。

　ユナイテッド航空は，業績の悪化から再建の必要に迫られていたが，最大の課題は労働コストの削減であった。そこで，経営陣と労働組合および非組合従業員との協議により，1992年の後半に，従業員側が労働条件について譲歩し，今後6年間にわたる総額約50億ドル分の賃金引下げに同意する見返りに，55％の自社株式の供与を受ける合意が成立し，従業員を大株主にして支配権を手に入れるというプログラムにより，1994年にESOPが導入され，以後，ユナイテッドはめざましい業績向上を遂げた[2]。

---

(1)　以下，井潟正彦＝野村亜紀子「米国ESOPの概要とわが国への導入」知的資産創造2001年3月号59-62頁参照

この2つの事例にみるように，経営再建のためには労働コスト（賃金）の削減が必要となるが，賃金の引下げは従業員（労働組合）の賛同を得ることが難しいばかりか，従業員のモラルの低下，勤労意欲の減退となり，経営再建にとってマイナスに作用することが避けられない。
　そこで，従業員の給与の引下げと引換えにＥＳＯＰを導入し，従業員に自社株式を持たせるということにより，モラルの低下を防止するとともに，企業業績が回復し株価が回復すれば，従業員は多大な利益を得るという方策を導入したのである。もっとも，ＥＳＯＰのために必要な資金の借入れについては政府保証を付けたのである。
　ＥＳＯＰを導入したことにより，経営再建について従業員の納得を得ることが容易となるばかりか，従業員にとっても企業業績が回復することは自己の利益につながるというインセンティブ型の報酬であるから，勤労意欲の低下を防止するのに適した方策である。もっとも，ユナイテッド航空のように，支配権（議決権の55％）を取得する数量の自社株式を持たせる必要性については疑問であるが，交渉過程における経営陣と労働組合との力関係からみて，やむを得なかったと推測できよう。

（2）　新プランと企業再生目的の利用

　1990年代のわが国企業は，企業業績の低迷という厳しい経営環境に直面したが，もし，ＥＳＯＰが利用可能であれば，クライスラーに対する米国政府による融資保証のような形を用いることができ，また，ユナイテッド航空のような復活と再生を狙った経営計画の推進が，経営陣と従業員の合意と決意のもとに始まり，ＥＳＯＰを通して従業員が自社株を報酬の一部として受け取り，経営計画が成功した場合の成果を，従業員が将来の成長をも織り込んだ株価で享受できたであろうことが指摘されている[3]。

---

(2)　北　真収「クロスボーダー敵対的ＴＯＢとリスク・マネジメントへの示唆〔下〕」『開発金融研究所報』（国際協力銀行）2001年7月　第7号10頁
(3)　井潟正彦＝野村亜希子・前掲論文65－66頁

第13章　ＥＳＯＰの戦略的利用

　近時，わが国においても，ユナイテッド航空の例を参考にして，業績の悪化から再建の必要に迫られていた企業が，そのためには労働コストの削減が必要であるが，それにより従業員の勤労意欲が低下することを防止するために，経営再建目的も視野に入れて新プランを導入する企業が現れている。

　例えば，全日空は，業績の急速の悪化と株価の低迷の状態にあるが，信託の仕組みを使い持株会を組み合わせた日本型ＥＳＯＰの制度を導入する。業績の急速の悪化を受け，賃金カットを含む大規模なリストラを計画しているが，従業員の協力に報いる方策として新制度を導入するが，またそれは，ビークル（特別信託）による株購入による株価の下支え効果も期待することができるとしている[4]。

　そのため，平成21年３月上旬に，従業員を受益者とする期間５年の信託を設定する。ビークル（特別信託）は，金融機関から約70億円を借り入れ，自社株式を３月末にかけて市場で購入し，４月以降，毎月一定の株式を持株会に時価で売却する。売却時に株価が上昇していれば，信託には信託益相当額が蓄積され，５年後の信託終了時にはその利益を従業員に配分する。株価が下落すれば，ビークルに生じた損失分を全日空が金融機関に弁済し，持株会はリスクを負わない仕組みである。これは，経済産業省が2008年11月に指針をまとめたが，指針に沿った初の導入事例であるとされているが，今後，このプランの導入が産業界で広がる可能性があるとされている[5]。

　これは，企業再建に伴う労働条件の引下げによる，労働意欲の低下を防止することを目的として，従業員持株会発展型の信託プランを導入したのであるが，企業再建といっても，企業に十分な体力があったからこそなし得たのである。すべての企業が，このプランを企業再建に用いることができるというわけではない。

（４）　平成21年２月26日付け日本経済新聞〔夕刊〕
（５）　平成21年２月26日付け日本経済新聞〔夕刊〕

(3) 企業再建目的の新プランの利用

　経営再建のためには労働コスト（賃金）の削減が不可避であることから，人員整理（労務リストラ）や賃金の引下げを行わなければならない。しかし，人員整理や賃金の引下げは，従業員（労働組合）の賛同を得ることが難しいばかりか，これを強行することは労使関係の悪化，従業員のモラルの低下，勤労意欲の減退となり，かえって経営再建にとってマイナスに作用することが避けられない。そこで，人員整理や賃金の引下げを極力回避するために，新プラン（日本版ＥＳＯＰ）を活用することを検討すべきである。

　経営状況が大きく悪化した企業，特に民事再生法や会社更生法の適用を受ける企業においては，企業の保証の下にビークルが借入れを行い，ビークルが借入金で取得した自社株式を持株会が買い受け，その買受原資を従業員が拠出するという従業員持株会発展型プランを利用することには不向きである。

　そこで，賃金や退職金の一部を自社株式で支給するという方法によらざるを得ない。このような企業の場合，持株会発展型のプランにより得ないから，退職給付型のプランによることになるが，そのためには適正なプラン策定が必要となる。

　賃金や退職金の一部を原資として，自社株式を給付するのであるが，企業は信託銀行やビークルに対し，従業員に給付目的で自己株式を信託し，あるいは株式取得資金を信託し，ビークルは信託を受けた資金で，市場買付等の方法により株式を取得することになる。自己株式の譲受けや第三者割当ての方法による新株の方法は，会社資金による仮装払込みの懸念が生ずるから避けるのが賢明である。

　もとより，これら行為を行うためには，就業規則の変更や過半数労働組合等との書面による協定を必要とするから（労基法89条2号，同条3の2号，24条1項)，労使の信頼関係を構築し誠実に交渉しなければならない。

2 ＥＳＯＰの敵対的買収予防策としての機能

　1980年代のアメリカにおいては，敵対的買収の嵐が吹き荒れていたが，ターゲットとなる可能性のある企業またはターゲットとなった企業が，敵対的買収防衛策としてＥＳＯＰを利用したことから，一時期，ＥＳＯＰに敵対的買収防衛策の１つとして利用するという戦略的な利用に関心が高まっていた。

　ＥＳＯＰを，敵対的買収予防策として利用し，非公開会社化した例として，株価の低迷により，ＰＢＲ（株価純資産倍率）が１倍以下（１株当たり純試算額より株価の方が小さい）であるが，キャッシュ・フロー（現金収支）と資産が潤沢であり，典型的な敵対的買収のターゲットとなる特徴を備えていたアムステッド社は，銀行から借り入れた資金により，一気に大量の自社株式を買い付けることができるという，レバレッジドＥＳＯＰの特性を活かしてＥＳＯＰを設立し，銀行団から多額の資金を借り入れてＥＳＯＰに貸し付け，ＥＳＯＰはこの資金によりＴＯＢを行い発行済株式の全てを取得した。

　敵対的買収予防策として，レバレッジド方式のＥＳＯＰを使って従業員が発行済株式数の100％を取得し，非公開企業化を果たすことにより敵対的買収を未然に防止したのである[6]。

　従業員が敵対的買収に反対の立場をとることを期待できることから，ＥＳＯＰが安定株主として有効に機能することに着眼して，敵対的買収防衛策としてＥＳＯＰを買収防衛策として利用することに注目され，1980年代後半には買収防衛目的でＥＳＯＰが導入される事例がかなりあったが，ＥＳＯＰの導入は経営者の自己保身目的であるとして，ＥＳＯＰ導入の正当性が争われるようになった。

---

(6)　野村亜紀子「米国公開企業によるＥＳＯＰの活用とわが国への示唆」資本市場クォータリー〔野村資本市場研究所〕2006年冬号144頁，井潟正彦＝野村亜希子・前掲論文61－64頁，井潟正彦＝野村亜紀子＝神山哲也「米国ＥＳＯＰの概要と我が国への導入」資本市場クォータリー2001年冬号〔野村資本市場研究所〕12－14頁

ポラロイド社事件（1988年）は，Ａ社の敵対的ＴＯＢに直面したポラロイド社が，防衛策としてレバレッジド方式のＥＳＯＰ（5％の賃金カットや従業員福利の縮小を通じて設けられ，全従業員が加入した）を導入し，公開市場から2,450万株を取得しＥＳＯＰへ拠出したので，ＥＳＯＰは発行済み株式総数の14％を保有することになり，既存の年金や福利制度を合わせると，従業員の持株比率は約20％に達し買収防衛策に成功した。

　これに対し，Ａ社は，敵対的買収に対する対抗策としてＥＳＯＰを設けるのは違法であるとしてＥＳＯＰ導入の正当性を争った。

　裁判所は，ポラロイド社の取締役会は1985年からＥＳＯＰを設けることを検討し，また，従業員に株式を保有させると同時に議決権行使も認めているから，ＥＳＯＰの導入は合法であるとし，経営判断の原則の適用こそ認めなかったが，公正基準に基づいて取締役会によるＥＳＯＰの導入には忠実義務違反等はないと判示し，Ａ社の請求を退けた[7]。

　ＮＣＲ社事件は，ＮＣＲ社がＢ社による敵対的ＴＯＢの開始後にＥＳＯＰを導入し，借入金を利用して転換権付優先株（普通株へ随時転換可能）を一度に発行してＥＳＯＰを設けたが，ＥＳＯＰの導入とその株式の議決権の行使が争われた。

　裁判所は，公正基準（fairness test）の下で，敵対的買収からの防衛を必要とするに及んで，急遽，考えられたＥＳＯＰの設立は会社デモクラシーを妨げ，経営陣が正当な経営上の目的ないし従業員の利益ではなく，ＮＣＲ社の取締役会がＥＳＯＰを採用するに至った主たる動機は自己の支配の維持目的であり，ＥＳＯＰを利用することは違法であるからＥＳＯＰは無効であるとして，Ｂ社の請求を認めた[8]。

　このように，ポラロイド社はＥＳＯＰ導入の正当性が認められ，反対に，Ｎ

---

(7)　田村詩子「株式公開買付に対する従業員持株制度による防禦の適否」商事法務1316号36頁，北　真収・前掲論文12頁，武井一浩ほか「企業買収防衛戦略」（商事法務　2004）156－157頁〔太田　洋〕
(8)　北　真収・前掲論文12頁，武井一浩ほか・前掲論文158頁〔太田　洋〕

CR社はESOP導入の正当性が認められなかった。ポラロイド社の場合は，敵対的買収提案よりかなり前から，ESOPを設けることを検討し導入が決定されていたことから，実際の資金拠出が敵対的買収の提案後に行われたが，ESOP導入の正当性が認められたのに対し，NCR社の場合は，敵対的買収提案後に，ESOPの導入が検討されたことから，導入の正当性が否定されたものと考えられる。このことは，買収防衛目的のESOPの導入は，導入時期とも関係するものであり，有事（買収提案後）において，急ぎ導入したのでは正当性が認められない可能性が大きくなることを意味する。

敵対的買収防衛策としてのESOPの利用については，経営者の保身のためにESOPが使われているのではないかと疑われ，ESOP設立の正当性が争われることになる。買収防衛策としてのESOP導入の正当性が，不公正であるとして争われたこの2つの裁判を経験して，ESOPは，自社株報酬制度という本来の目的のために導入すべきであり，結果的に買収防衛策としての機能が期待できるとしても，それは副次的効果であることが確認されるとともに，買収防衛策としては，あくまでも平時の備えであることに他ならないことが認識されるに至った[9]。

この2つの事件の判決は，ESOPは経営参加を通じて生産性を向上させるなど，本来の意味で利用されるべきものであり，その延長線上で買収防衛策にも役立つ可能性があることは肯定できるとしても，それは買収を仕掛けられて，その防衛目的だけにESOPを設立し，利用することは認められにくいということを示唆するものである[10]。

このように，ポラロイド社事件とNCR社事件は，敵対的買収提案後に，安定株主の確保という視点からESOPを導入した事例であるが，ESOPは本来の目的のために利用すべきものであり，敵対的買収防衛策としての機能を期待できるにしても，敵対的買収が開始されてから急ぎ導入を決定するようでは，正当の導入目的が否定されることになりかねない。

---

(9) 野村亜紀子・前掲論文144-145頁
(10) 北　真収・前掲論文12頁

ポラロイド社の場合は，事前にＥＳＯＰの導入が決定されていたことから，実際の資金拠出が敵対的買収の提案後に行われた場合であるので，正当性が認められたが，正当性が認められる限界事例であるといえる。ＥＳＯＰの導入が長期的計画に基づき，具体的に検討されている場合は，買収提案後に導入したとしても，導入の目的と契機が買収提案とは，一応無関係であると推認されることにより，正当性が認められたのであろう。

3 新プランと安定株主の確保等の副次的機能

（1） 新プランに期待される副次的効果の概要

近年，わが国においても，新プランに対する関心が高まり導入が進んでいる。それは，従業員の福利厚生と勤労インセンティブを高めるとともに，従業員（持株会）を大株主とすることにより，企業経営についての関心を高め，生産性の向上を図ることである。さらに，新プランの導入論議の背景にあるのは，株式持合い（相互保有）や銀行保有株式の解消に伴う株式の受け皿づくりとしての利用，株価の低迷に対する株価対策，そして，敵対的買収に対する防衛策を視野に入れた安定株主づくりの必要があるという認識である。

さらに，新プランの導入にはかなりの資金を必要とするが，そのために用いることができる手元資金を十分に有する企業が少なくないということが挙げられる。もとより，会社に資金があるからといって，従業員に無償で自己株式を給付したり，作為的な安定株主づくりの目的で，安易に新プランを導入すべきでないことはいうまでもない。

わが国の上場企業における従業員持株制度においては，持株会への加入率が減少傾向にある。そこで，これに代わって，新たな株主を見出す時代が来たが，今こそ，ＥＳＯＰの導入を検討すべきであるとして，ＥＳＯＰ導入の必要性があるとされている[11]。

もとより，日本版ＥＳＯＰの導入目的は従業員の福利厚生目的であり，新たな株主の確保，株式の相互保有の解消の受け皿的役割，安定株主の確保などは，

現実的な導入目的ではあるが，副次的効果にすぎないことを忘れてはならない。

新プランの導入は，副次的な機能（効果）である株価対策，新たなる株主の創出，安定株主の確保，買収防衛策や経営再建という機能に期待していることが否定できない。これは，別段，批判されなければならないことではないが，新プランは，従業員の福利厚生という本来の目的のために導入することが許されるものであり，これが新プラン導入の主要目的であり，副次的な機能と効果はそれに伴い生ずるのである。

しかし，新プランの副次的効果に対する期待も，あくまでも会社および株主全体の利益のためのものであって，経営者の自己保身目的のものであってはならないということはいうまでもない。このように，副次的効果の趣旨を正確に理解しなければならない。

経営陣が会社の費用を使って，自己保身目的で新プランを導入することが許されるのではない。明らかに，経営陣の自己保身目的で新プランを導入したのではないかと疑われるような場合は，新プラン導入の正当性が争われ，取締役等が任務懈怠責任を追及されることになりかねない。

ただ，現実的にみた場合，新プランは従業員の福利厚生という従業員の利益のためよりも，企業利益や経営者の利益のために導入されていることは否定できないであろう。

（2） 安定株主確保の機能・買収防衛策としての機能

新プラン導入の主要目的は，生産性の向上という企業利益，インセンティブ効果，従業員の財産形成という福利厚生目的に反しない範囲内において，ビークルや持株会が多数の株式を保有し，敵対的買収に遭遇した場合に，TOBに応じない株主であり，かつ，経営者側に立って議決権を行使することが期待できる株主という安定株主として機能することが期待できる。もとより，これは経営陣の地位保全目的で，会社の資金を使ってプランを導入することを是認す

---

(11) 井潟正彦＝野村亜希子・前掲論文67頁

る意味ではない。

　新プランの導入により，導入企業は短期間で有力な安定株主を作り出すことができる。ビークルや持株会には議決権行使の独立性が確保されているが，現実には，現経営陣を支持する方向で議決権を行使する有力な安定株主としての機能を期待することができる。

　そして，プラン参加者は従業員であると同時に株主であることから，敵対的買収が生じた場合には，従業員は経営者を支持する方向で行動する可能性が高い。ビークルや持株会の議決権は，プラン参加の従業員の意向を反映して行使されるべきであるから，現実には，経営者を支持する方向で議決権を行使するということになる。

　もっとも，ＥＳＯＰは防衛手段に役立つことは確かであるが，それは時間を稼ぐことができても防衛策として決して万全ではない。ＥＳＯＰは会社側に立つ株主であるといえても，買収側が解雇や部門売却をしないことを約束して，高いプレミアムを付けた買収価格で株式取得にかかってきた場合には，従業員が現経営陣を支持するとは限らない。つまり，防衛するには現経営陣に従業員が味方することが前提になる。

　わが国においても，対象会社の取締役は，意見表明等により事実上株主が売却に応じないように説得することはできても，自らのイニシャティブで，敵対的ＴＯＢの買付けを著しく困難にするような法的防衛策をとることは難しいとの指摘がなされている[12]。

　新プランは，新株予約権や種類株式を用いた作為的な買収防衛策と比較して，株価に与える悪影響が懸念されることなく，不公正な防衛策というものでもない。自然発生的な防衛策としての機能を有するものである。同じ安定株主づくりといっても，株式の相互保有と異なり，資本の空洞化や議決権のもたれ合いなどの問題が生じることなく，外国人投資家にも無理なく受け入れられるであろう。このように，新プランには，自社株式を用いた安定株主確保の機能が認

---

[12]　北　真収・前掲論文19－20頁

められるにしても，株式の相互保有とは異なり内外の投資家の理解を得ることも容易であると考えられる。

　新プランに敵対的買収防衛策としての機能が認められるにしても，そのために，新プランを導入することは正当性に欠けるといわなければならない。それは，あくまでも，副次的機能である。そのことから，新プランの導入は，敵対的買収の予防策として考えるべきであるから，平時に導入することが必要である。敵対的買収が開始されてから，買収防衛策として導入することは不公正であるとして許されないのであるが，このことは，新プランの導入を以前から検討していた場合についても同様である。買収防衛策として導入したのでは，従業員の福利厚生を主要目的とする新プラン導入の趣旨に反し，その正当性が失われることになりかねない。

　新プランに買収防衛機能が認められるとしても，プラン導入の主要目的は，福利厚生や生産性の向上などの正当な目的であることが要求されるのはもとより，導入時期との関係でも問題となる。敵対的買収が開始されてから，急ぎ新プランを防衛策として導入することは公正でなく，導入目的の不当性が推認されることにもなりかねない。

　もとより，買収予防策を新プランに期待する以前に，敵対的買収の対象（ターゲット）とされないようにすることが肝要である。株価の安定に努め，ＰＢＲ（株価純資産倍率）が１倍以下（純資産が時価総額を上回る）にならないようにすることが必要である。ＰＢＲを高めるという意味からも，ビークルによる株式の一括取得と保有は重要な意味をもつ。

　従業員持株制度は，発足時から従業員の福利厚生を主目的としながら，安定株主の確保という実際上の機能と効果を期待してきたが，会社規模によっては従業員持株会が上位株主である上場会社も少なくないが，全上場会社の従業員持株会の平均保有率は発行済株式数の１％台にすぎないから，安定株主として機能するに十分ではない。

　そこで，株式の相互保有の解消と，銀行の持株比率の低下に伴い，新たな安定株主を確保する必要性が否定はできない。この意味で，短期間に安定株主を

確保することを可能とする新プラン導入の必要性が，経営者や経済界を中心に高まってくるのは自然の流れであると考えられる。

近年，資金的に余裕のある企業の自社株買い（自己株式の取得）が進んでいるが，金庫株として保有していたのでは議決権を行使できないから，買収防衛策としては市場流通株式数を少なくし，それだけ買収者の株式取得を困難にするにすぎない。これに対し，導入企業が保有する自己株式を，ビークルに売却する（ビークルの株式取得の原資は銀行借入金）という内容のプランによれば，当該企業は，自己株式を処分して資金を回収することができるとともに，短期間に安定株主となる大株主を確保できるという2重のメリットがあるということができる。

ビークルが保有株式を持株会に売却した後も，持株会の会員には従業員たる地位と株主たる地位が不可分的に存在することから，持株会から株式（株式持分）を引き出して売却することも，現実には，それほど多くはないと考えられる。そこで，依然，持株会に安定株主としての機能を発揮することを期待することができる。

極限の買収防衛策として，新プランを使ってビークルにより導入企業の全株式を取得して（1人会社化），非上場化（ゴーイング・プライベート）するということも考えられなくはない。MBO（経営陣が加わった，または経営陣による上場企業の買収）が多発していることから，レバレッジド方式を用いることにより，EBO（従業員による企業買収）やMEBO（経営者と従業員による企業買収）も，近い将来においては実現するかもしれない。その場合のスキームとして新プランの利用が十分に考えられる。

（3） 株価対策と新しい株主づくりの機能

現実的な問題として，もっとも日本版のESOPを導入する必要性が強いのが，株価の低迷期における株価対策である。レバレッジド（借入金）方式で，ビークルが一度に大量の株式を買い付けて保有することは，株価を押し上げるとともに，市場流通株式数を減少させることにより，現行の持株会による定

時・定額買付けとは比較にならない株式を市場から買い上げることにより，株価の下支えになるというのである。

　政府も，低迷する株価対策の１つとして，2008年10月の緊急経済対策に，日本版ＥＳＯＰ導入のための条件整備を盛り込んでいる。

　企業が借入金によりこれと同じことを行うことは，自己株式の取得（自社株買い）となるが，取得財源の規制からなしえない。潤沢な剰余金を有する企業については，かかる配当原資を用いて自社株買いを行い得る。この場合，取得株式を金庫株として保有することができるが，金庫株を一括または数回に分けてビークルに譲渡することにし，ビークルが借入金を用いてこれを買い受ければ，企業は自社株買いに用いた資金を早期に回復することが可能となる。

　企業業績が向上した2003年ころから，わが国でも敵対的買収が多発したが，専ら新株予約権を用いた買収防衛策に関心が向けられていた。そして，株価の低落傾向が，再度，現れた2008年の秋ころからＥＳＯＰに対する関心が本格的に高まり，主に，株価対策という観点から日本型のＥＳＯＰが相次いで開発されている。

　株価の低迷期には，ビークルが一括して導入企業の株式を買い付け，それを市場で売却することがない（持株会に対してのみ譲渡する）新プランを導入することにより，株価対策を講ずることが極めて重要な意味をもつ。従業員持株制度の運用では，持株会が毎月少額の資金で株式買付けを行うことから，株価対策としてはあまり大きな効果を期待できない。

　これに対し，新プランでは，ビークルが一括して買付けを行うことから株価対策としての意味が大きい。作為的な株価対策は好ましくないが，新プランによる株価対策は不当なものでなく，株価の下落を防止することは企業利益になるばかりか，株主および従業員の利益にもつながることはいうまでもない。

　従来から，毎月，株式を市場で買い付けるという方法よりも，会社が株価の安い時期を選び（できれば底値の時期），大量に自己株式を取得して持株会に譲渡すれば，持株会は安く株式を取得できるから，従業員は有利に自社株式を取得することができるといわれてきたが，新プランはこれをビークルを通じての

株式取得として行うのである。それは，株価の下支えになるとともに，従業員が有利な価格で自社株式を取得することを可能とするのである。

　もっとも，策定されたプランの内容は，ビークルの持株会に対する譲渡価格は，取得価格によるのではなく，その時々の時価によることにし，プランの終了時にビークルに利益が残っている場合は，対象従業員に分配することによりインセンティブ効果が期待できるとしている。

　大量の株式を，一括して市場買付けをしなければ株価対策（株価の安定策）とならないから，銀行借入れによりビークルが一括して買付けを行う持株会発展型のプランはこの目的に沿ったものといえるのであり，会社の保有する自己株式を譲り受ける（信託する）というスキームを用いる退職給付型のプランでは，この目的を達成するために不十分であるといえよう。

　さらに，ビークルには，株式解消に伴う株式売却の受け皿となるとともに，新しい株主づくりの一環として期待することができる。

第14章　新プランと事業承継

1　アメリカにおけるＥＳＯＰの普及状況の変化

（1）　上場企業におけるＥＳＯＰの現状

　近年のアメリカでは，上場会社におけるＥＳＯＰの普及はほぼ終わったが，非上場会社への導入が進んでいる。それは，非上場会社における事業承継として，従業員による企業買収のためにＥＳＯＰの利用である。これは，上場会社のＥＳＯＰとはかなり趣旨の違ったものである。

　非上場会社における企業内承継として，従業員による企業買収（ＥＢＯ），従業員と経営者・役員による企業買収（ＭＥＢＯ）としてＥＳＯＰを利用するというのである。このように，ＥＳＯＰの対象が非上場会社に広がり，企業内承継としての企業買収のためのスキームとして利用されるようになったのであるが，これは，事業承継問題を抱えるわが国においても，十分に検討すべきものであるとして有益な示唆を与えるものということができる。

　ＥＳＯＰは，一般従業員向けの自社株報酬制度（退職給付制度）として，1974年のエリサ（ＥＲＩＳＡ）法により導入され，以後，上場企業を中心に急速に導入が進み，企業買収防衛策，企業再建などの戦略に利用されてきた。しかし，1990年代に入り，上場企業のＥＳＯＰの導入が横這い状態となり，同年代の半ば以降は，上場企業におけるＥＳＯＰの導入は下火となった。

　その理由は，普及が一巡し，ＥＳＯＰは自社株報酬制度としての普及をほぼ果たしたことに加え，上場企業の自社株報酬制度の代替的な制度として登場したストック・オプションの一般従業員向けの提供や401（Ｋ）プランを通じた自社株投資が急速に普及し，従業員の株主化の手段としては，必ずしもＥＳＯＰを導入する必要がなくなったからであるが，それに加え，金融機関に対する税制優遇の廃止，会計基準の変更なども関係している[1]。

金融機関に対する税制優遇の廃止についていえば，ＥＳＯＰに対する貸付けについては，銀行等の金融機関の受取利息について，50％の益金不算入という税制優遇により，多くの銀行がＥＳＯＰ向けの貸出業務を強化していたが，この金融機関に対する税制優遇の適用要件の厳格化，次いで廃止がなされたことにより，金融機関の公開企業レバレッジド（銀行借入方式）ＥＳＯＰに対する関心が大きく低下したことがあげられている[2]。

　そして，会計基準の変更については，米国公認会計士協会が，1993年11月に作成し，米国財務会計基準審議会が承認したＥＳＯＰの会計に関するＥＳＯＰ93－6（Statement of Position 93-6）が，ＥＳＯＰの借入れは，企業の財務諸表に反映させなければならないとし，まず，貸借対照表上，ＥＳＯＰの借入れを負債計上し，その後，企業がＥＳＯＰに対して企業拠出を人件費・福利厚生費として計上するとした。また，企業拠出によりＥＳＯＰが借入金を返済し，ＥＳＯＰの仮勘定にあった自社株が従業員口座に配分されるに伴い，ＥＳＯＰ保有自社株勘定が償却されていくことになるが，従業員口座に配分された株式について簿価（取得時の株価）と償却時の市場株価との差額は資本取引として計上されることになった。

　これにより，企業がＥＳＯＰへの拠出を報酬費用として損益計算書に計上する際には，借入れによる自社株取得時の株価，すなわち簿価が用いられていたが，自社株が仮勘定より出されて個人口座に配分された時の株価，時価を用いることになった。その結果，1990年代の米国株式市場は長期上昇相場にあり，多くの企業で，簿価よりも時価が高かったので，レバレッジドＥＳＯＰによる報酬費用が増加することになり，また，業績向上により株価が上がると，ＥＳＯＰ費用が増加して会計上の利益を圧迫し，これが株価に悪影響を与えるという悪循環があり，これも上場企業のＥＳＯＰ導入の頭打ちの原因となった。

（1）　経済同友会「社会保障制度改革の提言（その5）米国ＥＳＯＰの日本導入」18頁，
　　　野村亜紀子・前掲論文142頁，145頁，149頁
（2）　以下の叙述は，井潟正彦＝野村亜希子・前掲論文65頁，野村亜紀子・前掲論文
　　　146頁による。

（2） 非上場企業におけるＥＳＯＰの導入傾向

　1990年代以降，上場企業におけるＥＳＯＰの普及はほぼ終わったことから，導入は頭打ちの状態にあるが，上場企業のＥＳＯＰに代わって，非上場企業におけるＥＳＯＰの利用と導入が多くなっているとされている（これと同一傾向として，わが国においても，上場企業における従業員持株制度の普及はほぼ終わったことから，従業員持株制度に対する関心が非上場企業や中小企業に向かっている）。

　上場企業における導入と普及を果たしたＥＳＯＰは，未上場企業に新たなマーケットを見出したのである。未上場企業における最大の課題として，事業承継問題をどう処理するかであるが，ＥＳＯＰは，非公開企業のオーナーによる事業承継目的を中心的として利用され[3]，事業承継のための方策として認められたのである。これは，事業承継問題の深刻化が増しているわが国においても，十分に参考にすべきである。

　ＥＳＯＰを事業承継目的に用いるために税制上の優遇措置が講じられていることが，非上場会社におけるＥＳＯＰの導入を促進したのである。米国税法は，オーナーが保有株式をＥＳＯＰに売却した場合は，引退に伴う株式のＥＳＯＰへの売却によって生じたキャピタル・ゲインの繰延べ課税を繰り延べることを認めることにより，ＥＳＯＰを利用するオーナーに税制面でのインセンティブを与えている[4]。

　このような，非公開企業ＥＳＯＰ特有の税制優遇により，事業承継問題をかかえる非上場企業において，事業承継目的のＥＳＯＰ導入が加速している。加えて，インフラ面でも，非公開企業の株式の評価業者や，ＥＳＯＰの制度に精通したアドバイザーの存在，ＥＳＯＰ目的の融資を行える銀行などが整備されている。

　このように，現在のアメリカにおいては，ＥＳＯＰ導入に対する関心と必要性は，上場企業から事業承継問題を抱える非上場企業に向かい，新たにＥＳＯ

---

(3) 野村亜紀子「米国におけるレバレッジドＥＳＯＰの事業承継への活用」資本市場クォータリー2006年春号120頁
(4) 経済同友会の提言・18－19頁

Pを導入する企業の多くは非上場企業である。そして，非上場企業のＥＳＯＰの構造は，基本的には公開企業のＥＳＯＰと同様であるが，オーナーがその持株を売却する場合のキャピタル・ゲインとか，従業員が持株を処分するに際し市場性がなく，処分が困難なことから，これに対し特別の配慮がなされている。

2 非上場会社のＥＳＯＰの概要

（1） 税制上の優遇措置による支援

アメリカにおいては，非公開企業のＥＳＯＰについては，企業拠出金の損金算入，企業のＥＳＯＰへの支払配当を損金算入できるなどの，税制上の優遇措置がなされていることに加え，非上場企業のオーナーが保有自社株式をＥＳＯＰに売却した場合について特別の措置が講じられている。

税制上の特別の措置というのは，オーナーが株式売却によりキャピタル・ゲイン（売買益）を得た場合であっても，それを資金として，買換期間内に米国企業株式などの「適格代替資産」を購入した場合は（再投資した場合），キャピタル・ゲイン課税を繰り延べることができ，これにより納税が猶予されることになる。そして，繰り延べられたキャピタル・ゲインは，代替証券を売却した時点で，その売却益と繰延分とを合わせて課税対象になるのである[5]。

（2） ＥＳＯＰからの給付と会社の買戻義務

ＥＳＯＰからの給付は，退職年齢到達，死亡，障害を理由とする場合は，その翌年内に，転職などそれ以外の理由の場合は，その翌年から5年以内に行わなければならないが，レバレッジド方式による場合，借入金の返済未納の部分については，株式は従業員の個人口座に移っていないから，転職等の理由による場合は，借入金の返済が終了するまで給付を延期することができる[6]。

ところが，多くの場合，退職給付は現金ではなく，自社株式の交付という形

---

(5) 野村亜紀子・前掲「米国におけるレバレッジドＥＳＯＰの事業承継への活用」
　　121頁，北　真収・前掲論文14頁

でなされるが（個人口座の自社株式），非上場株式であることから市場性がなく，給付された株式を売却して現金を得ることは困難である。そこで，離退職従業員には，離退職時から60日以内に，会社に対し公正な価格による株式買取りを請求することができる。

会社の株式買取りが，ＥＳＯＰがオーナーや企業から自社株式を取得する場合（退職給付型ではなく，事業承継のためのＥＳＯＰを想定する）についても，適正な対価によることが要求される。これは，離退職従業員の持株の買取りの場合とは別の意味で，オーナーの売却は公正な価格によるべきことが要求されるのである。オーナーが不当な価格で持株を売却することの防止と，適正な対価によることを担保するために，ＥＳＯＰによる自社株式取得の際と年度末に，独立の評価者による株式の評価を受けることが義務付けられている。

適正な対価とは，誠実に決定された公正な市場価格であり，公正な市場価格とは，「取引の意思がある購入者と販売者が，強制されない状況下で，関連事実について合理的な知識に基づき取引する際の価格」であるが，事業の内容と企業の歴史，一般的な経済環境及び企業の属する産業の見通し，自社株式の簿価と企業の財務状況などの要素を考慮して決定されることになる。

（3） ＥＳＯＰ向け融資の特徴

事業承継目的のＥＳＯＰ関連の融資は，基本的には一般の融資と異ならない。しかし，次のような特徴がある[7]。

ⅰ）資金の使途は，オーナー等の保有する自社株式の取得，自己株式の取得というように事業承継目的である。レバレッジド方式により資金を調達する場合，スキームは上場企業のＥＳＯＰと同様である。資金調達の方法として，事業承継目的で設置されたＥＳＯＰが直接銀行から借り受けるか，会社が銀行か

---

(6) 以下，野村亜紀子・前掲「米国におけるレバレッジドＥＳＯＰの事業承継への活用」121－123頁参照
(7) 以下，野村亜紀子・前掲「米国におけるレバレッジドＥＳＯＰの事業承継への活用」124－130頁参照

ら借り入れてＥＳＯＰに貸し付けるかという二通りの方法があるが，いずれにせよ返済は会社の資金によりなされる。ＥＳＯＰが直接借り入れる方法によっても，弁済原資は会社により拠出されることになる。

　銀行のＥＳＯＰに対する貸付けの場合は，十分な弁済計画と，会社の保証，取得株式の担保取りが必要であるが，弁済原資は会社の拠出によることから，会社に貸し付けるのが効率的であるといえる。会社に貸し付ける場合は会社資産を担保にとることも必要である。

　会社に対する貸付金の使途は，機械設備の購入や販売促進といった事業活動に使用するのではなく，企業からＥＳＯＰへの融資に限定される。この場合，銀行は，運転資金や設備投資資金等の借入状況を把握し，融資の余地があるかを判断する。また，ＥＳＯＰを提供する非公開企業は，離退職する従業員から持株を買い戻す義務を負うことから，銀行はこれに対応する資金についても把握する必要がある。

　ii）貸借対照表上の記載であるが，ＥＳＯＰによる借入れであっても，企業会計上，企業の負債として計上され，さらに，レバレッジドＥＳＯＰの取得した自社株式は，当初は仮勘定に入れられ，借入金の返済に合わせて従業員の個人口座に移されていくが，仮勘定内にあるＥＳＯＰ保有株式は，企業会計上は企業の自己資本から差し引かれることになる。

　そこで，ＥＳＯＰの借入れにより，企業の負債比率は大幅に上昇し，債務超過となることすらあり得るが，これは上場会社のＥＳＯＰについても当てはまるであろう。反面，ＥＳＯＰ融資の元利金返済は企業拠出により行われるが，ＥＳＯＰへの企業拠出は損金算入可能であるだけでなく，企業はＥＳＯＰへの支払配当を損金に算入できる。

　iii）ＥＳＯＰ関連融資の融資期間は，通常５～10年で，５～７年がもっとも一般的と言われている。銀行から企業への融資と，企業からＥＳＯＰへの融資の返済期間が同一である必要はないので，企業は銀行への返済を契約どおり進めつつ，従業員数の変動に応じてＥＳＯＰから企業への返済期間を調整することも可能である。

3 レバレッジドESOPによる事業承継

　非上場企業におけるESOPを用いた従業員による事業承継は，レバレッジド型ESOPとして行われる。オーナーが事業を従業員に譲るために，企業はオーナーが保有する自社株式を買い取る目的で，レバレッジ型のESOPを設け，ESOPは借入金によりオーナーから保有株式を買い取るのである。ESOPの借入金の返済原資は企業が拠出し，弁済に応じてESOPの管理（仮勘定）する株式が従業員口座に移ることになることは，上場企業のESOPと同様である[8]。

　そして，ESOPによる株式取得は，1042取引（内国歳入法1042条に基づき行われる取引）としてなされることから，オーナーは税制上の優遇措置を受けながら，事業を従業員に譲り，事業承継を円滑に進めるとともに，従業員にとっても企業の全額負担により，事業を承継することができる。

　ESOPを事業承継に用いることは，創業者やオーナーが引退するに際し，投下資本の回収を可能とするものである。それだけにとどまらず，事業承継にとって雇用の確保と企業経営の継続性が重要な意味をもち，従業員にとっても最大の関心事である。そこで，非上場会社における従業員による企業内承継は好ましい承継方法であるといえる。それは，従業員による企業買収（EBO）としてなされるが，そのための手法としてレバレッジド型のESOPが用いられるのである。

　従業員にとっては，ESOPを用いて全株式を取得して事業を承継することができ，企業経営の継続性を確保することが可能となり，創業者やオーナーにとっても，保有株式の売却により引退後の生活資金を確保することができいずれもハッピーである。

　ESOPを用いた事業承継は，創業者やオーナーが段階的にESOPへの保

（8）　以下，野村亜紀子・前掲「米国におけるレバレッジドESOPの事業承継への活用」129頁参照

有自社株式売却を行うことを可能とする。1042取引を用いれば（1042取引の要件は，ＥＳＯＰが取得する自社株式の保有比率が30％以上であればよい），オーナー等は一時に全株式を売却することなく，順次，売却することにより段階的に事業承継を行うことができる。そして，オーナー等は自社株式の売却により得た売却代金を，他の米国企業の株式等に再投資することにより税制上の優遇措置を享受することが可能となる。

　このように，近年のアメリカにおいては，ＥＳＯＰ導入のスキームとして，ＭＥＢＯ（経営陣と従業員による企業買収）あるいはＭＢＯ（従業員による企業買収）であったが，今後のアメリカにおいても，従業員に事業を承継させる目的でレバレッジドＥＳＯＰの利用が拡大している。

　深刻な事業承継問題をかかえるわが国においても，従業員による企業内承継の必要性が認識されている。そのためには，従業員がオーナー等から保有株式を買い取るための資金を，どのようにして調達するかという最大の問題点がある。そこで，レバレッジド型の日本版ＥＳＯＰを用いるのがもっとも効果的である。しかし，アメリカのＥＳＯＰのように借入金の返済原資を企業拠出とすることができないのであるから，借入金はＥＳＯＰ信託（ビークル）が返済しなければならない。

4　中小企業の事業承継と新プランの検討

（1）　中小企業と事業承継の現状

　わが国の企業数の90％以上を占め，経済の基盤を支えている中小企業において，現在，事業承継（経営承継）という重大な問題に直面している企業が多くあり，後継者不足などを理由に，廃業する企業が年間30万社近くに達するとされている。その主要な原因として，経営者の高齢化と承継者不足があげられている。雇用の喪失という点でも，毎年20～35万人に上ると推定され，重大な社会問題となっている。

　従来，事業承継といえば，親族内承継である経営者の実子，特に長男を後継

者とする場合がほとんどであったが，現在では企業内承継として共同経営者や従業員による事業承継の重要性が認識されるに至っている。親族内に適任者がいない場合は廃業を選択せざるを得なくなる。企業を存続させるためには，M＆A取引として第三者に売却することも検討すべきであるが，経営の継続性や従業員の雇用問題にも大きく関係する。中小企業承継の円滑化は喫緊の課題であるが，企業内承継が重要な意味をもつ。

　他の役員，従業員による企業内承継は，技術力の低下と優秀な従業員の離散の防止，経営の連続性と雇用を確保することになる。オーナー経営者にとって事業を売却することにより，現金を手にすることができ，老後の生活資金となし得ることにより，ハッピー・リタイアメントということになるばかりか，親族承継のように多額の相続税や贈与税の負担という問題が生ずることがない。

　もとより，どのような企業も企業内承継が相応しいというのではない。その対象となり得るのは，相当の営業利益が生じ，または相当の事業資産，技術，得意先などを有している会社であるということが要求される。

　企業内承継を円滑に行うためには，それに必要な資金の確保が最も重要である。企業内承継には種々の手法があるが，一番多いやり方は，オーナーやその一族の有する自社株式や営業用の資産を譲り受けるという方法である。

　従業員や共同経営者が事業を譲り受け，経営権を掌握するためには，議決権のある発行済株式の全部，少なくとも，特別決議を成立させるのに必要な3分の2以上を必要とする。そのためには，オーナー経営者と一体となって，事業承継計画を立て，事業承継の事前準備を進め，それに要する資金の借入れと弁済計画を綿密に立て，金融機関からの借入れを可能とする状態にしなければならない。

（2）　企業内事業承継と日本版ＥＳＯＰの活用

　企業内承継として，従業員や共同経営者が事業を承継する方法は，ＥＢＯ（従業員による企業買収）またはＭＥＢＯ（経営者と従業員による企業買収）としてなされるが，それは，一般に支配株式の譲渡という方法により行われる。そし

て，そのために日本版ＥＳＯＰ（従業員持株会発展型プラン）を用いることが考えられる。そして，日本版ＥＳＯＰ（新プラン）を事業承継目的に用いる場合であっても，そのスキームは，基本的には上場企業の場合と同様に考えればよい。

事業承継目的で，オーナー等が有する自社株式を買い取るために，レバレッジ方式の日本版ＥＳＯＰを活用するのである。もとより，従業員や共同経営者が会社の資金を使って，自社株式を買い取ることはできない。そのために，資金の借入れと取得株式の管理のために，受け皿としてビークルを設置する。この場合のビークルは，上場企業プランの場合のビークルと持株会の性質を合わせたものとして組織することが考えられるから，この点について工夫を必要とする。

ビークルが，企業の保証の下で金融機関から株式取得資金を借り入れ，これを株式取得資金の原資として，オーナー等が有する自社株式を買い取るのである。企業に配当原資となし得る余剰資金があれば，オーナー等の持株を買い受けて自己株式として保有し，順次，ビークルに譲渡するという方法も考えられる。

また，企業がビークルに株式取得資金を貸し付けて，ビークルがこれを使ってオーナー等から持株を買い取るという方法も考えられるが，自己株式の取得にならないように注意する必要がある。

いずれにせよ，ビークルはレバレッジド方式により調達した資金により，オーナー等の持株を買い取るのであるから，ビークルは借入金を返済しなければならない。返済原資は，対象従業員と経営者（役員）の負担となる。借入れに先立ち，ビークルは対象従業員および経営者との間で，各人の拠出額を定めて定時・定額を基本とする拠出（出資）契約を締結し，拠出金を合計して定時（事務処理上，年１回または数回とする）に弁済していく。そして，弁済の都度，各人の拠出額に応じて株式を各人の口座に移すということが考えられる。しかし，借入金も株式取得資金としての支払も，それ程多額なものとすることは実際上困難であろう。

もう1つの方法は，持株会を使うという方法である。事業承継に備えて，持株会が株式取得資金を積み立て（従業員の拠出による），それにより一括して株式を取得するという方法と，段階的に株式を取得するという方法が考えられるが，現実は難しいであろう。そこで，借入金によらざるを得ないであろう。

　持株会が，会社またはオーナーの保証により，銀行から株式取得資金を借り入れるのであるが（ローンの利用），持株会の法的性質は，実質的には権利能力なき社団と解されるが，民法上の組合として取り扱われている。組合であることから借財能力が問題になるが，借財能力が否定される場合であれば，受け皿会社としてビークルを用い，ビークルが借入れを行い，借入金により，オーナー等の持株を買い取ることになる。

　そして，ビークルは保有株式を順次持株会に譲渡し，売渡代金により借入金を返済する。持株会の買取代金は，会員たる従業員の拠出と会社から支給される奨励金によることになる。このスキームは上場会社のプランと同様である。

　ＭＥＢＯで行う場合は，経営者（実際は，従業員兼任である）が従業員持株会に参加し得るかという問題があるが，中小企業の持株会であり，しかも事業承継目的で用いる持株会であることから，弾力的に取り扱い，経営者も参加し得ると解される。もし，加入できないとすれば，事業承継目的で従業員持株会と役員持株会を併用せざるを得ないが効率的ではない。

　持株会を用いるか否かを問わず，ＥＢＯやＭＥＢＯは企業買収であるが，借入れに際し，当該企業の資産を担保に用い，当該企業の資産や収益を使って借入金を弁済することができるかであるが，上場企業の経営陣によるＭＢＯの場合と異なり，会社および株主との関係で利益相反性とか忠実義務違反が問題となることはないから，許されると解される。

5 新プランと経営承継円滑化法

(1) 経営承継円滑化法の概要

中小企業における事業承継（経営承継）として，日本版ＥＳＯＰ（新プラン）を用いる場合，中小企業における経営の承継の円滑化に関する法律（以下，「経営承継円滑法」）の適用申請を検討すべきである。

経営承継円滑法は，経営承継を円滑に行うための法的措置として，民法の遺留分特例（自社株式や事業用資産の全部を後継者に承継させようとしても，後継者以外の相続人の遺留分が制約になることから，遺留分に関する民法の特例を定めたのである），企業承継のための金融支援，株式の納税猶予制度を定めている。

企業承継のための金融支援は，中小企業者が必要とする資金の供給の円滑化等の支援措置を講ずることにより，中小企業における経営の承継を資金面から円滑化を図り，もって，中小企業の事業活動の継続に資することを目的とする（経営承継円滑法１条）。新プランを用いた，従業員や共同経営者（従業員等）による企業内承継についても，事業承継時の資金調達の困難に対処するための金融上の支援措置の規定（金融支援規定）によることが必要な場合がある。

経営承継円滑法は，中小企業の経営承継の円滑化を図ることを目的とするから，同法の対象となる中小企業者とは，次のいずれかに該当する者でなければならない（経営承継円滑法２条）。

① 資本金の額または出資の総額が３億円以下の会社，または常時使用する従業員の数が300人以下の会社および個人であって，製造業，建設業，運輸業その他の業種（次号から４号までに掲げる業種および５号の政令で定める業種を除く）に属する事業を，主たる事業として営むもの（同項１号）。

② 資本金の額または出資の総額が１億円以下の会社，または常時使用する従業員の数が100人以下の会社および個人であって，卸売業（５号の政令で定める業種を除く）に属する事業を主たる事業として営むもの（同項２号）。

③ 資本金の額または出資の総額が５千万円以下の会社，または常時使用す

る従業員の数が100人以下の会社および個人であって、サービス業（5号の政令で定める業種を除く）に属する事業を主たる事業として営むもの（同項3号）。

④　資本金の額または出資の総額が5千万円以下の会社、または常時使用する従業員の数が50人以下の会社および個人であって、小売業（次号の政令で定める業種を除く）に属する事業を主たる事業として営むもの（同項4号）。

⑤　資本金の額または出資の総額が、その業種ごとに政令で定める金額以下の会社ならびに常時使用する従業員の数が、その業種ごとに政令で定める数以下の会社および個人であって、その政令で定める業種に属する事業を主たる事業として営むもの（同項5号）。

（2）　経営承継円滑化のための金融支援措置

　金融支援措置は、資金の供給を円滑化することにより経営承継を円滑にする支援措置であるが、従業員等による事業承継についていえば、ＭＥＢＯやＥＢＯによる企業内承継の場合は、事業の譲受けとしてオーナー経営者から、自社株式等を買い取ることから、その資金を調達する場合である[9]。さらに、それに加え、経営者の交代により信用状態が低下し、資金繰りが悪化することから運転資金を必要とする場合があることに備えた資金需要である。

　ＭＥＢＯやＥＢＯの場合、日本版ＥＳＯＰを用い銀行借入れというレバレッジ方式により、株式取得資金を調達するのであるが、信用力の不足や担保が不十分であることにより、銀行借入れができない場合が多くあると考えられる。このような場合に、経営承継円滑法は企業承継のための金融支援をし、役員や従業員が事業承継目的で自社株式等の買取りをすることを容易にするのである。

　経営承継円滑化法による金融支援措置の対象となるのは、事業承継に際して多額の資金を必要とし、それが、事業活動の継続に支障が生じていると認められるとして、経済産業大臣の認定（同法12条）を受けた中小企業者（非上場会社

---

(9)　柏原智行＝山口徹朗「事業承継円滑化に向けた中小企業庁の取組」自由と正義59巻8号20頁

および個人事業主）である。そこで，経済産業大臣の認定を受ければ，事業承継に必要な金融支援を受けることができるのであるが，これは，日本版ＥＳＯＰ（新プラン）を用いたＭＥＢＯやＥＢＯの場合であっても可能であると考えられる。

　経営承継円滑化法による金融支援の対象となるためには，一定の要件を満たした会社である中小企業者と個人である中小企業者が，経済産業大臣の認定を受け「認定中小企業者」となる必要がある。認定は金融支援の対象となるための資格要件であるが，認定を受けたからといって，当然に金融機関から融資を受けることができるのではない。そこで，事業承継計画と弁済計画を明確にして，金融機関と借入れの交渉をすることが必要となる。

　次に，従来，融資の対象となるのは，会社（中小企業）と個人事業者であり，会社の代表者（経営者）は個人的に融資を受けることができなかった。しかし，共同経営者や従業員が個人として，事業を譲り受け経営者となる場合を想定すれば，事業承継のための資金を必要とするのは会社ではなく代表者である。

　そこで，事業承継を円滑に行うために，代表者個人が必要とする資金需要に応ずるために，日本政策金融金庫法の特例として，認定を受けた中小企業者の後継者（承継人）に対し，日本政策金融金庫により必要資金が貸し付けられる。ＭＥＢＯやＥＢＯについては，親族内に後継者がいないなどの経営者からの，事業の譲渡，株式の譲渡などによる事業承継人として，必要資金の貸付けを受けることができる。

【資　料】

新たな自社株式保有スキームに関する報告書

（一部抜粋）

平成20年11月17日

新たな自社株式保有スキーム検討会

第1章　本検討の着眼点

1．従来の従業員持株会の特性

○我が国で広く普及[1]している従業員持株会については，従業員の財産形成を促進してその生活が安定すること，及び会社の利益との共同意識を高めることにより従業員の勤労意欲を向上させてその能率が増進すること[2]，会社に対して長期的なコミットメントを持つ（従業員）株主を育成すること[3]などが，会社の利益の向上等となる理由として挙げられている。

○他方，従業員持株会は，従業員自身が負担する少額の拠出金を主たる原資に自社株式を順次買い増していくため，従業員持株会の自社株式保有割合は僅か[4]なものに留まること[5]や，従業員は，従業員持株会から任意に株式持分を引き出すことができること[6]などから，上記のような効果について限定的側面を有するといった指摘もなされている。

2．新たなスキームの可能性

○これに対し，近時，信託や中間法人といったビークルが，会社からの拠出金や金融機関からの借入等を利用して，将来従業員に付与する株式を一括して取得し，当該株式を一定期間保有[7]したあとに従業員（従業員持株会や退職者の場合もある）に付与

---

[1]　東京証券取引所「平成19年度従業員持株会状況調査結果の概要について」（平成20年10月8日）によれば，平成20年3月末現在の東京証券取引所上場内国会社2,390社のうち，大和証券，大和証券エスエムビーシー，日興コーディアル証券及び野村證券の4社のいずれかと事務委託契約を締結している従業員持株会制度を有しているのは1,844社。この1,844社の従業員持株会への加入者数は，約191.2万人（加入率は平均で約45.84％）。

[2]　味村治「従業員持株制度（上）」商事法務研究430号（1967年）4頁。

[3]　加護野忠男「企業統治と競争力」伊丹敬之＝藤本隆宏（編）『日本の企業システム第Ⅱ期2巻』（有斐閣，2005年）300頁参照。

[4]　前掲注［1］における1,844社の従業員持株会の株式保有比率は，平均で0.86％。

[5]　小佐野広『コーポレート・ガバナンスと人的資本』（日本経済新聞社，2005年）162頁参照。

[6]　永野周志「従業員持株制度とコーポレート・ガバナンス」稲上毅＝森淳二朗（編）『コーポレート・ガバナンスと従業員』（東洋経済新報社，2004年）221頁。

[7]　導入企業株式を，順次，従業員持株会へ売却していく場合もある。

【資　料】　新たな自社株式保有スキームに関する報告書（一部抜粋）

する新たな自社株式保有スキーム[8]（以下「新スキーム」という。）が導入され始めており，当該スキームは，例えば，以下のような効果も創出できる可能性を有すると考えられる。

* 会社の業績に対してリスクを負い，経営者候補者の資質や経営の長期的要請等に精通している従業員の意思[9]等を反映して，ビークルが保有する株式の議決権行使が行われることによるガバナンスの向上や長期的視野に立った経営への寄与。
* ビークルが一定期間株式を保有することによる上述のガバナンス向上の効果の確保，及び従業員に中長期的な株価上昇へのインセンティブを提供する[10]ことによる従業員の勤労意欲向上の効果の確保。
* 企業の競争力の源泉となる従業員の利益と会社や株主の利益の連動性が高まることによる企業経営の効率性向上。

○他方，新スキームについては，例えば，スキーム導入企業（以下「導入企業」という。）がビークルに対して恣意的な支配力を行使し得ることに対する懸念や，当該スキームについて会社が財政的支援・負担をすること等と法制度等との関係を巡る議論も存在する。

3．本検討における議論の着眼点

○上述のとおり，新スキームを巡っては複数の議論が考えられるが，有効に活用されれば従業員の勤労意欲向上や導入企業のガバナンス向上等を通じて導入企業の利益の向上等に資することが期待できる。

○そのため，本検討においては，新スキームの有効な活用を図る上で基礎的な考慮事項となる，新スキームと現行法制度等との関係で留意すべき点等について検討を進めた。

4．本検討の対象となるスキームと論点

○本検討では，経済的効果が期待される新スキームの有効な活用の観点から，議論の対象とするスキームを，(i)導入企業からの独立性を有するビークルが，将来従業員に付

---

[8] 本報告書上の総称。
[9] 伊丹敬之『日本型コーポレート・ガバナンス』（日本経済新聞社，2000年）270頁参照。
[10] 従業員に対して株価上昇へのインセンティブを提供する方法としては，ビークルが従業員持株会等に株式を売却する際に生じる譲渡益を，スキームの終了時等に従業員等に付与する方法も考えられる。

与する株式を導入企業や市場から一括して取得し，当該株式について，従業員の意思や将来株式を取得する従業員の利益を考慮した議決権の行使が行われる[11]ことによって，ガバナンスの向上等が期待できるもの，及び(ii)ビークルが一定期間株式を保有する[12]ことによる上述のガバナンス向上の効果の確保や，従業員に中長期的な株価上昇へのインセンティブを提供することによる従業員の勤労意欲向上の効果の確保が期待できるものとし，具体的なスキームの仕組みは，実際に導入が進められているスキームを手掛かりに検討を進めた。

○基本的な取引主体は，導入企業，ビークル，金融機関[13]，従業員[14]からなり，利用されるビークルは，ビークルが取得する株式等について，導入企業からの独立性を確保できる信託や中間法人[15]とした。

[11] この点，ストック・オプションは，当該権利が従業員等に付与されてから権利行使期間が始まるまで，もしくは実際に権利が行使されるまでは，一定の期間が置かれるのが一般的であり，当該期間中は議決権が行使されないため，今回の検討の対象となるスキームとは態様が異なる。同様に，例えば，退職時に自社株式が会社から退職者に付与されるスキームも，退職時まで議決権が行使されないことから，本検討の対象となるスキームとは態様が異なる。そのため，これらについては，今回の検討の対象として取り扱わない。

[12] 導入企業株式を，順次，従業員持株会等へ売却していく場合も含む。

[13] ビークルが金融機関から借入を行わずに，導入企業からの金銭拠出等を原資に導入企業株式を取得するスキームも考えられる。

[14] ビークルから自社株式を取得する主体として，従業員持株会を利用するスキームもある。

[15] 中間法人については，中間法人の議決権を有する社員と，財産的基礎の維持を図るための基金の拠出者の地位が制度的に分離されている（中間法人法33条など参照）ことなどから，例えば，中間法人の理事や社員に，「出資，人事，資金，技術，取引等において緊密な関係があることにより自己の意思と同一の内容の議決権を行使すると認められる者」や，導入企業の「意思と同一内容の議決を行使すると認められる者」に該当しない者を選任する等の措置を講じることにより，導入企業からの独立性を確保することが可能であると考えられる。なお，「一般財団法人及び一般財団法人に関する法律」の施行（平成20年12月1日施行）に伴い「中間法人法」は廃止されるが，「一般社団法人及び一般財団法人に関する法律」の施行の際に存する有限責任中間法人は一般社団法人として存続することとなっている（一般社団法人及び一般財団法人に関する法律及び公益社団法人及び公益財団法人の認定等に関する法律の施行に伴う関係法律の整備等に関する法律2条）。また，藤瀬裕司「一般社団法人制度の創設と資産流動化への影響」金融法務事情 No.1768（2006年）16頁は，「一般社団法人と有限責任中間法人とは，基本的な制度設計において同一ということができる」としている。

【資　料】　新たな自社株式保有スキームに関する報告書（一部抜粋）

※１：以下，信託をビークルとして利用する新スキームを「信託スキーム」という。なお，本検討においては，従業員を受益者とする他益信託を設定する場合[16]の整理を行った。

※２：以下，中間法人をビークルとして利用する新スキームを「中間法人スキーム」という。なお，法人をビークルとして利用して資産流動化スキームを構築する場合には，ビークルを営業者とする匿名組合契約を締結し，投資家に帰属する配当を損金に算入する方式（ペイ・スルー方式）が一般的との指摘[17]もあることから，本検討においては，中間法人スキームについては，導入企業を匿名組合出資者とし，中間法人を営業者とする匿名組合契約を締結する場合の整理を行った。

○また，当該ビークルが株式を取得等するため[18]の財源は，導入企業からの金銭拠出（バリエーションとして，ビークルに付与した取得条項付新株予約権の取得対価としてビークルに導入企業株式を交付するものもある）や，金融機関からの借入（この場合，借入の返済には，例えば従業員持株会からの払込金[19]が利用される）とした。

※３：ビークルが金融機関から借入を行う場合には，導入企業が当該借入について債務保証を行う場合の整理を行った[20]。

○ビークルからの導入企業株式の譲渡先は，従業員持株会もしくは一定の要件（退職時等）を満たす従業員もしくは退職者とした[21][22]。

---

[16]　従業員が，信託行為に定められた条件を満たすまで受益権を有しない他益信託を設定する場合もある。この場合，受益者が現に存しない間は，受益者のために権利を行使する（信託法126条１項）信託管理人を選任することが考えられる。

[17]　藤瀬裕司『新しい流動化・証券化ヴィークルの基礎と実務』（ビーエムジェー，2006年）30頁参照。

[18]　ビークルが株式を取得するための金銭以外に，ビークルの諸費用に充てられる金銭，ビークルが借入を行う場合に借入債務が債務不履行になった時の損失補償に充てるための金銭などが考えられる。

[19]　当該払込金は，一般的には，従業員が負担する拠出金や会社からの奨励金からなる。

[20]　導入企業が債務保証を行う場合，導入企業が，当該債務保証に対する保証料をビークルから収受することも考えられる。

[21]　従業員持株会に対しては導入企業株式を順次有償譲渡する方法，従業員もしくは退職者に対しては導入企業株式を無償譲渡する方法などが考えられる。

[22]　スキームの終了時にビークルに残余財産がある場合には，当該残余財産を従業員や導入企業に付与する方法が考えられる。

○上記のように，利用されるビークルや株式を取得するための財源，株式の付与方法などの組み合わせによって数種類のスキームが考えられるところであり，現時点で統一的なスキームがあるわけではない。また，どのようなスキームを構築・導入するかの判断は，スキームを導入する会社の規模や組織構造，財務状況，従業員の数，会社の経営戦略と当該スキームの目的との関係などによって異なり得る。

○そのため，本検討においては，利用されるビークルの特性や，導入企業とビークルの関係，ビークルが導入企業株式を取得するための財源，従業員に対する導入企業株式の付与方法といった新スキームの基礎的構成要素に関して，現行法制度等との関係で特に留意すべき点等について検討を行った[23][24]。

第2章　現行法制度等との関係で特に留意すべき点等

○本検討において，新スキームの設計・運用等にあたり現行法制度等との関係で特に留意すべき点等として整理した事項は以下のとおり。

（会社法上の論点）

○ビークルが導入企業株式を取得することと，子会社による親会社株式の取得禁止規制や自己株式に関する規制との関係。

○導入企業が，ビークルや従業員に対して財政的支援を行うこと等と，株主の権利の行使に対する利益供与や株主平等原則，株式の有利発行規制との関係。

第2節　会社法上の論点

1．子会社による親会社株式の取得禁止規制との関係

○会社法上，子会社が親会社の株式を取得することは原則として禁止されている（会社法135条1項，976条10号）。これは，子会社は親会社から出資を受け，かつ，株式の保有を通じて親会社の支配を受けていることから，取得を自由にすると，親会社に関する自己株式取得による弊害が生じる可能性があることによる[25]。

○本件スキームにおいては，導入企業がビークルに対して一定の財政的支援（従業員に対する奨励金の支給，ビークルに対する金銭拠出（匿名組合出資や信託設定），ビー

---

[23]　新スキームの概念図については，本報告書37頁参考資料（本書133頁）参照。

[24]　なお，新スキームと現行法制度との関係を巡る論点は，スキームの具体的な内容によって異なり得るものであり，本報告書は，当該論点を必ずしも網羅しているわけではない点に留意いただきたい。

【資　料】　新たな自社株式保有スキームに関する報告書（一部抜粋）

クルが行う借入に関する債務保証等）を行うなど，導入企業とビークルの間に一定の関係性があることに鑑み，ビークルが導入企業の子会社に該当するか否かが問題となる。
○この点，会社法上，子会社に該当するか否かは，他の会社によって「財務及び事業の方針の決定」を支配されているか否か（いわゆる実質支配力基準[26]）により判断される[27]。

2．自己株式に関する規制の適用の有無

(1) 問題の所在

○会社法上，他人名義による会社の株式の取得が当該会社の計算による場合には，自己株式に関する取得手続規制や取得財源規制による制限（会社法156条以下[28]）が課されるものと解されている。これらの自己株式に関する取得の規制は，(i)株主への出資の払戻しと同様の結果を生じ会社債権者の利益を害する，(ii)一部の株主のみから取得するなどの場合には，株主間の不平等を生じさせ，また，取得価額によっては残存株主との間の不平等を生じさせる，(iii)反対派株主から株式を取得することにより取締役が会社支配を維持する等，経営を歪める手段に利用される，(iv)相場操縦やインサイダー取引などに利用され証券市場の公正を害するといった弊害を生じさせるおそれがあることを理由とする[29]。

○その上，自己株式については，会社支配の公正を維持するため[30]，議決権行使が禁止されている（会社法308条2項）。また，会社の収益力に関する誤解を与えるおそれ

---

[25] 江頭憲治郎『株式会社法（第2版）』（有斐閣，2008年）256頁（神田秀樹『会社法（第10版）』（弘文堂，2008年）91頁も同旨）。なお，会社自身による自己株式の取得の規制が，手続・取得限度額等に制約を課して取得を認めるものであるにもかかわらず，子会社による親会社の株式取得が禁止される理由は，同様の財源規制を設けることが法技術的に困難であることによる（江頭・前掲256頁，神田・前掲92頁）。

[26] 会社法2条3号，会社法施行規則3条1項・3項。

[27] 会社法の立法担当官の解説においては，「財務諸表等規則における「子会社」と会社法上の「子会社」の定義は実質的に同内容と解して差し支えない」（相澤哲ほか『論点解説　新・会社法千問の道標』Q223（商事法務，2006年））とされていることを踏まえると，両者を別異に取り扱うことは想定されていない。

[28] さらに，会社の計算で不正に当該会社の株式の取得が行われた場合について，それに関与した取締役や監査役等に対する罰則も規定されている（会社法963条5項1号）。

[29] 江頭・前掲注[25] 234頁。

[30] 江頭・前掲注[25] 251頁。

があることから[31]、剰余金の配当をすることもできない（会社法453条）。
○新スキームにおいては、ビークルが所有する株式につき、議決権行使や剰余金の配当を行うことが予定されている。しかしながら、仮にビークルが導入企業株式を取得することが、導入企業の会社の計算によるものとして、自己株式に関する規制に服する場合には、ビークルの所有する株式について議決権が認められず、また、これに対する配当もできないこととなり、従業員に対する長期的インセンティブの形成や従業員によるガバナンス効果といった本スキームの目的が減殺されるおそれがある[32]。そのため、ビークルによる株式取得が、導入企業の会社の計算によるものとして、自己株式に関する規制の適用を受けるか否かが問題となる。
○なお、前記第2章第1節のとおり、導入企業の個別財務諸表上、ビークルが保有する導入企業株式を「自己株式」として扱う会計処理を行うことがあり得るが、かかる会計処理を行う必要性の判断と、ビークルによる導入企業株式の取得が会社の計算によるものとして自己株式に関する規制の適用を受けるか否かの判断は、理論上は、別個のものである。したがって、こうした会計処理を行うからといって、ビークルによる導入企業株式の取得が「会社の計算による」取得に該当することには直ちにはならないと考えられる。

(2) 検討

○「会社の計算による」取得に該当するか否かの判断については、必ずしも確立した基準は存在しないものの、大要、以下のような要素を総合的に考慮して判断されると考えられる[33]。

* 取得に用いる資金の出所
* 取得のための取引に関する意思決定の所在
    ・ 取引相手方の選択
    ・ 買付価格の決定
    ・ 買付時期の決定　など

---

[31] 江頭・前掲注［25］251頁の注(1)。
[32] 本論点は、ビークルが市場取引等の方法により導入企業以外の第三者から株式を譲り受ける場合に関するものであり、導入企業からビークルに対する新株発行又は自己株式の処分によって株式を取得する場合には、会社の資金による仮装払込み（会社法208条）への該当性の問題として位置付けられるとの考え方もある（例えば、龍田節「会社の計算による自己株式の取得」法学論叢138巻4・5・6号（1996年）3頁）。
[33] 本文記載の整理は、龍田・前掲注［32］の整理に依拠している。

【資　料】　新たな自社株式保有スキームに関する報告書（一部抜粋）

* 取得した株式に対する支配の所在
  ・ 株式の処分や株主権行使に関する権限の所在
  ・ 配当や売買差損益の帰属

(i) 取得に用いる資金の出所との関係

○新スキームでは，導入企業株式の取得資源が実質的に導入企業から拠出される場合がある。具体的には，(i)従業員に対する奨励金の支給，(ii)ビークルに対する金銭拠出（匿名組合出資や信託設定）や，(iii)ビークルが行う借入に対する債務保証がある。

○しかしながら，以下の点に鑑みれば，上記の資金的関係のみをもって，直ちに，ビークルによる導入企業株式の取得が会社の計算による自己株式の取得に該当することにはならないと考えられる[34]。

* 当該資金拠出により従業員の福利厚生や，勤労インセンティブ向上等に資すること。

（理由）

・ 従来の従業員持株会において会社が従業員に支給する奨励金については，従業員の福祉を増進させる限り，会社の計算とは評価されないとの理解が一般的であると考えられる[35]。

・ これと同様に，新スキームについても，財政的支援を行うことが従業員の福利厚生や勤労インセンティブの向上を図るための負担として合理的範囲内にとどまるのであれば，当該財政的支援は，会社の計算と直ちに評価されるものではないと考えられる。

* ビークルによる借入は，導入企業が保証を行う時点で既に返済の見込みのない名目的なものではないこと。

（理由）

・ ビークルによる借入債務について十分な返済可能性があれば，かかる借入債務に対して導入企業が保証を行うとしても，現実に会社財産が毀損されるおそれは

---

[34] 会社が取得資金の貸付・保証を行うこと自体は，直ちに会社の計算による取得に該当するものではないとする見解が一般的である。例えば，上柳＝鴻＝竹内編『新版注釈会社法(3)』（有斐閣，1986年）234頁［蓮井良憲］，大隅健一郎＝今井宏『会社法論（第3版）』（有斐閣，1991年）444頁，龍田・前掲注［32］8頁参照。

[35] 例えば，河本一郎ほか『《座談会》従業員持株制度をめぐる諸問題』「従業員持株制度企業金融と商法改正Ⅰ」（有斐閣，1990年）39頁の森本発言・神崎発言，味村・前掲注［2］4頁。

大きいとはいえない。これに関して，ビークルが従業員持株会に対して保有株式の譲渡を行い，その対価の支払を受けることが担保されていれば，ビークルはその対価を借入債務の返済に充てることができる。ただし，その場合にも，ビークルによる株式譲渡が時価を基準に行われるときには，借入債務の返済に充てることのできる金額は導入企業株式の時価に応じて変化する。したがって，ビークルの借入債務の返済可能性は，将来における導入企業の株価の推移に左右されることになるが，将来導入企業の株価が下落することが具体的に予想されるといった特段の事情のない限り，通常は，ビークルの借入債務には十分な返済可能性があると考えられる。

※：保証料の収受について

上記に加えて，導入企業が債務保証に対する保証料を収受する場合，その金額が保証リスクに見合った適正なものといえるのであれば，それは，導入企業による債務保証が実質的な取得資金の負担とみなされるような形式的なものでないことを補強する一要素と考えられるとの指摘もある。すなわち，導入企業は保証債務により，自社株式の値下がりによるダウンサイドリスクを負担することになるが，当該リスクのみ一方的に負担するのではなく，リスクに応じた適正な保証料を収受することが，導入企業にとっての債務保証の経済的合理性を説明する一助になると考えられる。

(ii) 導入企業株式の取得取引に関する意思決定権の所在との関係

○ビークルによる導入企業以外からの導入企業株式の取得について，それを実行するか否かの決定や，実行する場合におけるその相手方・取得時期・取得価額といった買付条件の決定を導入企業が行うことは，当該株式取得が導入企業の支配下で行われるものであることを窺わせる事情と考えられる。

○これに関して，新スキームにおいては，導入企業がスキームを導入するか否かについて裁量を有することになるものの，後記(iii)のとおり，スキーム導入後，ビークルが保有する株式に対する支配が導入企業に帰属しないのであれば，スキームの導入につき導入企業が裁量を有しているからといって，直ちにビークルによる株式取得が会社の計算によると評価されるものではないと考えられる。

(iii) 取得した株式に対する支配の所在との関係

○株式の処分や株主権行使に関する権限，あるいは，配当や売買差損益の帰属は，当該株式に関する支配の所在を窺わせる重要な事情と考えられる。

○すなわち，株式の処分や株主権行使に関する判断の独立性が確保されていること[※1]

【資　料】　新たな自社株式保有スキームに関する報告書（一部抜粋）

や，配当や売買差損益が導入企業に帰属しないこと$^{(*2)}$は，ビークルが保有する株式に対する支配が導入企業にないと考える重要な事情といえる。

※1　株式の処分や株主権行使に関する判断の独立性について

- (i)議決権行使についての判断や，(ii)導入企業に対する敵対的又は友好的買収が仕掛けられた局面における，これに応じるか否かについての判断の独立性が確保されていることが，ビークルが保有する株式に対する支配が導入企業にないことを明らかにする上で，特に重要であると考えられる。
- ビークルが保有する導入企業株式に係る議決権行使の方法として，例えば，①従業員持株会を利用するスキームについては，従業員持株会における議決権行使状況（賛成・反対の比率）を踏まえて，受託者・中間法人が議決権行使を行う方法[36]，②従業員持株会を利用しないスキームについては，導入企業から独立した受託者・中間法人が，予め，新スキームに基づいて将来株式を受領する従業員の利益に沿うよう策定したガイドラインや個別議案に対する従業員の意識調査に従った議決権行使を行う方法が考えられる$^{(注)}$。
- 上記①の方法による場合，ビークルによる議決権行使の独立性を確保する上で，従業員持株会による議決権行使の独立性が確保されることが重要である[37]。この点，従業員持株会において，理事長が持株会名義の株式に係る議決権を行使するが，組合員たる従業員は自らの持分について不統一行使を指示できる仕組みが採られている場合には，(a)理事長の導入企業からの独立性が確保されていることや，(b)会社提案への反対を申し出た従業員がそのことをもって不利益に扱われない仕組みが講じられていることが，従業員持株会による議決権行使の独立性を確保する上で望ましいと考えられる。
- 上記②の方法による場合，具体的な議決権行使の方法を決定するにあたっては，受託者・中間法人に一定程度の裁量性が存することになると考えられる。したがって，取締役など，導入企業経営陣や導入企業経営陣と利害関係が強いと認め

---

[36]　典型的には，従業員持株会における賛成・反対の比率は，受給要件を満たす将来の従業員（退職者等）の利益を勘案する上での重要な判断材料と考えられることから，これをビークルによる議決権行使にも反映させる方法（不統一行使）がある。その他，従業員持株会による賛成・反対の議決権行使のうち，いずれか多い方と同一の議決権行使を行う方法（統一行使）も考えられる。

[37]　従業員持株会における議決権行使の独立性は，会社による奨励金の支給が株主の権利行使に関する利益供与（会社法120条）に該当しないための条件としても確保される必要がある（後記第2章第2節3.(1)参照）。

- られる者が信託管理人や中間法人の理事に就任することは，議決権行使の独立性の考え方から問題がある。
- 議決権行使内容の決定方法やそれに伴う留意点に関する以上の点は，導入企業の買収時における売却判断についても基本的に妥当すると考えられる。
- なお，新スキームは受給要件を満たす将来の従業員のためのものであることから，議決権行使等に関する判断の独立性を確保するにあたっては，これらの従業員の利益の観点から判断が行われることが原則である。他方，現時点では受給権者が確定していないことを考えると，例えば上記①・②のような仕組みであれば，通常は，かかる原則に沿うものとして実務上も採りうる現実的なスキームであると考えられる。これに対して，例えば，ごく一部の従業員の意向のみによって決定される場合など，受給要件を満たす将来の従業員全体の利益を考慮しているとは言い難い方法により議決権行使の判断が行われることは適切ではないものと考えられる[38]。

> 注：その他にも，従業員持株会の利用の有無に関わらず，従業員の代表者や有識者等から構成される委員会において議決権行使の内容を決定する方法を採用することも考えられる。この場合についても，導入企業経営陣や導入企業経営陣と利害関係が強いと認められる者が委員に含まれることは，議決権行使の独立性に疑義を招くおそれがあるものと考えられる。

※2：配当や売買差損益の帰属について

- ビークルが保有する株式に対する配当や，ビークルに発生する売買差損益が導入企業に帰属することは，第三者名義で取得された株式の支配が導入企業に属することを推認させる重要な事情であると考えられるが，会社の計算によるものと評価されるか否かは，最終的には前記の諸要素を総合的に考慮して判断されるものであり，ビークルが保有する株式について，その処分や株主権行使に関する権限を導入企業が有しない等の場合には，当該株式に対する支配は導入企業にはないといえる場合もあり得ると考えられる。

---

[38] 信託を用いるスキームについては，信託法上も，受託者は忠実義務（信託法30条）等を負っていることから，議決権行使や買収時の株式売却を含む信託事務の処理は，あくまで受益者である将来の従業員（退職者等）の利益の観点から行われるべきであり，導入企業の現経営陣のために行われるべきものではない点にも留意が必要である（ただし，忠実義務等の具体的内容は，信託行為の内容により異なる）。また，同様の点は，受益者のために権利を行使する立場として善管注意義務（信託法126条1項）等を負っている信託管理人についても妥当すると考えられる。

【資　料】　新たな自社株式保有スキームに関する報告書（一部抜粋）

3．その他の会社法上の諸規制との関係

○ビークルや従業員が株式を取得するために導入企業が行う財政的支援（(i)従業員に対する奨励金の支給，(ii)ビークルに対する金銭拠出（匿名組合出資や信託設定），(iii)ビークルが行う借入に対する債務保証）について，以下の点が問題となり得る。

- 株主の権利の行使に関する利益供与（会社法120条，970条）
- 株主平等原則（会社法109条1項）
- 有利発行規制（会社法199条2項，201条1項，309条2項5号）

○なお，これらの点については，従業員持株会における奨励金を巡って類似の議論があることから，これと整合的に考えることが必要である。

(1) 利益供与との関係

○企業経営の健全性を確保するとともに，会社財産の浪費を防止するため，会社が，株主の権利の行使に関し，自己またはその子会社の計算で財産上の利益を供与することは禁じられている（会社法120条1項）。

○この点，新スキームでは，導入企業は，ビークルや従業員が株式を取得するために財政的支援を行うことから，これが利益供与の禁止規定に抵触しないか否かが問題となる。

○導入企業による財政的支援は，従業員に対する長期的インセンティブの形成や従業員によるガバナンス効果といった新スキームの目的のために行われるものであり，導入企業株式を取得することとなるビークルや従業員に経営陣に有利な議決権行使等をさせることを目的として行われるものであってはならない。すなわち，導入企業の主観的な意図が正当なものであることに加えて，新スキームの内容から見ても，当該財政的支援が「株主の権利の行使に関し」（会社法120条1項）て行われるものではないことが担保されていることが，利益供与の禁止に抵触しないために必要と考えられる。

○このように，導入企業による財政的支援が，真に新スキームの目的に沿うものであることを客観的に担保する上では，少なくともビークルや従業員による議決権行使の独立性[39]が確保されていることが必要と考えられる。

---

[39] なお，この点に関しては，日本証券業協会「持株制度に関するガイドライン」（平成18年10月）によれば，持株会が取得した株式の管理等に関して，規約上，①理事長は，株主総会招集通知の内容を会員に周知させること，②株主総会における議決権は，理事長が行使するが，各会員は総会ごとに理事長に対して特別の行使（不統一行使）をする旨の指示ができること，及び，③会員の持分が売買単位相当に達し，当該会員の申し出があった場合，当該会員名義への書換え又は実質株主登録を行うことにつき規定を設けなければならないとされている。

○また、①従業員の新スキームへの参加・脱退、あるいは保有株式の処分に対する制約や、②財政的支援の内容(※)が、新スキームの目的からみて合理的なものであることも、財政的支援が従業員の福利厚生や勤労インセンティブの向上を図る目的によるものであることを客観的に担保するために必要と考えられる[40]。

※ 従業員持株会を利用するスキームにおいて会社が支給する奨励金について

- 従来の従業員持株会の議論においては、会社が支給する奨励金について、例えば、従業員の負担による積立金の3％ないし20％程度が適当であるなど、その拠出割合に着目した形で奨励金の支給に関する一定の限界を示唆する見解[41]も示されているが、かかる見解は、旧商法上、自己株式取得が原則として禁止されていた当時のものである。これに対して、近年では、従業員負担による積立金に対する奨励金の割合を50％や100％とする事例も見受けられる。

- そもそも、会社法上、従業員に対する奨励金支給の規模（従業員拠出分に対する支給割合や、支給金額など）が問題になるのは、それが、その他の福利厚生制度における給付水準や当該会社の利益水準等の事情を勘案すると、従業員の福利厚生等の制度目的から見て過大であることから、当該制度自体が自己株式取得規制などの会社法上の諸規制の潜脱と疑われるような場合であると考えられる。

- こうした点に鑑みれば、自己株式取得が解禁されている会社法の下においては、少なくとも、①議決権行使の独立性が確保され、②奨励金の支給額が、従業員持株会による株式取得時点における分配可能額の範囲内に収まっており、さらに、③奨励金の支給額がその他の福利厚生制度における給付水準や当該会社の利益水準等に照らして相当な規模である限り、奨励金の支給額については、必ずしも、

[40] 福井地判昭和60年3月29日（判例タイムス559号275頁）においては、会社から従業員持株会に対する奨励金の支出について、①合理的な制約を除き持株会の入退会に特段の制約がないこと、②議決権行使について制度上は各会員の独立性が確保されているなど取締役等の意思を議決権行使に反映させる方法は制度上存しないこと、③一定数を超えた保有株式を処分できること、④奨励金の額や割合も従業員持株会制度の趣旨・目的以外の何らかの目的を有するほどのものではないこと、を理由として、利益供与への該当性が否定されている。

[41] 東京弁護士会会社法部（編）『利益供与ガイドライン』（商事法務研究会、2001年）125頁では、「従業員の株式取得に関し会社が支給する奨励金は、その金額が従業員に対する福利厚生制度の内容として妥当な範囲であれば、株主の権利の行使に関する利益供与とはならない、……積立金の3％ないし20％の程度であれば問題ないと思われる」との見解が示されている。

【資　料】　新たな自社株式保有スキームに関する報告書（一部抜粋）

　　従業員積立分の何％以内でなければならないといった画一的な制約が導かれるものではなく[42]、個別企業の状況に応じて判断されるべきものであると考えられる。
(2) 株主平等原則との関係
　○会社は、株主を、その有する株式の内容および数に応じて、平等に取り扱わなければならない（会社法109条1項）。
　○新スキームにおいて、導入企業は、スキームに参加する結果自社の株主たる地位を有することとなる従業員に限り財政的支援を行うことになることから、かかる財政的支援が株主平等原則に抵触するか否かが問題となる。
　○これに関しては、従来の従業員持株会における奨励金支給に関する一般的見解[43]と同様、従業員の株主としての地位に基づいて支払われるものではなく、従業員という地位に基づいてなされるものであるから、株主平等原則には抵触しないと考えられる。
(3) 有利発行規制との関係
　○ビークルや従業員による株式取得について導入企業が財政的支援を行うことが、払込金額を実質的にディスカウントしているものと評価されることにより、実質的にみて株式の有利発行に該当しないかが問題となる。
　○これに関しては、①形式的には、払込金額を含む募集事項が均等に定められた募集行為であって、財政的支援はこれとは別に行われているものであることや、②会社の計算による自己株式の取得に該当しない限りにおいて、既発行の株式の第三者からの取得に財政的支援を与えることができることとの実質的なバランスに鑑みると、新株発行や自己株式処分の際に取得者に対する財政的支援を行うことが、直ちに有利発行にはあたることにはならないと考えられる[44]。
　○上記②の点に鑑みれば、ビークルによる株式取得が導入企業の「会社の計算による」

[42]　大和正史「従業員持株制度と利益供与の禁止」商事法務999号（1984年）4頁も、「従業員持株制度をして従業員の財産形成の助成および経営参加意識の向上を通じて勤労意欲を増進するため等の方策として位置づけ、奨励金等の支給をこれらに対する福利厚生費的支出と構成するのであれば、会社による拠出額の相当性の判断に際しては、従業員の積立金に対する比率が基準となるのではなく、奨励金の総額、具体的には、会社の利益のうちのどの程度の割合までを従業員持株制度に関連する福利厚生費として支出することができるか、が基準となると考えるべきである。」とする。
[43]　例えば、河本一郎「従業員持株会への奨励金と利益供与」商事法務1088号（1986年）3頁。
[44]　弥永真生「自己株式取得の制限と従業員持株制度」法学セミナー256号（1998年）98頁。

自己株式の取得にあたらない場合（この点については，前記第2章第2節2．参照）には，払込金額自体が「特に有利な金額」（会社法199条3項）にあたらない限り，有利発行にも該当しないと考えられる。

著者紹介

新谷　勝（しんたに・まさる）

大阪市立大学大学院法学研究科修士課程修了，法学博士
判事補，弁護士，帝京大学教授，東京地方検察庁検事，東京高等検察庁検事，広島高等検察庁検事等を経て，現在，日本大学法科大学院教授

【主要著書】

『従業員持株制度』（中央経済社，1990年）

『会社仮処分』（中央経済社，1992年）

『株主代表訴訟－改正への課題－』（中央経済社，2001年）

『株主代表訴訟と取締役の責任』（中央経済社，2002年）

『敵対的企業買収－原因と対策に関する法律問題のすべて－』（税務経理協会，2004年）

『会社訴訟・仮処分の理論と実務』（民事法研究会，2007年）

『新しい従業員持株制度－安定株主の確保・ＥＳＯＰ－』（税務経理協会，2008年）

『新しい事業承継と企業再生の法務』（税務経理協会，2010年）

著者との契約により検印省略

平成23年8月30日　初版第1刷発行　　日本版ESOPの法務

著　者　　新　谷　　　勝
発 行 者　　大　坪　嘉　春
印 刷 所　　税経印刷株式会社
製 本 所　　牧製本印刷株式会社

発 行 所　〒161-0033　東京都新宿区　　株式　税務経理協会
　　　　　下落合2丁目5番13号　　　　会社
　　　　　振　替 00190-2-187408　　　電話　(03)3953-3301〈編集部〉
　　　　　ＦＡＸ (03)3565-3391　　　　　　　(03)3953-3325〈営業部〉
　　　　　　URL　http://www.zeikei.co.jp/
　　　　　　乱丁・落丁の場合は，お取替えいたします。

© 新谷 勝 2011　　　　　　　　　　　　　　　　Printed in Japan

本書を無断で複写複製(コピー)することは，著作権法上の例外を除き，禁じられています。
本書をコピーされる場合は，事前に日本複写権センター(ＪＲＲＣ)の許諾を受けてください。
JRRC〈http://www.jrrc.or.jp　eメール：info@jrrc.or.jp　電話：03-3401-2382〉

ISBN978-4-419-05679-7　C2034